D1719432

Joseph LeDoux

Das Netz
der Gefühle

Wie Emotionen entstehen

Aus dem Amerikanischen
von Friedrich Griese

Carl Hanser Verlag

Titel der Originalausgabe:
*The Emotional Brain. The Mysterious Underpinnings of
Emotional Life*
Simon and Schuster, New York 1996
Copyright © 1996 by Joseph LeDoux

1 2 3 4 5   02 01 00 99 98

ISBN 3-446-19308-1
Alle Rechte der deutschen Ausgabe:
© Carl Hanser Verlag München Wien 1998
Satz: Fotosatz Reinhard Amann, Aichstetten
Druck und Bindung: Franz Spiegel Buch GmbH, Ulm
Printed in Germany

Für die Menschen, die den größten Einfluß
auf mein emotionales Gehirn gehabt haben:
Nancy, Jacob und Milo
sowie Pris und Boo

Inhalt

Vorwort

Ende der siebziger Jahre begann ich, mich mit den Hirnmechanismen der Emotion zu befassen. Damals interessierten sich sehr wenige Hirnforscher für Emotionen. Seitdem hat sich, besonders in den letzten Jahren, die Forschung sehr intensiviert, und wir wissen heute sehr viel mehr. Nun ist es wohl an der Zeit, einige der Erkenntnisse an das breite Publikum weiterzugeben.

Das Netz der Gefühle zeigt im Überblick, wie nach meinen Vorstellungen die Emotionen im Gehirn entstehen. Dabei wird nicht in allen Einzelheiten beschrieben, wie das Gehirn Emotionen erzeugt. Im Vordergrund stehen die Fragen, die mich am meisten interessiert haben: wie das Gehirn emotional erregende Stimuli entdeckt und darauf reagiert, wie emotionales Lernen vor sich geht und emotionale Erinnerungen geformt werden und wie unsere bewußten emotionalen Empfindungen aus unbewußten Prozessen hervorgehen.

Ich habe mich bemüht, so zu schreiben, daß *Das Netz der Gefühle* auch für Leser verständlich ist, die keine fachwissenschaftliche Vorbildung besitzen und mit der Fachsprache nicht vertraut sind. Ich hoffe, es ist mir gelungen, das Buch zu einer für Laien und Fachleute gleichermaßen lesbaren Lektüre zu machen.

Äußerst dankbar bin ich meiner Familie, die mich ertrug, während ich mich mit der Niederschrift abmühte. Besonderen Dank schulde ich meiner Frau, Nancy Princenthal, die unermüdlich zahllose Entwürfe und dann die fertigen Kapitel gelesen und mir viele hilfreiche Anregungen gegeben hat. Milo und Jacob, unsere beiden Jungs, sorgten dafür, daß mein emotionales Gehirn immer in Topform blieb.

Viele Studenten und junge Forscher haben mir bei meinen früheren und aktuellen Forschungen über Emotionen im Gehirn sehr geholfen: Akira Sakaguchi, Jiro Iwata, Piera Chichetti, Liz Romanski, Andy Xagoraris, Christine Clugnet, Mike Thompson, Russ Phillips, Maria Morgan, Peter Sparks, Kevin LaBar, Liz Phelps, Keith Corodimas, Kate Melia, Xingfang Li, Michael Rogan, Jorge Armony, Greg Quirk, Chris Repa, Neot Doron, Gene Go, Gabriel Hui, Mian Hou, Beth Stutzmann und Walter Woodson. Außerdem hatte ich einige sehr wichtige Mitarbeiter, darunter Don Reis, David Ruggiero, Shawn Morrison, Costantino Iadecola und Terry Milner an der Cornell Medical School; David Servan-Schreiber und Jon Cohen an der Universität Pittsburgh; Asla Pitkänen in Finnland; und Chiye Aoki an der Universität New York. Claudia Farb werde ich ewig dankbar sein für ihre vielen materiellen und immateriellen Beiträge für mein Labor. Einige der Erwähnten mußten ihre Arbeit fortsetzen, während ich an meinem Buch schrieb. Ich entschuldige mich bei ihnen dafür, daß ich unerreichbar war, besonders in den letzten Tagen, als es den Anschein hatte, daß ich niemals fertig werden würde. Großen Dank schulde ich auch Irina Kerzhnerman und Annette Olivero, die mir bei der abschließenden Vorbereitung des Buches vielfältig geholfen haben. Jorge Armony und Mian Hou halfen bei den Illustrationen.

Danken möchte ich auch meinem Doktorvater Michael Gazzaniga, der mir zeigte, daß es Spaß machen kann, Wissenschaftler zu sein, und mich lehrte, über den menschlichen Geist nachzudenken. Er hat mich schon vor Jahren ermutigt, ein Buch über Emotionen zu schreiben. Dankbar bin ich auch Don Reis, der mich nach der Promotion in sein Labor aufnahm, mir Neurobiologie beibrachte und mir die Mittel beschaffte, die ich brauchte, um mit der Erforschung der zerebralen Mechanismen der Emotion beginnen zu können.

Der Neuroscience Research Branch am National Institute of Mental Health hat meine Arbeit großzügig gefördert. Ohne diese Unterstützung wäre die Forschungsarbeit, auf der dieses Buch basiert, nicht möglich gewesen. Sehr hilfreich war auch die Universität New York, besonders das Amt des Dekans der Faculty of Arts and Science. Und ich hätte mir keine besseren Kollegen wünschen können als jene, die ich am Center for Neural Science der Universität New York habe.

Katinka Matson und John Brockman von Brockman, Inc., waren als literarische Agenten wunderbar. Sie halfen mir bei der Formulierung meines Projekts und beim Vertragsabschluß mit dem Verlag Simon and Schuster, wo ich das Vergnügen hatte, mit Bob Asashina zusammenzuarbeiten, der als Lektor nur wirklich brauchbare Vorschläge machte. Ich wünsche ihm viel Glück bei seiner neuen Aufgabe, die ihn fortrief, als das Buch gerade in die Produktion ging. Bob Bender, der ihn ablöste, und Johanna Li waren ebenfalls wunderbar.

Manche nehmen sich ein Urlaubsjahr, um Bücher zu schreiben. Ich nehme jetzt eines, um mich vom Schreiben zu erholen.

1
Was hat das mit Liebe zu tun?

»Unsere Zivilisation befindet sich noch in einem Zwischenstadium, nicht mehr ganz tierisch, da sie nicht länger vom Instinkt sich leiten läßt, noch nicht ganz menschlich, da sie sich noch nicht gänzlich von der Vernunft leiten läßt.«

Theodore Dreiser,
Sister Carrie[1]

Mein Vater war Metzger. In meiner Kindheit war ich von Fleisch umgeben. Früh lernte ich, wie das Innere einer Kuh aussieht. Was mich am meisten interessierte, war das glitschige, gewundene, gefältelte Gehirn. Heute, viele Jahre später, verbringe ich meine Tage und bisweilen auch Nächte damit, herauszufinden, wie Gehirne funktionieren. Und was ich am meisten über Gehirne herauszufinden wünschte, war, wie sie Emotionen hervorbringen.

Sie werden vielleicht denken, dieses Forschungsgebiet sei überlaufen. Schließlich sind Emotionen ja die Fäden, die das mentale Geschehen zusammenhalten. Sie legen fest, wer wir sind – in unseren eigenen Augen und in den Augen anderer. Gibt es am Gehirn etwas, das zu verstehen wichtiger wäre als die Frage, wie es bewirkt, daß wir glücklich, traurig, ängstlich, angewidert oder entzückt sind?

Doch in der Hirnforschung waren Emotionen lange ein nicht sonderlich populäres Thema.[2] Skeptiker meinten, es sei einfach zu kompliziert, Emotionen im Gehirn aufzuspüren. Aber es gibt Hirnforscher, zu denen auch ich gehöre, die lieber ein wenig über Emotionen herausbekommen möchten als viel über weniger interessante Dinge. In diesem Buch werde ich Ihnen zeigen, wie weit wir gekommen sind. Den Skeptikern sei gesagt, daß wir ziemlich weit gekommen sind.

Natürlich wissen wir ungefähr, was Emotionen sind, und brauchen uns darüber nicht von Wissenschaftlern aufklären zu lassen. Liebe und Haß, Angst, Zorn und Freude hat schon jeder von uns empfunden.

Doch was ist das Gemeinsame dieser mentalen Zustände, weswegen wir sie zusammenfassend als »Emotionen« bezeichnen? Was unterscheidet sie von anderen mentalen Phänomenen, bei denen es uns kaum in den Sinn käme, von »Emotionen« zu sprechen? Auf welche Weise beeinflussen Emotionen alle anderen Aspekte unseres mentalen Geschehens, formen sie unsere Wahrnehmungen, Erinnerungen, Gedanken und Träume? Warum sehen wir uns oft außerstande, unsere Emotionen zu verstehen? Können wir unsere Emotionen steuern, oder steuern sie uns? Sind Emotionen von unseren Genen ein für allemal im neuralen Gewebe festgelegt, oder werden sie dem Gehirn von der Umwelt beigebracht? Haben Tiere (genauer: andere Tiere, vom Menschen abgesehen) Emotionen, und wenn ja, haben alle Tierarten welche? Ist es möglich, daß wir emotionale Reaktionen und Erinnerungen haben, die uns nicht bewußt sind? Läßt sich die Tafel der Emotionen jemals sauberwischen, oder sind emotionale Erinnerungen von Dauer?

Sie mögen zu einigen dieser Fragen eine Meinung haben, vielleicht sogar eine ganz entschiedene, aber ob diese Meinung den wissenschaftlichen Tatsachen entspricht, läßt sich allein mit Hilfe der Intuition nicht klären. Es kommt vor, daß landläufige Ansichten von Wissenschaftlern als Tatsachen bestätigt werden oder daß die Funktionsweise von Dingen, die uns intuitiv einleuchten, durch Experimente geklärt wird. Doch Tatsachen, die das Funktionieren des Universums betreffen – auch des Universums in unserem Kopf –, müssen nicht intuitiv einleuchtend sein. Manche Intuitionen sind schlicht falsch – die Erde erscheint flach, ist es aber nicht –, und die Aufgabe der Wissenschaft besteht darin, diese gängigen Vorstellungen als Mythen und Binsenweisheiten, als »Ammenmärchen« zu entlarven. Doch oft haben wir bezüglich der Dinge, die Wissenschaftler entdecken, gar keine Intuitionen – weshalb sollten wir auch eine tiefverwurzelte Meinung über die Existenz Schwarzer Löcher im All oder über die Bedeutung von Natrium, Kalium und Kalzium für die Vorgänge innerhalb einer Gehirnzelle haben? Dinge, die einleuchtend sind, sind nicht notwendigerweise wahr, und viele Dinge, die wahr sind, sind überhaupt nicht einleuchtend.

Ich betrachte Emotionen als biologische Funktionen des Nervensystems. Ich bin überzeugt, daß es uns im Verständnis der Emotionen weiterbringt, wenn wir herausbekommen, wie sie im Gehirn repräsentiert sind. Damit hebe ich mich klar von dem verbreiteten Ansatz ab,

der Emotionen als psychische Zustände auffaßt, die von den zugrundeliegenden Hirnmechanismen unabhängig sind. Die psychologische
Forschung hat äußerst wertvolle Erkenntnisse gebracht, doch der Ansatz, der Emotionen als Hirnfunktionen betrachtet, erklärt sehr viel
mehr.

Die Wissenschaft arbeitet mit dem Experiment, bei dem bestimmte
Variablen manipuliert und ihre Auswirkung auf andere beobachtet
werden. Das Gehirn stellt uns eine ungeheure Vielfalt von manipulier-
baren Variablen zur Verfügung. Indem wir die Emotionen anhand des
Gehirns erforschen, erhalten wir sehr viel mehr Gelegenheiten, neue
Entdeckungen zu machen, als sie mit psychologischen Experimenten
allein erzielt werden könnten. Wenn wir die Funktionsweise der Emotionen im Gehirn erforschen, kann uns das auch helfen, uns zwischen
verschiedenen psychologischen Hypothesen zu entscheiden – auf das
Rätsel, wie die Emotionen funktionieren, gibt es viele mögliche Antworten, doch die einzige, die uns wirklich interessiert, ist diejenige, auf
welche die Evolution verfallen ist und die sie in das Gehirn einge-
pflanzt hat.

Es geschah eines Tages in Neuengland, daß in mir das Interesse an der
Frage erwachte, wie Emotionen aus dem Gehirn entspringen. Es war
Mitte der siebziger Jahre, und ich forschte für meine Dissertation an
der Universität des Staates New York in Stony Brook. Michael
Gazzaniga, mein Doktorvater, hatte ein Jahrzehnt zuvor mit seiner
Doktorarbeit, in der es um die psychischen Folgen der Split-Brain-
Operation an Menschen ging, großes Aufsehen erregt; er hatte bei dem
verstorbenen Nobelpreisträger Roger Sperry am CalTech gearbeitet.[3]
   Bei der Split-Brain-Operation werden die Nervenbahnen zwischen
den beiden Hälften (oder Hemisphären) des Gehirns durchtrennt, um
in äußerst schweren Fällen von Epilepsie die Symptome zu lindern.[4] In
Dartmouth wurde diese Operation an einer neuen Reihe von Patienten
vorgenommen, und der Chirurg hatte Gazzaniga gebeten, sie zu untersuchen.[5] Wir bauten in einen Wohnanhänger, der von einem kürbisfar-
benen Ford-Van gezogen wurde, ein Labor ein und fuhren häufig von
Long Island nach Vermont und New Hampshire, um die Patienten zu
Hause aufzusuchen.[6]
   Die früheren Untersuchungen Gazzanigas hatten ergeben, daß nach
einer Durchtrennung der Nervenbahnen die beiden Hirnhälften nicht
mehr miteinander kommunizieren können. Und da die Sprachfunktio-

nen des Gehirns gewöhnlich in der linken Hemisphäre sitzen, kann der Patient nur über Dinge sprechen, von denen die linke Hemisphäre weiß. Werden Reize so vermittelt, daß nur die rechte Hemisphäre sie sieht, ist der Split-Brain-Patient nicht in der Lage, den Reiz verbal zu beschreiben. Erhält die rechte Hemisphäre jedoch Gelegenheit, darauf zu reagieren, ohne daß der Patient sprechen muß, so wird deutlich, daß der Reiz wahrgenommen wurde. Die rechte Hand, die Tastinformationen zur rechten Hemisphäre schickt, ist zum Beispiel in der Lage, Objekte in einem Behälter zu sortieren und dasjenige herauszuziehen, das dem Bild entspricht, welches die rechte Hemisphäre sieht. Die rechte Hemisphäre ist demnach in der Lage, den Tasteindruck des Objekts mit der Erinnerung an den kurz zuvor empfangenen visuellen Eindruck in Beziehung zu setzen und das Richtige herauszuziehen. Es kann nicht die rechte Hand gewesen sein, weil ihre Tastinformation an die linke Hemisphäre geht, die das Objekt nicht gesehen hat. Information, die nur einer Hemisphäre zuging, bleibt beim Split-Brain-Patienten in dieser Hirnhälfte gefangen und ist für die andere Hälfte nicht verfügbar. Den Kern dieses bemerkenswerten Sachverhalts faßte Gazzaniga in einem der ersten Artikel zu diesem Thema zusammen, der den Titel »One Brain – Two Minds« trug.[7]

Bei dem Split-Brain-Experiment, das meinen wissenschaftlichen Kompaß in Richtung Emotion ausrichtete, wurden einem Patienten namens P. S. Reize vermittelt, die emotionale Konnotationen für die beiden Hirnhälften besaßen.[8] Das Besondere an ihm war, daß er, im Unterschied zu den meisten bisherigen Patienten dieser Art, Worte in beiden Hemisphären lesen konnte, obwohl er, wie die anderen, nur durch seine linke Hemisphäre sprechen konnte. Als der linken Hemisphäre emotionale Reize vermittelt wurden, konnte P. S. uns sagen, um was es sich bei dem Reiz handelte und was er dabei empfand – ob der Reiz etwas Gutes oder etwas Schlechtes bedeutete. Als dieselben Reize der rechten Hemisphäre vermittelt wurden, war die sprechende linke Hemisphäre außerstande, uns zu sagen, um was es sich handelte. Die linke Hemisphäre konnte jedoch zutreffend beurteilen, ob der von der rechten Hemisphäre gesehene Reiz gut oder schlecht war. Wenn die rechte Hemisphäre beispielsweise das Wort »Mom« (»Mamma«) sah, bewertete die linke Hemisphäre es als »gut«, und wenn die rechte Seite das Wort »devil« (»Teufel«) sah, bewertete die linke es als »schlecht«.

Die linke Hemisphäre hatte keine Ahnung, worum es sich bei den Reizen handelte. Wir konnten den Patienten noch so sehr bedrängen –

er war außerstande, den der rechten Hemisphäre vermittelten Reiz zu benennen. Dennoch traf die linke Hemisphäre bei der emotionalen Bewertung immer ins Schwarze. Die emotionale Bedeutung des Reizes hatte sich, im Unterschied zu seiner eigentlichen Beschaffenheit, auf irgendeine Weise im ganzen Gehirn ausgebreitet. Die von der linken Hemisphäre bewußt erlebten Emotionen des Patienten wurden tatsächlich auf diese Weise erregt, und das durch Reize, die er, wie er sagte, nie gesehen hatte.

Wie war das möglich? Höchstwahrscheinlich verzweigte sich die Bahn, über die der Reiz durch die rechte Hemisphäre lief. Ein Zweig brachte den Reiz zu jenen Teilen der rechten Hemisphäre, die den Reiz identifizieren. Diese Identifizierung konnte aufgrund der Split-Brain-Operation nicht zur linken Hemisphäre gelangen. Der andere Zweig brachte den Reiz zu jenen Teilen der rechten Hemisphäre, die die emotionalen Implikationen des Reizes bestimmen. Die Übertragung dieser Information an die linke Seite wurde durch die Operation nicht unterbunden.

Mit anderen Worten: Die linke Hemisphäre traf emotionale Urteile, ohne zu wissen, worüber sie urteilte. Sie kannte das emotionale Ergebnis, hatte aber keinen Zugang zu den Prozessen, die zu diesem Ergebnis geführt hatten. Die emotionale Verarbeitung hatte für die linke Hemisphäre außerhalb ihres Wahrnehmungsbereiches, also unbewußt, stattgefunden.

Mit der Split-Brain-Operation schien sich eine grundlegende psychische Dichotomie aufzutun – zwischen Denken und Fühlen, zwischen Kognition und Emotion. Die rechte Hemisphäre war außerstande, ihre Gedanken über den Reiz an die linke zu übermitteln, während sie durchaus in der Lage war, die emotionale Bedeutung des Reizes hinüberzubringen.

Bei dieser Untersuchung ging es übrigens nicht um mögliche Unterschiede zwischen den Hemisphären bezüglich der Emotion.[9] Wir wollten lediglich feststellen, welche Art von Informationen zwischen den Hemisphären fließen konnte, wenn die Verbindungen zwischen ihnen durchtrennt waren.

Freud hatte uns natürlich schon vor langer Zeit gesagt, daß unsere Emotionen im Unbewußten angesiedelt sind und oft von den normalen Denkprozessen abgespalten sind. Doch noch Jahrzehnte später verstanden wir kaum, wie so etwas ablaufen könnte, und vielfach wurde angezweifelt, ob es überhaupt zutraf. Ich nahm mir vor, herauszufinden, wie das Gehirn die emotionale Bedeutung von Reizen verarbeitet, und dieses Ziel verfolge ich bis heute.

Nach dem Diplom kam ich zu dem Schluß, daß die für die Erforschung des menschlichen Gehirns verfügbaren Techniken zu begrenzt seien; durch die Untersuchung von Menschen würde ich die neurale Grundlage der Emotion niemals begreifen können. So entschloß ich mich, Versuchstiere, und zwar Ratten, zu untersuchen, um dem Gehirn seine emotionalen Geheimnisse zu entlocken. Die Split-Brain-Beobachtungen hatten mich zwar auf dieses Thema gebracht, doch es waren die Tierversuche, die meine Auffassung vom emotionalen Gehirn geformt haben.

Dieses Buch wird Ihnen vermitteln, was ich durch Forschung und Überlegung über die Hirnmechanismen der Emotion herausgefunden habe. Es beschreibt auf wissenschaftliche Weise, was Emotionen sind, wie sie im Gehirn funktionieren und warum sie einen so großen Einfluß auf unser Leben haben.

Was die Natur der Emotionen angeht, werden einige Themen auftauchen und immer wieder vorkommen. Einige werden mit dem übereinstimmen, was Ihnen die Intuition über die Emotionen sagt; andere werden Ihnen unglaublich, wenn nicht sogar befremdlich erscheinen. Ich bin jedoch überzeugt, daß sie alle wohlbegründet sind in Tatsachen, die im Gehirn zu finden sind oder zumindest in Hypothesen, die von solchen Tatsachen inspiriert wurden, und ich hoffe, daß Sie mir bis zum Ende folgen werden.

- Erstes Thema: Die für die Analyse einer psychischen Funktion angemessene Ebene ist die Ebene, auf der diese Funktion im Gehirn repräsentiert ist. Das führt zu einer Schlußfolgerung, die sich auf den ersten Blick bizarr ausnimmt: daß das Wort »Emotion« nicht etwas bezeichnet, das der Geist bzw. das Gehirn tatsächlich hat oder tut.[10] »Emotion« ist bloß ein Etikett, eine praktische Sprachregelung, um über Aspekte des Gehirns und seines Geistes zu reden. In vielen psychologischen Lehrbüchern wird der Geist in funktionale Teile untergliedert, zum Beispiel Wahrnehmung, Gedächtnis und Emotion. Das ist sinnvoll, um die Information in größere Forschungsbereiche aufzugliedern, bezieht sich aber nicht auf reale Funktionen. So weist das Gehirn kein System auf, das sich mit Wahrnehmung befaßt. Das Wort »Wahrnehmung« bezeichnet ganz allgemein, was sich in einigen abgegrenzten neuralen Systemen abspielt – wir sehen, hören und riechen die Welt mit unserem visuellen, auditorischen und olfaktorischen System. Die einzelnen Systeme entwickelten sich, um unterschiedliche Probleme, vor denen ein Tier steht, zu lösen. So werden auch die verschiedenen Klassen von Emotionen von eigenen neuralen Systemen vermittelt, die sich aus je eigenen Gründen entwickelt haben. Um uns einer Gefahr zu erwehren, benutzen wir ein anderes System als etwa bei der Fortpflanzung, und die mit der Aktivierung dieser Systeme entstehenden Gefühle – Angst bzw. sexuelle Lust – haben keinen gemeinsamen Ursprung. So etwas wie ein »Emotions«-Vermögen gibt es nicht, und es gibt kein Hirnsystem, das sich mit dieser Phantomfunktion befaßt. Wenn wir die verschiedenen Phänomene verstehen wollen, für die wir den Ausdruck »Emotion« benutzen, müssen wir uns auf bestimmte Klassen von Emotionen beschränken. Wir sollten Feststellungen über eine bestimmte Emotion nicht mit Feststellungen über andere Emotionen, die mit dieser nichts zu tun haben, in einen Topf werfen. Leider ist das in Psychologie und Hirnforschung bisher die Regel.

• Zweites Thema: Die Hirnsysteme, die emotionale Verhaltensweisen erzeugen, haben sich über zahlreiche Stadien der Evolutionsgeschichte hinweg weitgehend erhalten. Alle Tiere, die Menschen eingeschlossen, müssen bestimmte Bedingungen erfüllen und ihrem biologischen Imperativ folgen, um ihre Gene an ihre Nachkommen weiterzugeben. Zumindest müssen sie Nahrung und Deckung (oder Obdach) finden, sich vor Körperverletzungen hüten und sich fortpflanzen. Dies gilt für Insekten und Würmer ebenso wie für Fische, Frösche, Ratten und Menschen. Jede dieser Tiergruppen hat neurale Systeme, die diese Verhaltensziele verwirklichen. Und innerhalb der Tiergruppen, die ein Rückgrat und ein Gehirn besitzen (Fische, Amphibien, Reptilien, Vögel und Säuger, darunter der Mensch), weisen bestimmte emotionale Verhaltenssysteme – etwa die für furchtsames, sexuelles oder Fütterungsverhalten – offenbar über alle Arten hinweg eine recht ähnliche neurale Organisation auf. Das heißt nicht, daß alle Gehirne sich gleichen. Es bedeutet aber, daß wir, um zu verstehen, was es heißt, ein Mensch zu sein, erkennen müssen, worin wir anderen Tieren gleichen und worin wir uns von ihnen unterscheiden.

• Drittes Thema: Funktionieren diese Systeme bei einem Tier, das außerdem die Fähigkeit bewußter Wahrnehmung besitzt, dann kommt es zu bewußten emotionalen Empfindungen. Das ist beim Menschen eindeutig der Fall, doch ob andere Tiere diese Fähigkeit haben, weiß niemand. Darüber, welche Tiere Bewußtsein haben und welche nicht, mache ich keine Aussage. Ich behaupte lediglich, daß, wenn eines dieser evolutionär alten Systeme (wie das System, das bei Gefahr Abwehrverhalten auslöst) in einem mit Bewußtsein begabten Gehirn arbeitet, emotionale Empfindungen (wie Furcht) das Ergebnis sind. In allen übrigen Fällen gilt: Das Gehirn verwirklicht seine Verhaltensziele ohne Beteiligung des Bewußtseins. Dies ist im gesamten Tierreich eher die Regel als die Ausnahme. Wenn wir nicht auf bewußte Empfindungen angewiesen sind, um das, was man emotionales Verhalten nennen kann, bei Tieren zu erklären, dann sind wir auch nicht auf sie angewiesen, um dieses Verhalten beim Menschen zu erklären. Emotionale Reaktionen werden überwiegend unbewußt erzeugt. Freud hat, als er das Bewußtsein als die Spitze des Seelen-Eisbergs bezeichnete, genau ins Schwarze getroffen.

• Das vierte Thema ergibt sich aus dem dritten. Die bewußten Empfindungen, an denen wir unsere Emotionen erkennen und deretwegen wir sie lieben (oder hassen), sind für die wissenschaftliche Erforschung der Emotionen falsche Spuren, die ins Abseits führen. Das muß man erst einmal schlucken. Was ist eine Emotion schließlich anderes als eine bewußte Empfindung? Läßt man die subjektive Tönung der Angst fort, so bleibt von einem gefährlichen Erlebnis nicht mehr viel übrig. Ich möchte Sie indes davon zu überzeugen versuchen, daß dies eine falsche Vorstellung ist, daß ein emotionales Erlebnis sehr viel mehr umfaßt als das, was dem (menschlichen) Geist bewußt wird. Angstgefühle zum Beispiel treten als Teil der Gesamtreaktion auf Gefahr auf; sie sind für die Reaktion nicht mehr und nicht weniger bedeutend als die Verhaltens- und die physiologischen Reaktionen, die gleichzeitig auftreten, wie Zittern, Flucht, Schwitzen und Herzklopfen. Was wir aufzuklären haben, ist nicht so sehr der bewußte Angstzustand, sind nicht die damit verbundenen Reaktionen, sondern es ist das System, das die Gefahr überhaupt erst entdeckt. Sowohl die Angstgefühle als auch das Herzklopfen sind Folgen der Aktivität dieses Systems, das seine Aufgabe erfüllt, ohne daß wir uns dessen bewußt werden, ja bevor wir überhaupt wissen, daß wir in Gefahr sind. Das System, das Gefahr entdeckt, ist der Mechanismus, der der Angst zugrunde liegt, und die verhaltensmäßigen, physiologischen und bewußten Manifestationen sind die sichtbaren Reaktionen, die das System einleitet. Das soll nicht heißen, daß Gefühle unwichtig wären. Es bedeutet aber, daß wir tiefer schürfen müssen, wenn wir Gefühle verstehen wollen.

• Fünftens: Wenn emotionale Empfindungen und emotionale Reaktionen tatsächlich Folgen sind, die durch die Aktivität eines beiden zugrundeliegenden Systems ausgelöst werden, dann können wir die objektiv meßbaren emotionalen Reaktionen benutzen, um den zugrundeliegenden Mechanismus zu erforschen und damit das System zu beleuchten, das für die Erzeugung der bewußten Empfindungen zuallererst verantwortlich ist. Und da das die emotionalen Reaktionen auslösende Hirnsystem bei Tieren und Menschen ähnlich ist, kommt man, wenn man untersucht, wie das Gehirn diese Reaktionen bei Tieren steuert, einen entscheidenden Schritt voran im Verständnis der Mechanismen, die beim Menschen emotionale Empfindungen hervorrufen. Die Untersuchung von Versuchstieren ist daher sowohl sinnvoll als auch notwendig, wenn wir die Funktionsweise von Emotionen im menschlichen Gehirn verstehen wollen. Die Emotionen im menschlichen Gehirn zu verstehen ist ohne Zweifel ein wichtiges Bestreben, denn die meisten psychischen Störungen sind emotionale Störungen.

• Sechstens: In einem gewissen Sinne unterscheiden sich bewußte Empfindungen wie das Gefühl der Angst, des Zorns, der Verliebtheit oder des Ekels nicht von anderen Bewußtseinszuständen, etwa dem Bewußtsein, daß der rundliche, rötliche Gegenstand vor Ihnen ein Apfel ist, daß der Satz, den Sie soeben hörten, in einer bestimmten Fremdsprache gesprochen wurde oder daß Sie gerade ein bisher unlösbares mathematisches Problem gelöst haben. Bewußtseinszustände treten auf, wenn das System, das für Bewußtheit verantwortlich ist, der Aktivität gewahr wird, die in unbewußten Verarbeitungssystemen vor sich geht. Der Unterschied zwischen dem Zustand, Angst zu haben, und dem Zustand, etwas Rotes wahrzunehmen, liegt nicht in dem System, welches den bewußten Inhalt (Angst bzw. Röte) repräsentiert, sondern er liegt in

21

den Systemen, welche die Eingaben für das Bewußtseinssystem liefern. Es gibt nur einen Bewußtseinsmechanismus, aber er kann von trivialen Tatsachen oder auch von hochgradig aufgeladenen Emotionen ausgefüllt werden. Emotionen können unschwer triviale Ereignisse aus dem Bewußtsein verstoßen, während es nichtemotionalen Ereignissen (wie zum Beispiel Gedanken) nicht so leichtfällt, Emotionen zu verdrängen; der Wunsch, ein Angstzustand oder eine Depression möge vergehen, reicht gewöhnlich nicht aus.

- Siebtens: Emotionen sind eher etwas, was uns zustößt, als etwas, dessen Eintreten wir herbeiwünschen. Zwar schaffen Menschen ständig irgendwelche Situationen, um ihre Emotionen in einem bestimmten Sinne zu modulieren – sie gehen ins Kino oder in einen Vergnügungspark, sie essen etwas Leckeres oder konsumieren Alkohol und andere der Entspannung dienende Drogen –, aber dabei werden lediglich äußere Ereignisse so arrangiert, daß die Reize, welche automatisch bestimmte Emotionen auslösen, gegeben sind. Auf unsere emotionalen Reaktionen haben wir kaum einen direkten Einfluß. Wer schon einmal versucht hat, eine Emotion vorzutäuschen, oder wer der Adressat einer vorgetäuschten Emotion war, weiß um die Vergeblichkeit dieses Bemühens. Der bewußte Einfluß auf die Emotionen ist schwach, doch umgekehrt können Emotionen das ganze Bewußtsein überfluten. Der Grund: Die Verdrahtung des Gehirns wurde an dem entsprechenden Punkt unserer Evolutionsgeschichte so gestaltet, daß die Verbindungen von den emotionalen Systemen zu den kognitiven Systemen stärker sind als die Verbindungen in umgekehrter Richtung.

- Schließlich werden Emotionen, sobald sie auftreten, zu mächtigen Motivatoren künftigen Verhaltens. Sie bestimmen ebenso den Kurs des Handelns von einem Moment zum nächsten, wie sie die Segel für langfristige Ziele setzen. Aber unsere Emotionen können uns auch in Schwierigkeiten bringen. Wenn aus Ängstlichkeit Angst wird, das Begehren der Gier weicht oder Ärger zu Zorn wird, Zorn zu Haß, Freundschaft zu Neid, Liebe zu Hörigkeit oder Lust zu Sucht, dann beginnen unsere Emotionen, uns zu schaden. Psychische Gesundheit bewahrt man sich durch emotionale Hygiene, und in psychischen Problemen äußert sich vielfach ein Zusammenbruch der emotionalen Ordnung. Emotionen können sowohl nützliche als auch pathologische Folgen haben.

Als emotionale Wesen, die wir sind, verstehen wir Emotionen als bewußte Erlebnisse. Wenn wir jedoch beginnen, den Emotionen im Gehirn nachzuforschen, erkennen wir, daß die bewußten emotionalen Erlebnisse nur ein Teil und nicht unbedingt die zentrale Funktion der Systeme sind, welche sie erzeugen. Die Liebe oder die Angst, die wir bewußt erleben, wird dadurch nicht weniger real und nicht weniger wichtig. Nur müssen wir, wenn wir verstehen wollen, woher unsere emotionalen Erlebnisse kommen, einen anderen Weg einschlagen, um ihnen auf die Spur zu kommen. Für den Liebenden ist das einzig Wichtige an der Liebe das Gefühl. Wenn man jedoch zu verstehen sucht, was ein Gefühl ist, warum es auftritt, woher es kommt und warum manche es leichter geben und erhalten als andere, dann kann es passieren, daß das Ganze gar nicht viel mit dem Gefühl der Liebe zu tun hat.

Wir werden auf unserer Reise in das emotionale Gehirn viele verschiedene Wege einschlagen. Ausgehen wollen wir von der seltsamen Tatsache, daß die Erforschung der Emotion lange von der Kognitionswissenschaft ignoriert wurde, der bedeutendsten wissenschaftlichen Fachrichtung, die sich heute mit der Natur des Geistes befaßt (2. Kapitel). Die Kognitionswissenschaft faßt den Geist wie einen Computer auf, und sie hat sich von jeher mehr dafür interessiert, wie Menschen und Maschinen logische Probleme lösen oder Schach spielen, als dafür, warum wir manchmal fröhlich und manchmal traurig sind. Anschließend werden wir sehen, daß dieser Mangel auf unglückliche Weise behoben wurde – indem man die Emotionen zu kalten kognitiven Prozessen umdefinierte und sie dabei ihrer leidenschaftlichen Seiten beraubte (3. Kapitel). Gleichzeitig war die Kognitionswissenschaft jedoch sehr erfolgreich, und sie hat einen Rahmen bereitgestellt, der, richtig genutzt, einen unendlich wertvollen Ansatz liefert, um sowohl dem emotionalen als auch dem kognitiven Geist nachzuspüren. Eine der bedeutendsten Einsichten, die dieser Ansatz ermöglicht, besteht darin, daß sowohl die Kognition als auch die Emotion unbewußt zu operieren scheint und nur das Ergebnis der kognitiven bzw. emotionalen Verarbeitung ins Bewußtsein tritt und unseren bewußten Geist ausfüllt, und das auch nur in einigen Fällen.

Auf unserer Reise machen wir sodann halt im Gehirn, um nach dem

System zu suchen, aus dem unsere Emotionen entspringen (4. Kapitel). Wir werden sehen, daß es nicht ein einzelnes Emotionssystem gibt, sondern eine Fülle von Emotionssystemen, die jeweils für einen eigenen funktionalen Zweck entwickelt wurden und je eigene Emotionen erzeugen (5. Kapitel). Diese Systeme, die außerhalb des Bewußtseins operieren, stellen das emotionale Unbewußte dar.

Danach fassen wir ein bestimmtes, ausgiebig erforschtes Emotionssystem ins Auge, das Angstsystem des Gehirns, und schauen, wie es organisiert ist (6. Kapitel). Anschließend erörtern wir den Zusammenhang zwischen dem unbewußten emotionalen Gedächtnis und bewußten Erinnerungen an emotionale Erlebnisse (7. Kapitel). Daraufhin betrachten wir das Versagen von Emotionssystemen, insbesondere des Angstsystems (8. Kapitel). Wir sehen, wie Ängste, Phobien, Panikanfälle und posttraumatische Belastungsstörungen aus den Tiefen des unbewußten Wirkens des Angstsystems aufsteigen. Die Psychotherapie wird als ein Prozeß aufgefaßt, durch den der Neokortex lernt, auf evolutionär alte emotionale Systeme Einfluß zu nehmen (9. Kapitel). Ich schließe mit der auf Tendenzen in der Hirnevolution gründenden Hypothese, daß das Ringen zwischen Denken und Emotion letztlich beendet werden könnte, nicht dadurch, daß neokortikale Kognitionen über emotionale Systeme siegen, sondern durch eine harmonischere Integration von Vernunft und Leidenschaft im Gehirn – eine Entwicklung, die künftigen Menschen erlauben wird, ihre wahren Gefühle besser zu erkennen und sie im Alltag wirksamer zu nutzen.

2
Seelen auf Eis

»Denke, denke, denke.«
Winnie the Pooh[11]

»Ahab denkt nie, er fühlt, fühlt, fühlt nur.«
Herman Melville, *Moby Dick*[12]

Das menschliche Gehirn enthält rund zehn Milliarden Neurone, die auf ungeheuer komplizierte Weise untereinander verdrahtet sind. Es ist schon erstaunlich und verblüffend genug, welche Dinge die elektrischen Funken in diesen Zellen und die chemischen Wechselwirkungen zwischen ihnen bewirken, doch die Erzeugung unserer Emotionen gehört zu ihren erstaunlichsten und verblüffendsten Meisterleistungen.

Wenn wir unsere Aufmerksamkeit nach innen auf unsere Emotionen lenken, finden wir, daß diese verständlich und zugleich rätselhaft sind. Sie sind jene Zustände unseres Gehirns, die wir am besten kennen und deren wir uns mit größter Klarheit erinnern. Doch manchmal wissen wir nicht, woher sie kommen. Sie können sich allmählich oder auch plötzlich ändern, und ihre Anlässe können offensichtlich oder auch undurchsichtig sein. Nicht immer wissen wir, weshalb wir mit dem verkehrten Fuß aus dem Bett gestiegen sind. Die Gründe, weshalb wir nett oder umgekehrt garstig sind, sind manchmal andere als solche, die wir als bestimmend für unser Handeln betrachten. Manchmal reagieren wir auf eine Gefahr, lange bevor wir wissen, daß uns Unheil droht. Es kommt vor, daß wir uns von der ästhetischen Schönheit eines Gemäldes angezogen fühlen, ohne daß wir bewußt verstehen würden, was uns daran gefällt. Unsere Emotionen gehören zwar zum Kern unserer Identität, doch zugleich scheinen sie nach einem eigenen Schema abzulaufen, das oft ohne unsere Zustimmung festgelegt wurde.

Ein Leben ohne Emotionen ist kaum denkbar. Wir leben für sie, indem wir die Umstände so einrichten, daß sie uns Lust und Freude schenken, und indem wir Situationen meiden, die zu Enttäuschung, Kummer oder Leid führen. Der Rock-Kritiker Lester Bangs sagte einmal:»Die einzigen Fragen, die heute gestellt zu werden verdienen, sind, ob die Menschen morgen überhaupt noch Emotionen haben werden und was das für eine Lebensqualität sein wird, sollte die Antwort nein lauten.«[13]

Wissenschaftler haben sich vielfältig darüber geäußert, was Emotionen sind.[14] Für die einen sind Emotionen körperliche Reaktionen, die sich als Teil des Kampfes ums Überleben entwickelt haben. Für andere sind Emotionen mentale Zustände, die dann einsetzen, wenn das Gehirn körperliche Reaktionen »verspürt«. Einer weiteren Ansicht zufolge sind die körperlichen Reaktionen für eine Emotion unwesentlich, weil das, worauf es ankommt, sich ausschließlich im Gehirn abspielt. Emotionen wurden auch schon als Formen des Handelns und als Formen des Redens bezeichnet. In manchen Theorien liegen einer Emotion unbewußte Impulse zugrunde, während andere die Bedeutung bewußter Entscheidungen unterstreichen. Nach einer heute verbreiteten Ansicht sind Emotionen Gedanken über die Situation, in der sich ein Mensch befindet. Nach einer anderen Vorstellung sind Emotionen soziale Konstrukte, Dinge, die sich nicht in den Individuen, sondern zwischen ihnen abspielen.

Eine wissenschaftliche Erklärung der Emotionen wäre etwas Wunderbares. Sie würde uns Einblick in das Wirken der persönlichsten und verborgensten Aspekte des Geistes gewähren, und zugleich würde sie uns zu verstehen helfen, was möglicherweise schiefläuft, wenn dieser Teil des mentalen Geschehens versagt. Doch wie oben schon angedeutet, konnten die Wissenschaftler sich bisher nicht darüber einigen, was eine Emotion ist. So mancher Wissenschaftler hat seine Karriere der Aufgabe gewidmet, die Emotionen zu erklären, wenn er sich nicht sogar von ihr verzehren ließ. Leider könnte es zu den bedeutendsten Äußerungen gehören, die je über die Emotion gemacht wurden, daß jeder weiß, was sie ist, bis man ihn bittet, sie zu definieren.[15]

Man könnte nun denken, daß dieser Sachverhalt uns ernstlich behindert in dem Bemühen, das emotionale Gehirn zu verstehen. Wenn wir schon nicht sagen können, was Emotion ist, wie können wir dann hoffen, herauszufinden, wie das Gehirn sie erzeugt? Doch es geht in diesem Buch nicht darum, einen Wissensbereich (die Psychologie der Emotion) auf einen anderen (die Hirnfunktion) zu übertragen. Es geht vielmehr darum, daß die Erforschung der Hirnfunktion uns erlaubt, die Emotion auf veränderte Weise als einen psychischen Prozeß zu verstehen. Nach meiner Überzeugung können wir diesen rätselhaften Teil des mentalen Geländes aus einer einzigartigen und vorteilhaften Perspektive sehen, wenn wir es von innen, aus dem Nervensystem heraus, betrachten.

Die Psychologie der Emotion will ich dabei keineswegs übergehen. Wir verdanken den Psychologen eine Fülle von Erkenntnissen. Man muß nur entscheiden, welche davon zutreffen und welche geistreich, aber falsch sind. Die Erforschung des emotionalen Gehirns kann uns weitere Erkenntnisse verschaffen, sie kann uns aber darüber hinaus helfen, aus dem Angebot der Psychologen die richtige Auswahl zu treffen. Aspekte der Psychologie der Emotion werden im 3. Kapitel diskutiert.

Ehe wir uns jedoch auf die Psychologie der Emotion einlassen, müssen wir die Stellung der Emotion innerhalb des mentalen Geschehens erkunden, und dazu müssen wir das Wesen der Kognition ergründen, des Partners der Emotion im mentalen Geschehen. Die Erforschung der Kognition – man kann auch schlicht Denken sagen – hat in den letzten Jahren erstaunliche Fortschritte gemacht. Sie liefert uns einen begrifflichen Rahmen und eine Methodologie, die sich als Ansatz für alle Aspekte des Geistes eignet, auch die Emotion. Dieses Kapitel soll deshalb klären, was Kognition ist und wie Emotion und Kognition miteinander zusammenhängen.

Vernunft und Leidenschaft

Seit den alten Griechen haben Menschen es für nötig erachtet, zwischen Vernunft und Leidenschaft, Denken und Fühlen, Kognition und Emotion zu unterscheiden. Man war sogar vielfach der Ansicht, diese gegensätzlichen Aspekte der Seele, wie die Griechen den Geist zu nennen beliebten, führten einen inneren Kampf um die Vorherrschaft über die menschliche Psyche. Platon sagte zum Beispiel, die Leidenschaften, Begierden und Ängste hinderten uns am Denken.[16] Emotionen waren für ihn wie wilde Pferde, die vom Verstand gezügelt werden müssen, den er als einen Wagenlenker auffaßte. Die christliche Theologie hat die Emotionen lange mit Sünde gleichgesetzt, mit Versuchungen, denen man mit Vernunft und Willenskraft zu widerstehen habe, damit die unsterbliche Seele in den Himmel komme. Und in unseren Rechtssystemen werden »Verbrechen aus Leidenschaft« anders behandelt als vorsätzliche Delikte.

Angesichts dieser ehrwürdigen Tradition der Trennung zwischen Vernunft und Leidenschaft ist es eigentlich keine Überraschung, daß es heute eine Disziplin gibt, welche die Rationalität, die sogenannte Kognition, als eigenen Gegenstand erforscht, unabhängig von der Emotion. Diese Disziplin, die Kognitionswissenschaft, versucht zu verstehen, wie wir unsere Welt erkennen und wie wir unser Wissen benutzen, um in ihr zu leben. Sie fragt danach, wie wir in einem bestimmten visuellen Reizmuster, das auf die Netzhaut fällt, einen bestimmten Gegenstand erkennen, einen Apfel zum Beispiel, wie wir die Farbe des Apfels bestimmen, wie wir zu dem Urteil gelangen, welcher von zwei Äpfeln der größere ist, wie wir Arm und Hand steuern, wenn wir einen vom Baum fallenden Apfel auffangen, wie wir uns erinnern, wo wir waren und mit wem wir zusammen waren, als wir zum letztenmal einen Apfel aßen, wie wir es anstellen, wenn wir uns in Abwesenheit eines Apfels einen Apfel vorstellen, wie wir eine Geschichte über einen vom Baum fallenden Apfel erzählen und verstehen oder wie wir uns eine Theorie darüber ausdenken, warum ein Apfel, der vom Baum fällt, sich der Erde nähert und nicht dem Himmel.

Die Kognitionswissenschaft ist relativ jung; sie entstand um die Mitte dieses Jahrhunderts und wird oft als die »neue Wissenschaft des Geistes« bezeichnet.[17] In Wahrheit ist die Kognitionswissenschaft jedoch nur eine Wissenschaft von einem Teil des Geistes, jenem Teil, der mit Denken, Logik und Verstand zu tun hat. Die Emotionen übergeht sie. Ein Geist ohne Emotionen ist aber überhaupt kein Geist. Es handelt sich um Seelen auf Eis – kalte, leblose Geschöpfe, die weder Begierden noch Ängste, weder Kummer noch Leid, noch Freuden kennen.

Wie kam man überhaupt darauf, sich einen Geist ohne Emotionen vorzustellen? Wie konnte ein Fach, das sich ausschließlich mit emotionslosen Geistern befaßt, so erfolgreich sein? Wie bringen wir Emotion und Kognition wieder zusammen? Um diese Fragen zu beantworten, müssen wir schauen, woher die Kognitionswissenschaft kam und worum es ihr überhaupt geht.

Denkende Maschinen

In der Psychologie der ersten Hälfte dieses Jahrhunderts gaben die Behavioristen den Ton an; die subjektiven inneren Zustände des Geistes wie Wahrnehmungen, Erinnerungen und Emotionen waren nach ihrer Ansicht keine geeigneten Gegenstände der Psychologie.[18] Ihnen zufolge sollte die Psychologie nicht das Bewußtsein erforschen, wie es der Fall gewesen war, seit Descartes »Cogito, ergo sum« gesagt hatte[19], sondern beobachtbare Tatsachen: objektiv meßbare Verhaltensweisen. Bewußtsein war für die Behavioristen nicht wissenschaftlich erforschbar, da es subjektiv und (außer durch Introspektion) unbeobachtbar ist. Mentale Zustände bezeichneten sie abwertend als »Geister in der Maschine«.[20] Wer es wagte, von Geist und Bewußtsein zu sprechen, wurde von den Behavioristen mit Spott überschüttet.

Doch um die Mitte des Jahrhunderts begann der Einfluß der Behavioristen in der Psychologie zu schwinden.[21] Inzwischen gab es elektronische Computer, und bald entdeckten Ingenieure, Mathematiker, Philosophen und Psychologen Übereinstimmungen in der Art und Weise, wie Computer Informationen verarbeiten und wie der menschliche Geist funktioniert. Computeroperationen wurden zur Metapher für mentale Funktionen, und es entstand das Fach der künstlichen Intelligenz (KI), das durch Computersimulationen zu einem Modell des menschlichen Geistes gelangen möchte. Wer sich der Vorstellung anschloß, daß der Geist ein Gerät zur Informationsverarbeitung sei, bekam rasch das Etikett Kognitionswissenschaftler angeheftet. Die Kognitionswissenschaft revolutionierte die Psychologie, indem sie die Behavioristen entthronte und den Geist rehabilitierte. Die Wirkung der Kognitionswissenschaft ging jedoch weit über die Psychologie hinaus. Kognitionswissenschaftler findet man heute außer in der Psychologie auch in der Linguistik, der Philosophie, der Computerwissenschaft, der Physik, der Mathematik, der Anthropologie, der Soziologie und der Hirnforschung.

Zu den bedeutendsten theoretischen Entwicklungen der sich etablierenden Kognitionswissenschaft gehörte der Funktionalismus, eine philosophische Auffassung, der zufolge sich in intelligenten Funktionen ein und derselbe grundlegende Prozeß äußert, auch wenn sie von verschiedenen Maschinen ausgeführt werden.[22] Beim Zusammenzählen von 2 + 5 kommt immer 7 heraus, egal, ob ein Computer oder ein Mensch rechnet. Daß beide zum selben Ergebnis kommen, läßt sich

Introspektive Psychologie

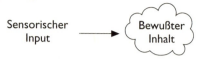

Verhaltenspsychologie

Kognitionswissenschaft

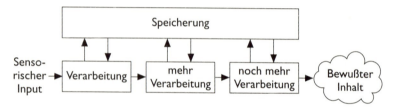

Die *introspektive Psychologie* hat es vorwiegend mit den Inhalten des unmittelbaren bewußten Erlebens zu tun. Der *Behaviorismus* wollte das Bewußtsein nicht als legitimen Forschungsgegenstand der Psychologie anerkennen und behandelte die Vorgänge, die sich zwischen Reizen und Reaktionen abspielen, so, als wären sie in einer Black box verborgen. Die *Kognitionswissenschaft* versucht, die Prozesse zu verstehen, die sich in der Black box abspielen. Diese Prozesse laufen zumeist unbewußt ab. Indem sie sich mit Prozessen statt mit bewußten Inhalten befaßte, ließ die Kognitionswissenschaft ein Bild des Geistes wiederaufleben, das nicht ganz dem vom Behaviorismus bekämpften Bild entsprach. Doch zunehmend kümmern sich die Kognitionswissenschaftler sowohl um die Mechanismen des Bewußtseins als auch um die unbewußten Prozesse, aus denen manchmal bewußte Inhalte hervorgehen. (Das untere Bild basiert auf Abb. 1 in: U. Neisser [1976], *Cognition and Reality*, San Francisco: W. H. Freeman.)

nicht mit der Verwendung von ähnlicher Hardware erklären – Gehirne sind aus biologischem Material, Computer aus elektronischen Teilen aufgebaut. Das übereinstimmende Resultat kann nur auf einem übereinstimmenden Prozeß beruhen, der auf einer funktionalen Ebene abläuft. Die Hardware in beiden Maschinen ist völlig unterschiedlich, doch könnte die Software, das von beiden ausgeführte Programm, die gleiche sein. Für den Funktionalismus verhält sich der Geist also zum Gehirn wie ein Computerprogramm zur Computerhardware.

Unter dem Banner des Funktionalismus konnten die Kognitionswissenschaftler die funktionale Organisation des Geistes erforschen, ohne sich um die Hardware zu kümmern, welche die funktionalen Zustände erzeugt. Nach funktionalistischer Auffassung ist die Kognitionswissenschaft ein eigenständiges Fach; sie erfordert nicht, daß wir irgend etwas über das Gehirn wissen. Diese Überlegung verlieh dem Fach ein starkes Gefühl der Unabhängigkeit. Gleichgültig, ob sie Experimente mit Menschen machen oder Computersimulationen des menschlichen Geistes benutzen – viele Kognitionswissenschaftler sind heute Funktionalisten.

Es war eine naheliegende Annahme, daß das Bewußtsein durch die kognitive Revolution wieder seine alte Stellung als Hauptthema der Psychologie erhalten würde. Doch das geschah nicht. Zwar kehrte der Geist in die Psychologie zurück, aber nicht als der allwissende bewußte Geist, den Descartes postuliert hatte. Was nicht bewußt war, das war für Descartes nicht geistig; nach ihm wurden Geist und Bewußtsein zu Synonymen.[23] Kognitionswissenschaftler neigen vielmehr dazu, mit dem Geist nicht bewußte *Inhalte*, sondern unbewußte *Prozesse* zu verknüpfen. Und indem sie das Bewußtsein fortließ, klammerte die Kognitionswissenschaft jene bewußten Zustände aus, die wir Emotionen nennen. Weshalb das so kam, werden wir noch sehen. Wenden wir uns einstweilen der unbewußten Natur kognitiver Prozesse zu.

31

Dieser philosophischen Auffassung zufolge sind mentale Funktionen (Denken, Schlußfolgern, Planen, Fühlen) funktionale und nicht physikalische Zustände. Wenn Mensch und Computer 2 + 5 zusammenzählen und 7 herausbekommen, dann kann das übereinstimmende Ergebnis nicht auf der übereinstimmenden physikalischen Zusammensetzung beruhen, sondern nur auf einer funktionalen Äquivalenz der entsprechenden Prozesse. Deshalb ist es möglich, anhand von Computersimulationen mentale Prozesse zu untersuchen. Im Prinzip könnte es sogar einen körperlosen Geist geben. (Basierend auf J. A. Fodor, »The Mind-Body-Problem«. *Scientific American* [Januar 1981], Bd. 244, S. 118.)

Das kognitive Unbewußte

Von der Vorstellung ausgehend, daß der Geist ein Instrument zur Informationsverarbeitung sei, zielte die Kognitionswissenschaft vor allem darauf, die funktionelle Organisation der Prozesse zu verstehen, auf denen mentale Vorgänge beruhen und aus denen sie hervorgehen, und nicht so sehr die Natur des Bewußtseins und seiner subjektiven Inhalte. Damit Sie einen Apfel, der sich vor Ihnen im Raum befindet, bewußt wahrnehmen, muß der Apfel in Ihrem Gehirn repräsentiert sein, und diese Repräsentation muß dem bewußten Teil Ihres Geistes zugänglich gemacht werden. Erzeugt wird die mentale Repräsentation des von Ihnen bewußt wahrgenommenen Apfels jedoch durch das unbewußte Wirken eines mentalen Getriebes. Bewußte Inhalte entspringen, worauf Karl Lashley vor langer Zeit hinwies, der Verarbeitung, und die Verarbeitung selbst nehmen wir keinesfalls bewußt wahr, sondern nur das Ergebnis.[24] Um diese mentalen Prozesse geht es in der Kognitionswissenschaft. Wenngleich Kognitionswissenschaftler bisweilen sagen, das Bewußtsein sei das Endergebnis der Verarbeitung, sind sie in der Regel doch weit stärker an den zugrundeliegenden Prozessen als an den Bewußtseinsinhalten interessiert, die während der Verarbeitung und als deren Ergebnis auftreten. Diese Bevorzugung der unbewußten *Prozesse* gegenüber dem bewußten *Inhalt* prägt die Arbeitsweise der Kognitionswissenschaft.[25] Anhänger extremer Versionen des Funktionalismus sind der Ansicht, diese Prozesse ließen sich genausogut in jedem Gerät untersuchen, welches das vorliegende funktionale Problem zu lösen vermag, ob es nun aus Neuronen, elektrischen Komponenten, mechanischen Teilen oder Stöcken und Steinen besteht.[26]

Der Psychologe John Kihlstrom prägte den Begriff des »kognitiven Unbewußten«, um die verborgenen Prozesse zu bezeichnen, mit denen die Kognitionswissenschaft sich vornehmlich befaßt hat.[27] Es geht dabei um Prozesse von ganz unterschiedlicher geistiger Komplexität, von der routinemäßigen Analyse der physischen Merkmale von dargebotenen Reizen durch unsere Sinnesorgane über die Erinnerung an frühere Ereignisse und das grammatisch korrekte Sprechen bis hin zur inneren Vorstellung von nicht vorhandenen Gegenständen, zur Entscheidungsfindung und mehr.

Kognitionswissenschaftler verwerfen, wie Freud vor ihnen, die von Descartes überlieferte Auffassung, Geist und Bewußtsein seien identisch. Das kognitive Unbewußte ist jedoch nicht identisch mit dem Freudschen oder dem dynamischen Unbewußten.[28] Es besagt lediglich, daß vieles von dem, was der Geist tut, sich außerhalb des Bewußtseins abspielt, wohingegen das dynamische Unbewußte mehr ein dunkler, übler Ort ist, an den emotional aufgeladene Erinnerungen verfrachtet werden, um dort mentale Dreckarbeit zu verrichten. Bis zu einem gewissen Grad kann das dynamische Unbewußte im Sinne kognitiver Prozesse verstanden werden,[29] doch schließt der Begriff des kognitiven Unbewußten diese dynamischen Operationen nicht ein. Wir werden auf das dynamische Unbewußte noch zurückkommen. Hier geht es uns jedoch um das zahmere kognitive Unbewußte, worunter Prozesse verstanden werden, die das Tagwerk des Geistes abwickeln, ohne daß sich das Bewußtsein darum kümmern muß. Dafür ein paar Beispiele.

Die erste Ebene, auf der das Nervensystem einen äußeren Reiz analysiert, gilt den physischen Merkmalen des Reizes. Diese untergeordneten Prozesse laufen außerhalb der bewußten Wahrnehmung ab.[30] Das Gehirn hat zum Beispiel Mechanismen zur Berechnung von Form, Farbe, Lage und Bewegung von Gegenständen, die wir sehen, oder der Lautstärke, Tonhöhe und Herkunft von Tönen, die wir hören. Wir können ohne weiteres angeben, welches von zwei Objekten näher oder welcher von zwei Tönen lauter ist, aber wir können nicht erklären, welche Operationen das Gehirn ausgeführt hat, um uns diese Feststellungen zu ermöglichen. Bewußten Zugang haben wir zu dem Ergebnis der Berechnung, nicht aber zu der Berechnung selbst. Auf der Verarbeitung physischer Reizmerkmale beruhen alle anderen Aspekte der Wahrnehmung, einschließlich unseres Bewußtseins, etwas wahrzunehmen. Es ist auch gut so, daß wir von diesen Prozessen nichts merken, denn wenn wir das alles mit angestrengter Konzentration machen müßten, wären wir mit den Berechnungen so beschäftigt, daß wir gar nicht mehr dazu kämen, etwas wahrzunehmen.

Auf der Grundlage seiner Analyse der physischen Merkmale von Reizen beginnt das Gehirn, eine Bedeutung zu konstruieren. Damit Sie erkennen können, daß der Gegenstand, den Sie sehen, ein Apfel ist, müssen die physischen Merkmale des Reizes ihren Weg in Ihre Langzeitgedächtnis-Datenbanken finden. Die Information über den Reiz wird dort mit gespeicherten Informationen über ähnliche Objekte verglichen und als ein Apfel klassifiziert; dies erlaubt Ihnen, zu »wissen«, daß Sie einen Apfel vor sich haben, und vielleicht führt es sogar dazu, daß Sie sich an frühere Erlebnisse mit Äpfeln erinnern. Das Endergebnis ist die Schaffung bewußter Erinnerungen (bewußter Inhalte), allerdings über Prozesse, zu denen Sie kaum bewußten Zugang haben. Wahrscheinlich können Sie sich erinnern, was es gestern zum Abendessen gab, aber Sie werden vermutlich nicht erklären können, wie das Gehirn es angestellt hat, diese Information hervorzuholen. Auch die rätselhafteste aller Kognitionen, die geistige Vorstellung, ist das Ergebnis unbewußter Prozesse. Ein Beispiel: Der Kognitionspsychologe Stephen Kosslyn bat Versuchspersonen, eine imaginäre Insel zu zeichnen, die bestimmte Objekte (Baum, Hütte, Fels usw.) enthalten sollte.[31] Anschließend bat er sie, sich den Lageplan der Insel vorzustellen und sich auf eines der Objekte zu konzentrieren. Bei der Nennung eines Testwortes mußten die Versuchspersonen eine Taste drücken, um anzuzeigen, ob das Wort eines der Objekte auf der Karte bezeichnete. Die Verzögerung, mit der die Taste gedrückt wurde, war direkt abhängig von der Entfernung zwischen dem durch das Testwort bezeichneten Objekt und dem gedachten Objekt. Kosslyn folgerte daraus, daß das Gehirn die geometrischen Abstände innerhalb von geistigen Vorstellungen berechnet. Die Versuchspersonen führten diese Berechnungen aber nicht bewußt aus. Sie antworteten nur durch Drücken einer Taste. Die Arbeit wurde von dem unbewußt operierenden Gehirn erledigt.

Aus der Tatsache, daß Ihr Gehirn eine Leistung vollbringt, folgt noch nicht, daß Sie wissen, wie es das gemacht hat. Es ist schon seltsam, daß das Gehirn unbewußt geometrische Probleme lösen kann, aber stellen Sie sich einmal vor, was für automatische Berechnungen erst im Gehirn ablaufen müssen, wenn wir am Lenkrad drehen, um mit 100 Stundenkilometern in eine Kurve zu fahren, oder noch besser, was für Prozesse im Nervensystem von Brieftauben oder Honigbienen vor sich gehen, wenn sie auf Nahrungssuche in die Welt hinausfliegen und anschließend mit Hilfe eines inneren Kompasses mühelos wieder zurückfinden.

Die Sprache, das bevorzugte Verhaltensinstrument des Bewußtseins, ist gleichfalls ein Produkt unbewußter Prozesse.[32] Die grammatische Struktur der Sätze, die wir äußern, wird nicht bewußt von uns geplant. Dafür reicht die Zeit einfach nicht aus. Nicht alle von uns sind große Redner, aber meistens ist das, was wir sagen, sprachlich korrekt. Daß wir beim Sprechen im großen und ganzen der Grammatik folgen, ist eines der vielen Dinge, die das kognitive Unbewußte für uns erledigt.

Das kognitive Unbewußte ist auch bei komplizierten Urteilen über die mentalen Ursprünge von Überzeugungen und Handlungen im Spiel. 1977 erschien ein äußerst interessanter Aufsatz von Richard Nisbett und Timothy Wilson:»Telling More Than We Can Know: Verbal Reports on Mental Processes«.[33] Die Autoren ließen Versuchspersonen in sorgfältig arrangierten Situationen agieren, um sie hinterher nach den Gründen ihres Verhaltens zu fragen. Zum Beispiel wurden mehrere Paar Strümpfe auf einem Tisch ausgebreitet. Die weiblichen Versuchspersonen durften diese Strümpfe eingehend untersuchen und dann entscheiden, welche ihnen am besten gefielen. Auf Befragen begründeten sie ihre Auswahl mit allerlei wunderlichen Erklärungen: die Strümpfe fühlten sich gut an, sie seien hauchdünn usw. Sie wußten nicht, daß alle Strümpfe von gleicher Machart waren. Sie glaubten, aufgrund ihrer inneren Urteile über die Qualität der Strümpfe entschieden zu haben. In dieser und einer Fülle anderer Untersuchungen zeigten Nisbett und Wilson, daß Menschen sich oft über die inneren Ursachen ihrer Handlungen und Meinungen täuschen. Gewiß wurden von den Versuchspersonen immer Gründe angegeben, aber nicht aufgrund eines ihnen vorbehaltenen Zugangs zu den Prozessen, die ihrer Entscheidung zugrunde lagen; vielmehr äußerten sich darin soziale Konventionen oder eine Vorstellung davon, was in solchen Situationen erwartet wird, oder es waren blanke Vermutungen. Laut Nisbett und Wilson kommt es im wirklichen Leben nicht selten vor, daß Menschen mit ihrer Introspektion den Nagel auf den Kopf treffen, weil die Reize, die Anlaß ihres Verhaltens oder ihrer Meinung sind, sich als plausible Ursachen anbieten. Fehlt es aber an solchen plausiblen, ins Auge springenden Reizen, denken die Menschen sich Begründungen aus, an die sie dann auch selbst glauben. Das innere Funktionieren wichtiger Aspekte des Geistes, darunter auch die Gründe unseres Handelns, wie wir sie verstehen, ist für das bewußte Selbst also nicht unbedingt erkennbar.[34] Verbale Berichte über die introspektive Analyse des eigenen Geistes sind, wenn man sie als wissenschaftliche Daten verwendet, mit großer Vorsicht zu genießen.

Ungefähr zu derselben Zeit, in der Nisbett und Wilson ihre Versuche machten, führten Michael Gazzaniga und ich Untersuchungen an Split-Brain-Patienten durch, die uns zu einer ähnlichen Schlußfolgerung brachten.[35] Aus früheren Untersuchungen von Gazzaniga und anderen war bekannt, daß eine Information, die nur einer Hemisphäre eines Split-Brain-Patienten dargeboten wird, der anderen nicht zur

Verfügung steht.[36] Wir nutzten das als Modell dafür, wie das Bewußtsein mit Informationen umgeht, die von einem unbewußten mentalen System generiert werden. Wir veranlaßten also die rechte Hemisphäre aufgrund einer Anweisung, die nur ihr zuging, zu einer Reaktion. Die linke Hemisphäre beobachtete diese Reaktion, kannte aber nicht deren Anlaß. Nun fragten wir den Patienten nach dem Grund seines Handelns. Da nur die linke Hemisphäre sprechen konnte, äußerte sich in dem, was er sagte, das Situationsverständnis dieser Hemisphäre. Die linke Hemisphäre erfand immer wieder neue Erklärungen, so als kenne sie den Grund der Reaktion. Wir gaben der rechten Hemisphäre zum Beispiel die Anweisung zu winken, und der Patient winkte. Als wir ihn fragten, warum er gewinkt habe, sagte er, er meine, einen Bekannten gesehen zu haben. Als wir die rechte Hemisphäre anwiesen zu lachen, erklärte er auf unsere Frage nach dem Grund, wir seien komische Typen. Grundlage der verbalen Erklärungen waren die hervorgerufenen Reaktionen, nicht aber ein Wissen von ihren Gründen. Der Patient lieferte, genau wie Nisbetts und Wilsons Versuchspersonen, Situationserklärungen, so als habe er introspektiven Einblick in den Grund seines Verhaltens, obwohl er ihn in Wahrheit nicht hatte. Wir folgerten daraus, daß die Menschen, was immer sie tun, aus Gründen handeln, derer sie sich nicht bewußt sind (weil das Verhalten von Hirnsystemen ausgelöst wird, die unbewußt operieren), und daß eine der Hauptaufgaben des Bewußtseins darin besteht, unser Leben zu einer in sich stimmigen Geschichte, einem Selbstkonzept, zu bündeln. Es leistet dies dadurch, daß es Verhaltenserklärungen generiert, deren Grundlage unser Selbstbild, Erinnerungen an die Vergangenheit, Erwartungen für die Zukunft, die aktuelle soziale Situation und die physische Umgebung bilden, in der das Verhalten ausgelöst wird.[37]

Zwar ist am kognitiven Unbewußten noch vieles unklar,[38] doch soviel scheint sicher: Ein Großteil des mentalen Geschehens spielt sich außerhalb der bewußten Wahrnehmung ab. Wir können durch Introspektion Zugang zum Ergebnis der Verarbeitung (in Gestalt des bewußten Inhalts) haben, aber nicht in allen Fällen führt die Verarbeitung zu einem bewußten Inhalt. Wenn die Reizverarbeitung nicht in Gestalt eines bewußten Inhalts zum Bewußtsein gelangt, kann sie gleichwohl implizit oder unbewußt (siehe 7. Kapitel) gespeichert werden und später auf Denken und Verhalten bedeutenden Einfluß haben.[39] Außerdem – und das verdient hervorgehoben zu werden – gibt es eine simultane Informationsverarbeitung in getrennten Systemen, die teils einen bewußten Inhalt erzeugen, teils auch nicht, was dazu führt, daß wir in einigen Systemen eine bewußte Repräsentation haben und in anderen eine unbewußte Repräsentation. In manchen Fällen können wir introspektiv in die Systeme vordringen, die bewußte Repräsentationen erzeugen und benutzen, und sie verbal beschreiben, aber um die ungeheuer vielfältigen unbewußten Facetten des Geistes zu erforschen, ist die Introspektion kein sehr taugliches Werkzeug. Das ist ein sehr wichtiger Punkt, wenn wir im nächsten Kapitel zum emotionalen Unbewußten kommen.

Die Kognitionswissenschaft war unglaublich erfolgreich in ihrer erklärten Aufgabe, die Informationsverarbeitung zu begreifen, worunter, wie wir jetzt wissen, die unbewußte Verarbeitung von Informationen zu verstehen ist. Inzwischen haben wir ausgezeichnete Modelle dafür, wie wir die Welt auf geordnete Weise wahrnehmen, wie wir uns vergangener Ereignisse erinnern, wie wir uns nicht gegenwärtige Reize vorstellen, wie wir unsere Aufmerksamkeit auf einen Reiz konzentrieren und dabei viele andere ignorieren, wie wir logische Probleme lösen, wie wir auf der Grundlage unvollständiger Informationen Entscheidungen treffen, wie wir über unsere Ansichten, Einstellungen und Verhaltensweisen Urteile fällen, und für viele weitere Funktionen des Geistes.[40] Da die mit diesen Funktionen verbundene Informationsverarbeitung sich weitgehend unbewußt vollzieht, konnte sich die Kognitionswissenschaft einen Luxus erlauben, der früheren Formen des Mentalismus versagt blieb: Sie konnte in der Erforschung des Geistes vorankommen, ohne erst das Problem des Bewußtseins definieren zu müssen.[41] Das heißt nicht, daß das Bewußtsein irrelevant oder unwichtig wäre. Es ist so wichtig, daß es, wenn es in der Vergangenheit zur Sprache kam, die wissenschaftliche Erforschung des Geistes vollständig dominierte. Inzwischen sind die Wissenschaftler jedoch darauf gekommen, daß die unbewußten Aspekte des Geistes ebenfalls wichtig sind. Es könnte sogar so sein, daß man das Bewußtsein erst dann versteht, wenn man die unbewußten Prozesse erforscht, die es ermöglichen. Insofern scheint die Kognitionswissenschaft auf dem richtigen Wege zu sein. Auf die Frage des Bewußtseins und speziell des emotionalen Bewußtseins werden wir im 9. Kapitel zurückkommen.

Die psychische Gesundheit von Maschinen

Der *kognitive Geist* (der Geist, der von Kognitionswissenschaftlern erforscht wird) kann einige sehr interessante und komplizierte Dinge tun. Er kann zum Beispiel so gut Schach spielen, daß sogar echte Großmeister in Verlegenheit kommen.[42] Der kognitive Geist empfindet beim Schachspielen jedoch keinen Antrieb, zu gewinnen. Er freut sich nicht, wenn er seinen Partner schachmatt setzt, noch ist er bekümmert oder ärgerlich, wenn er eine Partie verliert. Nichts lenkt ihn ab, weder, daß bei einem großen Spiel Zuschauer zugegen sind, noch, daß ihm plötzlich siedendheiß einfällt, daß er mit der Hypothekenzahlung im Verzug ist, oder daß er mal muß. Man kann den kognitiven Geist sogar so programmieren, daß er beim Schach mogelt, wobei er aber keine Schuldgefühle hat.

Bei den Versuchen, die Kognitionswissenschaft zu definieren, stößt man auffällig oft auf die Aussage, daß sie sich nicht mit der Emotion befaßt. So zählt Howard Gardner in *Dem Denken auf der Spur. Der Weg der Kognitionswissenschaft* die geringe Bewertung von affektiven oder emotionalen Faktoren zu den fünf Definitionsmerkmalen der Kognitionswissenschaft.[43] Ulric Neisser erklärt in *Cognitive Psychology*, seinem einflußreichen Lehrbuch von 1968, daß das Fach nicht von den dynamischen Faktoren (wie den Emotionen) handele, die Verhalten motivieren.[44] In *The Language of Thought*, einem für die Philosophie der Kognitionswissenschaft bahnbrechenden Buch, bezeichnet Jerry Fodor Emotionen als mentale Zustände, die aus dem Bereich der kognitiven Erklärung herausfallen.[45] Und in einem Buch mit dem Titel *What Is Cognitive Science?* sagt Barbara von Eckardt, die meisten Kognitionswissenschaftler betrachteten die Erforschung der Emotionen nicht als Bestandteil ihres Faches.[46] Jeder dieser Kognitionswissenschaftler wies darauf hin, daß emotionale Faktoren wichtige Aspekte des Geistes seien, betonte aber auch, daß Emotionen mit dem kognitiven Herangehen an den Geist nichts zu tun hätten.

Was hat die Emotion an sich, daß Kognitionswissenschaftler sich genötigt glaubten, sie von der Aufmerksamkeit, der Wahrnehmung, dem Gedächtnis und anderen als den »eigentlichen« kognitiven Funktionen absondern zu müssen? Weshalb wurde die Emotion von der Rehabilitierung des Geistes ausgeschlossen, die mit der kognitiven Revolution in der Psychologie stattfand?

Zunächst haben, wie schon bemerkt, Philosophen und Psychologen es seit Jahrtausenden sinnvoll gefunden, Denken und Fühlen, Kognition und Emotion als besondere Facetten des Geistes voneinander zu unterscheiden. Und im Anschluß an Philosophen wie Bertrand Russell[47] verbreitete sich Anfang des 20. Jahrhunderts eine Auffassung, der zufolge Denken eine Art von Logik ist, von der wir dank Fodor heute wissen, daß sie die Sprache des Denkens ist.[48] Als die Computermetapher aufkam, fand man, daß sie sich besser für logische Denkprozesse eigne als für sogenannte *unlogische* Emotionen. Doch die Kognition ist, wie wir sehen werden, nicht so logisch, wie man einmal geglaubt hat, und Emotionen sind nicht immer gar so unlogisch.

KI-Forscher erkannten bald, daß Problemlösungsmaschinen Wissen benötigen – Problemlöser mit einer untadeligen Logik, aber ohne Fakten kamen nicht sehr weit.[49] Doch Wissen war in diesen Modellen lediglich eine Krücke für die Logik. Mittlerweile glaubt man, daß das Denken normalerweise nicht den Regeln der reinen Logik folgt.[50] Daß es sich so verhält, hat Philip Johnson-Laird durch seine Forschungen nachgewiesen.[51] Er untersuchte die Fähigkeit von Menschen, aus Aussagen wie »Alle Künstler sind Imker. Alle Imker sind Chemiker« logische Folgerungen zu ziehen. Er fand, daß sie sehr häufig logisch ungültige Folgerungen zogen, woraus man folgern kann, daß der menschliche Geist, wenn er denn eine formallogische Maschine ist, eine ziemlich schlechte ist. Die Menschen sind Johnson-Laird zufolge durchaus rational, nur gelangen sie nicht durch die formalen Gesetze der Logik zu ihrer Rationalität. Wir benutzen, wie Johnson-Laird sagt, mentale Modelle, hypothetische Beispiele, die wir unseren realen Erfahrungen oder gedachten Situationen entnehmen. Zu einer ähnlichen Ansicht, wenn auch aus einem anderen Blickwinkel, gelangten Amos Tversky und Daniel Kahneman.[52] Sie zeigten, daß Menschen zur Lösung von Alltagsproblemen ihr implizites Verständnis vom Funktionieren der Welt benutzen und sich oft lieber auf Vermutungen verlassen, die durch eine gewisse Sachkenntnis gestützt sind, als auf die formalen Prinzipien der Logik. Der Ökonom Robert Frank geht jedoch noch weiter.[53] Oft werden Entscheidungen ihm zufolge gar nicht rational getroffen: »Viele Schritte, die in voller Kenntnis ihrer Folgen vorsätzlich unternommen werden, sind irrational. Es ginge den Menschen besser, wenn sie sie unterließen, und das wissen sie.« Er nennt Beispiele: Manche führen einen endlosen Papierkrieg, um für Warenmängel eine geringe Rückvergütung zu erhalten, oder sie setzen sich einem Schneesturm aus, um eine Stimme abzugeben, die den Ausgang der Wahl kaum beeinflußt. Frank zitiert Jorge Luis Borges, der den britisch-argentinischen Krieg um die Falklandinseln so charakterisierte: »zwei Glatzköpfe, die sich um einen Kamm streiten«; damit ist alles gesagt. Wenn Kognition nicht gleich Logik und gelegentlich auch unlogisch ist, dann könnte es sein, daß die Kluft zwischen Emotion und Kognition nicht gar so tief ist, wie man ursprünglich dachte. Viele Emotionen sind der Weisheit der Evolution zu verdanken, die vermutlich mehr Intelligenz besitzt als alle Menschen zusammen. Die Evolutionspsychologen John Tooby und Leda Cosmides behaupten, der heutige emotionale Zustand des Individuums sei weitgehend aus der Geschichte unserer Spezies zu erklären.[54] Was ist daran irrational, wenn man auf eine Gefahr mit einer Reaktion antwortet, die von der Evolution vervollkommnet wurde? Daniel Goleman nennt in seinem letzten Buch eine Fülle von Beispielen emotionaler Intelligenz.[55] Lebenserfolg hängt Goleman zufolge in gleichem – oder höherem – Maße von einem hohen EQ (emotionalen Quotienten) ab wie von einem hohen IQ (Intelligenzquotienten). Natürlich können entgleiste Emotionen irrationale oder gar pathologische Folgen haben, aber Emotionen als solche sind nicht unbedingt irrational. Aristoteles sah im Zorn eine vernünftige Reaktion auf eine Beleidigung, und etliche Philosophen sind ihm darin gefolgt.[56] Auch der Neurologe Antonio Damasio unterstreicht in seinem Buch *Descartes' Irrtum* die Rationalität der Emotion.[57] Wichtig sei, daß man seinem inneren Gefühl folgt, wenn man Entscheidungen trifft. Die KI, die anfangs sehr erfolgreich logische Prozesse konstruierte, ist in neueren Modellen weit über diesen vollkommen wirklichkeitsfremden Ansatz hinausgegangen, und es gibt sogar Versuche, bestimmte Aspekte der Emotion nachzubilden. Einige Programme verwenden emotionale *Skripts* oder *Schemata* (eingebaute Informationen darüber, was in bestimmten Situationen – zum Beispiel bei Baseballspielen, in Schulklassen oder bei geschäftlichen Besprechungen – wahrscheinlich passieren wird) als Hilfen für den Entscheidungsprozeß und das Handeln; andere versuchen die Prozesse zu simulieren, mittels derer Menschen die emotionale Bedeutung von Reizen abschätzen; wieder andere versuchen, auf der Grundlage unseres Verständnisses vom emotionalen Gehirn ein Modell der Verarbeitung von Emotionen zu entwickeln.[58] Die Unterscheidung zwischen logisch und unlogisch oder rational und irrational ist nicht sehr scharf, wenn es darum geht, die Emotion von der Kognition zu trennen, jedenfalls kann man auf diese Weise nicht sauber definieren, worum es in einer Wissenschaft vom Geist geht.

Der zweite Grund, warum die Emotion in der kognitiven Revolution nicht rehabilitiert wurde, liegt vielleicht darin, daß Emotionen von alters her als subjektive Bewußtseinszustände galten. Wenn man sich fürchtet, wenn man zornig oder glücklich ist, bemerkt man, daß man eine spezielle Art von Erlebnis hat, ist man sich dieses Erlebnisses bewußt. Computer haben (jedenfalls nach Ansicht der meisten) keine Erlebnisse, sondern verarbeiten Informationen. Solange die Kognitionswissenschaft eine Wissenschaft von der Informationsverarbeitung und nicht eine Wissenschaft von bewußten Inhalten war, paßte die Emotion als ein Aspekt des Bewußtseins nicht sonderlich gut in das Programm. Doch wie wir im 9. Kapitel sehen werden, befaßt sich die Kognitionswissenschaft in letzter Zeit mehr und mehr mit dem Bewußtsein. Die Ausflucht, Emotionen seien subjektive Zustände, ist deshalb irrelevant geworden. Freilich hätte man dem Einwand der Subjektivität nie großes Gewicht beilegen sollen. Das Erleben einer Emotion ist im Grunde nicht subjektiver als das Erleben der Röte eines Apfels oder die Erinnerung an das Essen eines Apfels. Die Erforschung der Wahrnehmung oder des Gedächtnisses wurde nicht durch die Tatsache aufgehalten, daß diese Hirnfunktionen subjektive Begleiterscheinungen haben, und Gleiches sollte für die Erforschung der Emotion gelten.

Wie wir im nächsten Kapitel sehen werden, faßt man subjektive emotionale Zustände – wie auch alle anderen Bewußtseinszustände – am besten als Endergebnis einer unbewußt ablaufenden Informationsverarbeitung auf. Wir können untersuchen, wie das Gehirn unbewußt Informationen verarbeitet, wenn visuelle Reize wahrgenommen werden und diese Information als Anleitung zum Handeln benutzt wird; genauso können wir untersuchen, wie das Gehirn unbewußt die emotionale Bedeutung von Reizen verarbeitet und diese Information benutzt, um das Verhalten entsprechend der emotionalen Bedeutung der Reize zu steuern. Wenn wir untersuchen, wie das Gehirn visuelle Reize verarbeitet, hoffen wir, dadurch besser zu verstehen, wie es die damit verbundenen subjektiven Wahrnehmungserlebnisse erzeugt; wenn wir entsprechend untersuchen, wie das Gehirn emotionale Informationen verarbeitet, hoffen wir, dadurch besser zu verstehen, wie es emotionale Erlebnisse erzeugt. Das heißt nicht, daß wir Computer darauf programmieren werden, diese Erlebnisse zu haben. Vielmehr wollen wir Ideen aus der Informationsverarbeitung als theoretisches Gerüst benutzen, um bewußte Erlebnisse, darunter auch subjektive emotionale Empfindungen, zu verstehen, auch wenn solche Erlebnisse keine rechnerischen Zustände von Computern sind.[59] Mehr darüber, wenn wir im 9. Kapitel zum Bewußtsein kommen. Die Emotion hätte also durchaus in den kognitiven Bezugsrahmen gepaßt. Die Frage ist, ob man sie in die Kognitionswissenschaft hätte einbeziehen sollen oder ob man jetzt die Grenzen der Kognitionswissenschaft erweitern und die Emotion einbeziehen sollte, so daß der gesamte Geist unter ein großes theoretisches Dach käme. Einige Kognitionswissenschaftler haben die Bedeutung der Emotion schon immer anerkannt. So meinte zum Beispiel der KI-Pionier Herbert Simon[60] in den frühen sechziger Jahren, kognitive Modelle müßten Emotionen berücksichtigen, um wenigstens näherungsweise die Realität des menschlichen Geistes zu beschreiben, und in jenen Jahren regte der Sozialpsychologe Robert Abelson[61] an, die Kognitionspsychologie solle sich »heißen Kognitionen« zuwenden, im Gegensatz zu den »kalten« logischen Prozessen, mit denen sie sich bis dahin befaßt hatte. Philip Johnson-Laird und George Miller, zwei führende Kognitionspsychologen, äußerten sich in den siebziger Jahren im gleichen Sinne.[62] Und Alan Newell, ein anderer KI-Pionier, schrieb kürzlich in bezug auf die Emotionen: »Bislang sind diese Phänomene noch nicht auf befriedigende Weise in die Kognitionswissenschaft integriert. Dabei ist das System der Säuger eindeutig als ein emotionales System aufgebaut.«[63] Endlich zeigen diese Äußerungen führender Kognitionswissenschaftler Wirkung – immer mehr Kognitionswissenschaftler interessieren sich für Emotionen. Der Haken ist nur: statt daß die Kognition aufgeheizt wurde, wurde die Emotion dabei abgekühlt; in den kognitiven Modellen wurden die Emotionen – ausgefüllt mit und erklärt durch Gedanken – der Leidenschaft beraubt (Näheres zur kognitiven Theorie der Emotion und ihren leidigen Konsequenzen im nächsten Kapitel).

Letztlich kann man also die Prozesse, die sowohl der Emotion als auch der Kognition zugrunde liegen, mit denselben Konzepten und experimentellen Werkzeugen erforschen. Es geht in beiden Fällen um eine unbewußte Informationsverarbeitung und (manchmal) um die Erzeugung von bewußten Inhalten auf der Basis dieser Verarbeitung. Andererseits erscheint es jedoch nicht gänzlich gerechtfertigt, die Emotion der Kognitionswissenschaft zuzuordnen. Die experimentelle

Erforschung des Geistes sollte in einem Rahmen erfolgen, der den Geist in seiner ganzen Herrlichkeit erfaßt. Die künstliche Abtrennung der Kognition vom Rest des Geistes war in den Anfängen der Kognitionswissenschaft sehr sinnvoll, und sie hat einer neuen Auffassung des Geistes zum Durchbruch verholfen. Nun ist es jedoch an der Zeit, die Kognition wieder in ihren mentalen Kontext zu rücken, um Kognition und Emotion wieder innerhalb des Geistes zu vereinen. Der menschliche Geist hat sowohl Gedanken als auch Emotionen, und es wird nie recht befriedigend sein, das eine ohne das andere zu erforschen. Der bedeutende Psychologe Ernest Hilgard drückt es sehr treffend aus, wenn er sagt, daß die Geschwisterrivalität für die kindliche Entwicklung ebenso wichtig sei wie die Reifung der Denkprozesse.[64] Der natürliche Thronerbe des vereinigten Königreichs von Kognition und Emotion ist die »Geistwissenschaft«. Man erweist der Erforschung von Kognition und Emotion einen schlechten Dienst, wenn man sie als Kognitionswissenschaft bezeichnet.

Geist, Körper, Emotion

Die Vorstellungen darüber, was der Geist sei, haben sich immer wieder geändert, seit den frühen Griechen, von denen etliche der Rationalität großen Wert beimaßen, aber zu der Ansicht neigten, der Geist habe sowohl erkennbare als auch unerkennbare Facetten. Descartes definierte den Geist neu und bezog nur das ein, was uns bewußt ist, so daß Geist und Bewußtsein für ihn identisch waren. Da nur der Mensch als mit Bewußtsein begabt galt, wurden andere Tiere als geistlose Wesen betrachtet. Dadurch, daß er das Unbewußte zum Sitz primitiver Triebe und Emotionen machte, trug Freud dazu bei, wieder eine mentale Brücke zwischen Tier und Mensch herzustellen, brachte er beide in ein Kontinuum, bei dem es aber mehr um Verhaltensweisen als um mentale Funktionen ging. Die Kognitionswissenschaft ließ die griechische Idee des Geistes wiederaufleben, die den Geist als Vernunft und Logik sieht. Und da die mentalen Zustände, mit denen sich die Kognitionswissenschaft in den Anfängen befaßte, auf den Regeln der Logik beruhten, welche eng an das menschliche Sprachvermögen geknüpft ist, hielt die Kognitionswissenschaft eine Zeitlang sehr wenig von der Idee, daß Tiere Geist besitzen. Man fand mehr Gefallen an der Vorstellung, der menschliche Geist sei eine sorgfältig gestaltete Maschine, als an der Vorstellung, der Geist sei ein biologisches Organ mit einer evolutionären Geschichte.

Die Erkenntnis, daß es eine unbewußte Informationsverarbeitung gibt, und die wiedergewonnene Einsicht, daß Geist mehr ist als nur Kognition, haben dazu geführt, daß wichtige Bereiche des mentalen Geschehens beim Menschen und bei anderen Tieren wieder als ein Kontinuum gesehen werden; Kognitionswissenschaftler wurden dadurch ermutigt, geistige Funktionen nicht als vollkommene Abstraktionen zu behandeln, sondern im Rahmen der Maschine zu erforschen, in der diese Funktionen ablaufen. Gegen die Auffassung der Funktionalisten, ein Modell des Geistes lasse sich konstruieren, ohne daß man zu wissen braucht, wie das Gehirn funktioniert, haben die Philosophin Patricia Churchland und der computerorientierte Neurowissenschaftler Terrence Sejnowski argumentiert: »Die Natur ist erfinderischer als wir. Und all diese schöpferische Kraft und Findigkeit wird uns auch weiterhin entgehen, wenn wir die neurobiologischen Erkenntnisse nicht beachten. Tatsache ist, daß *die Evolution es uns bereits vorgemacht hat.* Was spricht dagegen, daß wir erforschen, wie diese erstaunliche Maschine, unser Gehirn, tatsächlich funktioniert?«[65]

Im Hinblick auf die Kognition war es relativ leicht, die funktionalistische Auffassung zu akzeptieren oder doch zu tolerieren, wonach der Geist ein Programm ist, das auf jeder beliebigen (mechanischen, elektronischen, biologischen) Maschine laufen kann. Die für die Kognition relevante biologische Maschine ist natürlich das Gehirn. Und daß das Gehirn ein kognitiver Computer sei, ist mittlerweile ein Gemeinplatz. Doch bei den Emotionen funktioniert das Gehirn, anders als bei den Kognitionen, gewöhnlich nicht unabhängig vom Körper. Viele, wenn nicht die meisten Emotionen sind mit körperlichen Reaktionen verbunden.[66] Zwischen Kognitionen und Handlungen besteht dagegen kein solcher Zusammenhang. Von der Kognition angeregte Reaktionen sind auf eine beliebige Weise mit der Kognition verknüpft. Das macht zum Teil die Stärke der Kognition aus – Kognitionen erlauben uns, flexibel zu sein, zu entscheiden, wie wir in einer Situation reagieren wollen. Die Kognition bedient sich solcher Reaktionen, sie sind aber nicht wichtig für sie. Die Fähigkeit, Sprache zu verstehen – eine der höchsten Formen der Kognition und zugleich jene Form von Kognition, welche aufs engste mit bestimmten Ausdrucksreaktionen verbunden ist –, funktioniert ausgezeichnet bei Menschen, die diese

Fähigkeit in ihrem ganzen Leben noch nicht sprachlich auszudrücken vermochten. Doch im Fall der Emotion ist die körperliche Reaktion ein integraler Bestandteil des gesamten emotionalen Prozesses. William James, der Vater der amerikanischen Psychologie, bemerkte einmal, es sei schwer, sich Emotionen unabhängig von ihren körperlichen Ausdrucksformen vorzustellen.[67] Wir kennen unsere Emotionen dadurch, daß sie (willkommen oder nicht) in unser Bewußtsein dringen. Doch entwickelt haben sich die Emotionen nicht als bewußte Empfindungen. Sie entwickelten sich als verhaltensmäßige und physiologische Spezialisierungen, als vom Gehirn gesteuerte körperliche Reaktionen, die den Organismen, von denen wir abstammen, erlaubten, in einer feindlichen Umwelt zu überleben und sich fortzupflanzen. Wenn die biologische Maschine der Emotion – nicht aber der Kognition – notwendig den Körper einschließt, dann muß die Maschine, auf der die Emotion laufen kann, eine andere sein als jene, auf der die Kognition laufen kann. Selbst wenn man das funktionalistische Argument (daß die Art der Hardware gleichgültig sei) für den kognitiven Aspekt des Geistes gelten lassen könnte (und es ist nicht klar, daß man das kann), so scheint es für die emotionalen Aspekte des Geistes jedenfalls nicht zu gelten (da es bei der Emotion sehr wohl auf die Art der Hardware ankommt).

Würde man einen Computer so programmieren, daß er Bewußtsein hätte, so wäre das ein wichtiger erster Schritt dahin, ihn so zu programmieren, daß er ein regelrechtes emotionales Empfinden hätte, da die Gefühle, an denen wir unsere Emotionen erkennen, dann auftreten, wenn wir uns des unbewußten Wirkens emotionaler Systeme im Gehirn bewußt werden. Doch selbst wenn man einen Computer so programmieren könnte, daß er Bewußtsein hätte, könnte man ihn doch nicht so programmieren, daß er eine Emotion hätte, weil ihm dafür die passende Zusammensetzung fehlt, die nicht aus dem raffinierten Zusammenbau menschlicher Artefakte entsteht, sondern in Jahrmilliarden der biologischen Evolution entstanden ist.

3
Blut, Schweiß und Tränen

»Meine Liebe war so heiß, daß sie mir fast die
Kochtöpfe zum Platzen gebracht hätte.«
Davy Crockett,
A Narrative of the Life of Davy Crockett[68]

Die Kognitionswissenschaft ist zwar über das Thema der Emotion geflissentlich hinweggegangen, doch die Wissenschaftler, die sich mit der Emotion befassen, haben die Kognition keineswegs ignoriert. Verführt vom intellektuellen Reiz der Kognitionswissenschaft, haben an der Emotion interessierte Psychologen sogar versucht, Emotionen durch kognitive Prozesse zu erklären. Nach dieser Auffassung gibt es gar keinen Unterschied zwischen Emotion und Kognition – Emotionen sind nichts anderes als Gedanken über Situationen, in denen wir uns befinden. Zwar hatte dieser Ansatz gewisse Erfolge zu verzeichnen, aber um einen hohen Preis. Die kognitiven Theorien tauschten das Leidenschaftliche der Emotion gegen Gedanken über sie aus und machten damit aus den Emotionen kalte, leblose Geisteszustände. Ihres Temperaments beraubt, bezeichnen die in Kognitionen verwandelten Emotionen nichts, jedenfalls nichts besonders Emotionales. Unsere Emotionen sind voller Blut, Schweiß und Tränen, aber in der modernen kognitiven Forschung über Emotionen merkt man davon nichts. Da die Emotionsforschung nicht immer so war, müssen wir nach den Gründen dieses Wandels fragen.

Körperwärme

Warum laufen wir fort, wenn wir merken, daß wir in Gefahr sind? Weil wir uns vor dem fürchten, was passieren wird, wenn wir es nicht tun. Diese naheliegende (und unzutreffende) Antwort auf eine scheinbar

Reiz ──────────▶ **? ? ?** ──────────▶ **Gefühl**

Eines der Hauptziele der Emotionsforschung war es, die Prozesse zu ermitteln, die zwischen dem Erscheinen eines emotionenerregenden Reizes und den von ihm ausgelösten bewußten Emotionen (Gefühlen) auftreten. Leider sind bei der Verfolgung dieses Ziels andere, ebenso wichtige Ziele vernachlässigt worden.

triviale Frage war vor hundert Jahren Gegenstand einer Debatte über die Natur unserer Emotionen. Sie begann damit, daß William James 1884 einen Artikel mit dem Titel »What Is an Emotion?« veröffentlichte.[69] Er erschien in einer philosophischen Zeitschrift namens *Mind*, da es noch keine Zeitschriften für Psychologie gab. Die Bedeutung des Artikels beruhte nicht darauf, daß James die von ihm aufgeworfene Frage entschieden beantwortete, sondern auf der Art und Weise, wie er seine Antwort formulierte. Eine Emotion war für ihn eine Reihe von Vorgängen, die mit dem Auftreten eines erregenden Reizes beginnt und mit einem leidenschaftlichen Gefühl, einem bewußten emotionalen Erlebnis, endet. Noch immer ist es ein wesentliches Ziel der Emotionsforschung, diese Reiz-Gefühl-Sequenz zu erhellen, herauszufinden, welche Prozesse zwischen dem Reiz und dem Gefühl ablaufen.

Um seine Frage zu beantworten, stellte James zunächst eine weitere: Laufen wir vor einem Bären weg, weil wir uns fürchten, oder fürchten wir uns, weil wir laufen? Er hielt die naheliegende Antwort, daß wir laufen, weil wir uns fürchten, für falsch und sprach sich dafür aus, daß wir uns fürchten, weil wir laufen:

Unsere natürliche Auffassung über… Emotionen ist, daß die mentale Wahrnehmung einer Tatsache die mentale Affektion hervorruft, die wir Emotion nennen, und daß dieser letztere Geisteszustand den körperlichen Ausdruck verursacht. Meine These lautet dagegen, daß die körperlichen Veränderungen unmittelbar der WAHRNEHMUNG der erregenden Tatsache folgen und daß unser Empfinden dieser Veränderungen, während sie auftreten, die Emotion IST.[70]

Im Kern war James' Vorschlag einfach. Er ging von der Tatsache aus, daß Emotionen oft mit körperlichen Reaktionen einhergehen (Herzrasen,

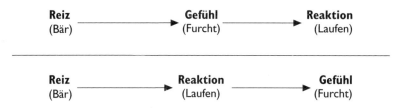

Die moderne Ära brach in der Emotionsforschung an, als James sich fragte, ob Gefühle emotionale Reaktionen verursachen oder umgekehrt. Mit seiner Antwort, daß Reaktionen Gefühle verursachen, gab er den Anstoß zu einer seit hundert Jahren geführten Debatte darüber, woher die Gefühle kommen. Die Frage, woher dann die Reaktionen rühren, ist leider vielfach übergangen worden.

Magenkrampf, schwitzende Handflächen, Muskelanspannung usw.) und daß wir das, was in unserem Körper vor sich geht, genauso empfinden können wie das, was in der Außenwelt vor sich geht. James zufolge werden Emotionen anders empfunden als andere Geisteszustände, weil sie mit diesen körperlichen Reaktionen verbunden sind, die innere Empfindungen hervorrufen, und die einzelnen Emotionen werden unterschiedlich empfunden, weil sie mit unterschiedlichen körperlichen Reaktionen und Empfindungen einhergehen. Wir laufen zum Beispiel weg, wenn wir James' Bären sehen. Während dieser Flucht erlebt der Körper eine physiologische Umwälzung: Der Blutdruck steigt, der Herzschlag beschleunigt sich, die Pupillen weiten sich, die Handflächen schwitzen, die Muskeln ziehen sich auf eine bestimmte Weise zusammen. Andere emotionale Situationen führen zu andersartigen körperlichen Umwälzungen. Die physiologischen Reaktionen werden jeweils in Gestalt körperlicher Empfindungen ans Gehirn zurückgemeldet, und

Das Problem der Reiz-Gefühl-Abfolge löste James mit der Vorstellung, daß die Rückmeldung von den Reaktionen die Gefühle bestimmt. Da den unterschiedlichen Emotionen unterschiedliche Reaktionen entsprechen, fällt die Rückmeldung zum Gehirn jeweils anders aus; sie ist James zufolge dafür verantwortlich, was wir in der jeweiligen Situation empfinden.

die spezifische Beschaffenheit der sensorischen Rückmeldung verleiht der jeweiligen Emotion ihre spezifische Qualität. Furcht wird anders empfunden als Zorn oder Liebe, weil sie eine andere physiologische Signatur besitzt. Der mentale Aspekt der Emotion, das Gefühl, ist ein Sklave ihrer Physiologie, nicht umgekehrt: Wir zittern nicht, weil wir uns fürchten, und wir weinen nicht, weil wir traurig sind; wir fürchten uns, weil wir zittern, und wir sind traurig, weil wir weinen.

Kampf oder Flucht

James' Theorie beherrschte die Psychologie der Emotion, bis sie von Walter Cannon, einem bedeutenden Physiologen, der die körperlichen Reaktionen bei Hunger und heftigen Emotionen erforscht hatte, in den zwanziger Jahren in Zweifel gezogen wurde.[71] Cannon entwickelte aufgrund seiner Forschungsergebnisse das Konzept der »Notfallreaktion«, einer spezifischen physiologischen Reaktion des Körpers, die in einem Zustand auftritt, in dem physische Kraft aufgewendet werden muß. Nach Cannons Hypothese wird der Blutstrom zu den Körperteilen umgeleitet, die in einer Notsituation aktiv werden, so daß der mit dem Blut transportierte Energievorrat zu den Muskeln und Organen gelangt, auf die es ankommt. Beim Kampf zum Beispiel brauchen die Muskeln mehr Energie als die inneren Organe (während eines Kampfes kann die für die Verdauung verwendete Energie zugunsten von Muskelenergie geopfert werden). Die Notfallreaktion, auch »Kampf-oder-Flucht-Reaktion« genannt, ist somit eine adaptive Reaktion, die in Erwartung und im Dienste eines Kraftaufwands eintritt, wie es in emotionalen Zuständen oft der Fall ist.

Cannon glaubte, daß die körperlichen Reaktionen, aus denen sich die Notfallreaktion zusammensetzt, vom sympathischen Nervensystem vermittelt werden, das einen Teil des autonomen Nervensystems (ANS) bildet. Das ANS ist ein den Körper durchziehendes Geflecht von Nervenzellen und -fasern, das in Reaktion auf Befehle, die vom Gehirn kommen, die Aktivität der inneren Organe und Drüsen, das sogenannte innere Milieu, steuert. Zu Cannons Zeit wußte man, daß die typischen körperlichen Anzeichen emotionaler Erregung – zum Beispiel Herzklopfen und feuchte Handflächen – durch die Aktivierung des sympathischen Teils des ANS zustande kommen, das, wie man annahm, einförmig agiert, gleichgültig, wie oder warum es aktiviert wurde. Aus dieser vermeintlichen Einförmigkeit des sympathischen Reaktionsmechanismus folgerte Cannon, daß die mit unterschiedlichen Emotionen einhergehenden physiologischen Reaktionen dieselben sein müßten, gleichgültig, welcher emotionale Zustand jeweils erlebt wird. In der Frage, weshalb wir unterschiedliche Emotionen verschieden empfinden, konnte James folglich nicht recht haben, da alle Emotionen Cannon zufolge dieselbe ANS-Signatur haben.[72] Cannon bemerkte außerdem, daß die ANS-Reaktionen zu langsam sind, um Ursache der Gefühle sein zu können – wenn die Reaktionen auftreten, empfinden wir die Emotion bereits. Selbst wenn die einzelnen Emotionen eine unterschiedliche körperliche Signatur hätten, wäre diese also zu langsam, um dafür verantwortlich zu sein, daß wir in einer bestimmten Situation Liebe, Haß, Furcht, Freude, Zorn oder Ekel empfinden. Die Antwort auf das Rätsel der Emotion ist Cannon zufolge einzig im Gehirn zu suchen, und sie verlangt nicht, daß das Gehirn die körperliche Reaktion »deutet«, wie James gesagt hatte.[73] Die Ansichten von James und Cannon über die neuralen Zusammenhänge werden wir im nächsten Kapitel erörtern, und auf das Problem des Beitrags der Rückmeldung vom Körper zum emotionalen Erlebnis werden wir im 9. Kapitel zurückkommen.

Die Rückmeldung des Körpers war nach Cannons Auffassung nicht für die Unterschiede zwischen den Emotionen verantwortlich, spielte aber trotzdem eine wichtige Rolle insofern, als sie den Emotionen ihre charakteristische Dringlichkeit und Intensität verlieh. Darüber, was die einzelnen Emotionen voneinander unterscheidet, waren James und Cannon verschiedener Meinung, doch stimmten sie wohl darin überein, daß es die körperlichen Reaktionen sind, aufgrund deren die Emotionen anders empfunden werden als andere (nichtemotionale) Geisteszustände.

Leidenschaften als Motive

Während in der Psychologie die Behavioristen den Ton angaben, galten Emotionen ebenso wie andere mentale Vorgänge als Handlungen in bestimmten Situationen.[74] Man versuchte gar nicht oder doch kaum, die Entstehung von bewußten emotionalen Erlebnissen zu erklären, da diese nicht als legitimer Gegenstand wissenschaftlicher Untersuchung anerkannt waren. Die Reiz-Gefühl-Sequenz war einfach kein Thema. Die Emotion als subjektiver Zustand wurde von den Behavioristen sogar vielfach als ein Musterbeispiel jener verschwommenen Ideen genannt, auf die man in einer wissenschaftlichen Psychologie zu verzichten habe. Sie galt ihnen als eine der herausragenden mentalen Fiktionen – als »Geist in der Maschine« –, die Psychologen erfunden hatten, weil sie anders das Verhalten nicht zu erklären vermochten.[75]

Das alles begann sich jedoch Anfang der sechziger Jahre zu ändern. Stanley Schachter und Jerome Singer, Sozialpsychologen an der Columbia-Universität, machten die Frage, woher unsere Emotionen kommen, wieder zum Thema und schlugen eine neue Lösung für die James-Cannon-Debatte vor.[76] Schachter und Singer hielten wie James die körperliche Erregung und deren Rückmeldung für eine entscheidende Bedingung eines emotionalen Erlebnisses, aber nicht ganz so, wie James es gedacht hatte. Und sie teilten die Auffassung Cannons, daß die physiologische Rückmeldung unspezifisch sei. Auf der Woge der kognitiven Revolution reitend, die inzwischen tief in die meisten Gebiete der Psychologie vorgedrungen war, argumentierten sie, daß die Lücke zwischen der unspezifischen Rückmeldung und den spezifisch erlebten Emotionen von Kognitionen (Gedanken) ausgefüllt wird.

Schachter und Singer gingen von der Annahme aus, daß die physiologischen Reaktionen der Emotion (feuchte Handflächen, Herzklopfen, Muskelanspannung) unser Gehirn darüber informieren, daß ein Zustand gesteigerter Erregung vorliegt. Freilich zeigen diese Reaktionen, da sie bei unterschiedlichen Emotionen gleich sind, nicht an, welcher Art unser Erregungszustand ist. Aus Informationen über die physische und soziale Umgebung, in der wir uns befinden, und einem Wissen darüber, welche Emotionen in den jeweiligen Situationen auftreten, leiten wir eine Etikettierung des Erregungszustands ab und identifizieren ihn als Furcht, Liebe, Trauer, Zorn oder Freude. Auf diese Etikettierung des Erregungszustands geht Schachter und Singer

Reiz ──────▶ **Erregung** ──────▶ **Kognition** ──────▶ **Gefühl**

Schachter und Singer nahmen wie Cannon an, daß die Rückmeldung nicht hinreichend spezifisch sei, um die Emotion zu bestimmen, die wir in einer gegebenen Situation empfinden, teilten aber die Ansicht von James, daß sie dennoch wichtig sei. Die Rückmeldung von körperlicher Erregung, meinten sie, ist ein verläßlicher Indikator, daß etwas Wichtiges passiert, auch wenn sie nicht exakt signalisiert, was passiert. Wenn wir (durch Rückmeldung) eine körperliche Erregung bemerken, gibt uns das Anlaß, unsere Umgebung genauer zu prüfen. Anhand unserer kognitiven Lagebeurteilung ordnen wir dann die Erregung ein. Die Einordnung der Erregung bestimmt die Emotion, die wir empfinden. Für Schachter und Singer sind es also Kognitionen, welche die Lücke zwischen der Unspezifität der körperlichen Rückmeldung und den Gefühlen schließen.

zufolge die Spezifizität der von uns erlebten Emotion zurück. Emotionale Gefühle entstehen, anders gesagt, dadurch, daß wir uns emotional mehrdeutige körperliche Zustände mit Hilfe kognitiver Interpretationen (sogenannter Attributionen) erklären und ihnen aus verschiedenen äußeren und inneren Ursachen eine zuweisen.

Aus der Theorie von Schachter und Singer ließ sich die Vorhersage ableiten, daß es bei der Erzeugung einer mehrdeutigen physiologischen Erregung möglich sein müsse, die Art der Emotion, welche eine Versuchsperson erlebt, durch entsprechende Gestaltung des sozialen Umfeldes zu beeinflussen. Zur Überprüfung dieser Hypothese injizierten Schachter und Singer den Versuchspersonen Adrenalin, das durch Aktivierung des sympathischen Teils des ANS künstlich eine physiologische Erregung hervorruft. Anschließend wurden die Versuchspersonen einer angenehmen, einer unangenehmen oder einer emotional neutralen Situation ausgesetzt. Wie vorhergesagt, änderte sich die Stimmung bei den Personen, die Adrenalin erhalten hatten, in Abhängigkeit vom Umfeld, nicht aber bei einer Kontrollgruppe, die Placebo-Injektionen erhalten hatte: Wurden die mit Adrenalin behandelten Personen einer erfreulichen Situation ausgesetzt, empfanden sie frohe Gefühle, wurden sie einer unerfreulichen Situation ausgesetzt, fühlten sie sich traurig, und in einer neutralen Situation empfanden sie nichts Besonderes. Eine künstliche Erregung ergab in Verbindung mit sozialen Hinweisen spezifische Emotionen. Wenn auf natürliche Weise eine emotional mehrdeutige physiologische Erregung in Anwesenheit von realen emotionalen Reizen auftritt, dann wird, so die Schlußfolgerung, das erregte Gefühl aufgrund sozialer Hinweise etikettiert. Emotionen entstehen also aus der kognitiven Interpretation von Situationen.

Ein anderer Sozialpsychologe, Stuart Valins, versuchte die Natur der Wechselwirkung zwischen Kognition, Erregung und Emotion durch Experimente zu erhellen.[77] Die Versuchspersonen erhielten unzutreffende Informationen über die Reaktion ihres Körpers auf eine Situation. Zum Beispiel wurden männlichen Versuchspersonen Bilder von halb entblößten Frauen gezeigt. Dabei wurden ihnen Töne zugespielt, die angeblich anzeigten, wie schnell ihr Herz schlug. Valins manipulierte das Tempo unabhängig von der wirklichen Herzfrequenz, so daß einige Bilder mit einer hohen, andere einer niedrigen vorgetäuschten Herzfrequenz gezeigt wurden. Bei der anschließenden Beurteilung fanden sie jene Bilder, die mit einer hohen Herzfrequenz assoziiert worden waren, attraktiver, obwohl ihre Herzfrequenz bei der Darbietung der Bilder nicht hoch gewesen war. Valins' Folgerung: Zu einem emotionalen Erlebnis kann das physiologische Geschehen nur beitragen, wenn es kognitiv repräsentiert ist. Bei der Erzeugung von Gefühlen ist es nicht die physiologische Erregung selbst, sondern ihre kognitive Repräsentation, die mit Gedanken über die Situation wechselwirkt.

An der Theorie von Schachter und Singer und der daran anknüpfenden Forschung wurde vielfach Kritik geübt.[78] Die eigentliche Wirkung dieser Arbeit bestand jedoch weniger darin, daß sie erklärte, woher unsere Emotionen kommen, als vielmehr darin, daß sie eine alte Idee wiederaufleben ließ, die in den philosophischen Schriften von Aristoteles, Descartes und Spinoza implizit enthalten ist, nämlich daß Emotionen möglicherweise kognitive Interpretationen von Situationen sind.[79] Schachter und Singer verpackten diese Idee so, daß sie sich nahtlos in das kognitive Pandämonium einfügte, das in der Psychologie allgegenwärtig war. Wie erfolgreich sie waren, zeigt sich daran, daß die Psychologie der Emotion sich bis heute hauptsächlich mit der Rolle der Kognition in der Emotion befaßt.

54

Die große Kälte

Irgend etwas fehlte in der von Schachter und Singer verfochtenen kognitiven Theorie. Sie versuchte zu erklären, was wir mit emotionalen Reaktionen machen, nachdem sie einmal da sind (wenn man merkt, daß das Herz rast und Schweiß auf die Stirn tritt, während man sich anschickt, vor einem Bären im Wald auszureißen, etikettiert man sein Erlebnis als Furcht), aber sie erklärte nicht, wodurch die Reaktion überhaupt zustande kommt. Offensichtlich muß das Gehirn feststellen, daß der Bär eine Gefahrenquelle ist, und es muß für die der Gefahr angemessenen Reaktionen sorgen. Die emotionale Tätigkeit des Gehirns ist also schon voll im Gang, wenn der Mechanismus von Schachter und Singer das Seine beisteuert. Womit aber beginnt das Ganze? Was veranlaßt uns, vor einer Gefahr wegzulaufen? Was kommt zwischen dem Reiz und der Reaktion? Der Bewertungstheorie zufolge sind es kognitive Bewertungen, die diese Lücke schließen.

Das Bewertungskonzept wurde von Magda Arnold in einem einflußreichen Buch über die Emotion entwickelt, das ungefähr in jener Zeit erschien, in der Schachter und Singer ihre Experimente machten.[80] Als Bewertung definierte sie die mentale Einschätzung des möglichen Schadens oder Nutzens einer Situation; die Emotion sei die »empfundene Tendenz« zu etwas hin, das als gut bewertet wird, oder von etwas fort, das als schlecht bewertet wird. Der Bewertungsprozeß selbst vollzieht sich zwar unbewußt, doch seine Folgen werden als emotionales Gefühl im Bewußtsein registriert.

James' Geschichte vom Bären im Wald würde in Arnolds Interpretation folgendermaßen lauten: Wir nehmen den Bären wahr und bewerten ihn unbewußt, und die von uns erlebte Furcht resultiert aus der Tendenz, fortzulaufen. Anders als für James muß die Reaktion für Arnold nicht eintreten, damit wir das entsprechende Gefühl haben – ein Gefühl setzt kein wirkliches Handeln voraus, sondern nur eine Handlungstendenz. Emotionen unterscheiden sich also von nichtemotionalen Geisteszuständen dadurch, daß bei ihrer Verursachung Bewertungen eine Rolle spielen, und voneinander unterscheiden sich die einzelnen Emotionen dadurch, daß unterschiedliche Bewertungen unterschiedliche Handlungstendenzen hervorrufen, die ihrerseits unterschiedliche Gefühle zur Folge haben.

Sobald das Bewertungsergebnis im Bewußtsein als Gefühl registriert ist, wird es nach Arnolds Ansicht möglich, über das Erlebnis

| Reiz | ⟶ | Bewertung | ⟶ | Handlungs-
tendenz | ⟶ | Gefühl |

Arnolds These war: Damit ein Reiz eine emotionale Reaktion oder ein emotionales Gefühl erzeugen kann, muß das Gehirn zunächst die Bedeutung des Reizes bewerten. Bewertungen führen dann zu Handlungstendenzen. In diesem Modell werden die bewußten Gefühle mit der empfundenen Tendenz erklärt, sich begehrenswerten Objekten und Situationen zu nähern und von nicht begehrenswerten zu entfernen. Die Bewertungen können bewußt und unbewußt vorgenommen werden; auf jeden Fall haben wir hinterher bewußten Zugang zu den Bewertungsprozessen.

nachzudenken und zu beschreiben, was während des Bewertungsprozesses vor sich ging. Möglich ist das Arnold zufolge deshalb, weil Menschen introspektiven Zugang zu (eine bewußte Wahrnehmung von) dem inneren Geschehen ihres Geistes haben, besonders zu den Ursachen ihrer Emotionen. Arnold nimmt an, daß wir nach einem emotionalen Erlebnis Zugang zu den unbewußten Prozessen haben können, aus denen die Emotion hervorging. Diese Annahme ist, wie wir sehen werden, anfechtbar.

Andere Forscher machten sich in den sechziger Jahren das Bewertungskonzept zu eigen. Einer von ihnen war der klinische Psychologe Richard Lazarus, der mit Hilfe dieses Konzepts verstehen wollte, wie Menschen auf Streßsituationen reagieren und mit ihnen fertig werden.[81] Seine Studien zeigten eindeutig, daß Interpretationen von Situationen stark die erlebte Emotion beeinflussen. In einem klassischen Experiment wurde ein grausiges Beschneidungsritual an jugendlichen australischen Ureinwohnern im Film vorgeführt. Für eine Gruppe von Versuchspersonen wurden die blutrünstigen Einzelheiten verbal aufgebauscht, für andere Gruppen dagegen durch den Kommentar heruntergespielt beziehungsweise intellektualisiert. Die erste Gruppe, für die die grausigen Einzelheiten hervorgehoben wurden, hatte stärkere ANS-Reaktionen, und ihren Selbstauskünften zufolge fühlten sie sich hinterher schlechter als die beiden anderen Gruppen, obwohl die aufwühlenden Filmbilder für alle dieselben waren. Die unterschiedlichen Kommentare, so Lazarus, veranlaßten die Versuchspersonen, den Film unterschiedlich zu bewerten, und das führte dazu, daß die Situation unterschiedlich empfunden wurde. Lazarus meinte, Emotionen ließen sich sowohl automatisch (unbewußt) als auch bewußt auslösen, betonte aber die Rolle höherer Denkprozesse und des Bewußtseins, besonders bei der Bewältigung bereits eingetretener emotionaler Reaktionen. Seine Position zusammenfassend, sagte er kürzlich:»Die Kognition ist eine sowohl notwendige als auch hinreichende Bedingung der Emotion.«[82] Für alle, die kognitiv an die Emotion herangehen, ist die Bewertung nach wie vor der Angelpunkt.[83] Die entsprechende Forschung geht, Arnold folgend, überwiegend von der Annahme aus, daß man über Bewertungen am meisten herausbekommt, indem man die Versuchspersonen auf altmodische Art bittet, sich selbst zu beobachten und festzustellen, was ihnen durch den Kopf ging, als sie ein emotionales Erlebnis hatten. In einer bedeutenden Untersuchung dieser der Emotion vorausgehenden Bewertungsprozesse haben Craig Smith und Phoebe Ellsworth die Versuchspersonen gebeten, an ein an Emotionswörter (Stolz, Zorn, Furcht, Ekel, Glück usw.) geknüpftes früheres Erlebnis zurückzudenken und es anhand mehrerer Kriterien (Erfreulichkeit, aufgewendete Mühe, Selbst- und Fremdbeteiligung, Aufmerksamkeitsniveau, Kontrollierbarkeit usw.) zu bewerten.[84] Nach ihren Beobachtungen ließen sich die Erlebnisse, deren man sich durch Nachdenken über Emotionswörter erinnerte, auf das Zusammenspiel mehrerer Bewertungen zurückführen. Stolz trat zum Beispiel typischerweise in Situationen auf, die als erfreulich erlebt wurden und mit geringer Anstrengung, aber sehr gespannter Aufmerksamkeit und persönlicher Verantwortung verbunden waren, während Zorn als unerfreulich erlebt wurde und mit großer Anstrengung sowie mangelnder Kontrolle einherging und ein anderer verantwortlich war. Die Emotionen der Menschen, so Smith und Ellsworth, hängen eng mit der kognitiven Bewertung ihrer Umstände zusammen, und sie lassen sich erforschen, indem man Menschen bittet, an die Eigenart dieser

Reiz ——————▶ **Bewertung** ——————▶ **Gefühl**

Viele Psychologen sind heute im Anschluß an Arnold bereit, die Bedeutung von Bewertungsprozessen bei emotionalen Erscheinungen anzuerkennen, machen sich aber nicht unbedingt Arnolds Gleichsetzung von emotionalen Gefühlen mit Handlungstendenzen zu eigen. Deshalb schlägt das hier gezeigte allgemeine Bewertungsmodell vor, die Lücke zwischen Reiz und Gefühl mit Bewertungen zu füllen.

oder jener Emotion zurückzudenken. Diese und andere Forscher nehmen an, daß die Information, die beim Zurückdenken an ein emotionales Erlebnis benutzt wird, von derselben Art sei wie die Information, die das Gehirn bei der Erzeugung der emotionalen Erlebnisse benutzt.[85]

Die Bewertungstheorien kamen der Wahrheit meines Erachtens sehr nahe: Die Bewertung eines Reizes ist eindeutig der erste Schritt in der Einleitung einer emotionalen Episode; Bewertungen erfolgen unbewußt; die Emotion schließt Handlungstendenzen und körperliche Reaktionen ebenso ein wie bewußte Erlebnisse. Doch an zwei Stellen sind die Bewertungstheorien von dem Weg zum Verständnis des emotionalen Geistes abgekommen. Erstens haben sie ihre Beurteilung von Bewertungsprozessen weitgehend auf Selbstauskünfte gestützt, auf introspektive verbale Überlegungen. Die Introspektion liefert, wie wir im letzten Kapitel gesehen haben, oft nur ein verschwommenes Bild vom Wirken des Geistes. Und wenn es bezüglich der Emotionen etwas gibt, das wir von der Introspektion her sehr genau wissen, dann die Tatsache, daß wir oft im dunkeln tappen, wenn es um die Gründe unserer Befindlichkeit geht. Zweitens haben die Bewertungstheorien den Beitrag kognitiver Prozesse zur Emotion überbewertet und dadurch den Unterschied zwischen Emotion und Kognition verwischt. Da die Kognitionswissenschaft als Wissenschaft vom Geist wesentlich daran krankt, daß sie die Emotion nicht berücksichtigt (siehe 2. Kapitel), ist es nicht erstaunlich, daß eine kognitive Annäherung an die Emotion dieselbe Schwäche aufweist – indem sie die Kognition als Erklärung der Emotion hervorhebt, vernachlässigt sie die spezifischen Aspekte, durch die sich die Emotion von jeher von der Kognition unterschieden hat.

Der Psychologe, der aus der Kälte kam

Um 1980 gab es bezüglich der Emotion praktisch nur einen Theorieansatz, den kognitiven. Das änderte sich jedoch nach dem Erscheinen eines Aufsatzes des Sozialpsychologen Robert Zajonc: »Feeling and Thinking; Preferences Need No Inferences«.[86] In einer logischen Argumentation und anhand von raffinierten Experimenten zeigte er sehr überzeugend, daß Präferenzen (das sind einfache emotionale Reaktio-

Reiz ──────────▶ **Unbewußter** ──────────▶ **Gefühl**
                    Affekt

Im Gegensatz zu vielen Psychologen hat Zajonc behauptet, der Affekt gehe der Kognition voraus und sei von ihr unabhängig. Darüber wurde heftig debattiert. Klar scheint inzwischen zu sein, daß eine emotionale Verarbeitung stattfinden kann, ohne daß wir bewußt etwas davon bemerken. Doch ob Emotion und Kognition unabhängig voneinander sind, ist eine ganz andere Frage.

nen) ohne bewußte Registrierung der Reize entstehen können. Die Emotion, so Zajonc, habe folglich den Primat gegenüber der Kognition (könne vor ihr existieren) und sei unabhängig von ihr (könne ohne sie existieren). Der kognitive Ansatz in der Emotionsforschung war damit noch nicht am Ende, sondern konnte sich weiterhin behaupten, denn ein Großteil der Bewertungsforschung erfolgte in den Jahren nach Erscheinen von Zajoncs Aufsatz. Dennoch hatte Zajonc starken Einfluß, und er hielt den Gedanken wach, daß eine Emotion mehr ist als eine Kognition.

Zajonc faßte die Ergebnisse mehrerer Experimente zusammen, bei denen er und seine Kollegen sich ein von ihm entdecktes psychologisches Phänomen zunutze gemacht hatten, den Effekt der bloßen Darbietung. Zeigt man Versuchspersonen unbekannte visuelle Muster (zum Beispiel chinesische Ideogramme) und fragt sie anschließend, ob sie die soeben gezeigten oder neue Muster bevorzugen, geben sie durchweg den zuvor gezeigten den Vorzug. Die bloße Übermittlung von Reizen genügt, um Präferenzen zu erzeugen.

Der Trick an dem neuen Experiment bestand darin, die Reize unterschwellig darzubieten, für so kurze Zeit, daß die Versuchspersonen bei anschließenden Tests nicht genau angeben konnten, ob sie den Reiz vorher gesehen hatten. Der Effekt der bloßen Darbietung trat dennoch ein. Die Versuchspersonen fanden, daß die zuvor gezeigten Objekte den neuen (noch nicht gesehenen) vorzuziehen seien, obwohl sie kaum in der Lage waren, die Muster, die sie gesehen hatten, bewußt zu identifizieren und von denen, die sie noch nicht gesehen hatten, zu unterscheiden. Diese Befunde stehen, wie Zajonc sagte, im Widerspruch zum gesunden Menschenverstand und zu der in der Psychologie verbreiteten Annahme, wir müßten wissen, was etwas ist, bevor wir sagen könnten, ob wir es mögen oder nicht. Wenn in gewissen Situationen ohne Erkennen des Reizes eine Emotion auftreten konnte, dann konnte das Erkennen nicht als notwendiger Vorläufer der Emotion gelten.

Der unterschwellige Effekt der bloßen Darbietung wurde durch viele Versuchsanordnungen bestätigt, und an der Idee, daß Präferenzen für Reize entstehen können, die nicht ins Bewußtsein dringen, ist kaum zu rütteln.[87] Doch Zajoncs Deutung war umstritten. Aus dem Fehlen eines bewußten Erkennens folgerte er, daß Präferenzen (Emotionen) ohne Hilfe der Kognition entstanden – daß Emotion und Kognition getrennte Funktionen des Geistes sind. Wie wir im 2. Kapitel sahen, laufen viele Funktionen der Informationsverarbeitung, die als typische Beispiele der Kognition gelten, ebenfalls ohne bewußte Kenntnisnahme ab. Das Fehlen eines bewußten Erkennens ist strenggenommen kein hinreichender Grund, die Kognition aus der emotionalen Verarbeitung auszuschließen. Die Tatsache, daß Zajoncs Studien nicht bewiesen, daß Emotion und Kognition voneinander zu trennende Aspekte des Geistes sind, bedeutet indes nicht, daß das Gegenteil zutrifft, ein Punkt, auf den wir am Ende des Kapitels zurückkommen werden.

Ob Zajoncs Studien zur unterschwelligen bloßen Darbietung nun zur Klärung der Abhängigkeit der Emotion von der Kognition beitragen oder nicht – die Versuche lieferten unbestreitbare Beweise dafür, daß affektive Reaktionen auch dann stattfinden können, wenn die Reize nicht bewußt wahrgenommen werden. Einige Bewertungstheorien akzeptieren zwar, daß die Bewertung unbewußt ist bzw. sein kann, neigen aber zugleich zu der Annahme, das Individuum habe bewußten Zugang zu den Prozessen, die der Bewertung zugrunde liegen (weshalb es dann gerechtfertigt ist, zur Identifikation der der Emotion vorausgehenden Bewertungsprozesse verbale Auskünfte zu verwenden). Wären unbewußte Vorgänge wie die von Zajonc ermittelten allgemein üblich und nicht esoterische Resultate einer raffinierten Versuchsanordnung, so wären die bewußten Introspektionen, die die Datengrundlage für die Bewertungstheorie liefern, kein sehr verläßliches Fundament für ein Verständnis des emotionalen Geistes.

Das emotionale Unbewußte

Zajonc war bestimmt nicht der erste Experimentalpsychologe, der sich für das emotionale Unbewußte interessierte. Um die Mitte des Jahrhunderts war das emotionale Unbewußte schon einmal der letzte Schrei in der Psychologie gewesen. Es begann mit der New-Look-Bewegung,[88] die das von den Behavioristen verfochtene Reiz-Reaktions-Schema in Frage stellten. Nach Auffassung des New Look sind Wahrnehmungen Konstruktionen, die sensorische Informationen über physische Reize mit inneren Faktoren wie Bedürfnisse, Ziele, Einstellungen und Emotionen in Verbindung bringen. Als New-Look-Psychologen in Versuchen herausfanden, daß Versuchspersonen auch ohne bewußte Wahrnehmung der Reize ANS-Reaktionen auf emotional aufgeladene Reize haben konnten (siehe unten), schien es, als schließe sich die Kluft zwischen zwei einander fremden (wenn nicht entfremdeten) Bettgenossen, der Psychologie und der Psychoanalyse.[89] Das Unbewußte und speziell das emotionale Unbewußte ist ja der Angelpunkt der psychoanalytischen Theorie.

Die New-Look-Studien zur unbewußten Wahrnehmung fanden zunächst begeisterte Aufnahme, wurden dann aber ausgiebig kritisiert und praktisch aufgegeben. Viele Psychologen fanden eine unbewußte Wahrnehmung einfach nicht einleuchtend, denn es fehlte an einem angemessenen Rahmen, um sich eine Wahrnehmung ohne Bewußtsein des wahrgenommenen Reizes vorstellen zu können. Die kognitive Bewegung mit ihrer Betonung der unbewußten Verarbeitung meldete sich zu Wort, aber die Psychologie war noch entschieden behavioristisch orientiert, und bei der Forschung am Menschen waren verbale Reaktionen die vorrangig interessierenden Verhaltensweisen. Matthew Erdelyi vom Brooklyn College hat bemerkt, daß in dieser Entwicklung eine gewisse Ironie steckt.[90] Die Erforschung der unbewußten Verarbeitung wurde genau in dem Moment aufgegeben, als die Kognitionswissenschaft begann, das Vorurteil der Behavioristen zu widerlegen, mit nichtverbalisierbaren Wahrnehmungen sei nichts anzufangen. Hier steckt jedoch noch eine weitere Ironie, nämlich die, daß Behavioristen, deren Strömung entstanden war, um die Psychologie von so geisterhaften Begriffen wie dem des Bewußtseins zu befreien, sich der bewußten Introspektion (der verbalen Auskunft) als einer Methode bedienten, um psychologische Ideen zu bestätigen.[91] Im folgenden befassen wir uns mit einigen frühen Studien zur unbewußten Wahrnehmung und der Kritik an ihnen, um uns dann der neuen Welle der Forschung zu diesem Thema zuzuwenden.

Eines der wichtigen Forschungsgebiete des New Look, was die unbewußte Verarbeitung angeht, war die *Wahrnehmungsabwehr*; es wurde gezeigt, daß die Reizerkennung bei »schmutzigen« Wörtern eine höhere Schwelle hat als bei vergleichbaren Wörtern ohne sexuelle, skatologische oder sonstige tabuisierte Nebenbedeutung. Das typische Experiment sah so aus, daß Wörter auf eine Leinwand projiziert wurden. Durch Verändern der Projektionsdauer ließ sich feststellen, wie lange die Versuchsperson braucht, um ein Wort zu erkennen. Für »tabuisierte« Wörter (zum Beispiel Schlampe, ficken, »Camelia«, Krebs) wurde eine längere Projektionsdauer benötigt als für Wörter ohne Tabubedeutung.[92] Man deutete das im Sinne Freudscher Abwehrmechanismen, speziell der Verdrängung: Die Tabuwörter wurden unbewußt wahrgenommen und zensiert (davon abgehalten, ins Bewußtsein zu dringen), weil es Angst ausgelöst hätte, wenn sie ins Bewußtsein gelangt wären.

In eine ähnliche Richtung ging die Forschung zur *unterschwelligen Wahrnehmung*. Richard Lazarus führte, bevor er sich der Bewertungstheorie zuwandte, eine der klassischen Untersuchungen durch.[93] Die Zeit, während deren Buchstabenmuster auf eine Leinwand projiziert wurden, war bei diesem Experiment so kurz, daß eine verbale Identifikation unmöglich war. Bei einigen der Muster waren den Versuchspersonen vorher Stromstöße versetzt worden, wodurch aus sinnlosen Buchstaben emotional aufgeladene Reize wurden, die eine ANS-Reaktion auslösen konnten. Bei unterschwelliger Darbietung dieser konditionierten emotionalen Reize reagierte das autonome Nervensystem, nicht aber bei Darbietung emotional neutraler Reize; die emotionale Bedeutung der konditionierten Reize war also registriert worden, obwohl die Versuchspersonen angaben, die Reize nicht wahrgenommen zu haben (ANS-Reaktionen wurden bei dieser Forschung bevorzugt, da sie nicht von verbalen Prozessen abhängen und deshalb zum Aufspüren solcher Emotionen benutzt werden können, bei denen die Versuchspersonen außerstande sind, den auslösenden Reiz verbal zu beschreiben).

Marketingfachleute erkannten die Möglichkeiten, die in der unterschwelligen Wahrnehmung stecken, und hofften, die Verbraucher heimlich zum Kauf von Waren verleiten zu können. Ein Kino in New

Jersey ließ kurz »Drink Coke« oder »Eat popcorn« einblenden, um die Besucher an die Verkaufsstände zu locken.[94] Ob das tatsächlich verfing, ist unklar, doch die Öffentlichkeit war über diesen unmoralischen Manipulationsversuch und den Eingriff in die Privatsphäre empört.[95] Allerdings benutzt die Werbung ständig (explizit und implizit) emotionale Reize, um Verbraucher zum Kaufen zu verleiten. Verführung ist schließlich ihr Geschäft, wie Vance Packard in seinem berühmten Buch *Die heimlichen Verführer* feststellte.[96] Die Verführung klappt auf jeden Fall besser, wenn der Verführte nicht merkt, daß er beeinflußt wird.[97] Viele Werbefeldzüge leben von versteckten Botschaften.

Anfangs stießen die theoretischen Implikationen der Versuche zur Wahrnehmungsabwehr und zur unterschwelligen Wahrnehmung auf großes Interesse, doch die Deutung im Sinne einer unbewußten Wahrnehmung von emotionalen Bedeutungen wurde Anfang der sechziger Jahre von Charles Eriksen in Frage gestellt.[98] Eine unbewußte Wahrnehmung war für Eriksen eine logische Unmöglichkeit,[99] und er zweifelte diese Interpretation der Versuchsergebnisse an. Daß die Versuchspersonen in Untersuchungen zur Wahrnehmungsabwehr die tabuisierten Reize nicht verbal benannten, führte er nicht darauf zurück, daß die Reize nicht ins Bewußtsein gelangt waren, sondern darauf, daß die Versuchspersonen nicht gewillt waren, diese peinlichen Wörter vor anderen auszusprechen. Und wenn die Versuchspersonen in Experimenten zur unterschwelligen Wahrnehmung die versteckten Reize nicht verbal benennen konnten, so lag das für ihn nicht daran, daß sie die Reize nicht bewußt wahrzunehmen vermochten, sondern an Mängeln der verbalen Prozesse, wenn es um die treffende Charakterisierung von Wahrnehmungserlebnissen geht.

Eriksens Kritik fand weithin Anerkennung und verbannte die Forschung zum emotionalen Unbewußten in einen Sarg, der sich freilich als eine Zeitkapsel entpuppte. Nach einer Pause in den sechziger und siebziger Jahren lebte das Interesse an unbewußten emotionalen Prozessen wieder auf, angefacht durch Zajoncs Studien und durch Matthew Erdelyis Umdeutung der Wahrnehmungsabwehr und der unterschwelligen Wahrnehmung im Sinne der Prinzipien der Kognitionswissenschaft.[100] Die Psychologie der Emotion und vor allem die kognitiv orientierten Bewertungstheoretiker legen dennoch weiterhin auf die bewußten, verbal zugänglichen Aspekte der Emotion einen besonderen Akzent. Beweise für die Existenz unbewußter Aspekte der Emotion werden vielfach ignoriert oder geleugnet, und wenn man sie schon gelten läßt, werden sie doch den bewußten Aspekten untergeordnet. Mehrere Forscher, die sich mit der unbewußten Verarbeitung befassen, haben erklärt, der Nachweis der Existenz einer unbewußten Verarbeitung nehme sie so sehr in Anspruch, daß ihnen für die Klärung der Frage, wie sie funktioniert, kaum Zeit bleibe.[101] Dank neuer und verbesserter Verfahren zur Erforschung der unbewußten Verarbeitung scheint die Frage der Existenznachweise mittlerweile erledigt zu sein.[102] Im folgenden gehe ich auf einige der Beweise dafür ein, daß eine emotionale Verarbeitung außerhalb der bewußten Wahrnehmung möglich ist. Teils wird in den Versuchen unterschwellige Reizung benutzt, teils werden Reize eingesetzt, die bewußt wahrgenommen werden, deren emotionale Implikationen jedoch unbemerkt bleiben, während der Reiz wahrgenommen wird.

Zajonc war einer der ersten, der bei seinen Versuchen zur unterschwelligen bloßen Darbietung die neuen Verfahren benutzte, die eine unbewußte Verarbeitung als unbestreitbar erscheinen ließen, und lieferte damit das Vorbild für viele ähnliche Experimente. Robert Bornstein holte in einer besonders interessanten Variante Versuchspersonen ins Labor und zeigte ihnen ganz kurz Bilder von Gesichtern.[103] Die Versuchspersonen konnten, wie erwartet, nicht angeben, welche sie schon gesehen hatten, doch auf die Frage hin, welche Bilder ihnen besser gefielen, erhielten diejenigen, die schon einmal gezeigt worden waren, eine höhere Bewertung. Bei Gesichtern funktioniert also die bloße Darbietung. Im zweiten Teil des Versuchs wurde den Versuchspersonen kurz (unterschwellig/unbewußt) das Bild einer Person A oder einer Person B gezeigt. Anschließend wurde die Versuchsperson in Anwesenheit der Personen A und B gebeten anzugeben, welchem Geschlecht der Verfasser mehrerer Gedichte angehörte. Ohne Kenntnis der Versuchsperson war verabredet worden, daß A und B dazu unterschiedliche Meinungen äußern, und die Versuchsperson mußte entscheiden. Wie nach der Hypothese von der bloßen Darbietung zu erwarten, neigten die Versuchspersonen dazu, für jene Person Partei zu ergreifen, deren Gesicht ihnen unbewußt dargeboten worden war. Vertrautheit erzeugt nicht notwendigerweise Geringschätzung. Bornstein unterzog die Untersuchungen zur unterschwelligen bloßen Darbietung einer »Meta-Analyse«, das heißt, er analysierte die veröffentlichten Daten aus zahlreichen Studien.[104] Er zog daraus den Schluß, daß der Effekt der bloßen Darbietung sehr viel stärker ist, wenn die Reize unterschwellig dargeboten werden, als wenn die Reize der bewußten Introspektion frei zugänglich sind. Das ist das gemeinsame Resultat aus unterschiedlichen Studien zur unbewußten emotionalen Verarbeitung, und es unterstreicht einen Sachverhalt, auf den wir immer wieder stoßen werden: Unsere Emotionen sind leichter zu beeinflussen, wenn wir nicht bemerken, daß wir beeinflußt werden.

Zur Erforschung des emotionalen Unbewußten wurde auch ein Verfahren benutzt, das sich »unterschwellige emotionale Aktivierung« [Priming] nennt und von Zajonc und seinen Mitarbeitern in den letzten Jahren ausgiebig verwendet wurde.[105] Bei diesem Experiment zeigt man ganz kurz (5 Millisekunden) einen aktivierenden Reiz mit emotionaler Konnotation, etwa ein Bild eines finsteren oder lächelnden Gesichts, und gleich darauf einen maskierenden Reiz, der die Versuchsperson daran hindert, sich bewußt an die Aktivierung zu erinnern – die Maske verdrängt die Aktivierung aus dem Bewußtsein, wischt es praktisch leer. Mit einer gewissen Verzögerung wird ein Ziel-Reizmuster dargeboten, das hinreichend lange (Sekunden) stehenbleibt, so daß es bewußt wahrgenommen wird. Nachdem sie auf diese Weise etliche Muster gesehen hat, soll die Versuchsperson angeben, wie ihr die Zielreize gefallen haben. Ob ein Reiz (zum Beispiel ein chinesisches Ideogramm) den Versuchspersonen gefiel oder nicht, hing nach Zajoncs Feststellungen davon ab, ob ihm ein nicht bewußt wahrgenommenes Lächeln bzw. Stirnrunzeln vorausgeschickt wurde. Der Zielreiz wurde emotional bedeutsam durch seine Beziehung zu einer emotionalen Bedeutung, die unterschwellig durch das unbewußt verarbeitete Lächeln bzw. Stirnrunzeln aktiviert wurde. Und wie schon bei der bloßen Darbietung war die emotionale Aktivierung bei unterschwelligen (maskierten und daher unbewußten) Darbietungen sehr viel wirksamer als bei solchen, die nicht maskiert waren und wo eine bewußte Wahrnehmung des Reizes möglich war.

Und schließlich gibt es den Poetzl-Effekt.[106] Der Wiener Psychiater Otto Poetzl unternahm 1917 Experimente, bei denen den Versuchspersonen unterschwellig eine komplizierte Abbildung, zum Beispiel von einer Landschaft, gezeigt wurde. Dann bat er die Versuchspersonen, soviel wie möglich von dem Bild nachzuzeichnen. Anschließend wurden die Versuchspersonen aufgefordert, heimzugehen und in der folgenden Nacht zu träumen und am nächsten Tag wiederzukommen. Wieder im Labor erschienen, sollten sie ihren Traum erzählen und damit zusammenhängende Bilder zeichnen. Poetzl behauptete, daß

Die komplexe visuelle Szene, die Erdelyi benutzte, um die Auswirkungen von Phantasie und Träumen auf das Erinnern zu untersuchen. Die Versuchspersonen betrachteten das Bild kurz. Am nächsten Tag sollten sie sich an möglichst viele Einzelheiten des Bildes erinnern. Näheres dazu im Text. (Aus *Psychoanalysis: Freud's Cognitive Psychology* von Erdelyi. Copyright © 1985 by Matthew Hugh Erdelyi. Mit freundlicher Genehmigung von W.H. Freeman and Company.)

Einzelheiten des Originalbildes, die in der ersten Zeichnung nicht enthalten waren, in der Zeichnung zu dem Traum auftauchten.

Matthew Erdelyi hat den Poetzl-Effekt genutzt, um die Natur unbewußter Prozesse zu erforschen.[107] In einem Versuch präsentierte er den Versuchspersonen eine komplizierte Szene 500 Millisekunden lang. Das ist keine unterschwellige Darbietung mehr, denn in dieser Zeit können Teile des Reizes leicht ins Bewußtsein dringen. Die Dauer sollte es ermöglichen, daß ein Teil der Szene, nicht aber die Szene insgesamt bewußt wahrgenommen wird. Dasselbe Ergebnis erhält man allerdings, wenn man die Versuchspersonen das Bild unbegrenzt betrachten läßt, denn in einer komplizierten Szene wird es immer Elemente geben, die bemerkt werden, und andere, die unbemerkt bleiben,[108] und von denen, die bemerkt werden, werden einige behalten und andere vergessen werden. Nach der kurzen Darbietung wurden die Versuchspersonen gebeten, soviel wie möglich von der Szene nachzuzeichnen. Ein Teil der Versuchspersonen überließ sich anschließend dem freien Assoziieren und Phantasieren, während andere Darts spielten. Danach wurden beide Gruppen gebeten, das Bild nochmals nachzuzeichnen. Bei denen, die frei assoziieren und phantasieren durften, fand Erdelyi in den zweiten Zeichnungen vielfach Aspekte des Reizes, die zuvor nicht erinnert worden waren, nicht dagegen bei den Dartsspielern. Erdelyi bezeichnet diesen Effekt als »Hypermnesie«, worunter er eine Steigerung des Gedächtnisses versteht, die Wiederherstellung eines vorher unerreichbaren Gedächtnisinhalts. Mit seinem modifizierten Poetzl-Verfahren und einigen anderen Verfahren hat Erdelyi die Hypermnesie nachgewiesen, und nach seiner Ansicht steht hinter der Wiederherstellung von Gedächtnisinhalten durch Wachträume, Phantasieren und freies Assoziieren, daß Erinnerungen von der Verdrängung durch andere Faktoren befreit werden.

Der Psychoanalytiker Howard Shevrin hat in Therapiesitzungen mit Patienten Wörter identifiziert, die mit deren bewußtem Erleben eines Symptoms bzw. dem unbewußten Konflikt zusammenhingen, der dem Symptom zugrunde lag.[109] Ein Patient kommt zum Beispiel zum Analytiker und klagt, daß er sich in geselligen Situationen äußerst unbehaglich fühlt. Der Patient ist sich dieser sozialen Phobie also vollkommen bewußt, während die Ursache des Problems seinem Bewußtsein nicht zugänglich ist. Nach den Analysesitzungen präsentierte Shevrin spezielle Wörter, die nach seiner Ansicht Aspekte sowohl des unbewußten Konflikts als auch des bewußten Symptoms einfingen. Während er sie dem Patienten unterschwellig bzw. offen darbot, wurden dessen »Hirnwellen« gemessen. Bei den Wörtern, die mit dem unbewußten Konflikt (der tieferen Ursache der sozialen Phobie) zusammenhingen, wurden die Hirnwellen stärker durch unterschwellige Darbietungen erregt; bei den Wörtern, die mit dem bewußten Symptom (Furcht vor geselligen Situationen) zu tun hatten, wurden die Hirnwellen stärker erregt, wenn die Reize bewußt wahrgenommen wurden. Auch hier hat es den Anschein, daß der emotionale Geist besonders empfänglich ist für Reize, zu denen der bewußte Geist keinen Zugang hat.

Der Sozialpsychologe John Bargh hat in zahlreichen Experimenten gezeigt, daß Emotionen, Einstellungen, Ziele und Absichten unbewußt aktiviert werden können und daß sie Einfluß darauf haben, wie Menschen über soziale Situationen denken und wie sie in ihnen handeln.[110] So genügen zum Beispiel äußere Merkmale wie Hautfarbe und Haarlänge, um Rassen- oder Geschlechtsstereotype zu aktivieren, unabhängig davon, ob die Person mit diesem Merkmal eines der Verhaltensmerkmale des Stereotyps erfüllt. Eine solche automatische Aktivierung von Einstellungen geschieht in allen möglichen Situationen, und sie scheint unsere erste Reaktion auf eine Person darzustellen. Erst aktiviert, können diese Einstellungen dann Einfluß darauf haben, wie wir die Person behandeln, sie können sogar unser Verhalten in anderen Situationen beeinflussen. Ein eindrucksvolles Beispiel lieferte ein Versuch, bei dem Bargh die Versuchspersonen zu einem, wie sie glaubten, Sprachtest einlud. Sie bekamen Karten, die bestimmte Wörter enthielten, und sollten sie zu Sätzen ergänzen. Die Karten einer Teilgruppe enthielten Wörter, die sich auf alte Leute bezogen, die einer Kontrollgruppe Wörter zu anderen Themen. Nach Erledigung der Aufgabe verließen die Versuchspersonen den Raum. Die Zeit, die sie benötigten, um den Korridor hinunterzugehen und eine vorher bezeichnete Stelle zu erreichen, wurde gemessen, ohne daß die Versuchspersonen davon wußten. Diejenigen, die Sätze über alte Leute gebildet hatten, brauchten für die Strecke auffallend länger als die anderen Versuchspersonen. Dabei enthielten die Sätze keine Äußerungen darüber, daß alte Leute langsam oder gebrechlich sind; es genügte, über alte Leute nachzudenken (und obendrein noch ziemlich indirekt), um dieses Stereotyp zu aktivieren und das Verhalten der Versuchspersonen zu beeinflussen. In anderen Versuchen wurden Sätze gebildet, die entweder mit »selbstbewußtem Auftreten« oder mit »Höflichkeit« zu tun hatten. Anschließend bat man die Versuchspersonen, sich ans Ende des Korridors zu dem Experimentator zu begeben, der sich in einem Gespräch mit einem anderen befand. Gemessen wurde, wie lange die Versuchspersonen warteten, bevor sie das Gespräch unterbrachen. Diejenigen, die man mit selbstbewußtem Auftreten präpariert hatte, unterbrachen schneller als jene, die man mit Höflichkeit präpariert hatte. Diese automatische Aktivierung unbewußter Prozesse hat, wie Bargh bemerkt, Vor- und Nachteile. Wenn wir zu anderen nett sind, werden sie vielleicht ihrerseits nett zu uns sein. Wenn andererseits der Anblick eines Angehörigen einer anderen ethnischen Gruppe eine negative Einstellung bei uns aktiviert (etwa die, daß Angehörige dieser Gruppe feindselig und aggressiv sind), verhalten wir uns ihm gegenüber möglicherweise negativ, was ihn dazu bringt, sich seinerseits uns gegenüber negativ zu verhalten, woraus ein Teufelskreis entsteht, der das Stereotyp weiter verstärkt.

In den beiden vorerwähnten Untersuchungen waren die aktivierenden Reize dem Bewußtsein zugänglich, doch ihr Sinn war verborgen. Doch andere Untersuchungen zeigen ähnliche Effekte, wenn die sozialen Aktivierungen unterschwellig dargeboten werden. Nach Barghs Auffassung ist nicht so entscheidend, ob die Versuchspersonen sich des aktivierenden Reizes bewußt sind; wichtiger ist, ob sie sich der Art und Weise bewußt sind, wie die Reize implizit (ohne Bewußtsein) kategorisiert und interpretiert werden. Die Tatsache, daß Emotionen, Einstellungen, Ziele und dergleichen automatisch aktiviert werden, bedeutet, daß ihre Präsenz im Geist und ihr Einfluß auf Denken und Verhalten nicht angezweifelt werden. Man vertraut ihnen genauso, wie man jeder anderen Art von Wahrnehmung vertraut. Anders gesagt: Wenn man in sich selbst eine (als Tatsache verkappte) Einstellung zu einer ethnischen Gruppe wahrnimmt, kann einem diese Wahrnehmung als ebenso verläßlich erscheinen wie die Wahrnehmung der Hautfarbe dieser Gruppe. Ist man sich seiner Vorurteile bewußt und besitzt man Wertvorstellungen, die gegen Vorurteile sprechen, so kann man sie zügeln. Ob man das aber kann, hängt davon ab, ob man sich der unbewußten Einflüsse bewußt ist, und das steht auf einem ganz anderen Blatt. Wie schon der Kognitionspsychologe Larry Jacoby fragt und sich selbst die Antwort gibt:»Wann ist zu erwarten, daß unbewußte Einflüsse ihre größte Wirkung haben? ... Wenn man sie am wenigsten erwartet.«[111] Bargh zufolge sollte es ein Ziel der Sozialpsychologie sein, diese nichtintuitiven, wissenschaftlich festgestellten unbewußten Faktoren, die das Denken und Verhalten beeinflussen, den Menschen zum Bewußtsein zu bringen. Das, räumt er ein, sei allerdings ein mühseliger Kampf:»Wenn die Menschen diesen Vorschlag mit ihrer eigenen phänomenalen Erfahrung vergleichen, um seine Plausibilität zu prüfen, werden wir sie niemals überzeugen können, weil man definitionsgemäß ohne Bewußtsein kein phänomenales Wahrnehmungserlebnis haben kann.«[112]

Seitdem man begann, die unbewußte Verarbeitung zu erforschen, ist fast ein halbes Jahrhundert vergangen, und man darf wohl sagen, daß es bei den anfangs benutzten Verfahren nicht gänzlich ausgeschlossen war, daß die Reize zum Teil auch bewußt wahrgenommen wurden. Aber die Wissenschaft schreitet vorwärts, und aus den Fehlern der Vergangenheit kann die Gegenwart nur lernen. Wir haben eine Menge darüber erfahren, wie die Erforschung der unterschwelligen Wahrnehmung betrieben und interpretiert werden sollte, und die Forschung legt heute an das, was als unbewußte Wahrnehmung gelten darf, strengere Maßstäbe an.[113] Wenn wir bei der Beurteilung, ob eine Informationsverarbeitung unbewußt abläuft, nach den neuen, verfeinerten und strengen Regeln verfahren, kommen wir nach wie vor zu dem Schluß, daß emotionale Bedeutungen auf unbewußten Ebenen verarbeitet werden können. Aus der bloßen Tatsache, daß die Forschungsmethoden der Vergangenheit vielleicht nicht ganz perfekt waren, folgt ja nicht, daß die Ergebnisse falsch waren. Heute erscheint es unbestreitbar, daß die emotionalen Bedeutungen von Reizen unbewußt verarbeitet werden können. Das emotionale Geschehen im Gehirn spielt sich weitgehend im emotionalen Unbewußten ab.[114]

Eine Neubewertung

Seit James klaffte in der Kausalkette, die zu emotionalen Reaktionen und emotionalen Erlebnissen führt, eine merkliche Lücke, und so etwas wie die Bewertung wurde gebraucht. Die Lücke besteht zwischen dem Eintreffen des Reizes, der die Emotion auslöst, und den aus ihm resultierenden physiologischen Reaktionen und/oder Gefühlen. In James' Theorie erzeugt die Wahrnehmung des Reizes automatisch (ohne Beteiligung des Bewußtseins) die Reaktionen, die für die Rückmeldung sorgen, welche das Gefühl definiert. Doch nicht alle wahrgenommenen Reize tun das. Es muß noch etwas anderes hinzukommen. Die physischen Merkmale des Reizes müssen bewertet werden; ihre Bedeutung für das Individuum muß bestimmt werden. Es ist diese berechnete Bedeutung, welche die Emotionskugel ins Rollen bringt. Dies gilt für alle bisher beschriebenen Theorien. Das Gehirn muß einen Reiz bewerten und entscheiden, ob er ignoriert werden oder zu einer Reaktion führen soll. Die Bewertung schließt also die Lücke zwischen Reizen und Reaktionen und zwischen Reizen und Gefühlen. Doch nach meiner Ansicht haben die Bewertungstheorien es nicht ganz genau getroffen, weil sie voraussetzten, daß der Bewertungsmechanismus von Anfang an auf allen introspektiv zugänglichen Ebenen der höheren Kognition wirksam ist.

Daß ein Ansatz, der sich ausschließlich oder vorwiegend auf introspektiv zugängliche Aspekte des Geistes stützt, zu kurz greift, wurde in den oben beschriebenen experimentellen Untersuchungen deutlich;

sie zeigten, daß die emotionale Verarbeitung unbewußt abläuft (oder ablaufen kann); deutlich wird es auch daran, daß die Menschen ihre Emotionen oft verwirrend finden. Dem Bewußtsein zugängliche Bewertungsprozesse können nicht, zumindest nicht allein, die Funktionsweise des emotionalen Gehirns erklären. Das Ergebnis einer emotionalen Bewertung wird uns zwar bewußt (so wissen wir, daß wir jemanden nicht mögen), aber das heißt nicht, daß wir die Grundlage der Bewertung bewußt verstehen (daß wir wissen, warum wir den Betreffenden nicht mögen). Das zum Bewußtsein gelangende Ergebnis beruht möglicherweise auf nichtverbalisierbaren Intuitionen, sogenannten »Gefühlen im Bauch«,[115] und nicht auf verbalisierbaren Voraussetzungen.

Befürworter der Vulgärpsychologie (die eine Art introspektiver Psychologie ist) behaupten, die Menschen wüßten, was in ihrer Seele vor sich gehe, und machten von diesem Wissen ständig Gebrauch.[116] Die Menschen könnten aufgrund ihrer Selbsterkenntnis und ihres Wissens, das sie generell vom Seelenleben anderer haben, ihr eigenes mentales Geschehen und Verhalten sehr gut erklären. Wenn ich zum Beispiel sage, ich werde meinen Sohn dann und dann von der Schule abholen, werde ich es wahrscheinlich auch tun. Wenn ich sehe, daß Sie mit Ihrem Ehepartner streiten, werde ich wahrscheinlich zu Recht annehmen, daß Sie wütend sind. Für den Vulgärpsychologen bestätigen Beispiele wie diese die Idee, daß die überlieferte Weisheit eine wissenschaftlich korrekte Theorie des Geistes sei, die wir alle in unseren Köpfen haben. Doch wenn ich mir der Entscheidung, meinen Sohn abholen zu wollen, auch bewußt sein und vielleicht sogar bewußt daran denken mag, den Plan auszuführen, so weiß ich doch noch lange nicht, wie ich es gemacht habe, daran zu denken. Und wenn ich auch zu Recht festgestellt haben mag, daß Sie wütend waren, so weiß ich doch noch lange nicht, wie ich zu dieser Feststellung gelangt bin oder was in Ihrem Gehirn der Grund für Ihre Wut war. Der Biologe Stephen J. Gould bemerkt treffend:»Wissenschaft ist nicht ›organisierter gesunder Menschenverstand‹; am aufregendsten ist sie, wenn sie unser Weltbild umformuliert, indem sie mächtige Theorien gegen die uralten anthropozentrischen Vorurteile setzt, die wir Intuition nennen.«[117] Wenn ich sage, ich sei wütend, dann bin ich es vielleicht, aber ich könnte mich auch täuschen. Vielleicht bin ich in Wahrheit ängstlich oder eifersüchtig oder eine Mischung aus alldem. Donald Hebb hat vor langer Zeit darauf hingewiesen, daß äußere Beobachter den wahren emotionalen Zustand eines Menschen sehr viel zutreffender einschätzen können als der Betroffene selbst.[118] Ich bestreite durchaus nicht, daß Menschen sich gewisser Dinge bewußt sind und daß sie bewußt etwas tun können. Ich sage bloß, daß von den Dingen, die wir tun – einschließlich der Bewertung der emotionalen Bedeutung von Ereignissen in unserem Leben und der Äußerung von emotionalen Verhaltensweisen in Reaktion auf diese Bewertungen –, manches, vielleicht sogar vieles nicht vom Bewußtsein abhängt oder auch nur von Prozessen, zu denen wir notwendigerweise bewußten Zugang haben.

Angesichts der Tatsache, daß Emotionen manchmal verwirrend sein können, unterscheidet die Philosophin Amelie Rorty zwischen der scheinbaren Ursache einer Emotion (den unmittelbar vorhandenen und bewußt wahrgenommenen Reizen) und der wirklichen Ursache.[119] Die eigentliche Ursache einer Emotion müssen nicht irgendwelche unmittelbar gegenwärtigen Reize sein; sie kann auch in der Wechselwirkung dieser Reize mit einer im Gedächtnis gespeicherten ursächlichen Geschichte bestehen. Wie wir gesehen haben, können unbemerkte Vorgänge implizit (ohne uns bewußt zu werden) Erinnerungen aktivieren, implizite und unentdeckte Bedeutungen von bewußt wahrgenommenen Reizen ebenfalls. Wenn ein Vater seine Kinder anbrüllt, wird er seinen Ausbruch vielleicht damit rechtfertigen, daß die Kinder ungezogen waren. Vielleicht war der Ausbruch aber auch auf die Tatsache zurückzuführen, daß er im Büro Scherereien hatte, oder sogar darauf, wie er als Kind von seinen Eltern behandelt wurde, und es ist durchaus möglich, daß er sich dieser Einflüsse gar nicht bewußt ist. Kurz, die Ursache einer Emotion kann sich sehr von den Gründen unterscheiden, die wir anführen, um uns und anderen nachträglich die Emotion zu erklären. Die Bewertungstheorien haben sich mehr mit Anlässen als mit Ursachen befaßt.

Nico Frijda und Klaus Scherer, zwei führende Bewertungstheoretiker, haben kürzlich eingeräumt, daß die Grundlage, auf der die kognitive Bewertung überwiegend erforscht wurde, erhebliche Beschränkungen aufweist. Frijda sagt:»Wenn man die Zusammenhänge zwischen Bewertungen und Emotionsetiketten untersucht, dann erforscht man die Bedeutungen von Emotionswörtern oder die Struktur von Erlebnissen, nicht aber die Vorläufer der Emotion … Es mag durchaus sein, daß Emotionen aus Bewertungsprozessen resultieren, aber diese müssen nicht identisch sein mit jenen, die in den Selbstauskünften vorkommen.«[120] Im gleichen Sinne erklärt Scherer, die Bewertungsforschung habe sich, weil ihr die Projektion von Emotionswörtern auf Emotionserlebnisse so wichtig war, mit dem Inhalt und der Etikettierung von Erlebnissen befaßt und dafür die eigentlichen Prozesse, aus denen Bewertungen hervorgehen, vernachlässigt.[121] Und in einer aufschlußreichen Diskussion über unbewußte Prozesse trifft Kenneth Bowers die bemerkenswerte Feststellung, daß die Psychologie überflüssig wäre, wenn wir durch Introspektion direkt an die Ursachen von Denken und Handeln herankämen.[122] Es war ja die Unzulänglichkeit der Introspektion, die zum Behaviorismus führte, und der Erfolg der Kognitionswissenschaft als einer Alternative zum Behaviorismus ist weitgehend ihrer Fähigkeit zuzuschreiben, den Geist zu erforschen, ohne ausschließlich oder überwiegend auf die Introspektion zurückzugreifen.

Manche Bewertungen führen zur bewußten Wahrnehmung des Bewertungsergebnisses, andere nicht. Introspektionen werden uns oft nur wenig darüber verraten, wie die Verarbeitung, die zu einem bewußten Inhalt führt, funktioniert, und sie geben uns gar keinen Einblick in eine Verarbeitung, die nicht zu einem unmittelbaren bewußten Inhalt führt. Richard Lazarus, der Theoretiker der kognitiven Bewertung, hat zwar den Anteil bewußter Bewertungsprozesse an der Emotion betont, hat aber nie geleugnet, daß unbewußte Bewertungen ablaufen, und kürzlich erklärte er:»Die Aufgabe ist zwar beängstigend, aber ich bin überzeugt, daß wir effektive Wege finden müssen, zu erkunden, was unter der Oberfläche liegt, wie es mit dem zusammenhängt, was im Bewußtsein ist, und wie es den ganzen Emotionsprozeß beeinflußt.«[123] Im gleichen Sinne hat Klaus Scherer seine Kollegen, die sich mit Bewertungsprozessen beim Menschen befassen, kürzlich aufgerufen, sich mehr auf Verfahren zu stützen, die nicht von verbalen Auskünften abhängen. Scherer regt gleichzeitig an, die Bewertungsforscher sollten sich an die Hirnforschung wenden, um sich von ihnen Mechanismen, die von Psychologen entdeckt wurden, bestätigen zu lassen.[124] Ich gehe einen Schritt weiter und spreche mich dafür aus, daß wir uns an die Hirnforschung wenden, die vielleicht neue Mechanismen finden wird, an die Psychologen gar nicht gedacht haben, oder neue Interpretationen bekannter Mechanismen.

Manchmal kommt wenig dabei heraus, wenn man die Ursachen von emotionalen Zuständen introspektiv zu ergründen sucht, besonders wenn die Versuchspersonen gebeten werden, nachträglich über eine Episode nachzudenken.[125] Und die wahre Ursache erkennen sie vielleicht auch dann nicht, wenn man sie direkt während des Erlebnisses fragt. An einer Emotion ist sehr viel mehr zu erklären als das, was man durch die dem Bewußtsein zugänglichen Gedanken über die Situation rückblickend herausbekommen kann. Aber deshalb ist die Introspektion noch lange nicht nutzlos. Zu manchen mentalen Vorgängen haben wir eben introspektiv Zugang, zu anderen nicht. Entscheidend ist natürlich, herauszubekommen, wo die Grenzlinie verläuft. Allerdings ist die Linie meist unscharf; es kann sein, daß sie bei verschiedenen Menschen nicht an derselben Stelle liegt und daß sie sich bei einem bestimmten Menschen von einem Augenblick zum anderen verschiebt.[126] Mit Hilfe von Introspektionen kann man viel über das bewußte Erleben lernen. Wenn sich in Emotionen jedoch auch Prozesse äußern, die unbewußt ablaufen – und das scheint der Fall zu sein –, dann müssen wir auch diese letzteren berücksichtigen.

Emotion und Kognition: Zwei Seiten einer Medaille oder verschiedene Münzen?

Bisher habe ich versucht, das Argument zu untermauern, daß die emotionale Verarbeitung weitgehend unbewußt abläuft und die Emotion daher nicht restlos durch Introspektion ergründet werden kann. Im vorigen Kapitel wurde dieses Argument aber auch für die Kognition geltend gemacht: daß nicht alle Aspekte des Denkens, des Urteilens, des Problemlösens und der Intelligenz mit Hilfe von Introspektionen zu verstehen sind. Da sowohl die emotionale als auch die kognitive Verarbeitung weitgehend unbewußt ablaufen, ist es möglich, daß emotionale und kognitive Verarbeitung identisch sind oder daß, wie es gewöhnlich heißt, die Emotion bloß eine Art von Kognition ist.

Von der Idee, die Emotion sei eine Art von Kognition, gibt es eine freundliche und eine nicht so freundliche Version. In beiden Versionen werden die Ausdrücke »kognitiv« und »mental« als austauschbar betrachtet. Das ist eindeutig eine Abweichung vom Ansatz der frühen Kognitionswissenschaftler, die unter Kognition jenen Teil des Geistes verstanden, der mit Denken und Urteilen zu tun hat, nicht aber mit Emotion und anderen mentalen Prozessen wie Motivation und Persönlichkeit (siehe 2. Kapitel).

In der freundlichen Version werden die Grenzen der Kognition so weit verschoben, daß sie außer Denken, Urteilen und Intelligenz auch die Emotion einschließt. An der Auffassung der Emotion ändert sich dadurch nichts Grundlegendes – Kognition und Emotion werden innerhalb einer Disziplin, die beide erforscht, als gleichrangig betrachtet. Es ist lediglich eine semantische Frage, wie man den Geist und seine Wissenschaft nennen sollte. Ich würde dieses umfassende Herangehen an den Geist lieber »Wissenschaft vom Geist« und nicht »Kognitionswissenschaft« nennen. In gewissem Sinne ist es zwar eine Angelegenheit von Präferenzen, aber keine überflüssige. Die Benennung soll uns daran hindern, unbemerkt von der freundlichen zur nicht so freundlichen Version zu gelangen, in der die Emotion fälschlich als Denken und Urteilen verstanden wird.

In der nicht so freundlichen Version werden »kognitiv« und »mental« also dadurch gleichgesetzt, daß die Emotion in die herkömmliche Auffassung von Kognition hineingepreßt wird – Kognition als Denken und Urteilen. Dies ist, wie wir gesehen haben, der unselige Weg, den die Erforschung der Emotion seit den sechziger Jahren gegangen ist – man hat das Wesen der Emotion derart verfälscht, daß Emotionen als logische Gedanken über Situationen verstanden werden konnten. Gegen diese Entwicklung wandte sich Zajonc, als er sich dafür aussprach, zwischen Emotion und Kognition zu trennen. Die hitzige Debatte über das Verhältnis der Emotion zur Kognition verwickelte sich jedoch in eine Vielzahl technischer Fragen, und dieses umfassendere Anliegen ging verloren.[127]

Mein Wunsch, die Emotion davor zu bewahren, daß sie vom kognitiven Drachen verschlungen wird, rührt von meinem Verständnis der Art und Weise her, wie die Emotion im Gehirn organisiert ist. Die zerebrale Organisation der Emotion wird zwar in anderen Kapiteln behandelt, doch möchte ich hier einige wichtige Punkte anführen, die meine Auffassung begründen, daß man Emotion und Kognition am besten als getrennte, aber miteinander wechselwirkende mentale Funktionen versteht, die durch getrennte, miteinander wechselwirkende Hirnsysteme vermittelt werden.

- Bei einer Beschädigung einer bestimmten Hirnregion büßen Tiere und Menschen die Fähigkeit ein, die emotionale Bedeutung bestimmter Reize zu bewerten, können diese Reize aber weiterhin als Objekte wahrnehmen. Die perzeptuelle Repräsentation eines

Objekts und die Bewertung der Bedeutung eines Objekts werden vom Gehirn getrennt verarbeitet.

- Die Bewertung der emotionalen Bedeutung eines Objekts kann einsetzen, bevor die Wahrnehmungssysteme den Reiz vollständig verarbeitet haben. Es kommt sogar vor, daß Ihr Gehirn weiß, ob etwas gut oder schlecht ist, ehe es genau weiß, was dieses Etwas ist.

- Die Hirnmechanismen, mit deren Hilfe Erinnerungen an die emotionale Bedeutung von Reizen registriert, gespeichert und wieder abgerufen werden, unterscheiden sich von den Mechanismen, mit deren Hilfe kognitive Erinnerungen an dieselben Reize verarbeitet werden. Werden erstere beschädigt, so vermag ein Reiz mit einer gelernten emotionalen Bedeutung keine emotionale Reaktion mehr in uns hervorzurufen, während eine Beschädigung der letzteren unsere Fähigkeit beeinträchtigt, uns zu erinnern, wo wir den Reiz gesehen haben, warum wir dort waren und mit wem wir zusammen waren.

- Die Systeme, welche die emotionale Bewertung vornehmen, sind direkt mit den Systemen verbunden, welche an der Steuerung der emotionalen Reaktionen beteiligt sind. Sind diese Systeme zu einer Bewertung gelangt, treten die Reaktionen automatisch ein. Dagegen sind die an der kognitiven Verarbeitung beteiligten Systeme nicht so eng mit Systemen der Reaktionssteuerung verkoppelt. Kennzeichen der kognitiven Verarbeitung ist eine Flexibilität der Reaktionen auf der Basis der Verarbeitung. Die Kognition gibt uns Entscheidungsspielraum. Die Aktivierung von Bewertungsmechanismen engt dagegen die verfügbaren Reaktionsmöglichkeiten auf einige wenige Optionen ein, bei denen die Evolution die Klugheit besaß, sie mit dem entsprechenden Bewertungsmechanismus zu verknüpfen. Diese Verknüpfung zwischen Bewertungsprozeß und Reaktionsmechanismen bildet den grundlegenden Mechanismus bestimmter Emotionen.

- Die Verknüpfung zwischen Bewertungsmechanismen und Systemen der Reaktionssteuerung bedeutet, daß es, wenn der Bewertungsmechanismus ein signifikantes Ereignis entdeckt, zur Programmierung und oft auch zur Ausführung von entsprechenden

Reaktionen kommt. Im Endergebnis sind Bewertungen oft von körperlichen Empfindungen begleitet, und wenn diese auftreten, sind sie Bestandteil des bewußten Erlebens von Emotionen. Da die kognitive Verarbeitung nicht auf diese obligatorische Weise mit Reaktionen verknüpft ist, ist es weniger wahrscheinlich, daß intensive körperliche Empfindungen in Verbindung mit bloßen Gedanken auftreten.

Dank der Umwandlung von Emotionen in Gedanken konnte die Emotion mit den Werkzeugen und theoretischen Grundlagen der Kognitionswissenschaft erforscht werden. Inzwischen gibt es zahlreiche Computersimulationen von Bewertungs- und anderen emotionalen Prozessen,[128] und Verfechter dieses KI-Ansatzes bezüglich der Emotion glauben, Emotionen ließen sich in Computern programmieren.[129] Ein KI-Forscher hat die Überzeugungen und Hoffnungen seiner Disziplin in den folgenden Limerick gefaßt:

A computer so stolid and stern
Can simulate man to a turn.
Though it lacks flesh and bones
And erogenous zones,
It can teach – but, oh can man learn?[130]

Simulationen haben als Methode der Nachbildung von Aspekten des Geistes im Modell tatsächlich vieles zu bieten. Doch wie uns der nächste Limerick (wenn auch in geschmackloser Weise) erinnert, besteht der Geist aus Fühlen und Denken, und Gefühle beinhalten mehr als Denken.

There was once an ardent young suitor
Who programmed a female computer,
But he failed to connect
The affective effect,
So there wasn't a thing he could do to 'er.[131]

Und schließlich werden wir von einem Limerick auch daran erinnert, daß es vielleicht einige Dinge gibt, die ein Computer eben nicht kann. Diesem Limerick muß der Hinweis vorausgeschickt werden, daß die Information früher auf Karten in die Computer eingespeist wurde, in die Löcher gestanzt waren, die von speziellen Lesegeräten abgetastet wurden, und daß Teile des Computergedächtnisses auf endlosen Magnetbandspulen gespeichert waren.

There was once a passionate dame
Who wanted some things made plain,
So she punched up the cards,
Filled tape by the yards,
But – somehow – it just wasn't the same![132]

Wie geht es weiter?

Ich habe versucht, eine klare Aussage darüber zu machen, was die Emotion nicht ist. Sie ist nicht bloß eine Ansammlung von Gedanken über Situationen. Sie ist nicht schlichtes Schlußfolgern. Man gelangt nicht zu ihrem Verständnis, indem man die Leute einfach fragt, was in ihrer Seele vor sich ging, als sie eine Emotion hatten. Es ist bekanntlich schwer, Emotionen in Worte zu fassen. Sie operieren in einem psychischen und neuralen Raum, der dem Bewußtsein nicht ohne weiteres zugänglich ist. Dennoch haben wir viel über die Funktionsweise des emotionalen Geistes gelernt, indem wir verbale Reize nutzten, um Zugang zu Emotionen zu erhalten, und verbale Auskünfte, um Emotionen zu messen.

Das Bewußtsein und die natürliche Sprache als sein ständiger Begleiter sind Neuankömmlinge in der Evolutionsszene – im Gesamtverlauf der Evolution ist die unbewußte Verarbeitung eher die Regel als die Ausnahme. Und die Währung des evolutionär alten, unbewußten mentalen Bereichs ist die nonverbale Verarbeitung. Wir haben vermutlich, da die Erforschung der (kognitiven und emotionalen) unbewußten Verarbeitung sich so stark auf verbale Prozesse stützte, ein höchst unzutreffendes Bild vom Grad der Komplexität unbewußter Prozesse beim Menschen. Und zu einem richtigen Verständnis des Wirkens unbewußter Prozesse beim Menschen werden wir wahrscheinlich erst dann gelangen, wenn wir auf die Benutzung verbaler Reize und verbaler Auskünfte verzichten.

Es zeugt von der Eitelkeit der Menschen und vom Chauvinismus der Sprache, daß die älteren Funktionen des Gehirns als Negation der neuentwickelten aufgefaßt werden. Die Tiere waren die längste Zeit ohne Bewußtsein und ohne Sprache, ehe sie (im Menschen) Bewußtsein und Sprache entwickelten. Es ist ein Glück, daß ältere Funktionen, wie zum Beispiel bestimmte Funktionen der emotionalen Verarbeitung, sich im menschlichen Gehirn erhalten haben, so daß wir an Tieren untersuchen können, wie diese Funktionen auch beim Menschen wirken. Natürlich läßt sich durch Tierversuche nicht alles an den menschlichen Emotionen erklären. Wir sind aber – und ich hoffe, Ihnen das zeigen zu können – zu einem sehr guten Verständnis einiger grundlegender emotionaler Mechanismen gelangt, die die Menschen mit anderen Tieren gemein haben. Mit diesen Erkenntnissen gewappnet, können wir sehr viel besser verstehen, wie neuentwickelte Funktionen, etwa das Bewußtsein und die Sprache, zu den Emotionen beitragen und wie sie insbesondere mit den grundlegenden nonverbalen und unbewußten Systemen wechselwirken, die den inneren Kern des emotionalen Apparats bilden.

4

Der Heilige Gral

»Das Gehirn ist mein zweitliebstes Organ.«

Woody Allen[133]

Ein wichtiges Ziel der modernen Hirnforschung ist, herauszufinden – so genau wie möglich herauszufinden –, wo einzelne Funktionen ihren Sitz im Gehirn haben. Zu wissen, »wo« eine Funktion lokalisiert ist, ist der erste Schritt zum Verständnis dessen, »wie« sie wirkt. Es ist nicht erstaunlich, daß die Emotionen zu den Funktionen gehören, an deren Lokalisierung im Gehirn die Wissenschaftler von jeher interessiert waren.

Seit über einem Jahrhundert durchstreift man das Gelobte Land des Gehirns auf der Suche nach dem Heiligen Gral, jener Hirnregion, jenem Zentrum, das uns erklären wird, woher Schuld- und Schamgefühl, Furcht und Liebe kommen. Um die Mitte des Jahrhunderts, als die Theorie aufgestellt wurde, die Emotion habe ihren Sitz im limbischen System, hatte es den Anschein, als sei das Gesuchte endlich gefunden worden.[134] Diese bemerkenswerte Auffassung führte das emotionale Geschehen auf ein zerebrales Zentrum zurück, das die Evolution entwickelt hatte, um Funktionen zu unterstützen, die für das Überleben des Individuums und der Art notwendig sind. Die Theorie vom limbischen System behauptete rundheraus, die physische Grundlage des Freudschen Es gefunden zu haben.

Doch bis Anfang der achtziger Jahre geschah in der Erforschung der Hirnmechanismen der Emotion sehr wenig. Mitverantwortlich dafür war zweifellos auch die Tatsache, daß die kognitive Revolution (die die Emotion als Forschungsgegenstand ausschloß) bis in die Hirnforschung hineinreichte, aber nicht minder der Umstand, daß die Theorie vom limbischen System als Sitz der Emotion so unerschütterlich erschien. Es schien, als habe man das emotionale Gehirn zumindest in seinen großen Zügen verstanden.

Das Konzept vom limbischen System ist in seiner Wirkung kaum zu überschätzen. Es hatte einen gewaltigen Einfluß auf unsere Vorstellungen sowohl über die emotionalen Funktionen wie über die strukturelle Organisation des Gehirns. Jahr für Jahr lernt jeder, der Neurowissenschaft studiert, wo das limbische System ist und was es macht. Leider gibt es aber einen Haken. Die Theorie vom limbischen System als Erklärung des emotionalen Gehirns ist falsch, und manche Wissenschaftler behaupten sogar, daß es ein limbisches System gar nicht gebe. Bevor ich fortfahre und Ihnen meine Auffassung vom emotionalen Gehirn beschreibe, möchte ich daher schildern, woher die Idee vom limbischen System kam, und erläutern, warum sie das emotionale Geschehen nicht zu erklären vermag.

Höcker am Schädel

In gewisser Hinsicht verdanken wir die Vorstellung, daß Funktionen in bestimmten Teilen des Gehirns lokalisiert sind, einer sonderbaren Bewegung des 19. Jahrhunderts, der sogenannten Phrenologie.[135] Die Phrenologie war eine Wissenschaft oder, wie manche meinen, eine Pseudowissenschaft, die durch Abtasten der Oberflächengeographie des menschlichen Schädels Persönlichkeitsmerkmale und seelische Störungen zu ermitteln suchte.

Die Phrenologie fußte auf der Arbeit eines geachteten Wissenschaftlers, Franz Joseph Gall. Wie viele vor und nach ihm war Gall überzeugt, daß der Geist sich aus einer Vielzahl einzelner Fähigkeiten (darunter Begreifen, Fühlen, Sprache, Gedächtnis, Intelligenz) zusammensetzt. Gall machte darüber hinaus den interessanten Vorschlag, jede Fähigkeit habe ihr eigenes »Organ« im Gehirn. Das war die Geburtsstunde moderner Ideen über die funktionale Lokalisierung. So weit, so gut.

Leider gingen Gall und besonders seine Nachfolger noch einen Schritt weiter,[136] indem sie behaupteten, die höherentwickelten Fähigkeiten besäßen größere Hirnfelder, und über diesen rage der Schädel weiter hervor als über weniger entwickelten. Dementsprechend sei es möglich, durch Abtasten der Höcker auf dem Schädel Persönlichkeitsmerkmale und intellektuelle Fähigkeiten zu ermitteln und Störungen des Denkens und Fühlens dadurch festzustellen, daß man Abweichungen von der Norm entdecke. Die Phrenologen schlugen alle Warnungen in den Wind und legten nicht nur fest, wo im Schädel die altherge-

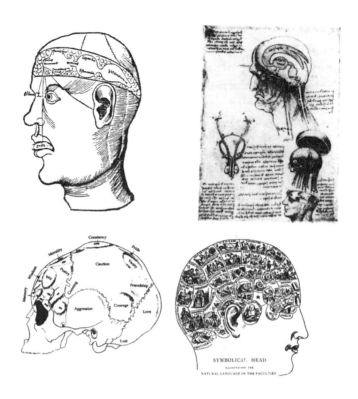

Augustinus meinte um das Jahr 500 n. Chr., die höheren mentalen Funktionen hätten ihren Sitz in den mit zerebrospinalem Liquor gefüllten Kammern des Gehirns. Jahrhundertelang hielt sich diese Ansicht unangefochten. Eine Spielart dieser Idee um das Jahr 1500 zeigt eine Zeichnung aus dem Buch von Gregor Reisch (links oben). Um dieselbe Zeit skizzierte Leonardo seine Auffassung von den Hirnfunktionen (rechts oben). Als im späten 19. Jahrhundert die Phrenologie aufkam, lokalisierte man die Funktionen in bestimmten Regionen des Gehirns, speziell des Neokortex. Die Phrenologen behaupteten, durch Abtasten des Schädels könnten sie erkennen, wie stark die darunterliegenden Teile des Gehirns entwickelt sind (rechts unten). Extreme Verfechter der Phrenologie machten eine Vielzahl psychischer Funktionen an bestimmten Orten des Hirnschädels fest. (Abdruck der Illustrationen links mit freundlicher Genehmigung von M. Jacobson [1993], *Foundations of Neuroscience*, New York: Plenum [links oben nach Abb. 1.7, links unten nach Abb. 1.11]. Abdruck der Illustrationen rechts mit freundlicher Genehmigung von F. Plum und B. T. Volpe [1987], »Neuroscience and higher brain function: From myth to public responsibility«. In: F. Plum, ed., *Handbook of Physiology, Section I: The nervous system*, Bd. V., Bethesda: American Physiological Society.)

brachten, normalen geistigen Fähigkeiten (Empfindung, Fühlen, Gedächtnis und Sprache) angesiedelt sind, sondern auch so exotische Merkmale wie Ehrfurcht, Wohlwollen, Freundschaft, Erhabenheit, Höflichkeit und sogar Kinderliebe.

Wissenschaftlich war damals wenig über das Gehirn bekannt, und so fesselte die Phrenologie die Vorstellungskraft wißbegieriger Viktorianer. Sie wurde zur populären Psychologie ihrer Zeit. Und wie die meisten populären Erklärungen der Gründe unseres Handelns irrte die Phrenologie gewaltig. Zwar weist der Schädel durchaus Höcker auf, aber die sind eben nur Höcker und liefern keinerlei Hinweise auf große oder geringe geistige Fähigkeiten. Da Gall jedoch als Wissenschaftler ein gewisses Ansehen genoß, mußten andere achtbare Gelehrte zwangsläufig gegen seine Ideen zu Felde ziehen, was dazu führte, daß die Wissenschaft insgesamt sich gegen die Idee der funktionalen Lokalisierung wandte.[137] Eigentlich war es zunächst nur eine Reaktion gegen die Exzesse der Phrenologie, doch ernsthafte Wissenschaftler machten sich nun die Auffassung zu eigen, daß geistige Funktionen nicht in bestimmten Teilen lokalisiert, sondern über das gesamte Gehirn verteilt seien; aus dieser Sicht tritt ein Gedanke oder eine Emotion nicht in einer einzelnen Region auf, sondern erfaßt alle, zumindest aber viele Regionen gleichzeitig.

Ironischerweise war es Galls Einsicht, daß die Funktionen lokalisiert sind, die sich letztlich durchsetzte, wenn auch nicht so, wie Gall es gewollt hatte. Die einzelnen Fähigkeiten oder Funktionen sind, wie die Forschung später herausfand, in bestimmten Regionen des Gehirns lokalisiert, und die funktionale Lokalisierung gilt heute als eine anerkannte Tatsache.[138] Wir können die Hirnregionen angeben, die beteiligt sind, wenn wir die Farbe und Form von Objekten wahrnehmen, wenn wir Sprache verstehen und produzieren, wenn wir uns Dinge vorstellen, die wir nicht sehen, wenn wir genaue Bewegungen im Raum vollziehen, wenn wir Gedächtnisspuren anlegen, wenn wir den Unterschied zwischen einer Rose und Flieder erschnuppern, wenn wir eine Gefahr entdecken, wenn wir Nahrung und Obdach finden, wenn wir uns einen Geschlechtspartner aussuchen usw. usw.

Dennoch sind mentale Prozesse strenggenommen keine Funktionen bestimmter Hirnareale. Jedes Areal funktioniert entsprechend dem System, dem es angehört. Die Sehrinde zum Beispiel, eine Region im hinteren Teil der Hirnrinde (der faltigen äußeren Schicht des Gehirns), ist entscheidend an unserer Sehfähigkeit beteiligt. Wird diese Region

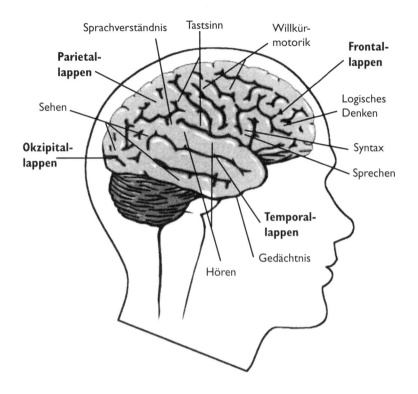

Sprachverständnis

Tastsinn

Willkür-
motorik

**Parietal-
lappen**

**Frontal-
lappen**

Sehen

Logisches
Denken

**Okzipital-
lappen**

Syntax

Sprechen

**Temporal-
lappen**

Gedächtnis

Hören

Was wir heute über Funktionen der Hirnrinde wissen, stammt aus Untersuchungen, die zeigen, wie sich Schädigungen bestimmter Regionen auf die Fähigkeit auswirken, Verhaltens- oder Denkaufgaben zu lösen, aus Untersuchungen, die zeigen, wie sich die elektrische Reizung von Hirnregionen auf Verhalten und Denken auswirken, und aus der Messung beziehungsweise Abbildung neuraler Aktivität an verschiedenen Stellen bei der Ausführung von Verhaltens- oder Denkaufgaben. Die Identifizierung von Hirnregionen mit bestimmten Funktionen darf man jedoch nicht allzu wörtlich nehmen. Die Funktionen werden von untereinander verbundenen und zusammenwirkenden Systemen vermittelt und nicht durch isolierte Regionen. Im allgemeinen lassen sich die Funktionen, zu denen bestimmte Hirnregionen beitragen, im Tierversuch sehr viel genauer feststellen. Ohne die Ergebnisse der Tierversuche wären Befunde am Menschen, die nicht so präzise sind, nur schwer zu deuten. Dennoch sind Untersuchungen des menschlichen Gehirns unverzichtbar, besonders für unser Verständnis von Funktionen, die hauptsächlich im menschlichen Gehirn vorkommen. (Modifizierte Clipart aus Canvass und Corel Draw.)

beschädigt, sind Sie praktisch blind.[139] Das bedeutet aber nicht, daß das Sehen in der Sehrinde lokalisiert ist. Es bedeutet, daß die Sehrinde ein notwendiger Bestandteil des Systems ist, welches das Sehen ermöglicht. Dieses System umfaßt die Sehrinde ebenso wie eine Vielzahl anderer Areale, welche die Information von den Augen ins Gehirn und letztlich an die Sehrinde weiterleiten. Und die Sehrinde selbst ist ein kompliziertes Gebilde, das sich aus zahlreichen Subregionen und Subsystemen zusammensetzt, die jeweils das Ihre zum Akt des Sehens beisteuern.[140] Tritt irgendwo auf dem Weg vom Auge bis zu den letzten Verarbeitungsstufen in der Sehrinde ein Schaden auf, so wird das Sehen verhindert, genau wie eine Kette zerreißt, wenn man ein Glied entfernt.

Hirnregionen haben also Funktionen dank der Systeme, denen sie angehören. Und Funktionen sind Eigenschaften von integrierten Systemen, nicht von isolierten Hirnarealen. Die Wahrheit liegt insofern irgendwo zwischen Gall und seinen Kritikern, aber näher bei Galls Auffassung. Das heißt: An mentalen Funktionen sind zwar viele verschiedene Regionen beteiligt, die zusammenarbeiten, doch sind für jede Funktion ganz bestimmte untereinander verbundene Regionen verantwortlich, nämlich das ihr zugeordnete System. Das System, das uns zu sehen erlaubt, erlaubt uns nicht zu hören, und beide Systeme sind nicht sonderlich hilfreich beim Empfinden von Schmerz oder beim Gehen.[141]

Eine stimulierende Zeit

Kurz nach den Debatten zwischen Gall und seinen Kritikern begannen Hirnforscher, der Frage der funktionalen Lokalisierung im Gehirn mit experimentellen Methoden nachzugehen. Darwins Evolutionstheorie[142] hatte den Wissenschaftlern entschiedenen Grund zu der Annahme gegeben, daß in der biologischen (und eventuell sogar psychischen) Beschaffenheit eine Kontinuität zwischen dem Menschen und den anderen Tieren besteht, und in der Hoffnung, wichtige Erkenntnisse über das menschliche Gehirn und seine Funktionen zu gewinnen, begannen Forscher mit der Untersuchung anderer Arten.

In diesen ersten bahnbrechenden Untersuchungen benutzte man als Verfahren vor allem die elektrische Reizung und Ablation (operative

Entfernung) von kortikalen Bereichen. Bei der Reizung wird über eine Elektrode, einen winzigen, in das Gehirn eingeführten Draht, ein schwacher elektrischer Strom geschickt. Da das Gehirn mit elektrischen Signalen arbeitet, die von Neuronen (Hirnzellen) in einem Bereich zu Neuronen in einem anderen geleitet werden, ahmt die elektrische Reizung künstlich den natürlichen Informationsfluß im Gehirn nach. Bei Ablationsuntersuchungen erkennt man die Funktionen einer Hirnregion an den durch die Schädigung verlorengegangenen Verhaltens- oder mentalen Fähigkeiten, während die Funktionen bei Reizung an den hervorgerufenen Reaktionen zu erkennen sind. Dies war das Yin und Yang der frühen Hirnforschung, und es sind bis heute die entscheidenden Verfahren geblieben.

Zu den ersten Entdeckungen der experimentellen Hirnforschung gehörte, daß die elektrische Reizung bestimmter Rindenbereiche Bewegungen bestimmter Körperteile hervorrief und operative Läsionen dieser Bereiche die Bewegung der entsprechenden Körperteile beeinträchtigte.[143] Die fraglichen Bereiche befanden sich im vorderen Teil der Rinde, einer Region, die man heute als motorischen Kortex bezeichnet und von der man weiß, daß sie an der Steuerung von Willkürbewegungen maßgeblich beteiligt ist. Diese Region hat Verbindungen zu Neuronen im Rückenmark, von denen dann die Befehle ausgehen, die die Bewegung der Gliedmaßen und anderer Körperteile steuern. Die Reizung von Bereichen im hinteren Teil der Rinde löste keine Bewegung aus, doch bei Beschädigung dieser Regionen wurde die normale Wahrnehmung von Informationen durch Augen, Ohren oder Haut beeinträchtigt – die Tiere wurden blind, taub oder unempfindlich für Berührungsreize, je nachdem, wo die Läsion vollzogen wurde. Heute bezeichnet man diese Areale als visuelle, auditorische bzw. somatosensorische Region der Hirnrinde.

Die ersten Neurologen machten ganz ähnliche Entdeckungen aufgrund von Beobachtungen an hirngeschädigten Patienten, die an einem Schlaganfall oder einem Tumor litten.[144] Die Entsprechung zwischen den klinischen Beobachtungen an Menschen und den methodischeren Feststellungen bei Tierversuchen sprach entschieden für eine Darwinsche Kontinuität der Hirnorganisation über die Artgrenzen hinweg.[145]

Eine ziemliche Wut

Als man begann, die Funktionen der Hirnrinde zu erforschen, erkannte man, daß Tiere trotz massiver Ablationen bei der emotionalen Reaktionsfähigkeit ein auffällig normales Verhalten zeigten.[146] So waren bei Katzen nach Entfernung der gesamten Hirnrinde die typischen Anzeichen emotionaler Erregung zu beobachten. Wenn sie provoziert wurden, kauerten sie sich hin, machten einen Buckel, legten die Ohren an, streckten die Krallen heraus, knurrten, fauchten, bleckten die Zähne und bissen alles, was sich bot.[147] Außerdem ließen sie starke Anzeichen autonomer Erregung erkennen, darunter Fellsträuben, Pupillenerweiterung sowie Erhöhung des Blutdrucks und der Herzfrequenz. Das war erstaunlich, weil man damals glaubte, die komplexen Verhaltensweisen, darunter das emotionale Verhalten, würden vom sensorischen und motorischen Kortex gesteuert. William James hatte zum Beispiel in der neuralen Version seiner Rückmeldungstheorie angenommen, daß Emotionen von sensorischen und motorischen Arealen der Rinde vermittelt werden – die motorischen Bereiche wurden benötigt, um Reaktionen hervorzurufen, die sensorischen Bereiche dafür, zunächst den Reiz zu bemerken und dann die Rückmeldung von den Reaktionen zu »fühlen« (siehe Abbildung S. 88). Darin irrte James, denn eine Schädigung des Kortex hatte keine Auswirkung auf emotionale Reaktionen.

Allerdings war das emotionale Verhalten von dekortizierten Tieren (bei denen die Hirnrinde entfernt worden war) nicht ganz normal. Sie ließen sich von den geringfügigsten Ereignissen ganz leicht zu emotionalen Reaktionen provozieren. Da ihnen offenbar jede Regulation ihrer Wut fehlte, mußten normalerweise Rindenbereiche (wie Platons Wagenlenker) diese wilden emotionalen Reaktionen zügeln und ihre Äußerung in unpassenden Situationen unterbinden.[148]

Seine Berühmtheit verdankte Walter Cannon nicht nur seinem im 3. Kapitel geschilderten Angriff auf James' Theorie, sondern auch seiner eigenen neuralen Theorie der Emotion, die auf Forschungen basierte, welche in seinem Laboratorium von Philip Bard durchgeführt wurden. Bard nahm systematisch Läsionen vor, um herauszufinden, welche Teile des Gehirns für die Äußerung von Wut erforderlich sind.[149] Beginnend mit der Rinde, entfernte er immer weitere Teile, bis er zu einem Zerstörungsbild kam, bei dem die Wutreaktionen ausblieben. Bei der entscheidenden Läsion wurde eine Region namens Hypo-

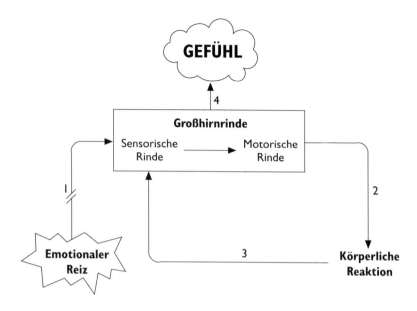

Ein äußerer Reiz, zum Beispiel der Anblick eines Bären, wird von den sensorischen Arealen der Großhirnrinde wahrgenommen. Die motorische Rinde kontrolliert Reaktionen wie das Weglaufen. Die von den Reaktionen erzeugten Empfindungen werden an die Großhirnrinde rückgemeldet, wo sie wahrgenommen werden. In James' Theorie ist es die Wahrnehmung der mit den emotionalen Reaktionen einhergehenden körperlichen Empfindungen, die der Emotion ihre eigentümliche Qualität verleiht.

thalamus verletzt. Ohne den Hypothalamus kamen nur fragmentarische statt vollständiger emotionaler Reaktionen zustande, und das auch nur bei sehr intensiven, schmerzhaften Reizen. Die Tiere konnten kauern, fauchen, zischen, die Krallen herausstrecken, die Ohren anlegen, beißen und/oder eine gewisse autonome Reaktion zeigen, aber nicht gleichzeitig auf koordinierte Weise, wie es bei intaktem Hypothalamus der Fall war, und nur sehr heftige Reizungen riefen die Reaktionen hervor. Aus diesen Beobachtungen folgerten Bard und Cannon, daß der Hypothalamus das Zentrum des emotionalen Gehirns ist (siehe Abbildung S. 89).

Das Gehirn läßt sich längs der senkrechten Achse unterteilen in Stammhirn, Mittelhirn und Vorderhirn. Vom Stammhirn zum Vorderhirn aufsteigend, reichen die repräsentierten Funktionen von psycho-

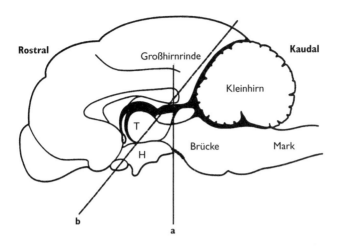

Rostral — Großhirnrinde — Kaudal

Kleinhirn

T

H — Brücke — Mark

b — a

Zunächst entfernte Bard alle Hirnareale oberhalb (links von) der Geraden »b«. Dazu gehörten die Großhirnrinde und alle anderen Teile des Vorderhirns außer dem Hypothalamus (H) und Teilen des Thalamus. Durch diese Läsionen wurden emotionale Reaktionen nicht unterbunden. Emotionale Reaktionen wurden jedoch praktisch ausgeschaltet, als Areale zwischen »b« und »a« sowie die rostral von »b« gelegenen Areale in die Läsion einbezogen wurden. Rostral = vorn; kaudal = hinten. (Basierend auf J. E. LeDoux [1987], »Emotion«. In: F. Plum, ed., *Handbook of Physiology, Section I: The nervous system*, Bd. V., Bethesda: American Physiological Society.)

logisch primitiven zu psychologisch hochentwickelten. Der Hypothalamus, der beim Menschen etwa so groß wie eine Erdnuß ist, sitzt an der Basis des Vorderhirns und bildet die Schnittstelle zwischen dem psychologisch raffinierten Vorderhirn und den primitiveren tieferen Regionen. Zu Zeiten Cannons und Bards war bekannt, daß der Hypothalamus an der Regulierung des autonomen Nervensystems beteiligt ist,[150] und die beiden fanden es einleuchtend, daß der Hypothalamus der Ort sein könnte, wo die bei starken Emotionen auftretenden körperlichen Reaktionen vom Vorderhirn gesteuert werden.

Die Theorie von Cannon und Bard stützte sich auf die wohlbekannte Tatsache, daß die sensorischen Systeme, die Informationen aus der Außenwelt aufnehmen, die eingegangenen Informationen an spezialisierte Regionen der Hirnrinde weiterleiten – Informationen von den Augen zur Sehrinde, Informationen von den Ohren zur Hörrinde.

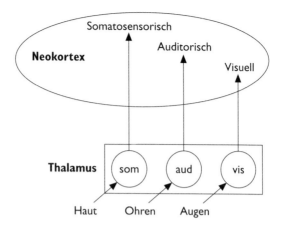

Sensorische Meldungen werden von äußeren Rezeptoren (zum Beispiel in Ohren, Augen und Haut) zu bestimmten Regionen des Thalamus übertragen, die die Signale verarbeiten und die Ergebnisse an spezialisierte Gebiete des Neokortex weitergeben. Abkürzungen der thalamischen Regionen: som = somatosensorischer Thalamus; aud = auditorischer Thalamus; vis = visueller Thalamus.

Doch auf der Reise zu den spezialisierten Rindenbereichen machen die sensorischen Meldungen halt in subkortikalen Bereichen – in thalamischen Zwischenstationen. Diese thalamischen Regionen sind ebenfalls, wie ihre kortikalen Partner, auf die sensorische Verarbeitung spezialisiert (der visuelle Thalamus erhält visuelle Signale von Rezeptoren in den Augen und leitet sie weiter zur Sehrinde, der auditorische Thalamus erhält akustische Signale von Rezeptoren in den Ohren und leitet sie weiter zur Hörrinde; siehe obige Abbildung). Darüber hinaus nahm man jedoch an, daß einige thalamische Regionen sensorische Meldungen nicht zum Kortex weiterleiten, sondern zum Hypothalamus. Infolgedessen mußte der Hypothalamus etwa zur gleichen Zeit wie der Kortex Zugang zu sensorischen Meldungen haben. Wenn diese Signale bei ihm eingingen, konnte er den Körper dazu bringen, die autonomen und Verhaltensreaktionen hervorzurufen, die für emotionale Reaktionen charakteristisch sind (siehe Abbildung S. 91). Dadurch erklärte sich für Cannon und Bard, warum die Äußerung von Emotionen durch die Dekortikation nicht unterbunden wurde und warum James' Theorie demnach falsch war (emotionale Reaktionen werden

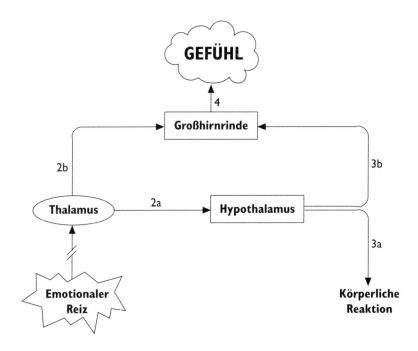

Cannon und Bard glaubten, daß vom Thalamus verarbeitete äußere Reize zur Großhirnrinde (Pfad 2b) und zum Hypothalamus (Pfad 2a) weitergeleitet werden. Der Hypothalamus schickt dann Signale zu den Muskeln und Organen des Körpers (Pfad 3a) und zum Kortex (Pfad 3b). Aus der im Kortex stattfindenden Wechselwirkung zwischen Meldungen über die Art des Reizes (Pfad 2b) und über seine emotionale Bedeutung (Pfad 3b) entsteht das bewußte Erleben der Emotionen (Gefühle). Emotionale Reaktionen und Gefühle treten in dieser Theorie parallel auf.

vom Hypothalamus gesteuert, nicht vom motorischen Kortex, und Sinneseindrücke können den Hypothalamus direkt aktivieren, ohne den sensorischen Kortex zu durchlaufen).

Cannon und Bard schlossen zwar den Kortex aus der Ereigniskette aus, die zu emotionalen Reaktionen führt, aber sie hielten es nicht für gänzlich ausgeschlossen, daß der Kortex an Emotionen beteiligt ist. Cannon und Bard waren sogar überzeugt, daß das bewußte Erleben von Emotionen, das Gefühl, auf der Aktivierung des Kortex durch Nervenfasern beruht, die vom Hypothalamus aufsteigen. In Abwesenheit des Kortex wird also Wutverhalten ausgelöst, aber ohne das bewußte Gefühl der Wut. Die emotionalen Ausbrüche von dekortizierten Tieren bezeichnete Cannon deshalb als »Scheinwut«.[151]

Für James wurde die Eigentümlichkeit des emotionalen Erlebnisses durch die Rückmeldung von den körperlichen Reaktionen an das Gehirn bestimmt – die Reaktionen treten demnach vor den Gefühlen auf. Für Cannon werden Emotionen dagegen von Prozessen bestimmt, die sich ausschließlich im Gehirn abspielen und ihr Zentrum im Hypothalamus haben. Eine Entladung des Hypothalamus zum Körper hin ruft emotionale Reaktionen hervor, während sie zum Kortex hin emotionale Erlebnisse auslöst. Und da die zu den körperlichen Reaktionssystemen absteigenden Fasern und die zum Kortex aufsteigenden Fasern vom Hypothalamus gleichzeitig aktiviert werden, treten emotionale Gefühle und emotionale Reaktionen gleichzeitig und nicht nacheinander auf.

Über die Ursache emotionaler Erlebnisse waren Cannon und James sich nicht einig, doch in einem anderen, sehr wichtigen Punkt, der oft übersehen wird, scheint Cannon mit James einig gewesen zu sein: emotionale Reaktionen (Weglaufen vor dem Bären) werden nicht durch bewußte emotionale Erlebnisse (Furcht) verursacht. Für James sind die emotionalen Reaktionen zuerst da und bestimmen die bewußten Erlebnisse, während für Cannon Reaktionen und Erlebnisse gleichzeitig auftreten. James und Cannon hätten wahrscheinlich beide der im letzten Kapitel entwickelten Vorstellung zugestimmt, daß bewußte emotionale Erlebnisse eine Folge von vorhergehenden emotionalen Prozessen (Einschätzungen oder Bewertungen) sind, die außerhalb des Bewußtseins, also unbewußt, ablaufen.

Der Gefühlsstrom

Der Anatom James Papez von der Cornell-Universität hatte sich nie sonderlich mit Emotionsforschung befaßt, doch 1937 schlug er eine Theorie des emotionalen Gehirns vor, die großen Einfluß gewinnen sollte.[152] Einem Gerücht zufolge hatte Papez herausgefunden, daß ein amerikanischer Wohltäter einem britischen Laboratorium eine große Summe mit der Bestimmung gespendet hatte, es möge ermitteln, wie die Emotionen funktionieren.[153] In einer Anwandlung von Nationalstolz fabrizierte er innerhalb weniger Tage seinen berühmten Artikel, um zu beweisen, daß auch Amerikaner etwas über die Emotionen zu sagen haben. Hätte er jedoch gewußt, daß seine Theorie zunächst in den Archiven der Wissenschaft verschwinden würde, um erst in den fünfziger Jahre wiederentdeckt und wiederbelebt zu werden, hätte er sich bei der Aufstellung seiner Theorie vielleicht mehr Zeit gelassen. Großen Einfluß auf Papez übte die Arbeit des Anatomen C. Judson Herrick aus, dessen Fachgebiet die Hirnevolution war. Herrick hatte einen Unterschied zwischen den lateralen und medialen Teilen des Gehirns entdeckt.[154] Stellen Sie sich vor, das Gehirn sei ein Brötchen, dessen beide Hälften die Hemisphären des Gehirns darstellen. Die von

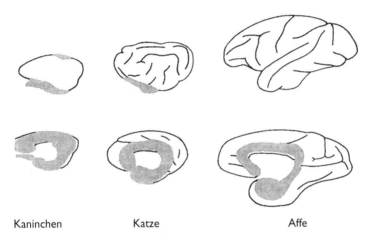

| Kaninchen | Katze | Affe |

Das Kleinhirn eines Kaninchens (links), einer Katze (Mitte) und eines Affen (rechts) in lateraler (obere Reihe) und medialer (untere Reihe) Ansicht. Der sogenannte limbische Lappen, der angeblich aus evolutionär altem Rindengewebe besteht, ist grau und der evolutionär neue Kortex, der Neokortex, weiß dargestellt. Der limbische Lappen liegt überwiegend in der medialen Wand des Kleinhirns. Beim Kaninchen nimmt der limbische Lappen den größten Teil des medialen Kortex ein. Bei Katzen und Primaten nimmt der limbische Lappen einen fortschreitend abnehmenden Teil des medialen Kortex und damit einen geringeren Teil von der Rindenmasse ein. Die Veränderungen im Laufe der Säugerevolution äußern sich in der Ausdehnung des Neokortex. Am stärksten ist die Ausdehnung des Kortex (bisher) beim Menschen. (Basierend auf P.D. MacLean [1954],»Studies on limbic system [»visceral brain«] and their bearing on psychosomatic problems«. In: E. Wittkower und R. Cleghorn, Hgg., *Recent Developments in Psychosomatic Medicine*, London: Pitman.)

außen sichtbare bräunliche Kruste entspricht dem lateralen Teil der Hirnrinde. In diesem Teil sitzen all die sensorischen und motorischen Funktionen, von denen wir gesprochen haben, und nach der herrschenden Meinung laufen hier all unsere höchsten Denkprozesse ab. Jetzt greifen Sie in die Furche, die sich durch die Mitte des Brötchens zieht, und nehmen die beiden Hälften auseinander. Das weiße Innere entspricht dem medialen Teil der Hirnrinde. Nach Herrick ist dieser Teil evolutionär älter und an primitiveren Funktionen beteiligt als die jüngere Rinde, die als Neokortex bezeichnet wird, worin sich die Annahme spiegelt, sie sei im Evolutionsverlauf später entstanden (siehe Abbildung S. 93).

Was Herrick als medialen Kortex bezeichnete, hatte der große französische Anatom Paul Pierre Broca zuvor *le grand lobe limbique* genannt.[155] Broca hatte bemerkt, daß die medialen Rindenbereiche eine ovale Form haben, fast wie der Rand eines Tennisschlägers. Das französische *limbique* geht auf das lateinische Wort *limbus* zurück, das Rand bedeutet. Broca schwebte bei der Benennung dieses Bereichs eine Strukturbeschreibung des medialen Kortex vor, doch bald darauf wurde der limbische Lobus umgetauft in Rhinencephalon oder »Riechhirn«, mit Rücksicht auf seine scheinbare Beteiligung an der Wahrnehmung von Gerüchen und an der Steuerung von Handlungen, die sich am Geruch orientieren.

Herrick bemerkte, daß der Geruch im Nahrungs-, Sexual- und Abwehrverhalten primitiver Tiere eine wichtige Rolle spielt. Nach seiner Meinung hatten sich die höheren intellektuellen Funktionen des lateralen Kortex aus dem Geruchssinn entwickelt, und er sah im lateralen Kortex selbst eine evolutionäre Erweiterung des Riechhirns. Ihm zufolge wurden die grundlegenden sensorischen und motorischen Funktionen, die bei primitiven Tieren vom medialen Kortex kontrolliert werden, auf den neuentwickelten lateralen Kortex übertragen, wodurch Platz geschaffen wurde für die Verfeinerung der Sinneswahrnehmung zu höheren Denkprozessen und die Ausweitung der primitiven motorischen Funktionen der frühen Wirbeltiere zu komplexen menschlichen Verhaltensweisen.

Papez, dessen Stärke die Synthese war, verknüpfte Herricks Idee vom evolutionären Unterschied zwischen dem medialen und lateralen Kortex mit zwei anderen Dingen – einerseits den Beobachtungen bezüglich der Folgen von Schädigungen des medialen Kortex beim Menschen, andererseits der Forschung zur Rolle des Hypothalamus in der

Steuerung emotionaler Reaktionen bei Tieren. So entstand eine Theorie, welche das subjektive Erleben der Emotion mit dem Strom von Informationen durch einen Kreis anatomischer Verbindungen erklärte, der vom Hypothalamus zum medialen Kortex und von dort zurück zum Hypothalamus führt. Man nennt ihn den Neuronenkreis von Papez.

Im Gefolge Cannons betonte Papez, daß der Hypothalamus wesentlich beteiligt ist am Empfang direkter sensorischer Zuflüsse über emotionale Reize vom Thalamus, an der Steuerung körperlicher Reaktionen während emotionaler Erregung und an der Regulierung des emotionalen Erlebnisses durch zum Kortex aufsteigende Fasern. Vor allem war ihm jedoch daran gelegen, die Entstehung emotionaler Erlebnisse im Gehirn zu klären, und er schlug ein emotionales Zentrum vor, das verwickelter und detaillierter war als bei Cannon.

Die Hypothese von Papez geht von der Idee aus, daß die ans Gehirn übermittelten sensorischen Zuflüsse bei den Zwischenstationen im Thalamus aufgespalten werden in einen *Denkstrom* und einen *Gefühlsstrom*. Der Denkstrom ist der Kanal, durch den sensorische Zuflüsse auf Bahnen, die durch den Thalamus verlaufen, an die lateralen Bereiche des Neokortex weitergeleitet werden. Durch diesen Strom werden Sinnesempfindungen in Wahrnehmungen, Gedanken und Erinnerungen verwandelt. Der Gefühlsstrom ist gleichfalls an der sensorischen Vermittlung zum Thalamus beteiligt, doch hier wird die Information, wie Cannon vermutete, direkt zum Hypothalamus umgeleitet, so daß Emotionen erzeugt werden können.

Cannon betrachtete den Hypothalamus als ein homogenes Gebilde. Papez machte jedoch in den hypothalamischen Mamillarkörpern (sie heißen so, weil sie an der Unterseite des Gehirns wie weibliche Brüste hervorragen) den Ort aus, der die thalamischen sensorischen Zuflüsse aufnimmt und die Meldungen dann an den Kortex weiterleitet. Und er äußerte sich auch genau über den entsprechenden Teil des Kortex; ihm zufolge ist der zinguläre Kortex (ein Teil des älteren medialen Kortex) der für die Wahrnehmung von Emotionen zuständige Rindenbezirk, so wie die Sehrinde für die visuelle Wahrnehmung zuständig ist. Die Analogie zu den sensorischen Systemen weitertreibend, schlug er vor, den vorderen thalamischen Kern, der die Mamillarkörper mit dem zingulären Kortex verbindet, als thalamische Zwischenstation im emotionalen System zu betrachten. Hier endet der Kreis jedoch noch nicht. Vom zingulären Kortex verlaufen dann Bahnen zum Hippocampus,

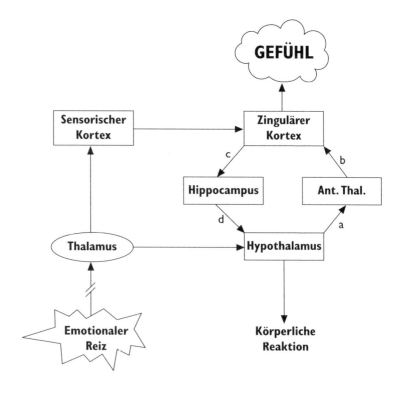

Wie Cannon und Bard glaubte Papez, daß sensorische Nachrichten, die den Thalamus erreichen, sowohl an die Großhirnrinde als auch an den Hypothalamus weitergegeben werden; die Outputs des Hypothalamus zum Körper kontrollieren emotionale Reaktionen; die Outputs zum Kortex lassen emotionale Gefühle entstehen. Die Bahnen zum Kortex wurden »Denkstrom«, die zum Hypothalamus »Gefühlsstrom« genannt. Über die Kommunikation zwischen Hypothalamus und Kortex und über die beteiligten kortikalen Bereiche äußerte sich Papez genauer als Cannon und Bard. Ihm zufolge verlaufen Verbindungen vom Hypothalamus zum vorderen Thalamus, zum zingulären Kortex (ein Teil des evolutionär alten, medialen Kortex). Emotionale Erlebnisse treten auf, wenn der zinguläre Kortex Signale vom sensorischen Kortex (ein Teil des evolutionär neuen, lateralen Kortex) und vom Hypothalamus integriert. Über Outputs vom zingulären Kortex zum Hippocampus und weiter zum Hypothalamus können Gedanken, die in der Großhirnrinde auftreten, emotionale Reaktionen kontrollieren.

einem anderen alten medialen Rindenbereich, von dem wieder Bahnen zurück zum Hypothalamus verlaufen, womit der Kreis der Emotion geschlossen ist (siehe Abbildung S. 96). Wegen unzulänglicher Methoden wußte man zu Papez' Zeiten noch wenig über den Verlauf der Bahnen im Gehirn. Den von ihm postulierten Kreis stützte Papez daher teils auf die bekannten Bahnen, aber auch auf die klinischen Folgen von Schädigungen verschiedener Hirnregionen und auf spekulative mögliche Verbindungen. Der Hippocampus wurde in den Kreis aufgenommen, weil bekannt war, daß er bei Tollwut erheblich beschädigt wird, einer Krankheit, die mit »schweren emotionalen, Krampf- und Lähmungssymptomen« einhergeht, so daß der Patient »das Bild äußersten Entsetzens und einer Mischung aus Angst und Wut« bietet.[156] Dem zingulären Kortex wurde eine zentrale Rolle zugeschrieben, weil seine Schädigung Apathie, Benommenheit, Delirium, Depression, Verlust der emotionalen Spontaneität, Desorientierung in Zeit und Raum sowie gelegentlich Koma zur Folge hatte.

Descartes hatte die Seele in die Zirbeldrüse verlegt, den einzigen nichtpaarigen Teil des Gehirns.[157] Papez hielt es mehr mit einem späteren Franzosen, dem Chirurgieprofessor La Peyronie aus Montpellier, der den Sitz der Seele in der Nähe des Cingulums ortete. Sein Ziel war jedoch bescheidener als das La Peyronies, bezeichnete er den zingulären Kortex doch als den Ort, wo »Umweltereignisse mit einem emotionalen Bewußtsein versehen werden«.[158] War der zinguläre Kortex für Papez nicht der Sitz der Seele, so doch zumindest der Sitz der Leidenschaften der Seele.

Für die Erzeugung von emotionalen Erlebnissen sah Papez zwei Möglichkeiten. Zum einen konnte der Gefühlsstrom durch sensorische Objekte aktiviert werden. Dabei fließen, wie oben beschrieben, Zuflüsse von sensorischen Bereichen des Thalamus zu den Mamillarkörpern und von dort zum vorderen Thalamus und zum zingulären Kortex. Zum anderen konnte die Information über den Gedankenstrom zur Hirnrinde fließen, wo der Reiz wahrgenommen wird und Erinnerungen bezüglich des Reizes aktiviert werden. Die an der Wahrnehmung und Erinnerung beteiligten Rindenbereiche aktivieren dann ihrerseits den zingulären Kortex. Im ersten Fall wird der zinguläre Kortex durch subkortikale Prozesse über den Gefühlsstrom aktiviert, im zweiten durch kortikale Prozesse über den Gedankenstrom. Diese Unterscheidung zwischen der subkortikalen und kortikalen Aktivierung der Emotion, die auch ein Bestandteil von Cannons Theorie war, geriet für viele Jahre in Vergessenheit, wurde aber vor kurzem wieder aufgegriffen; wir werden noch näher darauf eingehen.

Der Kreis von Papez war eine geniale anatomische Spekulation, da die anatomischen Bahnen, die er vermutete, seinerzeit noch nicht identifiziert worden waren. Bemerkenswert ist, daß sie fast alle existieren. Man hat eine Reihe von Verknüpfungen gefunden, die mit geringfügigen Abweichungen dem Kreis von Papez entsprechen. Dieser Kreis scheint jedoch an der Emotion kaum beteiligt zu sein, und das ist zumindest für Papez' Theorie der Emotion zu bedauern. Die Theorie des Kreises von Papez stellt in der Geschichte des emotionalen Gehirns gleichwohl einen entscheidenden Schritt dar, da sie der Ausgangspunkt der Theorie vom limbischen System war, auf die wir kurz eingehen wollen.

Seelenblindheit

1937 war ein herausragendes Jahr für das emotionale Gehirn. In diesem Jahr wurde nicht nur Papez' Theorie veröffentlicht, sondern auch der erste aus einer Reihe von Forschungsberichten von Heinrich Klüver und Paul Bucy.[159] Bei der Erforschung der Hirnregionen, die drogeninduzierte visuelle Halluzinationen vermitteln, machten diese Forscher eine Reihe bemerkenswerter Beobachtungen, die sich auf die Folgen einer Schädigung der Temporallappen von Affen bezogen.

Die laterale Hirnrinde läßt sich in vier Teile untergliedern, die sogenannten Lappen. Hinten liegt der Okzipitallappen, in dem sich die Sehrinde befindet. Vorn liegt der Frontallappen, beiderseits direkt über den Augen. Zwischen Okzipital- und Frontallappen liegen der Parietal- und der Temporallappen. Der Parietallappen sitzt oben, der Temporallappen unmittelbar darunter, direkt hinter den und etwas oberhalb der Ohren (siehe Abbildung 4-2).

In ihrem ersten Bericht, einer Fallstudie über die Folgen der Entfernung des Temporallappens bei einem Affen, schrieben Klüver und Bucy:

das Tier zeigt nicht die Reaktionen, die allgemein mit Zorn und Furcht einhergehen. Ohne Scheu nähert es sich Menschen und Tieren, belebten und unbelebten Objekten, und obwohl keine motorischen Defekte vorliegen, neigt es dazu, sie mit dem Maul statt mit den Händen zu untersuchen ...

Mehrere Tests ergeben keine Beeinträchtigung der Sehschärfe oder der Fähigkeit, die Lage von Objekten im Raum visuell zu lokalisieren. Der Affe scheint jedoch unfähig zu sein, Objekte mit Hilfe des Gesichtssinnes zu erkennen. Mit allerlei Objekten konfrontiert, greift das hungrige Tier wahllos nach einem Kamm, einem Bakelit-Knauf, einem Sonnenblumenkern, einer Schraube, einem Stock, einem Stück Apfel, einer lebenden Schlange, einem Stück Banane und einer lebenden Ratte. Jedes Objekt wird ans Maul geführt und, falls nicht eßbar, weggelegt.[160]

Sie bezeichneten diesen Symptomkomplex als »Seelenblindheit«, worunter sie verstanden, daß die Tiere bei vollkommen ausreichender Sehschärfe blind für die psychische Bedeutung von Reizen waren.

Die wichtigsten Facetten dessen, was man seither als Klüver-Bucy-Syndrom bezeichnet, wurden durch spätere Untersuchungen bestätigt.[161] Tiere mit derartigen Läsionen sind angesichts von Objekten, die sie sonst fürchten (Menschen und Schlangen), »zahm«; sie stecken fast alles ins Maul, da sie mit den Augen allein nicht erkennen, ob etwas eßbar ist; und sie werden hypersexuell und versuchen, mit gleichgeschlechtlichen Affen oder mit Mitgliedern anderer Arten zu kopulieren (was man bei »normalen« Affen selten beobachtet, wenn überhaupt).

An die Veröffentlichungen von Klüver und Bucy schloß sich eine Fülle von Untersuchungen an, die das Syndrom weiter zu erhellen versuchten. Mehrere Gebiete der Hirnforschung wurden davon maßgeblich beeinflußt, darunter die Suche nach den zerebralen Mechanismen der visuellen Wahrnehmung, des Langzeitgedächtnisses und der Emotion. Für uns am wichtigsten war ihr Einfluß auf Paul MacLean und seine Theorie vom limbischen System als dem emotionalen Gehirn.

Die Klaviatur der Emotionen

Nachdem der Zweite Weltkrieg die Erforschung der neuralen Basis der Emotion unterbrochen hatte, kam wieder Schwung in die Sache, als Paul MacLean 1949 Papez' Theorie wieder aufgriff und erweiterte, indem er sie mit dem Klüver-Bucy-Syndrom und der Freudschen Psychologie verknüpfte.[162] Papez' Theorie wäre möglicherweise sang-

und klanglos in Vergessenheit geraten, wenn sie nicht MacLean zu seiner Abhandlung inspiriert hätte. MacLeans Absicht war, eine umfassende Theorie des emotionalen Gehirns zu entwickeln. Aufbauend auf den Forschungen von Cannon und Papez sowie von Klüver und Bucy, war MacLean sich darüber im klaren, daß der Hypothalamus für den emotionalen Ausdruck und die Hirnrinde für das emotionale Erleben eine entscheidende Rolle spielt. Wenn es zwischen diesen Regionen Verbindungen gab – und nach denen suchte er –, dann konnten die affektiven Qualitäten des Erlebens auf das autonome Nervensystem sowie auf die Systeme der Verhaltenssteuerung einwirken und emotionale Reaktionen erzeugen sowie psychosomatische Erkrankungen wie Bluthochdruck, Asthma und peptische Geschwüre hervorrufen und aufrechterhalten.

Nach MacLeans Überzeugung war nur die Hirnrinde in der Lage, die affektiven oder emotionalen Qualitäten des Erlebens einzuschätzen und sie differenzierend in Gefühlszustände wie Furcht, Zorn, Liebe und Haß zu überführen. Nun wußte man aber, daß es vom neuentwickelten Teil des Kortex, dem Neokortex, keine nennenswerten Verbindungen zum Hypothalamus gibt, so daß eine Einwirkung auf die autonomen Zentren und damit die Erzeugung von instinktiven Reaktionen ausgeschlossen ist. Hingegen gibt es, wie Papez und Herrick behauptet hatten, enge Verbindungen von den evolutionär älteren Teilen des medialen Kortex, dem sogenannten Rhinencephalon, zum Hypothalamus. Daß das Rhinencephalon bei höheren Säugetieren mehr als ein Riechhirn ist, ging daraus hervor, daß die rhinencephalische Region bei Delphinen und Tümmlern, die keinen Geruchssinn haben, hoch entwickelt ist und bestimmte Bereiche des Rhinencephalons (besonders der Hippocampus und zinguläre Regionen) beim Menschen ihre größte Entfaltung erreichen, obwohl der Geruchssinn von relativ geringer Bedeutung ist.

Was Papez angeführt hatte, um die Bedeutung des Rhinencephalons für die Emotion zu begründen, wurde durch klinische Befunde bestätigt. Wie MacLean feststellte, befindet sich ein Patient, der an Temporallappenepilepsie leidet, die oft mit pathologischen Erscheinungen im Hippocampusbereich einhergeht, kurz vor dem Anfall bisweilen in einem »träumerischen Zustand«, und er kann Furcht oder gar Entsetzen empfinden. Außerdem können Epilepsie-Patienten zwischen den Anfällen an schweren emotionalen und psychischen Störungen (Nervosität, Zwangsvorstellungen, Depression) leiden. Für eine Beteiligung der Mamillarkörper an der Emotion sprach ferner die Tatsache, daß eine Schädigung dieser Region, die oft auf Vitaminmangel infolge unzureichender Ernährung bei anhaltendem und schwerem Alkoholismus beruht, zu psychotischem Verhalten führen kann. Bekannt war außerdem, daß eine Reizung des Gehirns im Bereich der Mamillarkörper den Blutdruck steigen läßt, woraus MacLean folgerte, daß dieser Bereich bei psychosomatischen Erkrankungen, etwa bei Bluthochdruck infolge von übermäßigem Streß, eine Rolle spielt. Er deutete an, daß die Veränderungen der Atmung, die durch Reizung dieses Bereichs hervorgerufen werden, etwas mit psychosomatischen Formen des Asthmas zu tun haben könnten, was zusätzlich für die Beteiligung des zingulären Kortex an der Emotion sprechen würde. Schließlich führte er den Fall einer fünfundfünfzigjährigen Frau an, die in der Nähe des zingulären Kortex einen Tumor hatte. Die Hauptsymptome waren Nymphomanie und ein anhaltendes leidenschaftliches Gefühl, das gesteigert wurde durch den Geruch von Parfüm, möglicherweise wegen der Bedeutung des Riechhirns für die Emotion.

Ob diese anatomischen Zuordnungen tatsächlich zutreffen oder nicht, ist hier nicht so entscheidend, wichtiger sind deren Implikationen für MacLean. In seinen Augen führten alle Wege zum Riechhirn als dem Sitz der Emotion. In Anbetracht dessen, daß typischerweise durch Reizung der rhinencephalischen Bereiche, nicht aber von Bereichen des Neokortex autonome Reaktionen (Veränderungen der Atmung, des Blutdrucks, der Herzfrequenz und anderer viszeraler Funktionen) ausgelöst wurden, taufte er das Rhinencephalon um in »viszerales Gehirn«. MacLean schrieb:»Wenn wir zu höheren Formen übergehen, überläßt das Rhinencephalon die Kontrolle über die Bewegungen des Lebewesens mehr und mehr dem Neokortex, doch seine dauerhaften, starken Verbindungen zu tieferen autonomen Zentren lassen den Schluß zu, daß es im Bereich der viszeralen Aktivität weiterhin dominiert.« Während der Neokortex »die Körpermuskulatur beherrscht und die Funktionen des Intellekts unterstützt«, ist das viszerale Gehirn jener Bereich, der »das affektive Verhalten des Tieres bei so elementaren Trieben wie der Erlangung und Assimilation von Nahrung, der Flucht vor einem Feind oder seiner oralen Vernichtung, der Fortpflanzung usw. befehligt«.[163]

MacLean ging von der Vorstellung aus, daß das viszerale Gehirn bei primitiven Tieren das höchste verfügbare Zentrum für die Koordinierung des Verhaltens war, weil der Neokortex sich noch nicht entwickelt hatte. Das viszerale Gehirn kümmerte sich um all die instinkthaften Verhaltensweisen und elementaren Triebe, die das Überleben des Individuums und der Art ermöglichten. Mit dem Auftauchen des Neokortex bei den Säugetieren trat nach und nach die Fähigkeit zu höheren Formen psychischer Funktionen wie Denken und Urteilen hervor, die ihren Zenit beim Menschen erreichten. Aber selbst beim Menschen bleibt das viszerale Gehirn praktisch unverändert und ist an den primitiven Funktionen beteiligt, die es bei unseren fernen evolutionären Vorläufern erfüllte.

Nach Ansicht MacLeans beruhen emotionale Gefühle auf der Verknüpfung von Sinnesempfindungen, die aus der Umwelt kommen, mit viszeralen Empfindungen aus dem Körperinneren, und diese Integrationsprozesse vollziehen sich im viszeralen Gehirn. Im Grunde war seine Theorie, ähnlich wie die Theorie von James, eine Rückmeldungshypothese über die Natur der Emotion. Emotionale Reize in der Außenwelt rufen Reaktionen in den viszeralen Organen hervor. Meldungen von diesen inneren Organen gelangen zurück ans Gehirn, wo sie mit den fortlaufenden Wahrnehmungen der Außenwelt verknüpft werden. Es war diese Integration von Innen- und Außenwelt, aus der das emotionale Erleben hervorgeht:

Die Frage der emotionalen Mechanismen ist im Grunde eine Frage der Kommunikation innerhalb des Nervensystems. Man darf annehmen, daß Meldungen von außerhalb und innerhalb des Organismus durch nervöse Impulse, die sich längs der Nervenfasern fortpflanzen, und möglicherweise durch humorale Träger im Blutstrom an das Gehirn weitergegeben werden. Die Korrelation dieser Meldungen kann aber letztlich nur die Funktion einer hochintegrierten Masse von Neuronen sein, die imstande ist, zu sortieren, zu selektieren und auf verschiedene Muster bioelektrischer Aktivität einzuwirken. Alles deutet darauf hin, daß sowohl das Erleben als auch der Ausdruck von Emotionen auf der Assoziation und Korrelation einer Vielzahl innerer und äußerer Reize beruhen, deren Meldungen als nervöse Impulse an zerebrale Analysatoren übertragen werden.[164]

Die der Emotion zugrundeliegenden zerebralen Analysatoren waren nach MacLeans Ansicht im viszeralen Gehirn angesiedelt, speziell im Hippocampus, der so genannt wurde, weil er einem Seepferdchen ähnelt – in der griechischen Mythologie war *hippokampos* ein Seeungeheuer (*kampos*) in Gestalt eines Pferdes (*hippo*). Poetisch beschrieb MacLean die großen Nervenzellen im Hippocampus als eine emotio-

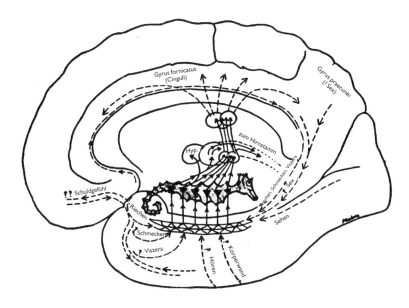

Zentrum des limbischen Systems war der Hippocampus (hier als Seepferdchen dargestellt). Man glaubte, er erhalte Inputs sowohl von der Außenwelt (Gesichts-, Geruchs-, Gehör-, Tast- und Geschmackssinn) als auch von der inneren oder viszeralen Umgebung. In der Verknüpfung innerer und äußerer Empfindungen sah man die Grundlage des emotionalen Erlebens. In den Pyramidenzellen des Hippocampus (schwarze Dreiecke innerhalb des Seepferdchens) sah man die Klaviatur der Emotionen (siehe Text). (Abdruck aus P. MacLean [1949], »Psychosomatic disease and the ›visceral brain‹. Recent developments bearing on the Papez theory of emotion«. *Psychosomatic Medicine* 11, S. 338–353.)

nale Klaviatur. Die Vorstellung von einer Klaviatur rührt daher, daß die Zellen in diesem Bereich penibel nebeneinander angeordnet sind. Wenn die Elemente der Sinneswelt diese Zellen aktivieren, sind die Melodien, die sie spielen, die Emotionen, die wir erleben (siehe obige Abbildung).

Daß unsere Emotionen im Unterschied zu unseren Gedanken schwer für uns zu verstehen sind, liegt nach Ansicht MacLeans an strukturellen Differenzen zwischen der Organisation des Hippocampus, des Zentrums des viszeralen Gehirns, und der des Neokortex, des Sitzes des denkenden (Wort-)Gehirns: »Die kortikale Zytoarchitektur der Hippocampusformation deutet darauf hin, daß sie als Analysator wenig leisten würde, verglichen mit dem Neokortex.« Diese Idee näher ausführend, sagte er:

> Man darf daraus wohl schließen, daß das Hippocampussystem zu kaum mehr als einer groben Verarbeitung von Informationen in der Lage und möglicherweise ein zu primitives Gehirn war, um Sprache zu analysieren. Es könnte jedoch die Fähigkeit haben, an einer nonverbalen Symbolik zu partizipieren. Das hätte weitreichende Implikationen insofern, als das emotionale Leben des Individuums von Symbolen beeinflußt wird. Man könnte sich zum Beispiel vorstellen, daß das viszerale Gehirn zwar nicht imstande wäre, die Farbe Rot im Sinne eines Wortes aus drei Buchstaben oder einer bestimmten Wellenlänge des Lichts zu denken, daß es aber fähig wäre, die Farbe symbolisch mit so verschiedenen Dingen wie Blut, Ohnmacht, Kampf, Blumen usw. zu assoziieren. Wenn das viszerale Gehirn also ein Gehirn wäre, das eine Reihe von nicht zusammenhängenden Phänomenen symbolisch miteinander zu verknüpfen vermag, ihm aber gleichzeitig die analytische Fähigkeit des Wortgehirns fehlte, die Unterschiede zwischen diesen Phänomenen klar zu erkennen, dann wäre es denkbar, daß es sich törichterweise zu lächerlichen Assoziationen verleiten ließe, die Phobien, Zwangshandlungen u. dgl. zur Folge hätten. Ohne die Hilfe und Kontrolle des Neokortex würden seine Eindrücke unverändert an den Hypothalamus und tiefere Zentren weitergeleitet. Im Lichte der Freudschen Psychologie betrachtet, hätte das viszerale Gehirn viele der Attribute des unbewußten Es. Man könnte jedoch einwenden, *daß das viszerale Gehirn ganz und gar nicht unbewußt ist (vielleicht nicht einmal im Schlaf), sondern sich vielmehr dem Zugriff des Intellekts entzieht, weil seine animalistische und primitive Struktur es unmöglich macht, verbal zu kommunizieren.*[165] [Hervorhebung von MacLean]

MacLean verfocht die damals sehr radikale Hypothese, psychiatrische Probleme könnten auf Störungen des viszeralen Gehirns zurückzuführen sein, und vor allem, das viszerale Gehirn könnte die Krankheitsursache bei Patienten mit psychosomatischen Störungen sein:

> Ein Großteil der von diesen Patienten erlangten Informationen hat mit Material zu tun, das im Sinne Freuds der oralen und oral-analen Ebene beziehungsweise, wie man alles zusammenfassend sagen könnte, der viszeralen Ebene zuzuordnen ist. Bei praktisch allen psychosomatischen Erkrankungen wie Bluthochdruck, peptischem Geschwür, Asthma und Colitis ulcerosa, die Gegenstand einer ausgiebigen psychiatrischen Untersuchung waren, wurde großer Nachdruck auf die »oralen« Bedürfnisse, die »oralen« Abhängigkeiten, die »oralen« Triebe usw. der Patienten gelegt. Diese oralen

Faktoren wurden in Verbindung gebracht mit Wut, Feindseligkeit, Furcht, Schüchternheit, Groll, Kummer und mancherlei sonstigen emotionalen Zuständen. Unter Umständen kann zum Beispiel Essen die symbolische Repräsentation von so unterschiedlichen psychischen Phänomenen sein wie 1) dem feindseligen Wunsch, eine feindliche Person auszurotten, 2) dem Bedürfnis nach Liebe, 3) der Furcht vor einer Deprivation oder Bestrafung, 4) dem Kummer über eine Trennung usw... Viele der scheinbar paradoxen und lächerlichen Implikationen des Ausdrucks »oral« resultieren aus einer Situation, die bei Kindern bzw. primitiven Menschen ganz eindeutig vorliegt, wo ein Unvermögen besteht, zwischen den inneren und äußeren Wahrnehmungen zu unterscheiden, auf denen die affektiven Qualitäten des Erlebens beruhen... Das emotionale Leben [von psychosomatischen Patienten] wird oft zu einer Sache des »Einverleibens« oder »Ausverleibens«. Es ist, als hätte die Person nie emotional »laufen gelernt«... Es hat fast den Anschein, als gebe es beim psychosomatischen Patienten wenig direkten Austausch zwischen dem viszeralen Gehirn und dem Wortgehirn und als fänden die in der Hippocampusformation aufgebauten emotionalen Gefühle, statt zur Bewertung an den Intellekt weitergeleitet zu werden, unmittelbar Ausdruck durch autonome Zentren.[166]

Weiter schreibt er, am Anfang der Psychotherapie sei nicht damit zu rechnen, daß man mit Worten viel ausrichten könne, und die wichtigsten ersten Schritte des Therapeuten bestünden darin, eine Beziehung zum viszeralen Gehirn des Patienten herzustellen.[167]

1952, drei Jahre nach der Veröffentlichung der Hypothese vom viszeralen Gehirn, führte MacLean den Ausdruck »limbisches System« als neuen Namen für das viszerale Gehirn ein.[168] Limbisch geht, wie Sie sich erinnern werden, auf Brocas Beschreibung des Randes des medialen Kortex zurück, aus dem später das Rhinencephalon wurde. Doch anders als Broca dachte MacLean nicht an die Struktur, sondern an die Funktion, als er Brocas limbischen Kortex einband und kortikale wie subkortikale Bereiche zum limbischen System vereinte. Außer den Arealen des Kreises von Papez bezog MacLean Bereiche wie den Mandelkern, das Septum und den präfrontalen Kortex in das limbische System ein. Schließlich erklärte er, die Strukturen des limbischen Systems stellten eine phylogenetisch frühe neurale Entwicklung dar, die in der Überlebenssicherung des Individuums und der Art auf integrierte Weise, faktisch wie ein System, funktioniere. Dieses System habe sich entwickelt, um viszerale Funktionen mit affektiven Verhaltensweisen wie Nahrungsaufnahme, Abwehr, Kampf und Fortpflanzung zu vermitteln. Es sei die Basis des viszeralen oder emotionalen Lebens des Individuums.

Im Laufe der Jahre hat MacLean die Theorie vom viszeralen Gehirn bzw. limbischen System weiterentwickelt und ausgeschmückt. 1970 trug er seine Theorie des dreieinigen Gehirns vor.[169] Das Vorderhirn hat MacLean zufolge drei Evolutionsstadien durchlaufen: das der Reptilien, der Paläosäuger und der Neosäuger. Er schreibt:»Es entsteht eine bemerkenswerte Verbindung von drei Cerebrotypen, die sich chemisch und strukturell grundlegend voneinander unterscheiden und zwischen denen, was die Evolution angeht, Äonen liegen. Es besteht gewissermaßen eine Hierarchie von drei Gehirnen in einem, oder wie ich kurz sage, ein *dreieiniges Gehirn*.«[170] Jeder der Cerebrotypen hat MacLean zufolge seine eigene spezielle Art von Intelligenz, sein eigenes spezielles Gedächtnis, seinen eigenen Sinn für Zeit und Raum und seine eigenen motorischen und sonstigen Funktionen. Beim Menschen, den übrigen Primaten und den höheren Säugern sind alle drei Gehirne vorhanden. Die niedrigen Säugetiere haben kein Neosäuger-, aber das Paläosäuger- und das Reptiliengehirn. Alle übrigen Wirbeltiere (Vögel, Reptilien, Amphibien und Fische) haben nur das Reptiliengehirn. Das bei allen Säugern vorhandene Paläosäugergehirn ist praktisch das limbische System. Das dreieinige Gehirn rückt somit das limbische System in einen breiteren evolutionären Kontext, um Verhaltensweisen und mentale Funktionen aller Komplexitätsgrade zu berücksichtigen.

Ärger im Paradies

Was für eine Synthese! Liest man die originalen Schriften MacLeans, so begreift man leicht, warum es 1952 den Anschein hatte, als sei das Problem des emotionalen Gehirns erledigt. Die Theorie war weitreichend und berücksichtigte die neuesten Entwicklungen in Hirnforschung, Psychologie und Psychiatrie, ja sie schaffte es sogar, auf die gerade entstehenden Ideen über eine Modellierung der neuralen Aktivität im Computer einzugehen. Es war eine bewundernswerte Leistung. In der Neurowissenschaft hat es, wenn überhaupt, kaum eine Theorie gegeben, die so umfassend, von so weitreichenden Implikationen und so langlebig war. Das Konzept des limbischen Systems hat sich als das bestimmende Bild vom emotionalen Gehirn bis heute behauptet. Lehrbücher der Neuroanatomie enthalten gewohnheitsmäßig ein Kapitel über die strukturelle Organisation und Funktion des limbischen Systems. Jeder Hirnforscher betrachtet es als ein unantastbares Konzept. Auch in allgemeinen Wörterbüchern wird der Terminus aufgeführt und das limbische System als ein Kreis von Verbindungen definiert, der Emotionen vermittelt.

Leider ist die Idee, das limbische System stelle das emotionale Gehirn dar, aus mehreren Gründen nicht akzeptabel. Doch bevor ich erkläre, warum, möchte ich einen Trennungsstrich ziehen zwischen MacLeans faszinierenden und scharfsinnigen Ideen über die Natur der Emotion und emotionale Störungen einerseits und seiner Theorie vom limbischen System andererseits. Er hat in meinen Augen Unglaubliches geleistet, indem er ein umfassendes Konzept dafür entwarf, wie Emotionen in einem Gehirn entstehen könnten. Ich teile – im Unterschied zu vielen Anhängern des kognitiven und sozialen Konstruktivismus – MacLeans Auffassung, daß man das emotionale Gehirn aus evolutionärer Perspektive betrachten muß.[171] Ich halte sehr viel von seiner Vermutung, daß das emotionale Gehirn und das »Wortgehirn« parallel operieren, aber mit unterschiedlichen Codes arbeiten und deshalb nicht unbedingt in der Lage sind, miteinander zu kommunizieren. Auch hat er mit seiner Vermutung, daß gewisse psychiatrische Probleme darauf beruhen könnten, daß das emotionale Gehirn unabhängig vom »Wortgehirn« operiert, meines Erachtens ins Schwarze getroffen. Dies sind jedoch Perlen, die man vom Rest der Theorie des limbischen Systems trennen muß.

Die Theorie des limbischen Systems war eine Theorie der Lokalisation. Sie wollte uns verraten, wo die Emotion im Gehirn angesiedelt ist. Doch MacLean und spätere glühende Verfechter des limbischen Systems konnten uns nicht verläßlich sagen, welche Teile des Gehirns denn nun tatsächlich zum limbischen System gehören.

MacLean sagte, das limbische System bestehe aus phylogenetisch altem Kortex und anatomisch angrenzenden subkortikalen Bereichen. Phylogenetisch alter Kortex ist jener Kortex, der bei (im Sinne der Evolution) sehr alten Tieren vorhanden war. Diese Tiere sind längst untergegangen, aber ihre ferne Nachkommenschaft umgibt uns, und wir können in das Gehirn lebender Fische, Amphibien, Vögel und Reptilien schauen und nachsehen, was für kortikale Bereiche sie besitzen, und diese können wir dann mit den kortikalen Bereichen vergleichen, die bei evolutionär jüngeren Geschöpfen – Menschen und anderen Säugetieren – vorhanden sind.

Anatomen, die das in den Anfängen unseres Jahrhunderts taten, stellten fest, daß die niederen Tiere nur den medialen (alten) Kortex haben, während Säuger sowohl den medialen als auch den lateralen (neuen) Kortex haben.[172] Diese Art evolutionärer Neurologik war lange vorherrschend, und es war durchaus zu verstehen, daß Herrick, Papez, MacLean und viele andere an ihr festhielten. Doch Anfang der siebziger Jahre begann diese Auffassung allmählich abzubröckeln. Anatomen wie Harvey Karten und Glenn Northcutt wiesen nach, daß auch sogenannte primitive Lebewesen Hirnareale besitzen, die sich strukturell und funktional durchaus mit dem Neokortex messen können.[173] Man hatte sich dadurch verwirren lassen, daß diese Rindenbereiche sich nicht genau dort befanden, wo sie bei Säugetieren sitzen, so daß man nicht auf Anhieb erkannte, daß es sich um dieselben Strukturen handelt. Nach diesen Entdeckungen kann man nicht mehr sagen, bestimmte Teile des Säugerkortex seien älter als andere. Wenn aber die Unterscheidung zwischen altem und neuem Kortex hinfällig wird, läßt sich das ganze Konzept der Evolution des Säugergehirns nicht mehr halten.[174] Dadurch ist es fragwürdig geworden, ob die Konzepte vom limbischen Lappen, vom Rhinencephalon, vom viszeralen Gehirn und vom limbischen System sich überhaupt auf die Evolutionstheorie stützen können.[175]

Es wurde auch die Idee vertreten, das limbische System ließe sich durch seine Konnektivität [anatomische Verbindungen, Nervenbahnen; Anm. d. Ü.] zum Hypothalamus definieren. Dadurch war MacLean ja überhaupt erst auf den medialen Kortex gekommen. Doch mit neuen, verfeinerten Methoden ist gezeigt worden, daß der Hypothalamus Verbindungen zu allen Ebenen des Nervensystems hat, auch zum Neokortex. Wäre die Konnektivität zum Hypothalamus ausschlaggebend, dann würde das gesamte Gehirn zum limbischen System, womit uns nicht sehr geholfen wäre.

Eine weitere Idee MacLeans war, die Beteiligung an viszeralen Funktionen zum Merkmal des limbischen Systems zu erklären. Gewisse Bereiche, die traditionell dem limbischen System zugerechnet werden, sind in der Tat an der Steuerung des autonomen Nervensystems beteiligt, doch gibt es auch Bereiche wie etwa den Hippocampus, von denen man heute annimmt, daß sie mehr mit der Kognition als mit autonomen und emotionalen Funktionen zu tun haben.[176] Und es gibt, besonders im unteren Hirnstamm, Bereiche, die niemand dem limbischen System zugeordnet hat, die aber vorrangig an der autonomen Regulierung beteiligt sind. Als Definition des limbischen Systems ist die viszerale Regulierung ungeeignet.

Natürlich hat man auch die Beteiligung an emotionalen Funktionen herangezogen, um das limbische System zu definieren. Wenn das limbische System das Emotionssystem ist, dann sollten wir aus Experimenten, die zeigen, welche Hirnbereiche an der Emotion beteiligt sind, entnehmen können, wo das limbische System sich befindet. Damit wird aber das, was man beweisen wollte, zur Voraussetzung gemacht. Eigentlich wollte die Theorie vom limbischen System uns aufgrund von Erkenntnissen über die Evolution der Hirnstruktur sagen, wo die Emotion im Gehirn angesiedelt ist. Wenn man die Emotion untersucht, um das limbische System zu finden, drückt man sich an der Aufgabe vorbei. Forschungen zur Emotion können uns verraten, wo im Gehirn das Emotionssystem ist, nicht aber, wo das limbische System ist. Entweder existiert das limbische System, oder es existiert nicht. In Ermangelung unabhängiger Kriterien, die uns verraten, wo es ist, muß ich sagen, daß es nicht existiert.

Doch verweilen wir noch ein wenig bei der Frage, ob man die Forschung zur Emotion benutzen kann, um das limbische System zu definieren. MacLean vermutete, das limbische System sei jenes System, das an primitiven emotionalen Funktionen, nicht aber an höheren Denkprozessen beteiligt ist. Neuere Untersuchungen, auf die wir noch näher eingehen werden, lassen diese Ansicht sehr zweifelhaft erscheinen. Schädigungen des Hippocampus und gewisser Teile des Kreises von Papez, etwa der Mamillarkörper und des vorderen Thalamus, wirken sich kaum nachhaltig auf die emotionalen Funktionen aus, rufen aber deutliche Störungen des bewußten oder deklarativen Gedächtnisses hervor, also der Fähigkeit, zu wissen, was Sie vor einigen Minuten getan haben, diese Information zu speichern und später abzurufen und verbal zu beschreiben, an was Sie sich erinnern. Nach MacLeans Vermutung sollten das viszerale Gehirn und das limbische System an genau diesen Prozessen nicht beteiligt sein. Die kaum feststellbare Beteiligung an der Emotion und die eindeutige Beteiligung an der Kognition lassen die Ansicht, das limbische System – wie immer man es zu definieren beliebt – sei das emotionale Gehirn, sehr problematisch erscheinen.

Warum also hat sich die Theorie vom limbischen System als Sitz der Emotion so lange behauptet, wenn kaum etwas für die Existenz dieses Systems oder für seine Beteiligung an der Emotion spricht? Von den vielen Erklärungen, die man dafür vorbringen könnte, erscheinen zwei als besonders triftig. Die eine besagt, wenn auch nicht ganz zutreffend, der Terminus limbisches System sei eine brauchbare anatomische Abkürzung für das Niemandsland zwischen dem Hypothalamus und dem Neokortex, dem (strukturell gesehen) tiefsten und höchsten Bereich des Vorderhirns. Doch Wissenschaftler sollten präzise sein. Der Terminus limbisches System ist, auch als Abkürzung im strukturellen Sinne, ungenau und hat ungerechtfertigte funktionale (emotionale) Implikationen. Man sollte ihn aufgeben.[177]

Das Überleben der Theorie vom limbischen System als Sitz der Emotion wird auch damit erklärt, daß sie nicht gänzlich falsch sei – es gebe limbische Bereiche, die an emotionalen Funktionen beteiligt waren. In Anbetracht dessen, daß das limbische System ein knapp formuliertes Konzept (wenn auch kein straff organisiertes, wohldefiniertes System im Gehirn) ist, hat man Anzeichen dafür, daß ein limbischer Bereich an einem emotionalen Prozeß beteiligt war, oft verallgemeinert und als Bestätigung für die Idee genommen, das limbische System als Ganzes sei an der Emotion beteiligt. Durch solche dürftig begründeten Assoziationen sollte die Beteiligung eines bestimmten limbischen Bereichs an einem ganz spezifischen emotionalen Prozeß der Erhärtung der Ansicht dienen, das limbische System sei das emotionale Gehirn.

Wie andere Theorien, die ihr vorausgingen, sollte die Theorie vom limbischen System als dem emotionalen Gehirn gleichermaßen für alle Emotionen gelten. Sie sollte als allgemeine Theorie erklären, wie Gefühle im Gehirn entstehen. Die allgemeine Erklärung basierte auf einer spezifischen funktionalen Hypothese: Gefühle haben wir dann, wenn Informationen über die Außenwelt mit Empfindungen aus dem Körperinneren verknüpft werden. Viele Forscher und Theoretiker haben sich das allgemeine Konzept des limbischen Systems zu eigen gemacht, sind aber über die spezifische Hypothese von der Verknüpfung innerer und äußerer Sinneswahrnehmungen, die MacLean zu der allgemeinen Theorie brachte, hinweggegangen. Die allgemeine Theorie, daß das Gehirn ein limbisches System hat und daß unsere Emotionen aus diesem System kommen, entwickelte ein Eigenleben und hat, losgelöst von ihren begrifflichen Ursprüngen, überlebt, ja sogar Erfolg gehabt. Selbst als die Forschung zeigte, daß klassische limbische Bereiche keineswegs der Emotion dienen, hat die Theorie das unbeschadet überstanden. Stillschweigend wird in ihr angenommen, die Emotion sei eine in sich geschlossene geistige Fähigkeit und es habe sich ein einziges, geschlossenes System des Gehirns entwickelt, um diese Fähigkeit zu vermitteln. Diese Annahme mag vielleicht zutreffen, doch spricht wenig dafür. Was wir brauchen, ist eine neue Herangehensweise an das emotionale Gehirn.

Zu den vielen bedeutsamen Einsichten MacLeans gehört die, daß die Evolution des Gehirns einen Schlüssel zum Verständnis der Emotionen liefert. Emotionen waren für ihn Hirnfunktionen, die daran beteiligt sind, das Überleben des Individuums und der Art zu sichern. Aus heutiger Sicht bestand sein Fehler wohl darin, das ganze emotionale Gehirn und seine Evolutionsgeschichte in ein einziges System zu packen. An seinem Argument von der emotionalen Evolution war nichts auszusetzen, nur hat er es zu sehr verallgemeinert. Die Emotionen sind sehr wohl Funktionen, die dem Überleben dienen. Da die einzelnen Emotionen aber an unterschiedlichen überlebenswichtigen Funktionen – der Abwehr von Gefahren, der Suche nach Nahrung und Geschlechtspartnern, der Fürsorge für die Nachkommen usw. – beteiligt sind, kann es sehr wohl sein, daß sie jeweils andere Hirnsysteme in Anspruch nehmen, die sich aus unterschiedlichen Gründen entwickelt haben. Es könnte dementsprechend nicht bloß ein emotionales System im Gehirn geben, sondern etliche.

5

So waren wir

»Nie wird menschlicher Scharfsinn … eine Erfindung
ersinnen, die schöner, einfacher oder direkter wäre als
die Erfindungen der Natur.«

Leonardo da Vinci, *Aufzeichnungen* (1508–1518)[178]

Wenn Ingenieure sich hinsetzen, um Maschinen zu konstruieren, gehen sie von einer Funktion aus, die ausgeführt
werden soll, und überlegen dann, wie sie ein Gerät anfertigen können,
das die Aufgabe erfüllt. Biologische Maschinen werden jedoch nicht
aufgrund ausgeklügelter Konstruktionspläne zusammengebaut. Das
menschliche Gehirn zum Beispiel ist nun einmal die komplizierteste
Maschine, die man sich vorstellen oder auch nicht vorstellen kann, und
doch wurde es von niemandem konstruiert. Es ist ein Produkt evolutionärer Bastelei, in dem im Laufe sehr langer Zeiten eine Menge klei-
ner Veränderungen zusammengekommen sind.[179]

Stephen J. Gould sieht in den Organismen Rube-Goldberg-Geräte,
Flickenteppiche aus Notbehelfen und Teillösungen, die eigentlich gar
nicht funktionieren können, es aber doch irgendwie schaffen.[180] Statt
von Null anzufangen, arbeitet die Evolution mit dem, was sie hat. Innerhalb kurzer Zeiträume ist das schrecklich ineffizient, wie der Evo-
lutionsbiologe Richard Dawkins anmerkt – es wäre töricht gewesen,
hätte man versucht, das erste Strahltriebwerk durch Modifikationen
eines existierenden Benzinmotors zu konstruieren.[181] Doch im Rahmen der gewaltigen Zeiträume, in denen sie operiert, funktioniert die
Bastelstrategie der Evolution recht gut, wie Dawkins bemerkt. Es
bleibt ihr übrigens auch gar keine Wahl.

Das Problem, herauszukriegen, wie ein Gehirn funktioniert, hat der
Linguist Steven Pinker als »umgekehrtes Konstruieren« bezeichnet.[182]
Das Produkt liegt vor, und wir möchten wissen, wie es funktioniert.
Also nehmen wir das Gehirn auseinander und hoffen, dabei zu erken-

nen, was die Evolution beabsichtigte, als sie den Apparat zusammenbaute. Auch wenn wir über das Gehirn oft so reden, als habe es eine Funktion, so hat das Gehirn als solches doch keine Funktion. Es ist eine Ansammlung von Systemen, die bisweilen auch Module genannt werden und jeweils andere Funktionen haben.[183] Es gibt keine Gleichung, nach der die Zusammenfassung der Funktionen all der verschiedenen Systeme eine weitere Funktion namens Hirnfunktion ergibt. Die Evolution zieht es vor, statt beim Gehirn insgesamt bei den einzelnen Modulen und ihren Funktionen anzusetzen. Es gibt Beweise dafür, daß bestimmten Fähigkeiten und Eigenschaften wie dem Erlernen des Gesangs bei Vögeln, der Erinnerung an Futterquellen bei Nahrungssammlern, den Geschlechtsunterschieden, den Handpräferenzen und den sprachlichen Fertigkeiten beim Menschen ganz spezifische Anpassungen des Gehirns zugrunde liegen.[184] Gelegentlich kommt es zwar vor, daß die Evolution global agiert,[185] etwa indem sie das Volumen des Gehirns insgesamt erweitert, doch im großen und ganzen vollziehen sich die meisten evolutionären Veränderungen im Gehirn auf der Ebene einzelner Module. Diese Module erledigen so exotische Aufgaben wie Denken und Glauben, aber auch so alltägliche Geschäfte wie das Atmen. Evolutionäre Verbesserungen in der Fähigkeit, von etwas überzeugt zu sein, helfen uns nicht unbedingt, besser zu atmen. Möglich ist es zwar, aber es muß nicht so sein.

Atmen und Glauben sind zugegebenermaßen ziemlich klar unterschiedene Funktionen, die eindeutig von verschiedenen Hirnregionen vermittelt werden. Die Atmung wird in der Medulla oblongata gesteuert, unserem Mehrzweckraum im Kellergeschoß des Gehirns, während das Hegen von Überzeugungen, wie alle besseren oder höheren kognitiven Funktionen, im Penthouse des Neokortex stattfindet. Diese beiden einander gegenüberzustellen ist weniger interessant.

Betrachten wir deshalb Funktionen, die einander ähnlicher sind, zum Beispiel die verschiedenen Emotionen. Wenn sich unsere Fähigkeit ändert, Gefahren zu entdecken und darauf zu reagieren, hilft uns das dann in unserem Liebesleben, oder macht es uns weniger anfällig für Zorn oder Depression? Es könnte uns helfen, besonders dann, wenn es ein einheitliches emotionales System im Gehirn gäbe, ein System, das sich mit emotionalen Funktionen befaßt und in dem alle emotionalen Funktionen vermittelt werden. Eine allgemeine Verbesserung der Wirkungsweise dieses Systems würde sich wahrscheinlich auf das gesamte Spektrum der Emotionen auswirken. Wir würden uns sicherlich eine Erklärung dafür ausdenken können, daß es für das Überleben unserer Vorfahren – und deren Vorfahren – vorteilhaft war, wenn sie die Fähigkeit hatten, sich wohl bzw. unwohl zu fühlen, und daß sich aus diesem Grund ein Allzweck-Emotionssystem entwickelt hat. Im vorigen Kapitel sahen wir jedoch, daß den Bemühungen, ein einziges, geschlossenes System der Emotion zu finden, kein großer Erfolg beschieden war. Es ist möglich, daß es ein solches System gibt und die Wissenschaftler nur nicht schlau genug waren, es zu finden, aber ich glaube nicht, daß es so ist. Höchstwahrscheinlich sind die Bemühungen, ein Allzweck-Emotionssystem zu finden, deshalb gescheitert, weil es ein solches System nicht gibt. Die einzelnen Emotionen werden von verschiedenen Hirnzentren, verschiedenen Modulen vermittelt, und wenn ein bestimmtes Zentrum sich evolutionär ändert, wirkt sich das nicht unbedingt direkt auf die anderen aus. Indirekte Auswirkungen könnte es durchaus haben – eine verbesserte Fähigkeit, Gefahren zu entdecken und abzuwehren, könnte mehr Zeit und Kräfte dafür freisetzen, romantischen Empfindungen nachzugehen –, aber das ist eine andere Geschichte.

Sollte ich recht haben, läßt sich die Frage, wie Emotionen im Gehirn entstehen, nur in der Weise klären, daß wir die Emotionen getrennt untersuchen. Wenn es tatsächlich verschiedene emotionale Systeme gibt und wir diese Vielfalt übergehen, werden wir nie hinter die emotionalen Geheimnisse des Gehirns kommen. Sollte ich mich täuschen, haben wir auch nichts verloren, wenn wir diesen Weg einschlagen. Was wir über Furcht, Zorn, Ekel und Freude getrennt herausgefunden haben, können wir jederzeit wieder zusammenmischen.

Aus diesen Gründen habe ich mich in den Untersuchungen zum emotionalen Gehirn auf die neurale Basis einer bestimmten Emotion konzentriert: der Furcht und ihrer vielfältigen Verkörperungen. Im folgenden soll erklärt werden, was wir über die Hirnmechanismen der Furcht wissen, speziell, was wir aus Untersuchungen des Furchtverhaltens von Tieren gelernt haben; danach wollen wir prüfen, wie weit dieses Wissen uns helfen kann, »die Emotion« im weiteren Sinne (speziell die menschliche Emotion) zu verstehen. Doch zunächst muß ich Sie davon überzeugen, daß die Erforschung des Furchtverhaltens von Tieren ein geeigneter Ausgangspunkt ist. Und bevor ich das tue, muß ich auf verschiedene Ideen über die Evolution der Emotionen, die Kritik an ihnen und meine Haltung dazu eingehen.

Ändern oder nicht ändern, das ist die (evolutionäre) Frage

Es gibt mentale Funktionen wie die Sprache, bei denen die Evolutionstheoretiker erklären müssen, wie die Funktion beim Menschen zustande gekommen ist. Unsere Art scheint unter den heute lebenden die einzige zu sein, die mit natürlicher Sprache begabt ist.[186] Was die Ursprünge betrifft, ist daher die große Frage, woraus die Sprache sich entwickelt hat – welche Zwischenphasen hat das Gehirn beim Übergang von nichtsprechenden zu sprechenden Primaten durchlaufen? Bei den Emotionen stehen wir jedoch vor einem anderen Problem. Ich bin, im Unterschied zu einigen Humanisten, überzeugt, daß Emotionen alles andere als spezifisch menschlich sind, ja daß einige emotionale Systeme im Gehirn bei den meisten Wirbeltieren praktisch identisch sind; dazu zählen die Säuger, die Reptilien und die Vögel, möglicherweise auch die Amphibien und die Fische. Wenn das stimmt – und davon möchte ich Sie überzeugen –, dann ist unser erster Tagesordnungspunkt ein ganz anderer als der der evolutionären Linguisten. Statt danach zu fragen, was an der menschlichen Emotion einzigartig ist, müssen wir klären, warum die Evolution die emotionalen Funktionen bei allen Arten hartnäckig beibehält, während sie viele sonstige Hirnfunktionen und Körpermerkmale verändert.

Hätten die Menschen Flügel, dann hätte James in seiner berühmten Frage nicht vom Weglaufen, sondern vom Wegfliegen vor dem Bären gesprochen. Er hätte gefragt, ob wir vor einer Gefahr wegfliegen, weil wir uns fürchten, oder ob das Wegfliegen vor einer Gefahr Furcht in uns weckt. Durch die Umformulierung ändert sich nichts am Sinn der Frage. Um zu überleben, müssen alle Tiere sich Gefahren entziehen. Spezifisch menschliche Merkmale wie die Fähigkeit, Gedichte zu schreiben oder Differentialgleichungen zu lösen, sind belanglos für das, was geschieht, wenn wir unvermittelt in unserer Existenz bedroht sind. Wichtig ist, daß das Gehirn einen Mechanismus besitzt, die Gefahr zu erkennen und rasch und angemessen darauf zu reagieren. Das entsprechende Verhalten ist auf die jeweilige Art zugeschnitten (laufen, fliegen, schwimmen), doch die Hirnfunktion, die dieser Reaktion zugrunde liegt, ist identisch – Schutz vor der Gefahr.[187] Dies gilt für das menschliche Wesen ebenso wie für ein schleimiges Reptil. Und wie wir noch sehen werden, hat die Evolution es hinsichtlich dieser Funktionen für richtig gehalten, ziemlich viel im Gehirn weitgehend unverändert zu lassen.

Emotionale Abstammung

Daß der Mensch wenigstens einige Emotionen mit anderen Wesen teilen könnte, glaubt man seit langem, zumindest seit Platon erklärte, die Leidenschaften seien wilde Bestien, die dem menschlichen Körper zu entkommen suchten.[188] Doch wie und warum der Mensch und andere Arten in Teilaspekten von Geist und Verhalten möglicherweise übereinstimmen, blieb vollkommen unklar, bis Charles Darwin im vorigen Jahrhundert die Theorie der Evolution durch natürliche Auslese erdachte.[189] Es war die Beobachtung des Lebens ringsum, die Darwin auf seine Ideen brachte. Er bemerkte, daß Kinder ihren Eltern ähneln, sich aber auch von ihnen unterscheiden. Und es faszinierte ihn, daß Nutztierzüchter durch sorgfältige Auswahl und Paarung der Elterntiere bestimmte Merkmale bei den Nachkommen zu steigern vermochten – durch die Auswahl der Elterntiere ließ sich erreichen, daß Kühe mehr Milch geben und Pferde schneller laufen. Er vermutete, daß sich in der Natur etwas Ähnliches abspielen könnte. Gestützt auf diese Beobachtungen und andere, die er auf seiner berühmten Reise zu den Galapagosinseln machte, behauptete Darwin, daß dank Vererbung und Variabilität eine »Abstammung mit Modifikation« stattfindet.

Von Stephen J. Gould wissen wir, daß Darwin zur Beschreibung der natürlichen Auslese nicht den Ausdruck »Evolution« benutzte.[190] Evolution besaß damals zwei Nebenbedeutungen, die beide nicht mit Darwins Theorie zu vereinbaren waren. Die eine hatte mit der Vorstellung zu tun, daß Embryos aus präformierten Homunkuli hervorgehen, die als erhaltene Zwergversionen von Adam und Eva in Ei- und Samenzelle enthalten sind. Die andere, die auf dem normalen Sprachgebrauch beruhte, weckte die Vorstellung von einem ständigen Fortschritt auf ein Ideal hin. Nach Darwins Ansicht konnte ein sogenanntes niederes Lebewesen, etwa eine Amöbe, an ihre Umwelt genausogut angepaßt sein wie der Mensch an die seine – die Menschen sind einem evolutionären Ideal also nicht näher als andere Tiere. Eigentlich war es Herbert Spencer, ein Zeitgenosse Darwins, der aus der »Abstammung mit Modifikation« die »Evolution« machte, den eingängigeren Begriff, den wir heute benutzen.[191]

Darwins Theorie der natürlichen Auslese besagte ungefähr folgendes.[192] Merkmale, die dem Überleben einer Art in einer bestimmten Umwelt dienlich waren, wurden langfristig zu typischen Merkmalen dieser Art. Und umgekehrt beobachten wir die typischen Merkmale der heute lebenden Arten, weil sie zum Überleben ferner Vorfahren beigetragen haben. Wegen des begrenzten Nahrungsangebots überleben nicht alle Individuen, die geboren werden, bis zu dem Zeitpunkt, da sie geschlechtsreif sind und sich fortpflanzen. Die weniger Tauglichen werden eliminiert, so daß mit der Zeit immer mehr von den Tauglicheren zu Eltern werden und ihre Tauglichkeit an ihre Nachkommen weitergeben. Wenn sich aber zufällig die Umwelt ändert – und das tut sie ständig –, werden andere Merkmale wichtig fürs Überleben, und diese werden schließlich positiv ausgelesen. Arten, die sich auf diese Weise anpassen, überleben, während diejenigen, die es nicht tun, aussterben. Meistens wird Darwins Theorie als Erklärung dafür verstanden, wie sich äußere Artmerkmale entwickelt haben. Nach seiner Auffassung werden jedoch auch Geist und Verhalten von der natürlichen Auslese geprägt. Der Verhaltensbiologe James Gould weist nachdrücklich darauf hin:

Darwins revolutionäre Erkenntnisse über die Evolution ... demonstrierten erstmals, daß zwischen der Umwelt eines Tieres und seinem Verhalten ein unauflöslicher Zusammenhang besteht. Seine Theorie der natürlichen Auslese machte verständlich, warum Tiere so gut mit rätselhaften Instinkten ausgestattet sind – warum zum Beispiel eine Wespe Nahrung sammelt, die sie nie verzehrt hat, um sie an Larven zu verfüttern, die sie nie sehen wird. Nach Darwins Vermutung begünstigt die natürliche Auslese jene Tiere, welche die meisten Nachkommen hinterlassen. Die Überlebenden in dem unablässigen Kampf um eine begrenzte Nahrungsmenge werden im Laufe unzähliger Generationen zwangsläufig immer vollkommener an ihre Umwelt angepaßt, sowohl morphologisch als auch verhaltensmäßig ... Ein sorgfältig programmiertes Verhalten wie das der Wespe bietet den Tieren auf jeden Fall einen enormen Wettbewerbsvorteil.[193]

In *Der Ausdruck der Gemüthsbewegungen bei dem Menschen und den Thieren* äußerte Darwin:»Die Mehrheit der ausdruckgebenden Handlungen, die der Mensch und die niedern Thiere zeigen, sind nun aber angeboren oder ererbt, das heißt, sie wurden nicht vom Individuum erlernt.«[194] Als Beweis dafür, daß Emotionen angeboren sind, führte er die Ähnlichkeit der Ausdrucksformen sowohl innerhalb der Arten als auch zwischen verschiedenen Arten an. Was Darwin beim Menschen besonders beeindruckte, war die Tatsache, daß die Formen des körperlichen Ausdrucks (besonders der Mimik), die bei Emotio-

117

nen auftreten, bei Menschen in der ganzen Welt ähnlich sind, ungeachtet ihrer rassischen Herkunft oder ihres kulturellen Erbes. Zudem machte er darauf aufmerksam, daß diese Ausdrucksformen auch bei Personen zu finden sind, die von Geburt an blind waren und somit keine Gelegenheit hatten, die Muskelbewegungen dadurch zu lernen, daß sie sie an anderen beobachteten, aber auch bei ganz kleinen Kindern, die gleichfalls kaum Gelegenheit haben, durch Nachahmung zu lernen, wie sie ihre Emotionen ausdrücken.[195]

Darwin trug Beispiele für alle möglichen Formen des körperlichen Ausdrucks zusammen, die einander bei unterschiedlichen Arten ähnlich sind. Natürlich fand er die größten Ähnlichkeiten zwischen engverwandten Arten, doch erkannte er auffällige Ähnlichkeiten auch zwischen Organismen, die einander ziemlich unähnlich sind. Er verwies darauf, daß es bei allerlei Tieren, darunter auch dem Menschen, üblich ist, angesichts extremer Gefahr zu harnen und zu koten. Und viele Tiere sträuben in gefährlichen Situationen ihre Körperbehaarung,

Gewisse emotionale Ausdrucksformen stimmen bei Menschen und anderen Lebewesen überein. Diese beiden Zeichnungen zeigen den Gesichtsausdruck der Wut bei einem Schimpansen und beim Menschen. Der Ausdruck der Wut beinhaltet bei beiden Arten oft ein direktes Anstarren und einen halbgeöffneten Mund mit herabgezogenen Lippen, so daß die Zähne entblößt sind. (Die Zeichnungen von Eric Stoelting sind mit freundlicher Genehmigung entnommen aus S. Chevalier-Skolnikoff [1973], »Facial expression of emotion in nonhuman primates«. In: P. Ekman: *Darwin and Facial Expression*, New York: Academic Press.)

vermutlich, um bedrohlicher zu erscheinen. Die Piloarrektion (das Fellsträuben) ist Darwin zufolge eine der verbreitetsten Formen emotionalen Ausdrucks; es kommt, um nur einige Tierarten zu nennen, bei Hunden, Löwen, Hyänen, Rindern, Schweinen, Antilopen, Pferden, Katzen, Nagern und Fledermäusen vor. Die Gänsehaut, eine abgeschwächte Form der Piloarrektion beim Menschen, ist Darwin zufolge ein Überbleibsel der dramatischeren Darbietungen bei unseren Säuger-Verwandten. Er findet es bemerkenswert, daß die spärliche Körperbehaarung des Menschen sich bei Wut und Angst aufrichtet – emotionalen Zuständen, die bei Pelztieren, wo die Aufrichtung der Körperbehaarung einen Sinn hat, zum Sträuben des Felles führen. Er bemerkt allerdings, daß die Piloarrektion auch an jenem Teil des menschlichen Körpers auftritt, der gut behaart ist, nämlich am Kopf, und führt als Beleg die Äußerung des Brutus angesichts von Cäsars Geist an: »der starren macht mein Blut, das Haar mir sträubt«.

Darwin nennt viele weitere Beispiele für gemeinsame emotionale Ausdrucksweisen unterschiedlicher Arten. So setzt er das Zähnefletschen eines wutentbrannten Menschen mit dem entsprechenden Verhalten anderer Lebewesen gleich und zitiert, abermals auf die Literatur als Bestätigung zurückgreifend, wie Dickens in *Oliver Twist* eine wütende Menge beschreibt, die auf den Straßen Londons die Festnahme eines abscheulichen Mörders erlebt: »das Volk als einer hinter dem anderen aufspringend, die Zähne fletschend und sich wie wilde Tiere benehmend«. Anschließend bemerkt Darwin: »Jedermann, der viel mit kleinen Kindern zu thun gehabt, muss gesehen haben, wie natürlich es bei ihnen ist, wenn sie in Leidenschaft sind, zu beissen. Es scheint bei ihnen so instinctiv zu sein wie bei jungen Krokodilen, welche mit ihren kleinen Kinnladen schnappen, sobald sie aus dem Ei gekrochen sind.« Er läßt auch Dr. Maudsley zu Wort kommen, einen Fachmann für Geisteskrankheiten, nach dem das renommierte Maudsley Hospital in London benannt ist: »Woher kommt das wilde Fletschen, die Neigung zur Zerstörung, die obscöne Sprache, das wilde Heulen, die anstössigen Gewohnheiten, welche manche geisteskranke Patienten darbieten? Warum sollte ein menschliches, seiner Vernunft beraubtes Wesen jemals im Charakter so thierisch werden, wie es bei manchen der Fall ist, wenn es nicht die thierische Natur an sich hätte?« Darwin bemerkt dazu: »Allem Anscheine nach muss diese Frage bejahend beantwortet werden.«

Eine wichtige Funktion des emotionalen Ausdrucks ist für Darwin die Kommunikation zwischen Individuen – er zeigt anderen, in welchem emotionalen Zustand man sich befindet. Im gesamten Tierreich ist es üblich, Drohlaute auszustoßen und Körperteile zu vergrößern (durch Aufstellen des Gefieders, Ausstellen von Flossen oder spitzen Stacheln, Sichaufblähen und, wie wir gesehen haben, Aufrichten der Körperbehaarung), um Feinde von einem Angriff abzuhalten. Um die sexuelle Empfänglichkeit anzuzeigen, werden Laute, Düfte sowie bestimmte Körperhaltungen und Darbietungen von Körperteilen oder verborgenen Farben benutzt. Laute werden auch benutzt, um andere vor einer nahenden Gefahr zu warnen. Diese Signale sind für den Menschen nur von begrenzter Bedeutung, doch im folgenden Passus beschreibt Darwin einige emotionale Ausdrucksformen, die für unsere Art besonders wichtig sind:

Die Bewegungen des Ausdrucks im Gesicht und am Körper, welcher Art auch ihr Ursprung gewesen sein mag, sind an und für sich selbst für unsere Wohlfahrt von grosser Bedeutung. Sie dienen als die ersten Mittel der Mittheilung zwischen der Mutter und ihrem Kinde; sie lächelt ihm ihre Billigung zu und ermuthigt es dadurch auf dem rechten Wege fortzugehen, oder sie runzelt ihre Stirn aus Misbilligung. Wir nehmen leicht Sympathie bei Andern durch die Form ihres Ausdrucks wahr; unsere Leiden werden dadurch gemildert und unsere Freuden erhöht; und damit wird das gegenseitige wohlwollende Gefühl gekräftigt. Die Bewegungen des Ausdrucks verleihen unseren gesprochenen Worten Lebhaftigkeit und Energie. Sie enthüllen die Gedanken und Absichten Anderer wahrer als es Worte thun, welche gefälscht werden können.

Mag ein Bild soviel wert sein wie tausend Worte, so sind körperliche Ausdrucksformen auf dem Markt der Emotionen von unschätzbarem Wert.

Darwin zufolge ist es in bestimmten Fällen möglich, den Ausdruck von Emotionen willentlich zu unterdrücken, doch in der Regel erfolgt er unwillkürlich. Ein echtes, unwillkürliches Lächeln sei leicht von einem gekünstelten zu unterscheiden. Er führt ein Beispiel aus seinem eigenen Leben an, um zu zeigen, wie schwierig es ist, eine auf natürliche Weise hervorgerufene emotionale Reaktion zu unterdrücken: »Ich brachte mein Gesicht dicht an die dicke Glasscheibe vor einer Puff-Otter in dem zoologischen Garten mit dem festen Entschlusse, nicht zurückzufahren, wenn die Schlange auf mich losstürzte. Sobald aber der Stoss ausgeführt wurde, war es mit meinem Entschlusse aus, und ich sprang ein oder zwei Yards mit erstaunlicher Geschwindigkeit zurück. Mein Wille und mein Verstand waren kraftlos gegen die Einbildung einer Gefahr, welche niemals direct erfahren worden war.« Darwin war der Auffassung, daß es innerhalb der Klasse der angeborenen Emotionen einige gebe, die eine längere Evolutionsgeschichte haben als andere. Furcht und Wut seien bei unseren fernen Vorfahren fast in derselben Weise ausgedrückt worden wie heute beim Menschen. Den Ausdruck des Leidens, etwa im Falle von Kummer und Sorgen, sah er dagegen näher am Ursprung des Menschen angesiedelt. Allerdings war er sich durchaus bewußt, daß man sich in der Entstehungszeit einzelner Emotionen sehr täuschen kann: »Es wäre interessant, wenn schon vielleicht müssig, darüber eine Speculation anzustellen, wie früh in der langen Reihe unserer Urerzeuger die verschiedenen ausdruckgebenden Bewegungen, welche der Mensch darbietet, successiv erlangt worden sind.«

Der elementare Instinkt

Verschiedene Theoretiker setzen heute die Tradition Darwins fort und betonen, daß es elementare, angeborene Emotionen gibt. Eine elementare Emotion wollen viele an einer universalen Mimik erkennen, die sich in den unterschiedlichsten Kulturen gleichbleibt. Zu Darwins Zeiten wurde die Universalität des emotionalen Ausdrucks über alle Kulturgrenzen hinweg aufgrund vereinzelter Beobachtungen nur vermutet; moderne Forscher haben sich in die entlegensten Weltwinkel begeben, um mit wissenschaftlichen Methoden eindeutig zu beweisen, daß zumindest einige Emotionen eine annähernd universale Ausdrucksform speziell in der Mimik besitzen. Aus solchen Beobachtungen hat der verstorbene Sylvan Tomkins acht elementare Emotionen abgeleitet: Überraschung, Interesse, Freude, Wut, Furcht, Ekel, Scham und Angst.[196] Er bezeichnete sie als angeborene, vorgeformte Reaktionen, die von »festverdrahteten« Hirnsystemen kontrolliert werden. Eine ähnliche Theorie mit ebenfalls acht elementaren Emotionen wurde von Carroll Izard vorgetragen.[197] Paul Ekmans Liste ist kürzer und umfaßt sechs elementare Emotionen mit einem universalen mimischen Ausdruck: Überraschung, Glück, Zorn, Furcht, Ekel und Traurigkeit.[198] Andere Theoretiker wie Robert Plutchik[199] und Nico Frijda[200] verlassen sich nicht allein auf den mimischen Ausdruck, sondern halten globale Handlungstendenzen, die viele Körperteile einbeziehen, für vorrangig. Wenn man die Stufenleiter der Evolution herabsteigt, nimmt Plutchik zufolge die Zahl der mimischen Ausdrucksformen ab, während es weiterhin eine Fülle emotionaler Ausdrucksformen gibt, an denen andere körperliche Systeme beteiligt sind. Plutchiks Liste der Emotionen deckt sich teilweise mit den Listen anderer, weicht aber auch von ihnen ab; sie entspricht der von Ekman, nennt aber zusätzlich Akzeptanz, Erwartung und Erstaunen. Philip Johnson-Laird und Keith Oatley gehen das Problem der elementaren Emotionen von den Wörtern her an, über die wir verfügen, um über Emotionen zu sprechen.[201] Sie kommen zu einer Liste von fünf, die sich mit den sechs Emotionen Ekmans deckt, nur daß das Erstaunen wegfällt. Jaak Panksepp gelangt anhand der Verhaltensfolgen der elektrischen Reizung von Rattengehirnen zu vier elementaren emotionalen Reaktionsmustern: Panik, Wut, Erwartung und Furcht.[202] Andere Theoretiker definieren die elementaren Emotionen auf wieder andere Weise und gelangen zu Listen, die sich mit den oben beschriebenen teils decken, teils von ihnen abweichen.[203]

Die meisten Theoretiker postulieren neben den elementaren Emotionen auch nichtelementare, die auf der Mischung der elementareren beruhen. Izard zum Beispiel beschreibt die Angst als Kombination aus Furcht und zwei weiteren Emotionen, für die entweder Schuldgefühl, Interesse, Scham, Zorn oder Kummer in Frage kommen. Plutchiks Theorie der Emotionsmischung gehört zu den besser ausgebauten Theorien. Er ordnet die elementaren Emotionen kreisförmig an, ähnlich einem Kreis von Farben, bei dem sich aus der Mischung von Grundfarben neue ergeben. Die Mischung von zwei elementaren Emotionen bezeichnet er als Dyade. Mischen sich zwei auf dem Kreis benachbarte Emotionen, spricht er von einer Dyade erster Ordnung, liegt zwischen den gemischten Emotionen eine andere, handelt es sich um eine Dyade zweiter Ordnung usw. In diesem Schema ist die Liebe eine Dyade erster Ordnung, beruhend auf der Mischung der benachbarten elementaren Emotionen Freude und Akzeptanz, während das Schuldgefühl als Mischung aus Freude und Furcht, zwischen denen die Akzeptanz liegt, eine Dyade zweiter Ordnung darstellt. Je weiter zwei elementare Emotionen auseinander liegen, desto geringer ist die Wahrscheinlichkeit ihrer Mischung. Wenn dann zwei entfernte Emotionen sich mischen, ist ein Konflikt zu erwarten. Furcht und Überraschung

Plutchiks 8 elementare Emotionen	Einige psychosozial abgeleitete Emotionen
	**Primäre Dyaden** (gemischt aus benachbarten Emotionen) – Freude + Billigung = Freundlichkeit – Furcht + Überraschung = Beunruhigung **Sekundäre Dyaden** (gemischt aus Emotionen mit einem Zwischenglied) – Freude + Furcht = Schuldgefühl – Traurigkeit + Wut = Verdrossenheit **Tertiäre Dyaden** (gemischt aus Emotionen mit zwei Zwischengliedern) – Freude + Überraschung = Entzücken – Erwartung + Furcht = Angst

(Basierend auf Abb. 11.4 und Tab. 11.3 in: R. Plutchik [1980], *Emotion: A Psychoevolutionary Synthesis*, New York: Harper and Row.)

sind benachbart und vermischen sich leicht zur Besorgnis, doch Freude und Furcht sind durch die Akzeptanz getrennt und vermischen sich nicht so leicht; der daraus entstehende Konflikt ist Quelle der Emotion Schuldgefühl.

In der Regel wird die Vermischung elementarer Emotionen zu Emotionen höherer Ordnung als eine kognitive Operation aufgefaßt. Den Theorien elementarer Emotionen zufolge werden einige, wenn nicht alle biologisch elementaren Emotionen auch von niederen Tieren geteilt, während die abgeleiteten oder nichtelementaren Emotionen eher allein den Menschen auszeichnen. Da die abgeleiteten Emotionen durch kognitive Operationen konstruiert werden, können sie nur dann zwei Tieren gemeinsam sein, wenn diese dieselben kognitiven Fähigkeiten besitzen. Und da man annimmt, daß der Mensch sich im Bereich der Kognition am meisten von anderen Säugern unterscheidet, ist damit zu rechnen, daß der Mensch sich eher in den nichtelementaren, kognitiv konstruierten Emotionen als in den elementaren Emotionen von anderen Arten unterscheidet. Richard Lazarus nimmt zum Beispiel an, daß Stolz, Scham und Dankbarkeit ausschließlich menschliche Emotionen sind.[204]

Ein Wildschwein sein

Die Idee biologisch ursprünglicher Emotionen hat viele Anhänger, aber auch Kritiker gefunden. Sie wird zum Beispiel in Frage gestellt von kognitiven Emotionstheorien, die spezifische Emotionen – darunter auch solche, die als elementar bezeichnet werden – nicht als biologische, sondern als psychische Konstruktionen auffassen. Aus dieser Sicht beruhen Emotionen nicht auf dem geistlosen Funktionieren biologischer Hardware, sondern auf der inneren Repräsentation und Interpretation (Bewertung) von Situationen. Verschiedene Beispiele einer kognitiven Auffassung der Emotion haben wir im 3. Kapitel gesehen. Hier soll es um den sozialen Konstruktivismus gehen, der sich von der biologischen Auffassung der Emotion noch weiter entfernt als die Mehrzahl der sonstigen kognitiven Ansätze. Emotionen sind für diese Theorien ein Produkt der Gesellschaft, nicht der Biologie.[205] Kognitive Prozesse sind in diesen Theorien deshalb von Bedeutung, weil sie den Mechanismus liefern, durch den die soziale Umgebung repräsentiert und anhand früherer Erfahrung und künftiger Erwartung interpretiert wird. Um diese Auffassung zu stützen, verweist man auf die Unterschiedlichkeit der Emotionen in verschiedenen Kulturen.

James Averill, ein prominenter Befürworter des sozialen Konstruktivismus, beschreibt ein Verhaltensmuster namens »ein Wildschwein sein«, das nach westlichen Maßstäben sehr ungewöhnlich, bei den Gururumba, einem Gartenbauvolk im Hochland von Neuseeland, aber gebräuchlich und sogar »normal« ist.[206] Eine Analogie hat diesem Verhalten seinen Namen gegeben. Es gibt in dieser Kultur keine Wildschweine, aber gelegentlich kommt es aus unbekannten Gründen vor, daß ein Hausschwein eine Zeitlang verwildert. Mit geeigneten Mitteln kann das Schwein aber wieder domestiziert und dem normalen Schweineleben unter den Dorfbewohnern zugeführt werden. Auch unter den Gururumba kommt es vor, daß Dorfbewohner gewalttätig und aggressiv werden und plündern und stehlen, wobei sie aber nur selten jemanden verletzen oder etwas von Bedeutung fortnehmen, und schließlich wieder zum normalen Leben zurückkehren. Manche gehen für mehrere Tage in den Wald und zerstören dort die gestohlenen Dinge, um dann von sich aus ins Dorf zurückzukehren, ohne sich an den Vorfall zu erinnern oder von den anderen Dorfbewohnern darauf angesprochen zu werden. Andere muß man dagegen einfangen und wie ein Wildschwein behandeln – sie werden über ein qualmendes Feuer gehalten, bis das alte Selbst wiederkehrt. Die Gururumba glauben, daß man zu einem Wildschwein wird, wenn man vom Geist eines kürzlich Verstorbenen gebissen wurde. Infolgedessen versagen die sozialen Verhaltenskontrollen, und primitive Impulse werden freigesetzt. Ein Wildschwein zu sein ist nach Averill kein biologischer und auch kein individueller Zustand, sondern ein sozialer. Während westliche Menschen geneigt sind, darin ein psychotisches, abnormes Verhalten zu sehen, ist es für die Gururumba ein Mittel, Streß loszuwerden und die psychische Gesundheit der Dorfgemeinschaft zu bewahren.»Ein Wildschwein sein« ist für Averill eine Bestätigung seiner Auffassung, daß »die meisten üblichen emotionalen Reaktionen sozial konstruierte bzw. institutionalisierte Reaktionsmuster sind«, nicht aber biologisch determinierte Vorgänge (dann erhebt sich allerdings die Frage, wo die wilden Impulse herkommen).

Ein weiteres Beispiel eines in westlichen Kulturen nicht bekannten emotionalen Zustands ist der, den man in Japan mit *amae* bezeichnet.[207] Das läßt sich nicht wörtlich in eine indogermanische Sprache übersetzen. Manche glauben, dieser Zustand sei ein Schlüssel zum Verständnis wesentlicher Aspekte der japanischen Persönlichkeitsstruktur.[208] Es bedeutet in etwa, die Liebe eines anderen auszunutzen oder sich an der Freundlichkeit eines anderen gütlich zu tun. Der japanische Psychiater Doi definiert *amae* als ein Gefühl der Hilflosigkeit und als den Wunsch, geliebt zu werden, ein passives Liebesobjekt zu sein.[209] Nach seiner Ansicht kommt *amae* auch bei westlichen Menschen vor, aber in einem sehr viel begrenzteren Maße. Die Japaner geben sich häufig dem *amaeru* (so die Verbform) hin, sprechen aber selten darüber, weil es ein nonverbaler Zustand ist und es unschicklich wäre, einen anderen davon wissen zu lassen. Doi sagt: »Die einander nahe sind, die also das Vorrecht genießen, miteinander eins zu werden, brauchen keine Worte, um ihre Gefühle auszudrücken. Man würde sich gewiß nicht miteinander verschmolzen fühlen (das ist *amae*), wenn man das Bedürfnis danach in Worte fassen müßte!« Amerikaner, meint Doi, fühlten sich durch solche verbalen Bekundungen ermutigt und beruhigt, doch die Japaner bräuchten es nicht, noch fänden sie es wünschenswert.

Regeln der Darbietung

Wenn es um Unterschiede der Emotionen in verschiedenen Kulturen oder sozialen Situationen geht, können Vertreter des sozialen Konstruktivismus endlose Listen aufstellen.[210] Auf südpazifischen Inseln oder in anderen entlegenen Weltwinkeln gibt es Emotionswörter, für die man keine Entsprechungen im Englischen kennt. Und sogar zwischen den westlichen Kulturen gibt es Unterschiede in bezug auf Emotionswörter.[211] Einwände dieser Art reichen jedoch nicht hin, um die Theorie von den elementaren Emotionen zu entkräften. Ihre Anhänger bestreiten gar nicht, daß es in der Benennung und sogar im Ausdruck der Emotionen Unterschiede zwischen den Kulturen, ja sogar zwischen Individuen innerhalb ein und derselben Kultur gibt. Sie sagen lediglich, daß bestimmte Emotionen und ihr Ausdruck ziemlich konstant bei allen Menschen auftreten. Die Anhänger des sozialen Konstruktivismus können dem entgegenhalten, daß eine elementare Emotion wie der Zorn von einem gegebenen Individuum in unterschiedlichen Situationen auf unterschiedliche Weise ausgedrückt wird – unverhüllten Zorn äußert man eher gegenüber solchen, die in einer sozialen Hierarchie unter einem stehen, als gegenüber Höherstehenden.

Um zwischen solchen Theorien, in denen die Übereinstimmung, und anderen, in denen die Unterschiede des mimischen Ausdrucks betont werden, zu vermitteln, hat Paul Ekman als Theoretiker der elementaren Emotionen eine neue Unterscheidung vorgeschlagen: zwischen universalen emotionalen Ausdrucksformen (speziell des mimischen Ausdrucks), die man in allen Kulturen antrifft, und sonstigen körperlichen Bewegungen (zum Beispiel Emblemen oder Illustratoren), die sich von einer Kultur zur anderen unterscheiden.[212] Embleme sind Bewegungen mit einer bestimmten verbalen Bedeutung, etwa das Kopfnicken, das Ja oder Nein bedeuten kann, oder das Achselzucken, um anzudeuten, daß man die Antwort auf eine Frage nicht kennt. Illustratoren hängen eng mit dem Inhalt und Fluß der Rede zusammen. Sie interpunktieren die Rede, dienen als Füllsel, wenn einem ein bestimmtes Wort nicht einfällt, oder helfen, das Gesagte zu erläutern. In manchen Kulturen neigen die Menschen mehr dazu, »mit den Händen zu reden«, als in anderen. Ekman vermutet, daß die Vertreter des sozialen Konstruktivismus sich mehr mit erlernten kulturbedingten Unterschieden des emotionalen Ausdrucks befaßt haben, die Verfechter der Theorie der elementaren Emotionen dagegen mehr mit nicht erlernten, kulturübergreifenden Ausdrucksformen, die sich beim Auftreten von elementaren (angeborenen) Emotionen in der Bewegung der Gesichtsmuskulatur äußern. Ekman behauptet nicht, daß der Ausdruck elementarer Emotionen überall gleich aussieht. Auch universale mimische Ausdrucksformen können durch Lernen und Kultur reguliert sein. Erlernte Faktoren können in sie eingreifen, sie abschwächen oder verstärken, und sie können sogar von anderen Emotionen verdeckt werden.[213] Im Hinblick auf die Konventionen, Normen und Gewohnheiten, welche die Menschen entwickeln, um mit dem Ausdruck ihrer Emotionen umzugehen, spricht Ekman von »Regeln der Darbietung«. Regeln der Darbietung geben an, wer gegenüber wem wann und mit welcher Intensität eine Emotion zeigen darf. In westlichen Kulturen gibt es bei Beerdigungen eine Hierarchie des Trauerns. Wie Mark Twain sagte: »An Stellen, an denen ein naher Angehöriger schluchzt, hat ein intimer Freund einen würgenden Laut von sich zu geben, ein entfernter Bekannter zu seufzen und ein Fremder lediglich mitfühlend an seinem Taschentuch zu fummeln.«[214] Ekman zufolge könnte es Argwohn erregen, wenn die Sekretärin trauriger dreinblickt als die Ehefrau. Es ist nach Ekman auch möglich, daß die Regeln der Darbietung personalisiert werden und sich gegen kulturelle Normen durchsetzen. Manche werden zu Stoikern und zeigen kaum Gefühle, auch nicht in Situationen, in denen es gesellschaftlich erlaubt ist, seinen Emotionen freien Lauf zu lassen. Nach Ekmans Auffassung erklärt das Konzept der elementaren Emotionen die Einheitlichkeit des Ausdrucks elementarer Emotionen über individuelle und kulturelle Grenzen hinweg, während die Regeln der Darbietung für viele der Unterschiede verantwortlich sind.

Ekman überprüfte seine Hypothese in einem beeindruckenden Versuch.[215] Ausgehend von der Annahme, daß westliche Menschen ihren Gefühlen stärker Ausdruck geben als Orientalen, untersuchte er den Gesichtsausdruck von japanischen und amerikanischen Versuchspersonen während der Vorführung eines emotional aufwühlenden Films. Die Versuche fanden in dem jeweiligen Heimatland statt. Während die Versuchspersonen teils allein, teils in Gegenwart eines Autorität ausstrahlenden Experimentators im weißen Kittel den Film sahen, wurde ihr Gesichtsausdruck heimlich auf Videoband aufgezeichnet. Anschließend wurde er von Beobachtern codiert, die nicht wußten, was die

Versuchspersonen sahen. Die Emotionen, die an verschiedenen Stellen des Films von den ganz allein zuschauenden japanischen und amerikanischen Versuchspersonen ausgedrückt wurden, zeigten eine unglaubliche Übereinstimmung. In Anwesenheit des Experimentators mit seinem weißen Kittel stimmten die Gesichtsbewegungen jedoch nicht mehr überein. Die Japaner blickten höflicher drein als die Amerikaner, sie lächelten häufiger und zeigten weniger wechselnde Gefühle. Eine Prüfung der Aufnahmen in Zeitlupe zeigte, daß das Lächeln und die anderen Ausdrucksformen von Höflichkeit bei den japanischen Versuchspersonen kurze Gesichtsbewegungen überlagerten, in denen nach Ekmans Deutung die elementaren Emotionen aufblitzten.

Regeln der Darbietung werden als Bestandteil der Sozialisation erlernt und gehen einem so sehr in Fleisch und Blut über, daß sie – wie die Ausdrucksformen elementarer Emotionen selbst – automatisch, also ohne Beteiligung des Bewußtseins, wirksam werden. Es kommt aber auch vor, daß jemand seine Gefühle ganz bewußt verbirgt, weil es für ihn in einer bestimmten Situation von Vorteil ist. Diese Fähigkeit ist jedoch gar nicht so leicht zu erwerben – nicht jeder von uns ist ein gerissener Pokerspieler.

Die emotionale Reaktion – Teil oder ein Ganzes?

Die individuelle und kulturelle Vielfalt der Formen, in denen sich elementare Emotionen äußern, läßt sich weitgehend mit der Kombination aus universalen emotionalen Ausdrucksformen und Regeln der Darbietung erklären, doch ist die Idee der elementaren Emotionen damit nicht gegen eine weitere Infragestellung gefeit. Die Kognitionswissenschaftler Andrew Ortony und Terrance Turner haben zu dem Problem, ob elementare Emotionen sich durch universale Formen der Mimik oder sonstwie definieren lassen, wichtige Fragen formuliert.[216] Wenn, so fragen sie, die elementaren Emotionen so elementar sind, warum herrscht dann solche Uneinigkeit darüber, welche als elementar zu gelten haben, und warum werden Emotionen, die von einigen Theoretikern als elementar betrachtet werden (wie etwa Interesse und Begehren), von anderen noch nicht einmal als Emotionen anerkannt? Es sind, so Ortony und Turner, vielleicht gar nicht die Emotionen und ihr Ausdruck, die so elementar sind, sondern elementare, möglicherweise sogar angeborene Reaktionskomponenten, die für den Ausdruck von Emotionen genutzt werden können, die aber auch in nichtemotionalen Situationen genutzt werden. »Der Ausdruck von Emotionen«, schreiben sie, »greift auf ein Repertoire von biologisch determinierten Komponenten zurück, und… viele Emotionen gehen oft – aber durchaus nicht immer – mit ein und derselben begrenzten Teilmenge solcher Komponenten einher.« Körperliche Ausdrucksformen ähnlich denen, die mit Emotionen verbunden sind, könnten unabhängig von Emotionen auftreten, und der für eine Emotion typische Ausdruck könne auch in einem anderen emotionalen Zustand auftreten. Wenn man zittert, kann es daran liegen, daß man friert oder daß man sich fürchtet. Höchstes Glücksgefühl kann einen ebenso zum Weinen bringen wie Traurigkeit. Die Stirn runzelt man im Zorn, aber auch bei Enttäuschung, und wenn wir die Augenbrauen hochziehen, kann es daran liegen, daß wir zornig sind, aber auch daran, daß die Situation unsere ganze Aufmerksamkeit fordert.

Für Ortony und Turner sind an der Emotion höhere kognitive Prozesse (Bewertungen) beteiligt, welche die verschiedenen, der Situation angemessenen Reaktionen organisieren. Die Reaktionskomponenten können biologisch determiniert sein, aber die Reaktion selbst gehört zum Bereich des psychologischen und nicht des biologischen Determinismus. Die Furcht, meinen sie, sei nicht ein biologisches Paket, das bei Gefahr ausgepackt wird. Sie ist vielmehr ein psychologisch konstruierter Komplex von Reaktionen und Erlebnissen, die auf die jeweilige Gefahrensituation zugeschnitten sind. Es gibt keine emotionalen Reaktionen, sondern einfach nur Reaktionen, und diese werden im Bedarfsfall zusammengefügt, wenn Bewertungen vorgenommen werden, wobei der jeweilige Komplex von Reaktionen von der aktuellen Bewertung abhängt. Die Zahl der unterschiedlichen Reaktionen ist daher nur begrenzt durch die Zahl der unterschiedlichen Bewertungen, die man treffen kann. Und weil bestimmte Bewertungen häufig vorkommen und die Menschen oft über sie reden, werden sie in den meisten Sprachen unschwer und zuverlässig mit präzisen Begriffen benannt, und deshalb erscheinen sie elementar (universal).

Daß Ortony und Turner zwischen dem Angeborensein von emotionalen Ausdrucksformen und dem Angeborensein von Reaktionskomponenten unterschieden wissen wollten, hat einen einfachen Grund. Wenn es keine universalen Ausdrucksformen gibt, die für bestimmte Emotionen typisch sind, dann läßt sich nicht mehr beweisen, daß einige Emotionen, die sogenannten elementaren Emotionen, biologisch determiniert sind. Wenn Emotionen aber nicht biologisch determiniert sind, dann müssen sie psychologisch determiniert sein. Allerdings gehen Ortony und Turner von zwei offenbar inakzeptablen Annahmen aus. Erstens folgt aus der Tatsache, daß die Bewertung ein mentaler Akt ist, keineswegs, daß sie nicht auch biologischer Natur ist. In einigen Theorien über elementare Emotionen spielen Bewertungen denn auch eine biologische Rolle, als Bindeglied zwischen emotionalen Reizen und den von ihnen ausgelösten typischen Reaktionen. Zweitens schließt das Angeborensein einzelner Reaktionskomponenten nicht die Möglichkeit aus, daß höhere Ausdrucksebenen gleichfalls angeboren sind. Von einigen angeborenen Verhaltensmustern ist bekannt, daß hierarchisch organisierte Reaktionskomponenten an ihnen beteiligt sind.[217] Fortpflanzungsverhalten wird zum Beispiel oft durch Hormone ausgelöst, die auf bestimmte Teile des Gehirns einwirken. Ist ein Organismus in dem entsprechenden hormonellen Zustand, kann es entweder zur Paarung oder zum Kampf kommen, je nachdem, ob gerade ein empfängnisbereites Weibchen oder ein konkurrierendes Männchen da ist. Und an diesen Verhaltensweisen sind, obwohl sie angeboren sind, zahlreiche komplexe Steuerungsebenen beteiligt. Die Paarung zum Beispiel kann mit einem Balztanz beginnen, sich in der Annäherung an die Partnerin fortsetzen und schließlich mit der Kopulation enden. Jede dieser Phasen setzt sich aus einer komplizierten Hierarchie von Vorgängen zusammen, die von verschiedenen Ebenen des Nervensystems gesteuert werden, wobei die unteren Ebenen die ganz spezifischen Komponenten (einzelne Blöcke der Anspannung und Lockerung von Muskeln) und höhere Ebenen des Nervensystems allgemeine Verhaltensaspekte (den Akt der Kopulation) regeln.

Ortony und Turner lösten unter den Verfechtern der elementaren Emotionen erhebliche Unruhe aus. Den Theoretikern der elementaren Emotionen wurde schmerzhaft klar, daß sie nicht länger an der Existenz elementarer Emotionen festhalten konnten, ohne sich darüber zu verständigen, welches denn die elementaren sind. Nun, da sich die Aufregung gelegt hat, kann man wohl sagen, daß Ortony und Turner in ihrem Urteil zu streng waren. Daß die Listen der elementaren Emotionen zwischen einzelnen Forschern nicht übereinstimmten, war zum Teil eine Sache der Wortwahl und nicht der mit den Wörtern bezeichneten Emotionen.[218] So sind Freude und Glück, die in verschiedenen Listen als elementare Emotionen genannt werden, wohl nur unterschiedliche Namen für ein und dieselbe Emotion. Berücksichtigen wir solche Übersetzungen, so stellt sich zwischen den verschiedenen Listen weitgehende Übereinstimmung her: Viele, wenn nicht die meisten Listen enthalten, so oder anders formuliert, Furcht, Zorn, Ekel und Freude. Was dann noch an Nichtübereinstimmung bleibt, betrifft überwiegend Grenzfälle wie Interesse, Begehren und Überraschung. Die Theoretiker der elementaren Emotionen weichen nicht so stark voneinander ab, wie es den Anschein hatte, und zumindest bei einigen Emotionen spricht vieles für eine angeborene, biologische Organisation.

Solange es nicht kaputt ist…

Seit Darwins Zeit (und schon vorher) war ersichtlich, daß verschiedene Tiere sich unter ähnlichen Umständen ganz ähnlich verhalten können. Das brachte Darwin zu der Auffassung, daß bestimmte menschliche Emotionen ihre Wurzel in unseren tierischen Vorfahren haben. Nun können Verhaltensgemeinsamkeiten aber auf unterschiedlichen Ebenen angesiedelt sein, und nicht immer sind sie mit Reaktionen verbunden, die nach außen hin gleich aussehen.[219] Ob zwei Tiere dasselbe tun, entscheidet sich also nicht unbedingt daran, ob das, was sie tun, exakt gleich aussieht – die emotionalen Gemeinsamkeiten zwischen den Arten könnten noch weiter gehen, als Darwin annahm.

Ein Verhalten entsteht durch das Bewegen von Muskeln. Daß der mimische Ausdruck bestimmter Emotionen bei verschiedenen Menschen gleich aussieht, liegt daran, daß auf einen Reiz hin, der typischerweise eine bestimmte Emotion auslöst, jeder auf annähernd gleiche Weise seine Gesichtsmuskeln anspannt und lockert. Und wenn verschiedene Arten ähnliche Ausdrucksformen erkennen lassen, liegt das daran, daß sie dieselben oder ähnliche Muskelgruppen anspannen und lockern; Mensch und Schimpanse müssen ähnliche Muskelbewegungen ausführen, um die Stirn zu runzeln und die Zähne zu fletschen. Umgekehrt ist es aber auch möglich, daß die Verhaltensweisen einander in einem weiteren Sinne ähneln, nicht aber auf der Ebene einzelner Muskeln. Die Menschen reißen vor einer Gefahr auf zwei Beinen aus, aber viele andere Landsäugetiere benutzen dazu meistens alle viere; auch wenn Vierbeiner mehr Muskeln und andere Muster der Muskelkoordination benutzen als Zweibeiner, so ist die ausgeführte Funktion doch dieselbe – Flucht. Die erfüllte Funktion kann selbst dann dieselbe sein, wenn die Verhaltensweisen völlig verschieden sind. Plutchik drückt es sehr schön aus:»Mag ein Reh auch vor einer Gefahr davonlaufen, ein Vogel davonfliegen und ein Fisch davonschwimmen, so sind doch all die verschiedenen Verhaltensmuster funktional gleichbedeutend; sie alle haben nämlich die gemeinsame Funktion, zwischen dem Organismus und einer Gefahr für sein Überleben einen Abstand zu schaffen.«[220] Laufen, Fliegen und Schwimmen sind offenkundig verschiedene Verhaltensweisen, die unterschiedliche Muskeln beanspruchen, bewirken aber dasselbe: Flucht.

Aus Plutchiks Bemerkung folgt, daß bestimmte grundlegende Funktionen, die für das Überleben notwendig sind, sich im Laufe der Evolution erhalten haben. Bei Bedarf wurden sie modifiziert, aber im großen und ganzen blieben sie konstant. In diesem Sinne schreibt der Theoretiker der Psychoanalyse, John Bowlby, in seiner einflußreichen Abhandlung über die Mutter-Kind-Bindung beim Menschen:

Die Grundstruktur des menschlichen Verhaltens entspricht dem infrahumaner Spezies, hat im Verlauf der Evolution jedoch bestimmte Modifikationen erfahren, die den Menschen befähigen, dieselben Ziele durch eine größere Anzahl von Mitteln zu erreichen … Die frühe Form ist nicht überholt, sie wird modifiziert, verfeinert und erweitert, bestimmt jedoch noch immer das Grundmuster … Es wird angenommen, daß [das Instinktverhalten des Menschen] von einem oder mehreren Prototypen abgeleitet ist, die auch anderen tierischen Arten gemeinsam sind.[221]

Ich will die Bedeutung von Artunterschieden keineswegs herunterspielen. Oft haben gerade die Dinge, die eine Art von einer anderen unterscheiden, ihren Vorfahren erlaubt, im Daseinskampf zu bestehen und ihre Merkmale an die Nachkommen weiterzugeben. Selbstverständlich beschränkt die körperliche Beschaffenheit eines Tieres die ihm offenstehenden Verhaltensweisen. Ungeachtet dessen können die evolutionären Lösungen für Probleme, die vielen Arten gemeinsam sind, eine grundlegende funktionale Gleichwertigkeit besitzen, welche über die von den spezifischen Körperformen erzwungenen Verhaltensunterschiede hinausgeht.

Diese Diskussion wirft natürlich die Frage auf, wie eine funktionale Gleichwertigkeit des Verhaltens sich über Artgrenzen hinweg erhalten

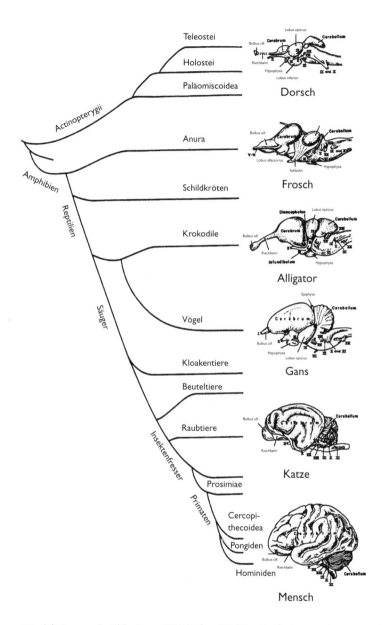

(Modifiziert nach Abb. 5 von W. Hodos [1970], »Evolutionary interpretation of neural and behavioral studies of living vertebrates«. In: F. O. Schmitt, Hg., *The Neurosciences: Second Study Program*, New York: Rockefeller University Press. Mit freundlicher Genehmigung der Rockefeller University Press.)

133

konnte, besonders wenn sich die Funktion im Verhalten der einzelnen Arten auf grundverschiedene Weise äußert. Die kurze Antwort auf diese sehr verwickelte Frage lautet, daß die an der Vermittlung der Funktion beteiligten Hirnsysteme bei verschiedenen Arten dieselben sind.

Wir wissen, daß die Hirnorganisation bei den vielfältigen Wirbeltierarten eine große Übereinstimmung aufweist. Alle Wirbeltiere haben ein Stammhirn, ein Mittelhirn und ein Vorderhirn, und bei allen Tieren findet man innerhalb dieser drei Untergliederungen alle wesentlichen Strukturen und wichtigen Nervenbahnen.[222] Zugleich gibt es offensichtliche Unterschiede zwischen den Gehirnen sehr unterschiedlicher Tiergruppen. Die Artunterschiede können jede Hirnregion und jede Bahn betreffen und auf zerebralen Spezialisierungen, die für bestimmte artspezifische Anpassungen erforderlich sind, oder auf zufälligen Änderungen beruhen. Verfolgt man indes die Hirnevolution von den Fischen über die Amphibien und Reptilien bis zu den Säugern und letztlich zum Menschen, so haben die größten Veränderungen sich offenbar im Vorderhirn vollzogen.[223] Dabei darf man sich die Evolution aber nicht als eine aufsteigende Skala vorstellen – sie gleicht mehr einem sich verzweigenden Baum.[224] Das Vorderhirn ist im langen Prozeß der menschlichen Hirnevolution nicht nur größer und größer geworden, sondern hat sich auch stärker diversifiziert.[225] Man hat zum Beispiel, wie wir im 4. Kapitel gesehen haben, lange geglaubt, der Neokortex sei eine Spezialisierung der Säuger, die es bei anderen Tierklassen nicht gibt (im Präfix »neo« kommt die vermeintliche evolutionäre Neuheit dieses Teils des Gehirns zum Ausdruck). Inzwischen weiß man jedoch, daß der Kortex aller Wirbeltiere Bereiche aufweist, die dem entsprechen, was man bei Säugern als Neokortex bezeichnet, nur liegen sie bei Nichtsäugern (zum Beispiel Vögeln und Reptilien) an einer anderen Stelle als bei Säugern, was die Anatomen zu einer irrigen Beurteilung dieser Bereiche bewog.[226] Allerdings gibt es im menschlichen Neokortex auch Bereiche, die im Gehirn anderer Tiere anscheinend nicht vorkommen.[227] Ungeachtet dieser Diversifikation ist die Hirnevolution jedoch im wesentlichen konservativ, und bestimmte Systeme, besonders jene, die dem Überleben insgesamt dienlich waren und seit langem bestehen, haben sich in ihrer grundlegenden Struktur und Funktion erhalten.

Wie alle anderen Körperteile werden auch die Schaltungen im Gehirn während der embryonalen Entwicklung durch Prozesse aufgebaut, die in unseren Genen kodiert sind. Sollten verschiedene Tiere tatsächlich Schaltungen besitzen, die, allerdings durch Steuerung unterschiedlicher Verhaltensweisen, eine gemeinsame Funktion erfüllen, so müßte uns das zu der Schlußfolgerung veranlassen, daß der genetische Code, der die Verdrahtung der Funktionen im Gehirn während der (embryonalen) Entwicklung steuert, sich über Artgrenzen hinweg erhalten hat, obwohl der genetische Code, der die für den Ausdruck dieser Funktionen benutzten Körperteile aufbaut, bei den einzelnen Tieren verschieden ist. Anders gesagt: Die Evolution findet einheitliche Lösungen für das Überlebensproblem verschiedener Arten, doch bei den betreffenden Hirnsystemen folgt sie dabei unter Umständen einer Regel, die etwa lauten könnte:»Nicht anrühren, solange es nicht kaputt ist.«

Ich bitte Sie, mir einstweilen zu glauben, daß die Hirnsysteme, die bestimmten emotionalen Verhaltensweisen zugrunde liegen, sich über viele Stadien der Hirnevolution hinweg erhalten haben. Im nächsten Kapitel will ich Ihnen dann sehr überzeugende Beweise dafür vorlegen, daß dies innerhalb der Klasse der Säugetiere zutrifft, und außerdem einige Hinweise darauf beschreiben, daß es ebenfalls für heute lebende Reptilien und Vögel gilt.

Ich habe hier die Evolution der Emotion erörtert, aber kein Wort über das verloren, was in den Augen der meisten das wichtigste, ja sogar das bestimmende Merkmal der Emotion ist: das mit ihr einhergehende subjektive Gefühl. Der Grund dafür ist, daß die Grundbausteine der Emotionen nach meiner Überzeugung neurale Systeme sind, die verhaltensmäßige Interaktionen mit der Umwelt vermitteln, speziell solche Verhaltensweisen, die eine Antwort auf grundlegende Überlebensfragen sind.[228] In der einen oder anderen Form haben zwar alle Tiere diese Überlebenssysteme in ihrem Gehirn, aber Gefühle können meines Erachtens nur entstehen, wenn das betreffende Gehirn neben einem Überlebenssystem auch die Fähigkeit zum Bewußtsein besitzt. Da das Bewußtsein eine evolutionär junge Entwicklung ist,[229] kamen die Gefühle im emotionalen Henne-und-Ei-Problem nach den Reaktionen. Ich werde nicht sagen, welche Tiere Bewußtsein (und damit Gefühle) haben und welche nicht. Ich will jedoch sagen, daß die Fähigkeit, Gefühle zu haben, direkt an die Fähigkeit gebunden ist, sich seiner selbst und des eigenen Verhältnisses zur übrigen Welt bewußt zu sein. Wir werden auf diese Fragen im 9. Kapitel zurückkommen. Einstweilen möchte ich einigen Ideen über die Evolution von überlebens-wichtigen Verhaltensweisen nachgehen, genauer: über die Evolution der diesen Verhaltensweisen zugrundeliegenden neuralen Systeme.

Neurale Systeme – spezialisiert oder universal?

Für evolutionär denkende Emotionstheoretiker wie Ekman sind Emotionen Antworten auf »fundamentale Lebensaufgaben«.[230] Im gleichen Sinne sagen Johnson-Laird und Oatley, daß jede Emotion »uns in eine Richtung treibt, die im Verlauf der Evolution besser funktioniert hat als andere Antworten auf wiederkehrende Umstände«.[231] Tooby und Cosmides meinen, Emotionen bezögen sich auf Situationen, die im Laufe unserer Evolutionsgeschichte immer wieder aufgetreten sind (Gefahren entrinnen, Nahrung und Geschlechtspartner finden), und veranlaßten uns, gegenwärtige Vorgänge im Lichte der Vergangenheit unserer Vorfahren zu bewerten – die Struktur der Vergangenheit stülpe der Gegenwart eine interpretative Landschaft über.[232]

Eine Liste der speziellen adaptiven Verhaltensweisen, die entscheidend für das Überleben sind, wäre teilweise schon eine Liste der elementaren Emotionen. Zu einer solchen Liste gelangt man nach meiner Ansicht eher, wenn man von universalen Verhaltensfunktionen ausgeht, als wenn man die üblichen Wege beschreitet und von Formen des mimischen Ausdrucks, Emotionswörtern in verschiedenen Sprachen oder bewußten Introspektionen ausgeht. Allerdings geht es mir nicht darum, vorweg festzulegen, welches die einzelnen Emotionen sind, und ich habe kein Interesse daran, eine weitere Liste von elementaren Emotionen aufzustellen. Letzten Endes ist es natürlich schon wichtig, all die biologisch begründeten und die sozial konstruierten Emotionen zu kennen und zu wissen, wo die Grenze verläuft. Auch muß zwischen mentalen Phänomenen, die Emotionen sind, und solchen unterschieden werden, die keine Emotionen sind. Es hat jedoch seinen Grund, daß Bemühungen, sämtliche Emotionen zu identifizieren, sich oft im Streit über Grenzfälle festfahren; so war es, als Ortony und Turner den Theoretikern der elementaren Emotionen ihre Unfähigkeit vorhielten, sich über die verschiedenen Emotionen zu einigen, und besonders ihre Uneinigkeit über die unklaren Fälle wie Überraschung, Interesse und Begehren. Ich denke, wir sollten zuerst handfestes Wissen über die klaren Fälle zusammentragen, dann werden wir auch besser mit den unklaren Fällen fertig; soweit sind wir jedoch noch nicht.

Die emotionalen Reaktionen, die wir beobachten, haben sich aus unterschiedlichen Gründen entwickelt, und es liegt für mich auf der Hand, daß für diese unterschiedlichen Funktionen unterschiedliche Hirnsysteme verantwortlich sind. Wenn wir sie alle unter dem Einheitsbegriff »emotionales Verhalten« zusammenfassen, so ist das ein bequemes Verfahren, die Dinge zu organisieren und Verhaltensweisen, die wir emotional nennen (zum Beispiel solche, die mit Kampf, Nahrungsbeschaffung, Sexualität und sozialer Bindung zu tun haben), von solchen zu unterscheiden, in denen sich kognitive Funktionen (wie Urteilen, abstraktes Denken, Problemlösen und Begriffsbildung) äußern. Doch ein Etikett wie »emotionales Verhalten« sollte uns nicht unbedingt zu der Annahme verleiten, alle so etikettierten Verhaltensweisen seien von einem einzigen System des Gehirns vermittelt. Sehen und Hören sind beides sensorische Funktionen, doch jede hat ihren eigenen neuralen Apparat.

Die praktischste Arbeitshypothese ist wohl, daß die einzelnen Klassen von emotionalem Verhalten entsprechende Funktionen darstellen, die sich auf unterschiedliche Probleme des Tieres beziehen und auf unterschiedlichen Hirnsystemen beruhen. Wenn das zutrifft, sollten die einzelnen Emotionen als je eigene Funktionseinheiten studiert werden.

Man kann es sich zunächst so vorstellen, daß eine emotionale Einheit auf der neuralen Ebene aus einer Reihe von Inputs, einem Bewertungsmechanismus und einer Reihe von Outputs besteht. Der Bewertungsmechanismus ist von der Evolution darauf programmiert, einen bestimmten Input zu entdecken und Reize auszulösen, die für die Funktion des betreffenden Systems relevant sind. Wir sprechen von »angeborenen Auslösern«.[233] Ein treffendes Beispiel ist der Anblick eines Freßfeindes. Beutetiere erkennen ihre Freßfeinde oft schon beim ersten Anblick. Ihr Gehirn wurde von der Evolution so programmiert, daß bestimmte Aspekte des Aussehens, des Klangbildes oder des Geruchs des Freßfeindes automatisch als Gefahrenquelle bewertet werden. Aber der Bewertungsmechanismus kann auch etwas über Reize lernen, die öfter in Verbindung mit angeborenen Auslösern vorkommen und deren Auftreten erwarten lassen. Diese nennen wir »erlernte Auslöser«. Passende Beispiele sind der Ort, an dem ein Freßfeind zuletzt gesichtet wurde, oder das Geräusch, das er machte, als er das Beutetier angriff. Empfängt der Bewertungsmechanismus Auslöserinputs der einen oder anderen Art, löst er bestimmte Reaktionsmuster aus, die meist hilfreich waren bei der Bewältigung von Situationen, die bei Vorfahren des Tieres regelmäßig den Bewertungsmechanismus aktiviert haben. Diese Systeme haben sich entwickelt, weil sie die Funktion erfüllen, auslösende Reize mit Reaktionen zu verknüpfen, die den Organismus am Leben zu erhalten versprechen. Und weil die einzelnen Überlebensprobleme unterschiedliche auslösende Reize haben und zu ihrer Bewältigung unterschiedliche Reaktionen erfordern, befassen sich unterschiedliche neurale Systeme mit ihnen.[234]

Die Funktionseinheit, die ich näher erforscht habe, ist das Furchtsystem des Gehirns. In den folgenden Kapiteln werden wir uns eingehend mit dem Furchtsystem befassen, das man mittlerweile ebenso gut wie oder besser versteht als andere emotionale Systeme. Wenn wir erkannt haben, wie dieses System organisiert ist, werden wir besser verstehen können, wie andere Emotionen im Gehirn organisiert sind und wie sie mit dem Furchtsystem zusammenhängen.

Warum Furcht?

Ich werde jetzt begründen, warum sich das Furchtsystem meines Erachtens besonders gut als Ankerpunkt eignet. Zuvor möchte ich jedoch klarmachen, was das Furchtsystem nach meiner Ansicht ist. Strenggenommen ist das System nicht ein System, das zum Furchterlebnis führt. Es ist ein System, das Gefahren entdeckt und Reaktionen erzeugt, die die Wahrscheinlichkeit maximieren, eine Gefahrensituation möglichst vorteilhaft zu überleben. Es ist, anders gesagt, ein System des Abwehrverhaltens. Ich bin, wie schon gesagt, überzeugt, daß emotionale Verhaltensweisen wie das Abwehrverhalten sich unabhängig von – und das heißt, vor – bewußten Gefühlen entwickelt haben und daß wir nicht vorschnell annehmen sollten, daß ein Tier in Gefahr sich fürchtet. Mit anderen Worten: Wir sollten die Formen des Abwehrverhaltens beim Nennwert nehmen – sie repräsentieren das Wirken von Hirnsystemen, die von der Evolution programmiert wurden, sich routinemäßig mit Gefahren zu befassen. Es kommt zwar vor, daß wir uns des Wirkens des Abwehrsystems bewußt werden, besonders wenn es im Verhalten Ausdruck findet, doch operiert das System unabhängig vom Bewußtsein; es ist Teil dessen, was wir im 3. Kapitel das emotionale Unbewußte genannt haben. Durch Wechselwirkungen zwischen dem Abwehrsystem und dem Bewußtsein entstehen Gefühle der Furcht, doch die Funktion des Abwehrsystems im Leben – zumindest die Funktion, für deren Erfüllung es entwickelt wurde – ist das Überleben angesichts von Gefahr. Furchtgefühle sind ein Nebenprodukt der Evolution zweier neuraler Systeme, von denen das eine Abwehrverhalten und das andere Bewußtsein erzeugt. Keines von beiden kann allein subjektive Furcht erzeugen. Es kann sehr hilfreich sein, sich zu fürchten, aber das ist nicht die Funktion, welche die Evolution in das neurale Abwehrsystem programmiert hat.

Nachdem damit das Territorium abgesteckt ist, wollen wir nun erörtern, warum das Abwehrsystem des Gehirns und die mit ihm verbundene Emotion, die Furcht, vielversprechende Ausgangspunkte für die Erforschung des emotionalen Gehirns sind. Im folgenden werde ich drei Punkte diskutieren: Furcht ist allgegenwärtig, Furcht ist wichtig in der Psychopathologie, und Furcht äußert sich beim Menschen und vielen anderen Tieren in ähnlicher Weise. Im nächsten Kapitel gehen wir auf einen anderen wichtigen Punkt ein, nämlich den, daß die neurale Basis der Furcht beim Menschen und anderen Tieren ähnlich ist.

FURCHT IST ALLGEGENWÄRTIG: William James sagte einmal, an nichts werde die Überlegenheit des Menschen gegenüber dem Tier so deutlich wie am Rückgang der Bedingungen, unter denen beim Menschen Furcht ausgelöst wird.[235] James wollte damit wohl sagen, daß es dem Menschen gelungen sei, eine weniger gefährliche Lebensweise zu entwickeln. Im Vergleich zu unseren Primatenvorfahren, die in einer Welt lebten, in der ständig die Möglichkeit bestand, von einem anderen gefressen zu werden, haben die Menschen ohne Zweifel eine Lebensweise geschaffen, in der die Wahrscheinlichkeit, einem Raubtier zu begegnen, stark zurückgegangen ist. Aber nicht alle Gefahren treten in Gestalt blutdürstiger Bestien auf. Schlangen und Tiger sind in modernen Städten selten, abgesehen von den Zoos, wo wir in unserer Hoffnung bestärkt werden, daß das Leben sicher sei, wenn wir die gefährlichen Tiere in Gefangenschaft betrachten. Doch in unserem Bestreben, die Natur zu unterwerfen, haben wir neue Gefahren geschaffen. Autos, Flugzeuge, Waffen und die Atomenergie lassen uns aus der Wildnis heraustreten, sind aber zugleich Gefahrenquellen. Wir haben die Gefahren eines Lebens in der Wildnis eingetauscht gegen andere Gefahren, die unserer Art am Ende mehr schaden könnten als jeder natürliche Feind.

Die Gefahren, vor denen wir stehen, sind im Vergleich zu den Gefährdungen unserer tierischen Vorfahren nicht geringer oder weniger geworden – es sind einfach andere Gefahren.

Wie wichtig die Furcht in unserem Leben ist, zeigt schon ein flüchtiger Blick auf die vielen Möglichkeiten, sie sprachlich zu umschreiben: Beunruhigung, Angst, Besorgnis, Scheu, Befürchtung, Bangigkeit, Unbehagen, Vorsicht, Nervosität, Bammel, Gereiztheit, Vorahnung, Ängstlichkeit, Beklommenheit, Schrecken, Panik, Entsetzen, Grauen, Bestürzung, entmutigt, beklommen, bedroht, abwehrend.[236] Das, was man als Aufstieg des Menschen bezeichnet, vollzog sich trotz des Weiterbestehens der Furcht und nicht auf ihre Kosten. Der berühmte Humanethologe Eibl-Eibesfeldt schreibt: »Vielleicht ist der Mensch das furchtsamste Wesen, da zu der elementaren Angst vor Freßfeinden und feindseligen Artgenossen intellektuell begründete Existenzängste hinzukommen.«[237] Für die Existenzphilosophen (wie Kierkegaard, Heidegger und Sartre) ist Angst sogar das Wesen der menschlichen Existenz.[238]

Bei vielen Emotionen, die äußerlich als das Gegenteil der Furcht erscheinen könnten, deuten Anzeichen darauf hin, daß die Furcht im Hintergrund lauert. Mut ist die Fähigkeit, Furcht zu überwinden. Kinder lernen, sittsam zu sein, teilweise aus Furcht vor den Folgen, falls sie es nicht sind. In den Gesetzen spiegelt sich unsere Furcht vor sozialer Unordnung, und umgekehrt wird die soziale Ordnung, wie unvollkommen auch immer, durch die Furcht vor den Folgen von Regelverletzungen aufrechterhalten. Der Weltfrieden ist ein wünschenswertes humanitäres Ziel, doch in Wahrheit wird der Krieg zumindest teilweise deshalb vermieden, weil die Schwachen die Starken fürchten. Dies sind wenig erfreuliche Feststellungen und hoffentlich Übertreibungen, aber auch wenn sie nur teilweise wahr sind, machen sie deutlich, wie tief die Furcht ins Seelenleben des einzelnen und der Gesellschaft eingreift.

Furcht spielt eine wichtige Rolle in der Psychopathologie: Zwar gehört die Furcht zu unser aller Leben, doch allzu große oder unangebrachte Furcht ist die Ursache vieler verbreiteter psychischer Probleme. Angst, eine dumpfe Furcht vor dem Kommenden, lag Freuds psychoanalytischer Theorie zugrunde. Phobien sind ins Extreme gesteigere spezifische Formen von Furcht. Die Gegenstände von Phobien (Schlangen, Spinnen, Höhen, Wasser, offene Plätze, soziale Situationen) sind oft wirklich gefährlich, aber nicht in dem Maß, wie es die an der Phobie leidende Person glaubt. Die Zwangsstörung geht oft einher mit extremer Furcht vor etwas, zum Beispiel Keimen, und der Patient unterzieht sich zwanghaften Ritualen, um den Gegenstand der Furcht oder das gefürchtete Ereignis zu meiden und, wenn er ihm begegnet, ihn loszuwerden. Bei der Panikstörung tritt unvermittelt eine Fülle physischer Symptome auf und oft auch eine überwältigende Angst vor dem nahen Tod. Die posttraumatische Belastungsstörung, früher als Bombenneurose bezeichnet, trifft man oft bei Kriegsteilnehmern; ein Reiz, der eine gewisse Ähnlichkeit mit Vorgängen hat, die mit dem Kriegstrauma zusammenhängen, kann bei ihnen größte Seelenqual auslösen, beispielsweise ein Donnerschlag oder der Auspuffknall bei Fehlzündungen eines Automotors. Die posttraumatische Belastungsstörung tritt aber auch nach anderen traumatischen Situationen auf, etwa Mißhandlungen oder sexuellem Mißbrauch. Furcht ist eine zentrale Emotion in der Psychopathologie.

Furcht äussert sich beim Menschen und anderen Lebewesen in ähnlicher Weise: Vielleicht hat nicht jede Form emotionalen Verhaltens eine lange evolutionäre Vorgeschichte. So könnten Schuldgefühl und Scham spezifisch menschliche Emotionen sein.[239] Offenbar scheint jedoch das menschliche Abwehrverhalten, wie wir noch sehen werden, eine lange evolutionäre Vorgeschichte zu haben. Infolgedessen können wir die Mechanismen der menschlichen Furcht einschließlich der krankhaften Furcht erhellen, indem wir die Furchtreaktionen von Tieren studieren. Das ist wichtig, weil eine eingehende Erforschung der Hirnmechanismen beim Menschen aus praktischen und ethischen Gründen nicht möglich ist.

Alle Tiere müssen sich, um zu überleben, vor gefährlichen Situationen schützen, und sie können in der Auseinandersetzung mit Gefahren nur auf eine begrenzte Zahl von Strategien zurückgreifen. Isaac Marks, der viel über Furcht geschrieben hat, zählt die folgenden auf: Rückzug (Meiden der Gefahr oder Flucht vor ihr), Regungslosigkeit (Erstarren), defensive Aggression (gefährlich erscheinen und/oder sich wehren) und Unterwerfung (Beschwichtigung).[240] Es ist erstaunlich, in welchem Ausmaß diese Strategien von den verschiedensten Wirbeltierarten angewandt werden.

Die folgende Beschreibung menschlichen Abwehrverhaltens stammt von Caroline und Robert Blanchard, Pionieren in der Erforschung der Furcht:

Geschieht etwas Unerwartetes – ein lautes Geräusch oder eine plötzliche Bewegung –, pflegen Menschen sofort zu reagieren ... sie unterbrechen ihre Tätigkeit ... orientieren sich auf den Reiz hin und versuchen festzustellen, ob von ihm wirklich Gefahr droht. Das geschieht sehr rasch, in einer reflexhaften Abfolge, in der das Handeln jedem willkürlichen oder bewußt beabsichtigten Verhalten vorausgeht. Eine schwer lokalisierbare oder identifizierbare Gefahrenquelle, etwa ein Geräusch in der Nacht, löst unter Umständen eine Regungslosigkeit aus, die so weit geht, daß die verängstigte Person kaum zu sprechen oder auch nur zu atmen vermag, das heißt Erstarrung. Wurde die Gefahrenquelle jedoch lokalisiert und ist ein Fluchtweg oder ein Versteck vorhanden, wird die Person wahrscheinlich versuchen, zu fliehen oder sich zu verstecken ... Kommt es zu einem Kontakt, speziell einem schmerzhaften Kontakt mit der Gefahrenquelle, werden bei der verängstigten Person wahrscheinlich Schlagen, Beißen, Kratzen und andere potentiell schädigende Aktivitäten ausgelöst.[241]

Die Beschreibung der Blanchards, so anekdotisch sie ist, macht doch sehr einsichtig, wie Menschen reagieren, wenn sie bedroht sind. Tatsache ist ferner, daß ganz unterschiedliche Menschen in entsprechenden Situationen im großen und ganzen genau so handeln. Aus dieser Gleichförmigkeit kann man schließen, daß wir entweder alle lernen, uns auf gleiche Weise zu ängstigen, oder daß, was wahrscheinlicher ist, bestimmte Muster der Furchtreaktion im menschlichen Gehirn genetisch programmiert sind.

Wie die Blanchards und andere ermittelt haben, zeigen auch Ratten in Gefahr das oben für einen verängstigten Menschen beschriebene Reaktionsmuster.[242] Wird zum Beispiel eine im Labor gezüchtete Ratte, die nie Gelegenheit hatte, eine Katze zu sehen oder von ihr bedroht zu werden, mit einer Katze konfrontiert, so unterbricht sie ihre Tätigkeit und wendet sich der Katze zu. Je nachdem, ob die Katze nah oder weit weg ist und ob die beiden Tiere sich in einem geschlossenen oder offenen Bereich befinden, wird die Ratte entweder erstarren oder zu entkommen versuchen. Wird sie von der Katze gestellt, so pfeift die Ratte und greift schließlich die Katze an. Diese auffallende funktionale Entsprechung zwischen den Furchtreaktionen von Menschen und Ratten gilt für viele andere Säuger und Wirbeltiere, bei denen man angesichts von Gefahr beobachtet, daß sie zunächst aufschrecken, sich orientieren und dann erstarren oder fliehen oder angreifen. Wir sahen schon bei Darwin, daß die Piloarrektion eine bei vielen Tieren einschließlich des Menschen übliche Abwehrreaktion ist, die mit dem Aufstellen des Gefieders bei Vögeln und dem Ausstellen der Flossen bei Fischen verwandt sein könnte.

Nicht nur einige allgemeine Verhaltensmuster, sondern auch die in Gefahren- oder Streßsituationen auftretenden physiologischen Veränderungen stimmen bei verschiedenen Lebewesen überein. Wie man weiß, nehmen Soldaten während der Schlacht keine Notiz von Verwundungen, die unter anderen, nicht so traumatischen Umständen unerträglich schmerzhaft wären. In Gegenwart einer Katze bemerkt eine Ratte nicht, daß an ihrem Schwanz eine schmerzhafte Hitzeeinwirkung stattfindet.[243] Die Katze stellt insgesamt eine größere Gefahr dar als eine Verletzung am Schwanz, und durch Schmerzunterdrückung angesichts von Gefahr kann der Organismus seine ganzen Kräfte einsetzen, um der bedeutsamsten Gefahr zu begegnen. Bei Menschen wie bei Ratten tritt streßinduzierte Schmerzunempfindlichkeit ein, wenn das angeborene Opiatsystem des Gehirns aktiviert wird.[244] Entdeckt das Gehirn eine Gefahr, schickt es außerdem über die Nerven des autonomen Nervensystems Signale zu Organen des Körpers und reguliert deren Aktivität so, daß sie den Anforderungen der Situation entspricht. Darm, Herz, Blutgefäße sowie Schweiß- und Speicheldrüsen reagieren darauf mit verkrampftem Magen, rasendem Herzen, hohem Blutdruck, klammen Händen und Füßen und trockenem Mund, den typischen Kennzeichen der Furcht beim Menschen. Die mit Abwehrverhalten verbundenen kardiovaskulären Reaktionen wurden an Vögeln, Ratten, Kaninchen, Katzen, Hunden, Menschenaffen, Pavianen und Menschen untersucht, um nur einige der besser untersuchten Arten zu nennen, und bei diesen unterschiedlichen Arten werden die Reaktionen von ganz ähnlichen Hirnzentren und hormonellen Vorgängen gesteuert.[245] Reize, von denen eine Gefahr ausgeht, veranlassen ferner die Hirnanhangsdrüse zur Ausschüttung des adrenokortikotropen Hormons, das zur Freisetzung eines Steroidhormons von der Nebenniere führt.[246] Das Nebennierenhormon wandert dann zurück zum Gehirn. Zunächst helfen diese Hormone dem Körper, mit dem Streß fertig zu werden, doch bei anhaltendem Streß können pathologische Folgen auftreten; die kognitiven Funktionen werden beeinträchtigt, und es kann sogar zu Hirnschädigungen kommen.[247]

Diese sogenannte Streßreaktion trifft man bei allen Säugern an, und sie ist auch bei anderen Wirbeltieren festzustellen.[248] Diese mannigfaltigen körperlichen Reaktionen sind keine zufälligen Aktivitäten. Sie alle spielen eine wichtige Rolle bei der emotionalen Reaktion, und sie funktionieren bei unterschiedlichen Tiergruppen sehr ähnlich. Allerdings sollte nicht der Eindruck entstehen, alle Tiere reagierten gleich auf Gefahr – so ist es natürlich nicht. Jedes Tier ist das Produkt seiner eigenen Evolutionsgeschichte. Innerhalb der allgemeinen Klassen von Abwehrreaktionen gibt es große Variationen. Man muß sich die Abwehrreaktionen sogar als in ständigem Wandel befindlich vorstellen, als dynamische Lösungen für das Problem des Überlebens. Es sind keine statischen Strukturen, die sich, bei fernen Vorläuferarten entstanden, unverändert erhalten hätten. Sie ändern sich mit der Welt, in der sie wirksam sind. Richard Dawkins sieht in der Evolution ein Wettrüsten zwischen Raubtieren und ihren Beutetieren; eine bestimmte Anpassung, die es dem Beutetier erlaubt, sich besser gegen das Raubtier zu wehren, kann beim Raubtier zur Auslese von Merkmalen führen, die diesem wiederum Überlegenheit verschaffen – ändert sich beim Beutetier die Farbe des Felles, so daß es in seiner Umwelt weniger auffällt, entwickelt das Raubtier seinerseits ein schärferes Wahrnehmungssystem, um das getarnte Beutetier zu entdecken.[249] Dawkins erkennt aber auch eine gewisse Unausgewogenheit dieses Wettrüstens; er spricht vom »Leben/Fressen«-Prinzip. Nach diesem Prinzip rennen Kaninchen schneller als Füchse, weil Kaninchen um ihr Leben rennen, Füchse aber nur um ihr Fressen. Die Folge ist, daß genetische Mutationen, die bewirken, daß Füchse langsamer laufen, sich im Genpool eher erhalten als Mutationen, die bewirken, daß Kaninchen langsamer laufen, da Langsamkeit bei Kaninchen schwerer bestraft wird als bei Füchsen – ein Fuchs kann sich auch dann noch fortpflanzen, wenn ihm ein Kaninchen weggelaufen ist, aber noch nie hat sich ein Kaninchen fortgepflanzt, nachdem es vom Fuchs erwischt wurde.

Die Art der Reaktion auf Gefahren mag von einer Tierart zur anderen verschieden sein, doch die funktionalen Muster stimmen in der Regel überein. Tatsächlich sind es weniger die Ausdrucksformen der Furcht, in denen sich die Menschen von anderen Lebewesen unterscheiden, sondern die auslösenden Reize, die den Bewertungsmechanismus des Abwehrsystems aktivieren. Jedes Tier muß in der Lage sein, die speziellen Dinge zu erkennen, die ihm gefährlich werden können, doch bei den universellen Reaktionsstrategien – Rückzug, Regungslosigkeit, Aggression und Unterwerfung – und den universellen physiologischen Anpassungen hat die Evolution gegeizt. Wenn die kognitive Leistung steigt, kann die Abwehr-Hardware auf neuartige Ereignisse, neu hinzugelernte Auslöser reagieren. Menschen fürchten sich vor Dingen, auf die eine Ratte niemals käme, doch auf die jeweiligen Auslöser reagiert der Körper des Menschen fast genauso wie der Körper der Ratte. Das hat weitreichende Folgen. Um zu verstehen, wie Furcht generiert wird, kommt es nicht darauf an, wie wir das System aktivieren oder ob wir das System bei einem Menschen oder einer Ratte aktivieren. Das System wird in jedem Fall fast gleichartig reagieren und auf die begrenzten Abwehrreaktionsstrategien zurückgreifen, die ihm zur Verfügung stehen. Deshalb können Versuche mit Ratten (oder anderen Versuchstieren) uns helfen, die Funktionsweise des menschlichen Furchtsystems zu verstehen.

Genetischer Determinismus und emotionale Freiheit

Wenn hier ständig von der Evolution des emotionalen Verhaltens die Rede ist, wird bei dem einen oder anderen wahrscheinlich die Vorstellung entstehen, als seien unsere Emotionen genetisch determiniert. Jedes Merkmal, das sich in der Evolution herausbildete, hat sich ja schließlich deshalb entwickelt, weil es in den Genen der Art verankert ist. Ich möchte jedoch klarmachen, daß die Genetik des emotionalen Verhaltens zwei unterschiedliche Aspekte hat.

Einerseits sorgen Gene dafür, daß die Formen des Abwehrverhaltens innerhalb einer Art und die Abwehrfunktionen über die Grenzen verschiedener Arten hinweg einander ähnlich sind. Das liegt daran, daß, wie ich ausgeführt habe, das neurale System der Abwehr in der Evolution erhalten bleibt. So kommt es, daß alle Menschen sich in Gefahr im großen und ganzen gleich äußern und die Art, wie andere Tiere sich angesichts von Gefahr äußern, den Ausdrucksformen der Menschen ähnelt. Infolgedessen bemüht sich die emotionale Genetik, das Gemeinsame der emotionalen Reaktionen zwischen Individuen und Arten herauszufinden – dasjenige, wofür die einzelnen emotionalen Systeme sich entwickelt haben.[250]

Andererseits erhebt sich die Frage, inwieweit die Gene für Unterschiede zwischen Individuen verantwortlich sind. Der eine ist ein guter Kämpfer, der andere nicht. Der eine entdeckt sofort eine Gefahr, der andere vergißt seine Umgebung. Unterschiede zwischen Individuen hinsichtlich des Furchtverhaltens beruhen zumindest teilweise auf genetischer Variation.

Bisher habe ich den ersten Aspekt betont – daß Gene dafür sorgen, daß die emotionalen Reaktionen unter den Menschen sowie zwischen den Menschen und anderen Tieren einander ähnlich sind. Wir müssen jedoch auch untersuchen, inwiefern Gene für die Unterschiede zwischen uns verantwortlich sind. Wir werden also prüfen, ob, und wenn ja, in welchem Maße diese Unterschiede uns zu einem bestimmten Verhalten prädestinieren, wobei wiederum das Furchtsystem im Mittelpunkt steht.

Temperament ist erblich. Es gibt nervöse, aber auch ruhige Pferde- und Hunderassen. Diese Merkmale können Nebeneffekte der Selektion eines anderen Merkmals sein, zum Beispiel der Schnelligkeit, das Temperament kann aber auch als solches selektiert werden. So sind durch Züchtung ausgesprochen schüchterne und besonders mutige Spielarten von Ratten und Mäusen geschaffen worden.[251]

Ratten zum Beispiel versammeln sich normalerweise nicht in offenem Gelände. Das ist aus Sicht der Evolution sehr sinnvoll: offenes Gelände bietet keinen Schutz vor Raubtieren und -vögeln und kann für Nager sehr gefährlich sein. Diejenigen unter den frühen Nagern, die sich auf Freiflächen aufzuhalten pflegten, haben im Kampf ums Überleben wahrscheinlich schlecht abgeschnitten, anders als diejenigen, die schnell ins nächstgelegene Versteck geflitzt sind. Um dieses Verhalten zu testen, bauten Psychologen einen Kasten mit einer großen, hellbeleuchteten kreisförmigen Arena in der Mitte, die sie »das freie Feld« nannten.[252] Setzt man eine ganz normale Ratte mitten in das freie Feld, so rennt sie schnurstracks zur Wand des Kastens, wo sie relativ am sichersten ist. Die Ratten defäkieren auch – es kommt vor, daß Ratten sich vor Angst »vollscheißen« wie die Menschen. Die Defäkation wird vom autonomen Nervensystem gesteuert, und die Anzahl der ausgeschiedenen Kotkügelchen ist ein verläßliches Maß der ANS-Aktivität. Man nimmt die Defäkation auf dem freien Feld oder an anderen potentiell gefährlichen Orten heute als ein gängiges Maß der »Furchtsamkeit« von Nagern.[253] Die Anzahl der auf dem freien Feld hinterlassenen Kügelchen ist von Ratte zu Ratte verschieden, während sie bei einer Ratte von Fall zu Fall ziemlich konstant ist. Teilt man eine große Schar Ratten danach ein, ob sie mehr oder weniger Kügelchen auf dem freien Feld ausscheiden, und züchtet sie dann anhand dieses Selektionsmerkmals, erhält man innerhalb weniger Generationen Spielarten von schüchternen und mutigen Ratten; Ratten aus der Linie, die wenige Kügelchen ausscheiden, verhalten sich auf dem freien Feld und bei anderen Tests mutiger (sie verweilen länger in dem ungeschützten Bereich). Man kann sich aufgrund dieses Beispiels leicht vorstellen, daß Persönlichkeitsmerkmale zum Bestandteil einer Familie oder gar einer ganzen Kultur werden. Es bedarf nur einiger Generationen der Inzucht innerhalb eines begrenzten Genpools, und schon beginnen sich verhaltenssignifikante Merkmale zu stabilisieren.

Tatsächlich gibt es zahlreiche Hinweise dafür, daß das Furchtverhalten des Menschen eine erbliche Komponente besitzt.[254] So sind eineiige Zwillinge (auch solche, die getrennt aufwuchsen) einander hinsichtlich der Furchtsamkeit weit ähnlicher als zweieiige. Diese Feststellung wird durch zahlreiche andere Messungen bestätigt, darunter Schüchternheit, Besorgnis, Xenophobie und soziale Introversion/Extraversion. Erblich sind auch Angst-, Phobie- und Zwangsstörungen, und sie treten mit größerer Wahrscheinlichkeit bei beiden eineiigen Zwillingen als bei beiden zweieiigen Zwillingen auf.

Die Genetik des Abwehrverhaltens wurde am ausgiebigsten an Bakterien erforscht.[255] Sie sind zwar nicht dafür bekannt, psychisch besonders hochentwickelte Organismen zu sein, doch schützen sie sich vor Gefahren, und vielleicht lassen sich daraus einige biologische Lehren ziehen. Ihr Abwehrrepertoire besteht darin, sich von Substanzen, die sie als schädlich einschätzen, zu entfernen. Dieses Verhalten, bei dem es um die komplexe Codierung chemischer Bestandteile in der unmittelbaren Umgebung geht, wird von Genen kontrolliert, die man identifiziert hat. Große Fortschritte wurden auch in der genetischen Analyse des Abwehrverhaltens von Fruchtfliegen gemacht.[256] Tim Tully hat in raffinierten Experimenten gezeigt, daß diese Tiere aufgrund von Hinweisreizen (Gerüchen) lernen können, eine Gefahr (Elektroschock) zu meiden – nachdem sie einmal bei Vorliegen eines bestimmten Geruchs geschockt wurden, neigen sie dazu, eine Kammer zu meiden, die diesen Geruch aufweist. Mit den modernen Mitteln der Molekularbiologie und -genetik wurden mutante Fliegen geschaffen, die außerstande sind, die Geruchshinweise zu nutzen, um den Schock zu vermeiden. Riechen können sie ganz gut, nur können sie den Geruch nicht mit der Gefahr assoziieren. Es ist sicherlich ein weiter Sprung von den Abwehrreaktionen der Fliegen zum Menschen und wenigstens ein Quantensprung vom Verhalten von Bakterien zum menschlichen Verhalten. Aber vielleicht hat die Erforschung dieser einfachen Lebewesen künftigen Forschern den Weg geebnet für ähnliche Experimente mit Säugern, und vielleicht können diese Untersuchungen ein Licht auf die Genetik der Furcht beim Menschen werfen. Schließlich besteht eine weitgehende genetische Übereinstimmung zwischen Menschen und Schimpansen und immerhin eine beträchtliche Übereinstimmung zwischen dem Menschen und anderen Säugern.[257]

Gene sind unbestreitbar dafür verantwortlich, daß wir alle uns voneinander unterscheiden, und sie erklären zumindest teilweise die unterschiedlichen Verhaltensweisen von Menschen in gefährlichen und anderen Situationen. Allerdings sollte man sehr vorsichtig sein, wenn man Verhaltensunterschiede zwischen Menschen interpretiert. Wie Richard Dawkins sagt: »Wenn ich homozygot bezüglich eines Gens G bin, kann nichts außer einer Mutation verhindern, daß ich G an alle meine Kinder weitergebe. Es ist unausweichlich. Ob ich oder meine Kinder jedoch den phänotypischen Effekt zeigen, der normalerweise mit dem Besitz von G einhergeht, hängt weitgehend davon ab, wie wir aufwachsen, wie wir ernährt und erzogen werden und welche Gene wir sonst noch besitzen.«[258]
Letztendlich liefern unsere Gene uns die Rohstoffe, aus denen wir unsere Emotionen aufbauen. Sie legen fest, was für ein Nervensystem wir haben werden, was für mentale Prozesse in ihm ablaufen können und was für körperliche Funktionen es steuern kann. Doch wie wir in einer bestimmten Situation genau handeln, denken und fühlen, hängt von vielen anderen Faktoren ab und ist nicht in unseren Genen vorwegbestimmt. Einige, wenn nicht sogar viele Emotionen haben eine biologische Grundlage, aber von entscheidender Bedeutung sind auch soziale – und das heißt: kognitive – Faktoren. Natur und Kultur wirken in unserem Seelenleben zusammen. Man muß eben nur herausbekommen, was sie jeweils dazu beisteuern.

6

Ein paar Grad Abstand[259]

>»Das GEHIRN – ist weiter als der Himmel –.«
Emily Dickinson, *The Poems of Emily Dickinson*[260]

Jede beliebige Gruppe von Neuronen im Gehirn ist von den meisten anderen Gruppen nur durch ein paar neurale Verknüpfungen getrennt. Es sei daher Zeitvergeudung, hört man manchmal, die Verbindungen zwischen Hirnarealen erforschen zu wollen, da die Information, die ein bestimmtes Areal erreiche, schließlich auf viele Areale einwirken könne. Doch diese Kritik ist unangebracht. Es genügen ein paar Bekanntschaften, und schon ist jeder von uns potentiell mit allen anderen Erdenbewohnern verknüpft. Dennoch schaffen wir es nicht, zu Lebzeiten mehr als nur eine verschwindende Teilmenge der Erdbevölkerung kennenzulernen. Die Kommunikation zwischen Menschen ist, genau wie der Informationsfluß zwischen Neuronen, selektiv.

Doch wie stellt man es an, die selektiven Kanäle des Informationsflusses im Gehirn zu ermitteln? Es gibt Milliarden von Neuronen, und von jedem Neuron gehen ein oder mehr Axone aus (das sind Nervenfasern, die die Kommunikation zwischen den Neuronen herstellen). Die Axone ihrerseits verzweigen sich, so daß die Zahl der Synapsen (der Verbindungsstellen zwischen verschiedenen Axonen) noch weit größer ist als die der Neurone. Und jedes Neuron hat zahlreiche Dendriten, die Tausende von synaptischen Kontakten mit anderen Neuronen aufnehmen. Wird es je gelingen, dieses verwickelte Geflecht untereinander verknüpfter neuraler Elemente mit der Emotion in Beziehung zu setzen, einem Begriff, der sich seinerseits auf eine ungeheuer vielfältige Menge von Phänomenen bezieht?

Die Neurowissenschaft verfügt über ein großes Arsenal von Verfahren, mit denen sie ermittelt, wie das Gehirn organisiert ist, wie es in sich verdrahtet ist. Sosehr diese Verfahren auch dazu beitragen, das

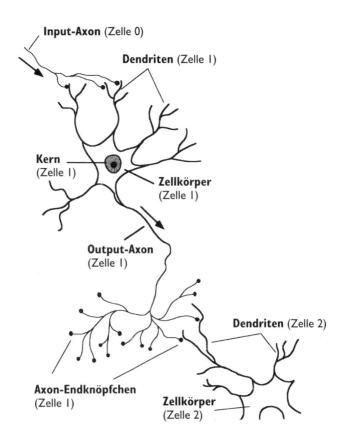

Input-Axon (Zelle 0)

Dendriten (Zelle 1)

Kern
(Zelle 1)

Zellkörper
(Zelle 1)

Output-Axon
(Zelle 1)

Dendriten (Zelle 2)

Axon-Endknöpfchen
(Zelle 1)

Zellkörper
(Zelle 2)

Neurone (Hirnzellen) bestehen aus drei Teilen: einem Zellkörper, einem Axon und einigen Dendriten. Die Dendriten sind der übliche Weg, auf dem ein Neuron von einem anderen Informationen erhält (aber auch der Zellkörper und das Axon können Inputs aufnehmen). Jede Zelle erhält Inputs von vielen anderen. Erhält ein Neuron gleichzeitig genügend Inputs, so schickt es ein Aktionspotential (eine Welle elektrischer Ladung) über das Axon. Gewöhnlich hat ein Neuron nur ein Axon, aber das verzweigt sich stark, so daß viele andere Neurone beeinflußt werden können. Gelangt das Aktionspotential zu den Axon-Endknöpfchen, wird eine als Neurotransmitter bezeichnete Substanz ausgeschüttet. Der Neurotransmitter diffundiert von dem Endknöpfchen zu den Dendriten benachbarter Neurone und bewirkt, daß diese Aktionspotentiale abfeuern. Den Raum zwischen den Axon-Endknöpfchen benachbarter Zellen bezeichnet man als Synapse. Deshalb nennt man die Kommunikation zwischen Neuronen auch synaptische Übertragung. (Basierend auf Abb. 1 in: B. Katz [1966], *Nerve, Muscle, and Synapse*, New York: McGraw-Hill.)

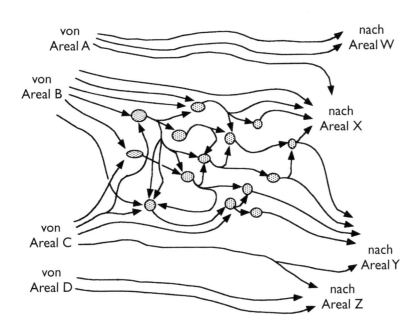

von Areal A		nach Areal W
von Areal B		nach Areal X
von Areal C		nach Areal Y
von Areal D		nach Areal Z

Man könnte meinen, die Billionen von Verbindungen zwischen den Milliarden von Neuronen im Gehirn bildeten ein nicht zu entflechtendes Gewirr von Beziehungen, doch gibt es zwischen den Neuronen einzelner Hirnareale ganz systematische Muster von Wechselwirkungen. Das untereinander verbundene Neuronennetz in der Mitte erhält Inputs von den Arealen B und C, nicht aber von A und D, und es schickt Outputs zu den Arealen X und Y, nicht aber zu W und Z. Areal C kommuniziert außerdem mit Y, sowohl direkt als auch über Verbindungen im zentralen Netz. In realen Gehirnen werden diese Beziehungen durch Markierung der axonalen Verbindungen zwischen Arealen ermittelt, wie es die Abbildung S. 166 zeigt.

151

emotionale Gehirn zu verstehen – sie reichen nicht aus. Um herauszufinden, wie die emotionalen Funktionen von bestimmten neuralen Verknüpfungen vermittelt werden, brauchen wir außerdem verläßliche Instrumente, die uns sagen, wann sich das Gehirn in einem emotionalen Zustand befindet. Diese Instrumente liefert uns das Verhalten, an dem wir ablesen, ob im Gehirn eine emotionale Aktivität stattfindet. Und wenn das von mir entworfene Bild des emotionalen Gehirns richtig ist, dann hängen die einzelnen Verhaltensinstrumente mit der jeweiligen emotionalen Funktion zusammen, die wir zu verstehen suchen; die Instrumente, mit denen wir die auf dem System des Furchtverhaltens beruhenden Reaktionen zuverlässig messen können, werden uns bei der Erforschung des Aggressions- oder Sexualverhaltens oder der Mutter-Kind-Beziehung nicht weiterhelfen. Haben wir eine geeignete Verhaltensaufgabe definiert, so können wir, gestützt auf die raffinierten Methoden der modernen Hirnforschung, auf die Suche nach jenen Hirnzentren gehen, die die einzelnen emotionalen Funktionen vermitteln, und wir dürfen hoffen, sie auch zu finden. Ohne geeignete Verhaltensinstrumente ist das Bemühen, die emotionalen Zentren zu verstehen, allerdings zum Scheitern verurteilt.

Zum Glück gibt es eine unglaublich gut geeignete Aufgabe, um die Mechanismen der Furcht zu erforschen. Es ist die Furchtkonditionierung. Was das ist und weshalb sie so geeignet ist, werde ich im folgenden erklären. Anschließend werde ich beschreiben, wie es gelang, mit Hilfe der Furchtkonditionierung unter den Billionen von Neuronen und Trillionen von Verknüpfungen diejenigen zu isolieren, die am Furchtverhalten beteiligt sind.

Wenn die Klingel ertönt

Sollte der Hund Ihres Nachbarn Sie beißen, werden Sie sich wahrscheinlich jedesmal, wenn Sie an seinem Grundstück vorbeigehen, in acht nehmen. Sein Haus und Garten sowie der Anblick und das Bellen des Tieres sind für Sie zu emotionalen Reizen geworden, weil sie an den unangenehmen Vorfall erinnern. Dies ist ein praktisches Beispiel der Furchtkonditionierung. Sie macht aus nichtssagenden Reizen Warnsignale, Hinweise, die aufgrund früherer Erfahrungen mit ähnlichen Situationen eine potentiell gefährliche Situation signalisieren.

Das Foto zeigt I. P. Pawlow, wie er Studenten und Besuchern an der Medizinischen Akademie des Russischen Heeres irgendwann um 1904 die klassische Konditionierung vorführt. (Bildunterschrift S. 177 in: C. Blakemore and S. Greenfield [1987], *Mindwaves*, Oxford: Basil Blackwell.)

Bei einem typischen Versuch zur Furchtkonditionierung wird das Versuchsobjekt, beispielsweise eine Ratte, in einen kleinen Käfig gesetzt. Ein Ton erklingt, gefolgt von einem kurzen, schwachen Stromschlag an den Füßen. Nach ganz wenigen solchen Koppelungen von Ton und Stromschlag beginnt die Ratte sich furchtsam zu verhalten, wenn sie den Ton hört: Sie bleibt abrupt stehen und nimmt die charakteristische starre Haltung ein – sie duckt sich zu Boden und rührt sich nicht mehr, abgesehen von rhythmischen Bewegungen des Brustkorbs, die für die Atmung nötig sind. Außerdem sträubt sich das Fell der Ratte, Blutdruck und Herzfrequenz steigen, und Streßhormone werden in den Blutstrom ausgeschüttet. Diese und andere konditionierte Reaktionen treten praktisch unverändert bei jeder Ratte auf, und sie zeigen sich auch dann, wenn eine Ratte ihrem ewigen Erzfeind, der Katze, begegnet, was entschieden darauf hindeutet, daß der Ton infolge einer Furchtkonditionierung jenes neurale System aktiviert, das Reaktionen kontrolliert, die an der Auseinandersetzung mit Freßfeinden und anderen natürlichen Gefahren beteiligt sind.

153

Die Furchtkonditionierung ist eine Spielart des Verfahrens, das Iwan Pawlow Anfang des 20. Jahrhunderts entdeckte.[261] Die Beobachtungen des großen russischen Physiologen sind allgemein bekannt: Sein Hund reagierte auf einen Klingelton mit vermehrter Speichelbildung, wenn vorher öfter eine Klingel ertönt war, während der Hund ein saftiges Stück Fleisch im Maul hatte. Pawlow vermutete, daß die zeitliche Überschneidung des Futters im Maul mit dem Klingelton eine Assoziation (eine Verknüpfung im Gehirn) zwischen den beiden Reizen erzeugt hatte, so daß der Ton anstelle des Futters die Speichelbildung anzuregen vermochte.

Da Pawlow psychologische Verhaltensdeutungen verabscheute, wollte er die antizipatorische Speichelbildung physiologisch erklären, ohne zurückgreifen zu müssen auf »phantastische Spekulationen über die Existenz eines subjektiven Zustands in dem Tier, die sich in Analogie zu uns selbst vermuten ließe«. Er lehnte also ausdrücklich die Vorstellung ab, daß es zur Speichelbildung kam, weil der hungrige Hund, wenn er die Klingel hörte, an Futter zu denken begann. Pawlow schloß somit, genau wie William James (siehe 3. Kapitel), subjektive emotionale Zustände aus der Kette der zu emotionalem Verhalten führenden Ereignisse aus.

Pawlow bezeichnete das Fleisch als einen unkonditionierten Reiz (unconditioned stimulus – US), die Klingel als einen konditionierten Reiz (conditioned stimulus – CS) und die durch den CS hervorgerufene Speichelbildung als eine konditionierte Reaktion (conditioned response – CR). Die Terminologie beruht darauf, daß die Fähigkeit der Klingel, die Speichelbildung auszulösen, konditional von ihrer Verknüpfung mit dem Fleisch abhing, das die Speichelbildung auf natürliche Weise, also nichtkonditional, auslöste. Überträgt man diese Begriffe auf das oben geschilderte Experiment mit der Furchtkonditionierung, so war der Ton der konditionierte Reiz (CS), der Stromschlag der unkonditionierte Reiz (US) und die verhaltensmäßigen und autonomen Äußerungen die konditionierten Reaktionen (CR). Übersetzt in die Terminologie, mit der im vorigen Kapitel die Reize bezeichnet wurden, die emotionale Verhaltensweisen erzeugen, ist ein unkonditionierter Reiz ein *angeborener Auslöser*, ein konditionierter Reiz dagegen ein *erlernter Auslöser*.

Furchtkonditionierung bedeutet nicht, daß die Reaktion erlernt wird. Sicherlich erstarren die Ratten, wenn sie nach der Konditionierung den Ton hören und nicht davor, doch erlernen sie das Erstarren

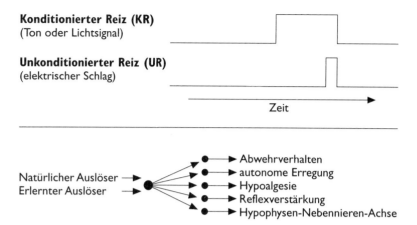

Konditionierter Reiz (KR)
(Ton oder Lichtsignal)

Unkonditionierter Reiz (UR)
(elektrischer Schlag)

Zeit

Natürlicher Auslöser →
Erlernter Auslöser →

→ Abwehrverhalten
→ autonome Erregung
→ Hypoalgesie
→ Reflexverstärkung
→ Hypophysen-Nebennieren-Achse

Bei der Furchtkonditionierung wird am Ende des konditionierten Reizes (gewöhnlich ein Ton oder Lichtsignal) ein unkonditionierter Reiz (normalerweise ein kurzer, schwacher elektrischer Schlag) gegeben. Nach einigen Kopplungen erwirbt der konditionierte Reiz die Fähigkeit, eine Vielzahl von körperlichen Reaktionen hervorzurufen. Ähnliche Reaktionen treten bei natürlichen Gefahren auf, die dem Gehirn von Natur aus einprogrammiert sind. Wenn beispielsweise ein konditionierter Furchtreiz oder eine Katze vorhanden ist, erstarren Ratten und zeigen physiologische Veränderungen: Blutdruck und Herzfrequenz, Schmerzempfindlichkeit, empfindlichere Reflexe und Ausschüttung von Streßhormonen aus der Hypophyse. Da Ratten, um diese Reaktionen zu zeigen, vorher keine Katze gesehen haben müssen, ist die Katze für Ratten ein *natürlicher Auslöser* von Abwehrreaktionen. Und weil der Ton diese Reaktionen erst nach der Furchtkonditionierung auslöst, ist er ein *erlernter Auslöser*. Menschen und andere Lebewesen zeigen bei Konfrontation mit (natürlichen und erlernten) Furchtauslösern ähnliche Muster von Abwehrreaktionen. Deshalb lassen sich wichtige Aspekte der Furchtreaktion von Menschen in Tierversuchen erhellen.

nicht durch die Konditionierung. Sie erstarren von Natur aus angesichts einer Gefahr. Im Labor gezüchtete Ratten, die noch nie eine Katze gesehen haben, erstarren, wenn sie einer begegnen.[262] Die Erstarrung ist eine eingebaute Reaktion, eine angeborene Abwehrreaktion, die sowohl durch *angeborene* als auch durch *erlernte Auslöser* aktiviert werden kann.

Durch die Furchtkonditionierung werden evolutionär geformte Reaktionen für neue Umweltereignisse geöffnet, so daß neuartige Reize, die Gefahr vorhersagen (etwa die von einem sich nähernden Freßfeind ausgehenden Geräusche oder der Ort, an dem ein Freßfeind gesichtet wurde), auf altbewährte Formen der Reaktion auf Gefahren einwirken können. Die von diesen *erlernten auslösenden Reizen* vorhergesagte Gefahr kann real oder eingebildet, konkret oder abstrakt sein, so daß vielfältige äußere (Umwelt-) und innere (mentale) Bedingungen als konditionierte Reize dienen können. Das konditionierte Erlernen von Furcht erfolgt rasch, und es kann schon nach einer einzigen CS-US-Koppelung eintreten. Ein wildlebendes Tier hat keine Gelegenheit, durch Versuch und Irrtum zu lernen. Die Evolution hat es so eingerichtet, daß man, wenn man eine Begegnung mit einem Freßfeind überlebt hat, seine Erfahrung nutzen kann, um in künftigen Situationen besser zu überleben. Hat ein Kaninchen bei seinem letzten Besuch einer bestimmten Tränke einen Fuchs angetroffen und ist ihm mit knapper Not entkommen, so wird es entweder diese Tränke künftig meiden, oder es wird sich ihr beim nächstenmal mit Beklommenheit nähern, in kleinen, vorsichtigen Schritten, und die Umgebung nach allen Hinweisen absuchen, die signalisieren könnten, daß ein Fuchs in der Nähe ist.[263] Die Tränke und der Fuchs sind im Gehirn des Kaninchens miteinander verknüpft worden, und der Aufenthalt in der Nähe der Tränke versetzt das Kaninchen in Abwehrstimmung.

Die Furchtkonditionierung erfolgt nicht nur schnell, sie ist auch sehr langlebig. Bei konditionierter Furcht gibt es keine Vergeßlichkeit. Durch bloßes Vergehen der Zeit wird man sie nicht los.[264] Allerdings kann eine wiederholte Darbietung des konditionierten Reizes (CS) in Abwesenheit des unkonditionierten Reizes (US) zur »Löschung« führen. Die Fähigkeit des CS, die Furchtreaktion hervorzurufen, wird dadurch vermindert, daß der CS immer wieder ohne den US dargeboten wird. Wenn unser durstiges, aber furchtsames Kaninchen nur eine Tränke hat, zu der es gehen kann, und wenn es sie Tag für Tag aufsucht, ohne erneut einem Fuchs zu begegnen, wird es sich schließlich so verhalten, als habe es dort nie einen Fuchs angetroffen.

Löschung bedeutet jedoch nicht, daß die Verknüpfung zwischen CS und US verschwindet. Nach Pawlows Beobachtungen konnte eine konditionierte Reaktion an einem Tag völlig gelöscht sein, und am nächsten Tag rief der CS erneut die Reaktion hervor. Er sprach von »spontaner Erholung«.[265] Die Erholung gelöschter konditionierter

Reaktionen kann auch induziert werden. Das hat Mark Bouton eindeutig nachgewiesen.[266] Er setzte Ratten in eine Kammer, wo sie gekoppelt mit einem Ton Stromschläge erhielten, und setzte sie anschließend in eine zweite Kammer, wo sie immer wieder dem Ton-CS ausgesetzt wurden, bis die konditionierte Furchtreaktion nicht mehr ausgelöst wurde – die konditionierte Furchtreaktion war völlig gelöscht. Er brauchte die Ratten jedoch nur wieder in die Kammer zu setzen, in der der CS und der US vorher miteinander gekoppelt waren, um die konditionierte Furchtreaktion zu *erneuern*. Gelöschte Furchtreaktionen können auch *wiederhergestellt* werden, indem man das Tier dem US oder einem anderen belastenden Ereignis aussetzt.[267] Spontane Erholung, Erneuerung und Wiederherstellung lassen den Schluß zu, daß die Löschung nicht die Erinnerung daran beseitigt, daß der CS einmal mit Gefahr verbunden war, sondern nur die Wahrscheinlichkeit verringert, daß der CS die Furchtreaktion auslöst.

Diese Erkenntnisse an Ratten passen gut zusammen mit Beobachtungen an Menschen, die an einer krankhaften Furcht (Phobie) leiden.[268] Die Psychotherapie kann erreichen, daß die Furcht vor dem Objekt der Phobie jahrelang unter Kontrolle bleibt. Kommt es dann zu Streß oder einem Trauma, kann die Furchtreaktion mit voller Wucht zurückkehren. Die Therapie tilgt ebensowenig wie die Löschung die Erinnerung, in der Furchtreaktionen mit auslösenden Reizen verknüpft sind. Beide Prozesse verhindern lediglich, daß die Reize die Furchtreaktion auslösen. Im 8. Kapitel werde ich noch ausführlich darauf eingehen.

Die Unauslöschlichkeit der erlernten Furcht hat Vor- und Nachteile. Natürlich ist es sehr nützlich, daß unser Gehirn sich Reize und Situationen merken kann, die einmal mit Gefahr verbunden waren. Aber diese mächtigen Erinnerungen, die meistens unter traumatischen Umständen entstehen, können sich auch in den Alltag drängen und in Situationen hineinplatzen, in denen sie nicht sonderlich hilfreich sind, und das kann für das normale psychische Funktionieren recht störend sein. Auf traumatische Erinnerungen werden wir im 7. und 8. Kapitel zurückkommen.

Untersuchungen zur neuralen Basis der konditionierten Furcht wurden zwar überwiegend an Tieren durchgeführt, doch lassen sich die Verfahren der Furchtkonditionierung problemlos bei Menschen anwenden.[269] In zahlreichen Untersuchungen am Menschen wurden Reaktionen des autonomen Nervensystems, zum Beispiel Veränderungen der Herzfrequenz oder der Schweißdrüsenaktivität (sogenannte galvanische Hautreaktionen), dadurch konditioniert, daß Töne oder andere neutrale Reize mit schwachen Stromschlägen gekoppelt wurden. Weil konditionierte Furchtreaktionen nicht von verbalen Inhalten oder von bewußter Wahrnehmung abhängen, wurden sie oft benutzt, um die im 3. Kapitel beschriebene unbewußte (unterschwellige) emotionale Verarbeitung beim Menschen zu erforschen.

Wird einem Menschen ein bewußt wahrnehmbarer CS dargeboten, der vorhersagt, daß ihm gleich ein schmerzhafter Reiz versetzt wird, empfindet er während des CS normalerweise Furcht oder Angst.[270] Man könnte daher geneigt sein, zu sagen, der CS rufe einen Zustand der Furcht hervor, der dann die Reaktionen verursacht. Einige Psychologen und Neurowissenschaftler, die sich mit der Furchtreaktion befassen, nehmen denn auch an, daß »Furcht« den CS mit der CR verknüpft.[271] Ich finde es jedoch, genau wie James und Pawlow, weder notwendig noch wünschenswert, in die Ereigniskette, welche die auslösenden Reize mit Furchtreaktionen verknüpft, einen bewußten Zustand der Furcht einzufügen, und ich sage Ihnen, warum. Erstens kann man mit Verfahren der Furchtkonditionierung sowohl bei Würmern, Fliegen und Schnecken als auch bei Fischen, Fröschen, Eidechsen, Tauben, Ratten, Katzen, Hunden, Affen und Menschen Abwehrreaktionen mit neutralen Reizen verknüpfen.[272] Ich bezweifle, daß all diese Tiere in Anwesenheit eines CS, der Gefahr vorhersagt, bewußt Furcht erleben. Dies ist gewiß ein heikles Terrain, und ich bitte um Verständnis, wenn ich erst im 9. Kapitel genauer darauf eingehe. Wenn wir aber einstweilen annehmen, daß ich recht habe und wir bei einigen Arten die bewußte Furcht nicht benötigen, um Furchtreaktionen zu erklären, dann benötigen wir sie auch nicht, um Furchtreaktionen beim Menschen zu erklären.[273] Zweitens läßt sich auch beim Menschen, der einzigen Art, bei der wir mit einiger Gewißheit bewußte Prozesse unterstellen können, eine Furchtkonditionierung ohne bewußte Wahrnehmung des CS oder des Zusammenhangs zwischen CS und US erreichen.[274] Die bewußte Furcht, die in Verbindung mit der Furchtkonditionierung beim Menschen auftreten kann, ist nicht eine Ursache der Furchtreaktionen; sie ist eine Folge (und nicht einmal eine zwangsläufige) der Aktivierung des Abwehrsystems in einem Gehirn, das außerdem Bewußtsein hat.

Einer der wichtigen Aspekte der Furchtkonditionierung, der sie zu einem so wertvollen Instrument der Erforschung der Hirnmechanis-

Einige Arten, die Furchtkonditionierung zeigen

Bei vielen Tierfamilien wurden emotionale Erinnerungen beobachtet, die durch Furchtkonditionierungsexperiment erzeugt worden waren. Eine einmal begründete furchtsame Erinnerung scheint relativ dauerhaft zu sein; das Verhalten läßt sich ändern, indem die Furchtreaktion unterdrückt wird, nicht aber durch Ausschalten der emotionalen Erinnerung.

Da diese Befunde bei verschiedenen Arten übereinstimmen, beruht diese Art von Lernen vermutlich auf ähnlichen Hirnbahnen. Wenn wir diese Mechanismen bei Tieren erst besser verstanden haben, könnten Forscher vielleicht neue Behandlungsmethoden für Angststörungen beim Menschen, zum Beispiel Panikattacken oder Phobien, entwickeln.

Fruchtfliege

Meeresschnecke

Fisch

Mensch

Pavian

Berberaffe

Eidechse   Taube   Ratte   Kaninchen   Katze   Hund

Furchtkonditionierung ist eine evolutionär alte Lösung für das Problem, Informationen über schädliche oder potentiell schädliche Reize und Situationen zu erlangen und zu speichern. Man hat sie nach mehreren wirbellosen und einer Vielzahl von Wirbeltierarten untersucht. Bei den Wirbeltieren scheinen der Verhaltensausdruck der Furchtkonditionierung und ihre neurale Grundlage bei allen Arten, die ausführlich untersucht wurden, weitgehend übereinzustimmen. (Aus J. E. LeDoux, »Emotion, memory and the brain«. *Scientific American* [Juni 1994], Bd. 270, S. 39. © 1994 by Scientific American Inc., alle Rechte vorbehalten.)

men der Furcht macht, ist der, daß die Furchtreaktionen schließlich mit einem spezifischen Reiz gekoppelt werden. Das bietet mehrere bedeutende Vorteile. Erstens wird der Reiz, wenn er einmal als erlernter Auslöser von Furcht verankert ist, bei jedem Vorkommen zur Äußerung von Furchtreaktionen führen. Die Äußerung der Furchtreaktion unterliegt daher der Kontrolle des Experimentators, was sehr bequem ist. Zweitens können wir bei der Erforschung der emotionalen Verarbeitungsschritte auf der uns bekannten Organisation des sensorischen Systems aufbauen, das von dem CS angesprochen wird. Da wir über die sensorischen Systeme mehr wissen als über andere Aspekte des Gehirns, können wir sie als Ausgangsbasis benutzen, um von dort aus den emotionalen Verarbeitungsschritten nachzugehen. Drittens kann der CS ein sehr einfacher sensorischer Reiz sein, der unter minimaler Inanspruchnahme des Gehirns verarbeitet wird, so daß wir bei der Erforschung der Furcht einen Großteil des kognitiven Apparats außer acht lassen können. Wir können also untersuchen, wie das Gehirn die von einem Reiz angedeutete Gefahr bewertet, ohne uns allzusehr auf die Frage einzulassen, wie der Reiz selbst verarbeitet wird. Man könnte zwar als CS sowohl einen einfachen Ton als auch einen gesprochenen Satz verwenden, doch wäre es sehr viel schwieriger, die Bahnen zu verfolgen, die an einer Furchtkonditionierung auf den gesprochenen Satz beteiligt sind, da die Verarbeitung des Satzes eine weit komplexere und weniger gut verstandene Operation des Gehirns ist.

Die Furchtkonditionierung ist somit ein ausgezeichnetes experimentelles Verfahren, um die Steuerung von Furcht- oder Abwehrreaktionen durch das Gehirn zu untersuchen. Es läßt sich auf jeder Ebene der Tierstämme anwenden. Man kann genau spezifizierte und kontrollierte Reize verwenden, und das sensorische System, das den CS verarbeitet, kann als Ausgangspunkt benutzt werden, um den Bahnen durch das Gehirn nachzugehen. Das Lernen erfolgt sehr rasch und hält unbegrenzt lange vor. Man kann mit Hilfe der Furchtkonditionierung untersuchen, wie das Gehirn den konditionierten Furchtreiz verarbeitet und wie es die mit ihm verknüpften Abwehrreaktionen steuert. Mit seiner Hilfe können wir auch die Mechanismen erforschen, durch welche emotionale Erinnerungen hergestellt, gespeichert und abgerufen werden, sowie ferner die Mechanismen, die beim Menschen der bewußten Furcht zugrunde liegen.

Die Furchtkonditionierung ist nicht die einzige Methode zur Erforschung von Furchtverhalten,[275] und sie ist möglicherweise kein gültiges Modell für all die zahlreichen Phänomene, auf die der Ausdruck »Furcht« verweist.[276] Ein recht leistungsfähiges und vielseitiges Modell des Furchtverhaltens ist sie gleichwohl, und man hat sie mit großem Erfolg benutzt, um neurale Bahnen zu ermitteln. Die Furchtkonditionierung verrät uns vielleicht nicht alles, was wir über die Furcht wissen müssen, aber für den Anfang hat sie sich als eine hervorragende Methode erwiesen.

Maß für Maß

Wurde die Bedeutung eines Reizes durch Furchtkonditionierung verändert, so löst das nächste Auftreten des Reizes eine Unmenge von körperlichen Reaktionen aus, die den Organismus darauf vorbereiten, sich mit der bevorstehenden Gefahr auseinanderzusetzen, vor welcher der Reiz warnt. Man kann jede dieser Reaktionen benutzen, um die Effekte der Konditionierung zu messen. Wenn ein konditionierter Furchtreiz auftritt, wird das Versuchstier in der Regel alle Bewegungen einstellen – es erstarrt.[277] Da viele Raubtiere auf Bewegung reagieren,[278] ist es bei drohender Gefahr oft am besten, jegliche Bewegung zu unterlassen.[279] Man kann das Erstarren auch als Vorbereitung auf eine rasche Flucht auffassen, sobald die Luft rein ist, oder auf einen Abwehrkampf, falls eine Flucht nicht möglich ist. Die Muskelkontraktionen, die dem Erstarren zugrunde liegen, erfordern Stoffwechselenergie, und deshalb muß Blut zu den betreffenden Muskeln geschickt werden. Ein konditionierter Furchtreiz löst denn auch eine heftige Aktivierung des autonomen Nervensystems aus und ruft vielfältige kardiovaskuläre und sonstige viszerale Reaktionen hervor, die an der Aufrechterhaltung der Starrereaktion mitwirken. Sie tragen auch dazu bei, den Körper auf die Flucht- oder Kampfreaktionen vorzubereiten, die wahrscheinlich folgen werden.[280] Außerdem werden Streßhormone in den Blutstrom ausgeschüttet, die dem Körper zusätzlich helfen, mit der bedrohlichen Situation fertig zu werden.[281] Obendrein wird die Schmerzempfindlichkeit unterdrückt, was insofern sinnvoll ist, als der konditionierte Reiz oft eine Situation ankündigt, in der mit einer körperlichen Verletzung gerechnet werden muß.[282] Schließlich werden die Reflexe (zum Beispiel Augenzwinkern oder Schreckreaktionen) verstärkt, was raschere, effizientere Reaktionen auf Reize ermöglicht, die normalerweise Abwehrbewegungen hervorrufen.[283]

Diese verschiedenen Reaktionen sind Teil der adaptiven Gesamtreaktion des Körpers auf eine Gefahr, und man hat sie alle benutzt, um die an konditionierten Furchtreaktionen beteiligten Hirnsysteme zu untersuchen. David Cohen[284] benutzte zum Beispiel die Herzschlagreaktionen, um die Hirnbahnen der Furchtkonditionierung bei Tauben zu erforschen, und Bruce Kapp,[285] Neil Schneiderman und Phil McCabe[286] sowie Don Powell[287] haben die Herzschlagreaktionen von Kaninchen benutzt. Michael Fanselow[288] benutzte als Maße die Starre

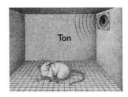 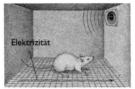 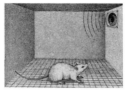

Zunächst wird die Ratte allein mit dem Ton konfrontiert. Sie orientiert sich auf den Ton hin, doch nachdem er mehrmals erklungen ist, ignoriert sie ihn. Anschließend wird ihr zusammen mit dem Ton mehrmals ein kurzer, relativ schwacher elektrischer Schlag versetzt. Danach löst der Ton, allein dargeboten, konditionierte Furchtreaktionen aus. Durch Assoziation mit dem Schlag ist der Ton zu einem erlernten Auslöser von Furchtreaktionen geworden. Wenn Menschen mit Gefahren oder einem Trauma konfrontiert werden, passiert etwas Ähnliches. Die mit der Gefahr bzw. dem Trauma assoziierten Reize werden zu *erlernten Auslösern*, die emotionale Reaktionen in uns entfesseln. Untersuchungen der Furchtkonditionierung bei Ratten können daher wichtige Aspekte des emotionalen (Furcht-)Lernens beim Menschen enthüllen. (Aus J. E. LeDoux, »Emotion, memory and the brain«. *Scientific American* [Juni 1994], Bd. 270, S. 49. © 1994 by Scientific American Inc., alle Rechte vorbehalten.)

und die Schmerzunterdrückung bei Ratten, während Michael Davis[289] die Verstärkung von Reflexen durch einen furchtauslösenden konditionierten Reiz benutzte, ebenfalls bei Ratten. Orville Smith[290] untersuchte die Furchtkonditionierung bei Pavianen und maß dabei verschiedene kardiovaskuläre Reaktionen sowie die Bewegungshemmung. Ich selbst habe in meinen Untersuchungen zur Furchtkonditionierung gleichzeitig die Starre- und die Blutdruckreaktionen von Ratten gemessen.[291]

Erstaunlich war, daß es eigentlich gar nicht so wichtig war, wie die konditionierte Furcht gemessen und welche Art untersucht wurde, da sich bei allen Versuchen bestimmte Hirnstrukturen und Bahnen herausschälten, auf die es ankam. In einigen Details gibt es zwar geringfügige Abweichungen und Meinungsverschiedenheiten, doch im großen und ganzen herrscht eine bemerkenswerte Einmütigkeit. Im Gegensatz dazu haben sich bei Untersuchungen der neuralen Basis etlicher anderer Verhaltensweisen geringfügige Änderungen des experimentellen Vorgehens und der untersuchten Tierart tiefgreifende Differenzen hinsichtlich der beteiligten neuralen Systeme ergeben. Die Furchtkonditionierung ist so wichtig, daß das Gehirn die Aufgabe stets auf die gleiche Weise erledigt, gleichgültig, welche Aufgabe wir ihm stellen.

Haupt- und Nebenstraßen

Stellen Sie sich vor, Sie seien in einem unbekannten Land. Sie bekommen einen Zettel überreicht, auf dem die Orte eines Ausgangspunktes und eines Zielpunktes angegeben sind. Auf dem Zettel sind noch eine Menge anderer Punkte markiert. Einige der Punkte sind außerdem durch Striche verbunden, die mögliche Wege andeuten, um vom einen zum anderen zu gelangen. Man erklärt Ihnen jedoch, daß die Striche zwischen den Punkten möglicherweise wirkliche Straßen darstellen, möglicherweise aber auch nicht, und daß nicht alle der zwischen Punkten bestehenden Straßen angegeben sind. Ihre Aufgabe ist, am Startpunkt in Ihr Auto zu steigen und den besten Weg zum Ziel zu finden und dabei eine genaue Karte anzufertigen.

Dies ist in etwa das Problem, vor dem wir standen, als wir zu erkunden begannen, wie Zentren im Gehirn es ermöglichen, daß ein neuartiger akustischer Reiz schließlich infolge von Furchtkonditionierung Abwehrreaktionen hervorruft. Wir kannten den Ausgangspunkt (das Ohr und seine Bahnen ins Gehirn) und den Endpunkt (die verhaltensmäßigen Abwehrreaktionen und ihre autonomen Begleiterscheinungen), aber unklar waren die Punkte im Gehirn, welche die Inputs und Outputs miteinander verknüpften. Viele der in Frage kommenden Verbindungen im Gehirn waren mit älteren Verfahren nachgewiesen worden, die eine Tendenz hatten, zu falschen Ergebnissen zu führen; sie zeigten Verbindungen zwischen zwei Punkten an, die gar nicht existierten, und konnten Verbindungen, die wirklich vorhanden waren, nicht finden.[292] Die Furchtkonditionierung war in den Untersuchungen zur neuralen Basis der Furcht kaum verwendet worden.[293] Bei solchen Untersuchungen zur Furcht, die mit anderen Verfahren als der Furchtkonditionierung gearbeitet hatten, waren zwar gewisse Vorstellungen über die beteiligten Hirnregionen herausgekommen, doch war unklar geblieben, ob es sich dabei um wichtige Zwischenstationen, interessante Umwege oder schlicht um Abwege handelte.

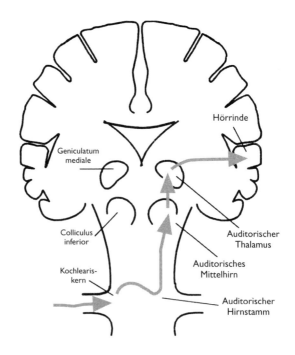

Dies ist eine stark vereinfachte Darstellung der Hörbahnen im menschlichen Gehirn. Andere Wirbeltierarten zeigen einen ähnlichen Organisationsplan. Akustische Signale der Umwelt, von speziellen Rezeptoren im Ohr (nicht dargestellt) aufgenommen, gelangen ins Gehirn über den Hörnerv (Pfeil unten links), der bei den akustischen Kernen des Hirnstamms endet (Kochleariskern und angrenzende Regionen). Axone dieser Regionen kreuzen dann überwiegend zur Gegenseite und steigen auf zum Colliculus inferior im Mittelhirn. Vom Colliculus inferior gehen Axone zum akustischen Umschaltkern des Thalamus, dem Corpus geniculatum mediale, das die wichtigsten Inputs zur Hörrinde liefert. Die Hörrinde besteht aus einer Reihe von Regionen und Subregionen (nicht dargestellt).

FOLGE DEM FLUSS: Die ältere Forschung zum emotionalen Gehirn hatte zum großen Teil mitten im Gehirn angesetzt, nämlich, wie zu erwarten, im limbischen System.[294] Sie zeigte, daß Läsionen limbischer Bereiche gewisse emotionale Verhaltensweisen beeinträchtigen können und daß die Reizung limbischer Bereiche emotionale Reaktionen hervorrufen kann. Unklar blieb bei diesen Untersuchungen jedoch, wie sich die geschädigten bzw. stimulierten Bereiche zum übrigen Gehirn verhalten. Auch wurden dabei Verfahren angewandt, die den diskreten auslösenden Reiz nicht kannten und deshalb die oben geschilderten Vorteile eines konditionierten Reizes nicht nutzen konnten.

Meine Devise war, mich von dem natürlichen Informationsfluß durch das Gehirn leiten zu lassen.[295] Ich fing also am Anfang an, nämlich an dem Punkt, wo der konditionierte auditorische Reiz ins Gehirn gelangt, und versuchte den Bahnen zu folgen, die von diesem System zu den Endstationen führen, welche die konditionierten Furchtreaktionen steuern. Ich hielt diese Strategie für den besten und direktesten Weg, um die Straßenkarte der Furcht herauszukriegen, und ich kann sagen, daß die Strategie ziemlich erfolgreich war.

Ich stellte zunächst eine einfache Frage: Welche Teile des Hörsystems werden für eine auditorische Furchtkonditionierung benötigt (Aufgaben der Furchtkonditionierung, bei denen ein auditorischer Reiz als CS dient)?[296] Das Hörsystem ist wie die anderen sensorischen Systeme so organisiert, daß die kortikale Komponente die höchste Ebene bildet; sie ist der Endpunkt einer Folge von Schritten der Informationsverarbeitung, die mit den peripheren sensorischen Rezeptoren beginnen – in diesem Fall Rezeptoren, die sich im Ohr befinden. Ich überlegte, daß eine Schädigung des Ohres uninteressant wäre, da ein taubes Tier natürlich nichts über einen Ton lernen kann. Ich beschädigte also zunächst den höchsten Teil der Hörbahn. Falls eine Schädigung der Hörrinde die Furchtkonditionierung behinderte, konnte ich daraus entnehmen, daß der auditorische Reiz das ganze System durchlaufen mußte, damit es zu einer Konditionierung kam, und daß die nächste Station in der Bahn eine Output-Verbindung der Hörrinde sein mußte. Sollten Schädigungen der Hörrinde jedoch nicht die Konditionierung beeinträchtigen, würde ich tiefere Stationen schädigen müssen, um die höchste Ebene zu ermitteln, die der auditorische Reiz erreichen muß, damit es zu einer Konditionierung kommt.

Es zeigte sich, daß eine Schädigung der Hörrinde sich überhaupt nicht auf die Konditionierung auswirkte, weder der Starre- noch der Blutdruckreaktion. Daraufhin beschädigte ich die nächsttiefere Station, den auditorischen Thalamus, und diese Schädigungen machten eine Furchtkonditionierung ganz unmöglich. So war es auch bei einer Schädigung der nächsttieferen auditorischen Station im Mittelhirn. Aus diesen Ergebnissen zog ich den Schluß, daß der auditorische Reiz

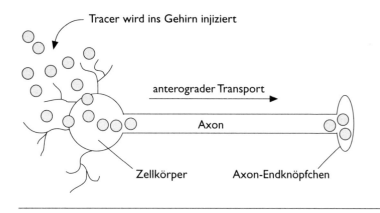

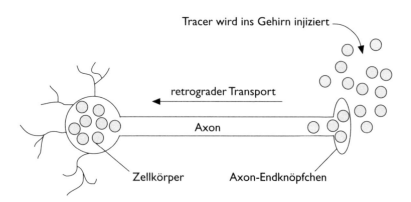

Um festzustellen, ob Neurone in zwei Hirnregionen miteinander verbunden sind, wird in eine der Regionen eine Markierungssubstanz (Tracer) injiziert. Neurone, die von der Injektion umspült werden, nehmen den Tracer auf. Ins Neuron gelangt, wird der Tracer über das Axon transportiert. Spezielle Tracer werden vom Zellkörper aufgenommen und zu den Axon-Endknöpfchen transportiert (anterograder Transport). Andere Tracer werden vom Axon-Endknöpfchen aufgenommen und zum Zellkörper transportiert (retrograder Transport).

die Hörbahn vom Ohr bis zum Thalamus durchlaufen muß, aber nicht mehr die restliche Strecke bis zur Hörrinde. Ich stand vor einem Rätsel.

Nach herkömmlicher Auffassung sind die sensorischen Verarbeitungsstrukturen unterhalb des Kortex Diener des kortikalen Herrn. Sie haben die Informationen zum Kortex zu schaffen, wo dann mit dem Reiz all die interessanten Dinge gemacht werden, zum Beispiel, daß die neuralen Bruchstücke des Inputs zu den Wahrnehmungen der Außenwelt zusammengefügt werden, die wir erleben. In den Lehrbüchern der Neuroanatomie stand, daß die Hörrinde das Haupt-, wenn nicht sogar das einzige Ziel des auditorischen Thalamus sei. Wohin also wanderte der auditorische Reiz auf seiner Reise zur emotionalen Reaktion nach Verlassen des Thalamus, wenn nicht zum Kortex?

DURCH DEN SPIEGEL: Um dahinterzukommen, wohin das Signal vom auditorischen Thalamus aus gehen könnte, nutzte ich ein Verfahren zum Aufspüren von Bahnen im Gehirn. Zunächst injiziert man ein wenig Tracersubstanz in die Hirnregion, an der man interessiert ist. Die Substanz wird vom Zellkörper der Neurone in der betreffenden Region aufgenommen und über das Axon zu den Nervenendigungen befördert. In den Neuronen werden ständig Moleküle transportiert; im Zellkörper werden viele wichtige Dinge, zum Beispiel Neurotransmitter, hergestellt und über das Axon in die Endregion gebracht, wo sie der Kommunikation von einer Synapse zur anderen dienen. Der in den Zellkörper eingedrungene Tracer kann huckepack auf diesen Substanzen in die Endregion gelangen, wo er abgelagert wird. Was aus dem Tracer wird, erkennt man an chemischen Reaktionen, welche die Teile des Gehirns, die die transportierte Substanz enthalten, »färben«. Mit diesem Verfahren können die einzelnen Fasern der Neurone sichtbar gemacht werden. Da Informationen nur über Fasern von einem Teil des Gehirns zum anderen gelangen können, läßt sich an den Faserverbindungen ablesen, wohin die in einem Teil verarbeitete Information anschließend wandert.

Wir injizierten also einen Tracer in den auditorischen Thalamus.[297] Seine Bezeichnung klingt eher nach einem exotischen Salat in einem makrobiotischen Restaurant als nach der chemischen Grundlage eines komplizierten neurowissenschaftlichen Verfahrens: Weizenkeim-Agglutinin in Verbindung mit Meerrettich-Peroxidase, englisch abgekürzt WGA-HRP. Am nächsten Tag entnahmen wir das Gehirn und

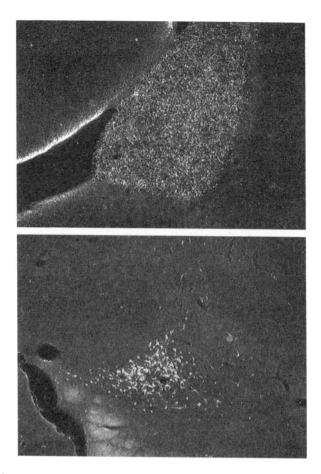

Das obere Foto zeigt die anterograde Markierung von Axonendigungen im lateralen Amygdalakern nach der Injektion eines Tracers in den auditorischen Thalamus. Diese Endigungen im lateralen Amygdalakern entspringen folglich in Zellkörpern des auditorischen Thalamus. Man beachte die feine, gepunktete Natur der anterograden Endknöpfchen-Markierung. Das untere Foto zeigt Zellkörper im auditorischen Thalamus, die retrograd durch Injektion eines Tracers in den lateralen Amygdalakern markiert wurden. Die markierten Zellen sind die weißen Gebilde, die sich in einer dreieckigen Region häufen. Die Zellen im auditorischen Thalamus schicken ihre Axone folglich zur lateralen Amygdala. Man beachte, wie groß die markierten Zellkörper sind, verglichen mit den Endigungen oben. Die beiden Bilder sind Schwarzweißfotos von dunkelfeldbeleuchteten Hirnschnitten, durch ein Mikroskop betrachtet.

zerlegten es in einzelne Schnitte, um diese mit einer speziellen Chemikalie zu färben. Die gefärbten Schnitte wurden auf einen Objektträger gebracht und bei indirekter Beleuchtung, welche die Tracerreaktion leichter erkennen läßt, unter einem mit Dunkelfeldoptik ausgestatteten Mikroskop betrachtet.

Ich werde nie vergessen, wie ich zum erstenmal WGA-HRP mit Dunkelfeldoptik betrachtete. Hellorangefarbene Teilchen bildeten vor einem dunkelblaugrauen Hintergrund Bäche und Sprenkel. Es war, als blickte ich in eine seltsame innere Welt. Es war unglaublich schön, und ich hing stundenlang gebannt am Mikroskop.

Ich mußte mich erst von der faszinierenden Schönheit der Färbung lösen, um meiner Aufgabe nachzukommen, nämlich herauszufinden, wohin der auditorische Thalamus außer zur Hörrinde projiziert. Ich fand vier subkortikale Regionen mit einer starken Häufung der orangefarbenen Pünktchen, woraus zu entnehmen war, daß diese Regionen Projektionen vom auditorischen Thalamus empfangen. Das war eine Überraschung, da nach der herrschenden Ansicht die sensorischen Gebiete des Thalamus vorwiegend, wenn nicht ausschließlich zum Kortex projizieren.

Eine der vier markierten Regionen war vermutlich die entscheidende nächste Station auf der Bahn der Furchtkonditionierung, zu der der Reiz nach Verlassen des Thalamus wandert. Ich mußte also den Informationsfluß vom Thalamus zu jeder dieser Regionen durch eine Läsion unterbrechen.[298] In drei Fällen war der Effekt gleich Null. Doch als ich den Weg vom auditorischen Thalamus zu der vierten Region, der Amygdala, unterbrach, fand keine Konditionierung statt.

MANDELFREUDEN: Die Amygdala ist eine kleine Region im Vorderhirn, die von den ersten Anatomen wegen ihrer Mandelform so genannt wurde. Sie war eines der zum limbischen System gerechneten Areale, und man hatte ihr seit langem eine Bedeutung für verschiedene Formen emotionalen Verhaltens zugeschrieben; Untersuchungen des Klüver-Bucy-Syndroms (siehe 4. Kapitel) hatten ebenso auf sie hingedeutet wie Versuche der elektrischen Reizung (siehe Abbildung S. 170).

Wenn es eine Bahn gab, die Informationen vom Thalamus direkt zur Amygdala übertragen konnte, dann war die Erregung von Furchtreaktionen durch einen konditionierten Furchtreiz ohne Mitwirkung des Kortex verständlich. Er konnte durch direkten Input vom Thalamus zur Amygdala übergangen werden. Das Gehirn ist ein wahrlich kom-

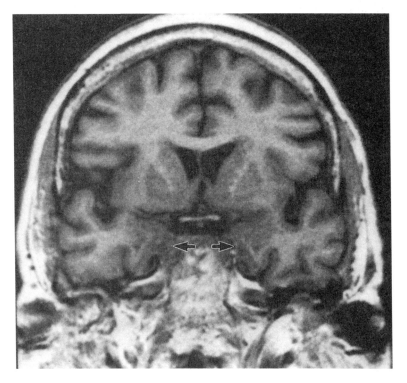

Die Pfeile zeigen die Lage der Amygdala in beiden Hirnhälften an. (Aufnahme E. A. Phelps von der Yale University.)

plexes Geflecht von Verbindungen, aber unsere anatomischen Erkenntnisse führten uns auf eine wunderbare Entdeckungsreise durch dieses neurale Labyrinth.

Ich hatte eigentlich gar nicht nach der Amygdala gesucht, sondern war durch die Untersuchung der Bahnen des Gehirns auf sie gestoßen. Als ich meine Ergebnisse veröffentlichte, zeigte sich eine weitgehende Übereinstimmung mit den Resultaten, die Bruce Kapp im Hinblick auf eine Teilregion der Amygdala, den zentralen Kern, erzielt hatte. Er erkannte, daß der zentrale Kern Verbindungen zu jenen Gebieten im Hirnstamm hat, die an der Steuerung der Herzfrequenz und anderen Reaktionen des autonomen Nervensystems beteiligt sind, und folgerte daraus, daß diese Region ein Glied jenes neuralen Systems sein könnte, durch das die von einem konditionierten Furchtreiz ausgelösten autonomen Reaktionen ausgedrückt werden. Dies bestätigte sich, als er bei einem Kaninchen den zentralen Kern beschädigte; die Konditionierung der Herzfrequenz-Reaktionen auf einen Ton, der mit einem elektrischen Schlag gekoppelt war, wurde eindeutig unterbunden.[299] Durch Reizung des Mandelkerns konnte Kapp Herzfrequenz- und andere autonome Reaktionen hervorrufen, was ebenfalls für seine Auffassung sprach, daß der Mandelkern bei der Steuerung autonomer Reaktionen durch den Hirnstamm ein wichtiges Bindeglied im Vorderhirn darstellt. Er entdeckte jedoch darüber hinaus, daß die Reizung des zentralen Kerns Starrereaktionen auslöste, was darauf hindeutete, daß der Mandelkern vielleicht nicht nur an der Steuerung autonomer Reaktionen, sondern an einem allgemeinen Steuerungssystem für Abwehrreaktionen beteiligt ist.

In mehreren Forschungsstätten wurde dann tatsächlich nachgewiesen, daß praktisch jedes Kriterium einer konditionierten Furcht – Starreverhalten ebenso wie autonome Reaktionen, Schmerzunterdrückung, Ausschüttung des Streßhormons und Reflexverstärkung – bei Läsionen des Mandelkerns ausfiel.[300] Und man fand heraus, daß jede dieser Reaktionen von einer anderen Projektion des zentralen Kerns vermittelt wird.[301] Ich konnte zum Beispiel zeigen, daß die konditionierten Starre- und Blutdruckreaktionen unabhängig voneinander unterbunden wurden, je nachdem, welche Projektion ich beschädigte; wurde das periaquäductale Grau beschädigt, unterblieb die Starre-, nicht aber die Blutdruckreaktion, während Läsionen des lateralen Hypothalamus die Blutdruckreaktion, nicht aber die Starrereaktion unterbanden.[302] Läsionen einer dritten Projektion, des Ausgangskerns der Stria terminalis, wirkten sich auf keine dieser Reaktionen aus, unterbanden aber, wie andere Forscher später zeigten, die Auslösung von Streßhormonen durch den konditionierten Reiz.[303]

REISE INS ZENTRUM DER MANDEL: Die Frage, wie die Reaktionen zum Ausdruck kommen, war durch die vom Mandelkern ausgehenden Projektionen offenbar geklärt. Wie aber gelangt der Reiz in den zentralen Kern der Amygdala, um auf die Reaktionen Einfluß zu gewinnen? Ich griff nochmals zum WGA-HRP-Tracingverfahren, um herauszubekommen, ob der auditorische Reiz vom auditorischen Thalamus direkt in den Mandelkern geschickt wird.[304]

Ich injizierte den WGA-HRP-Tracer in den zentralen Kern. Diesmal verfolgte ich die Verbindungen jedoch in umgekehrter Richtung, vom

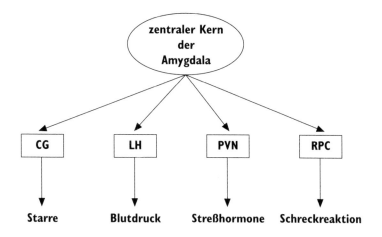

Bei Gefahr oder bei Reizen, die eine Gefahr anzeigen, treten Verhaltens-, autonome und endokrine Reaktionen auf, und die Reflexe werden moduliert. Jede dieser Reaktionen wird von einem anderen Output des zentralen Kerns der Amygdala kontrolliert. Läsionen dieses Kerns blockieren das Auslösen all dieser Reaktionen, während Läsionen der einzelnen Output-Bahnen nur die entsprechenden Reaktionen blockieren. Dargestellt sind ausgewählte Outputs des zentralen Amygdalakerns. Abkürzungen: CG = zentrales Grau; LH = lateraler Hypothalamus; PVN = paraventrikularer Hypothalamus (er erhält Inputs von der zentralen Amygdala direkt und über den unteren Kern der Stria terminalis); RPC = Reticulopontis caudalis.

Ende einer Bahn zurück zu dem Zellkörper, von dem sie ausgeht – die Huckepackreise des Tracers funktioniert auch in dieser Richtung. Bei der Betrachtung der Schnitte unterm Mikroskop fand ich hellorangefarbene, den Tracer enthaltende Zellen in thalamischen Regionen, die an den auditorischen Thalamus angrenzen, nicht aber in diesem selbst. Im Zusammenhang mit der Steuerung der Furchtreaktionen wird ein auditorischer Reiz also anscheinend nicht direkt in den zentralen Mandelkern geschickt.

Bei der Färbung einer anderen Teilregion der Amygdala, des lateralen Kerns, fand ich jedoch orangefarbene Zellkörper im auditorischen Thalamus.[305] Und als ich speziell die Region des auditorischen Thalamus anfärbte, die diese markierten Zellen enthielt, fand ich die hellorangefarbenen Sprenkel, an denen Nervenendigungen zu erkennen sind, im lateralen Kern (siehe Abbildung S. 168). Anscheinend wanderte der auditorische Reiz vom Thalamus zum lateralen Kern der Amygdala. Um das zu prüfen, schädigte ich den lateralen Kern. Die Furchtkonditionierung wurde, wie bei Läsionen des zentralen Kerns, unterbunden.[306] Aufgrund der Ergebnisse dieser Läsionsversuche und der anatomischen Tracingexperimente kam man zu dem Schluß, daß der laterale Kern der Amygdala bei der Furchtkonditionierung die konditionierten Reize empfängt und der zentrale Kern die Schnittstelle zu den Systemen bildet, die die Reaktion steuern. Die Inputs und Outputs waren geklärt.

Wichtige Verbindungen waren aber noch nicht bestimmt. Wenn der konditionierte Reiz durch den lateralen Kern in die Amygdala gelangt und die konditionierte Reaktion sie durch den zentralen Kern verläßt, wie gelangt dann die vom lateralen Kern aufgenommene Information zum zentralen Kern? Ganz ist diese Frage noch nicht beantwortet, doch haben anatomische Erkenntnisse uns einige Anhaltspunkte geliefert.[307] Es gibt vom lateralen Kern einige direkte Projektionen zum zentralen Kern, und er kann den zentralen Kern auch über Projektionen zu zwei anderen Kernen der Amygdala beeinflussen, den basalen Kern und den basalen Nebenkern, von denen starke Projektionen zum zentralen Kern ausgehen. Die zum lateralen Kern gelangende Information kann also auf mehreren Wegen den zentralen Kern erreichen, nur weiß man noch nicht, welches der wichtigste ist.

Die Amygdala setzt sich aus rund einem Dutzend von Teilregionen zusammen, von denen nicht alle, ja nicht einmal die meisten an der Furchtkonditionierung beteiligt sind. Nur bei Schädigung von Mandelregionen, die zur Schaltung der Furchtkonditionierung gehören, ist mit einer Störung der Furchtkonditionierung zu rechnen. Die Beteiligung des lateralen und des zentralen Kerns steht außer Frage; welche Rolle andere Mandelregionen spielen, wird noch untersucht.

DER NIEDERE UND DER HOHE WEG: Es ist bemerkenswert, daß emotionales Lernen unter Umgehung des Neokortex stattfinden kann, denn es bedeutet, daß emotionale Reaktionen ohne Beteiligung der höheren Verarbeitungssysteme des Gehirns erfolgen können, die, so nimmt man an, am Denken, Urteilen und Bewußtsein mitwirken. Doch ehe wir dem nachgehen, müssen wir noch einmal auf die Rolle der Hörrinde bei der Furchtkonditionierung zurückkommen.

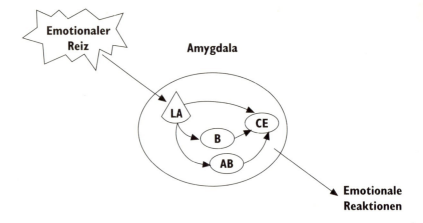

Der laterale Kern (LA) ist das Eingangstor zur Amygdala. Reize aus der Außenwelt werden zum LA weitergegeben, der diese dann verarbeitet und die Ergebnisse an andere Regionen der Amygdala verteilt, darunter der Basalkern (B), der akzessorische Basalkern (AB) und der zentrale Kern (CE). Der zentrale Kern ist dann die Hauptverbindung zu Arealen, die emotionale Reaktionen kontrollieren. Unterschiedliche Outputs des zentralen Kerns regulieren den Ausdruck unterschiedlicher Reaktionen, wie in Abb. S. 172 dargestellt.

Bei den bisher beschriebenen Experimenten wurde ein einfacher Ton mit einem elektrischen Schlag gekoppelt. Die Hörrinde wird in diesem Fall nicht benötigt. Stellen wir uns jedoch eine kompliziertere Situation vor, in der das Tier nicht *einen* Ton hört, der mit einem elektrischen Schlag gekoppelt ist, sondern zwei einander ähnliche Töne, von denen der eine mit einem elektrischen Schlag gekoppelt ist und der andere nicht. Das Tier muß zwischen ihnen zu unterscheiden lernen, und die Frage ist: Wird dazu die Hörrinde benötigt? Neil Schneiderman, Phil McCabe und ihre Mitarbeiter haben das anhand der Herzfrequenz-Konditionierung an Kaninchen untersucht.[308] Nach entsprechender Lernzeit zeigten die Kaninchen Herzfrequenz-Reaktionen nur bei dem Ton, der vorher mit einem elektrischen Schlag gekoppelt war. Diese Fähigkeit ging nach Schädigung der Hörrinde verloren. Es war jedoch nicht so, daß die Reaktion auf den mit einem elektrischen Schlag gekoppelten Reiz durch Läsion der Hörrinde blockiert wurde, sondern die Tiere reagierten auf beide Reize so, als wären sie mit einem elektrischen Schlag gekoppelt gewesen.

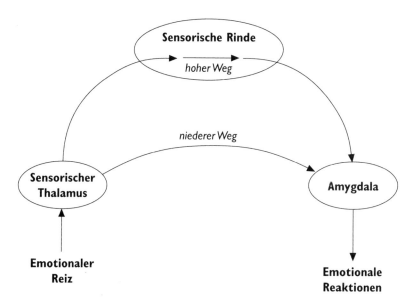

Informationen über äußere Reize gelangen auf zwei Wegen zur Amygdala; einmal durch direkte Bahnen vom Thalamus (den niederen Weg), zum anderen durch Bahnen, die vom Thalamus zur Rinde und von dort zur Amygdala verlaufen. Die direkte Bahn vom Thalamus zur Amygdala ist ein kürzerer und deshalb schnellerer Übertragungsweg als die Bahn vom Thalamus über die Rinde zur Amygdala. Sie kann aber, da sie die Rinde ausläßt, nicht von der kortikalen Verarbeitung profitieren. Deshalb kann sie der Amygdala nur eine grobe Repräsentation des Reizes liefern. Sie ist daher eine *schnelle und ungenaue* Verarbeitungsbahn. Dank der direkten Bahn können wir auf potentiell gefährliche Reize schon reagieren, bevor wir uns über den Reiz ein vollständiges Bild gemacht haben. In gefährlichen Situationen kann das sehr nützlich sein. Der Nutzen hängt jedoch davon ab, daß die kortikale Bahn die direkte Bahn korrigieren kann. Möglicherweise ist die direkte Bahn für die Kontrolle emotionaler Reaktionen verantwortlich, die wir nicht verstehen. Irgendwann kann das jedem von uns passieren, doch bei Personen mit emotionalen Störungen (die näher im 8. Kapitel erörtert werden) könnte es der vorherrschende Funktionsmodus sein.

Diese Befunde sind verständlich, denn wir wissen ja, daß bestimmte Neurone im Thalamus zur Amygdala projizieren, während von anderen starke Projektionen zur Hörrinde gehen.[309] Mit Hilfe einer ins Gehirn eingeführten Elektrode läßt sich die elektrische Aktivität einzelner Neurone in Reaktion auf auditorische Reize messen. Neurone in dem Bereich des Thalamus, der zur primären Hörrinde projiziert, sind auf ganz bestimmte Tonhöhen eingestimmt, und nur darauf reagieren sie. Nicht so wählerisch sind Zellen in den Bereichen des Thalamus, die zur Amygdala projizieren – sie reagieren auf ein breiteres Spektrum von Reizen. Die Beatles und die Rolling Stones (oder, wenn Sie wollen, Oasis und die Cranberries) werden für die Amygdala über die thalamischen Projektionen gleich klingen, während sie über die kortikalen Projektionen ganz verschieden klingen. Werden bei einem Konditionierungsversuch zwei ähnliche Reize benutzt, wird der Thalamus der Amygdala praktisch ein und dieselbe Information schicken, egal, was für einen Reiz er verarbeitet, doch wenn der Kortex die unterschiedlichen Reize verarbeitet, wird er der Amygdala unterschiedliche Signale schicken. Ist der Kortex beschädigt, hat das Tier nur die eine thalamische Bahn, und deshalb behandelt die Amygdala die beiden Reize gleich – beide lösen konditionierte Furcht aus.

Die Schnellen und die Toten: Warum ist das Gehirn so organisiert? Weshalb besitzt es einen niederen thalamischen Weg, wo es doch auch über den hohen kortikalen Weg verfügt?

Unsere einzige Informationsquelle über die Gehirne von Tieren aus grauer Vorzeit sind die Gehirne ihrer heutigen Nachkommen. Aus Untersuchungen heutiger Fische, Amphibien und Reptilien kann man entnehmen, daß die sensorischen Projektionen zu rudimentären kortikalen Bereichen frühzeitlicher Tiere im Vergleich zu den Projektionen zu subkortikalen Regionen relativ schwach entwickelt waren.[310] Bei den heutigen Säugern sind die thalamischen Projektionen zu kortikalen Bahnen weit höher entwickelt, und sie stellen wichtige Kanäle der Informationsverarbeitung dar. Es wäre denkbar, daß die direkte thalamische Bahn zur Amygdala bei Säugern bloß ein Relikt der Evolution ist, so etwas wie ein Wurmfortsatz. Ich bin jedoch nicht dieser Ansicht. Wenn die direkten Bahnen zwischen Thalamus und Amygdala nicht nützlich wären, hätten sie längst verkümmern können. Sie sind aber nicht verkümmert. Die Tatsache, daß sie seit Jahrmillionen neben den thalamo-kortikalen Bahnen existieren, läßt vermuten, daß sie immer

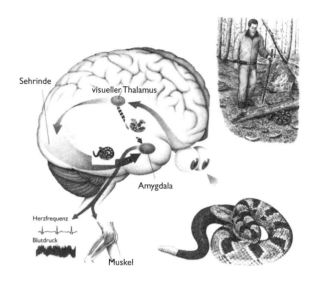

Bei seinem Waldspaziergang stößt der Wanderer plötzlich auf eine Schlange, die hinter einem auf den Weg gestürzten Baumstamm zusammengeringelt liegt (Bild oben rechts). Im Gehirn wird der Reiz zunächst vom Thalamus verarbeitet. Ein Teil des Thalamus gibt grobe, fast archetypische Informationen direkt an die Amygdala. Dank dieser schnellen und ungenauen Übermittlung kann das Gehirn sofort auf die mögliche Gefahr reagieren, die ein dünnes, gekrümmtes Objekt anzeigt, das eine Schlange sein könnte, aber auch ein Stock oder sonst ein harmloses Objekt. Gleichzeitig schickt der Thalamus visuelle Informationen zur Sehrinde (dieser Teil des Thalamus kann die Einzelheiten des Reizes genauer kodieren als der Teil, der Inputs zur Amygdala schickt). Die Sehrinde geht dann daran, eine detaillierte und genaue Repräsentation des Reizes zu schaffen. Das Ergebnis der kortikalen Verarbeitung wird dann ebenfalls an die Amygdala weitergegeben. Die kortikale Bahn liefert der Amygdala zwar eine genauere Repräsentation als die direkte Bahn vom Thalamus zur Amygdala, doch braucht die Information auf dem Umweg über die Rinde mehr Zeit. In gefährlichen Situationen ist es sehr nützlich, wenn man schnell reagieren kann. Die Zeit, die die Amygdala einspart, indem sie aufgrund der thalamischen Information handelt, statt auf den kortikalen Input zu warten, kann über Leben oder Tod entscheiden. Es ist besser, einen Stock versehentlich für eine Schlange zu halten, als auf eine mögliche Schlange nicht reagiert zu haben. Was wir über diese Bahnen wissen, verdanken wir überwiegend Untersuchungen des akustischen und nicht des visuellen Systems, doch scheinen dieselben Organisationsprinzipien zu gelten. (Aus J. E. LeDoux, »Emotion, memory and the brain«. *Scientific American* [Juni 1994], Bd. 270, S. 38. © 1994 by Scientific American Inc., alle Rechte vorbehalten.)

noch eine nützliche Funktion erfüllen. Doch worin könnte diese Funktion bestehen?

Zu feinen Unterscheidungen ist das thalamische System nicht in der Lage, doch hat es gegenüber der kortikalen Bahn zur Amygdala einen wichtigen Vorteil, und das ist die Zeit. Bei einer Ratte dauert es rund zwölf Millisekunden, bis ein akustischer Reiz über die thalamische Bahn die Amygdala erreicht, über die kortikale Bahn dauert es fast doppelt so lange. Die thalamische Bahn ist also schneller. Sie kann der Amygdala nicht genau sagen, was los ist, aber sie kann ein schnelles Signal mit der Warnung schicken, daß vielleicht etwas Gefährliches vorliegt. Sie ist ein schnelles und ungenaues Verarbeitungssystem. Stellen Sie sich vor, Sie wandern durch den Wald. Es ertönt ein krachendes Geräusch. Über die thalamische Bahn erreicht es direkt die Amygdala. Daneben geht das Geräusch auch vom Thalamus zum Kortex, der erkennt, daß es sich um einen dürren Zweig handelt, der unter Ihrem Stiefel zerbrochen ist, oder um eine Klapperschlange, die mit ihrem Schwanz klappert. Doch bis der Kortex das herausbekommen hat, hat die Amygdala bereits Abwehrmaßnahmen gegen die Schlange eingeleitet. Die vom Thalamus empfangene Information ist ungefiltert und auf die Auslösung von Reaktionen eingestellt. Der Kortex hat eher die Aufgabe, die unangemessene Reaktion zu verhindern, als die angemessene zu veranlassen. Oder stellen Sie sich vor, Sie sehen vor sich auf dem Weg etwas Schmales, Gekrümmtes. Was vom Thalamus zur Amygdala gelangt, ist nur das Gekrümmte und Schmale; der Kortex dagegen unterscheidet zwischen einer sich windenden Schlange und einem krummen Stock. Ist es wirklich eine Schlange, so hat die Amygdala einen Vorsprung. Im Interesse des Überlebens ist es besser, auf potentiell gefährliche Dinge so zu reagieren, als wären sie wirklich gefährlich, als nicht zu reagieren. Langfristig ist es vorteilhafter, einen Stock irrtümlich für eine Schlange zu halten, als eine Schlange für einen Stock zu halten.

Allmählich zeichnen sich jetzt die Umrisse eines Systems der Furchtreaktion ab. Die Amygdala erhält parallel Informationen vom sensorischen Thalamus und vom sensorischen Kortex. Die subkortikalen Bahnen liefern ein grobes Bild von der Außenwelt, während vom Kortex detailliertere und genauere Repräsentationen kommen. Die Bahn vom Thalamus hat nur einen Anknüpfungspunkt, während die Aktivierung der Amygdala vom Kortex her mehrere Anknüpfungspunkte erfordert. Da jeder Anknüpfungspunkt seine Zeit braucht, ist die thalamische Bahn schneller. Die Bahnen vom Thalamus und vom Kortex laufen in der Amygdala übrigens im lateralen Kern zusammen. Sehr wahrscheinlich übertragen beide Bahnen normalerweise Signale zum lateralen Kern, der anscheinend eine Schlüsselrolle in der Koordination der sensorischen Prozesse spielt, die den konditionierten Furchtreiz konstituieren. Hat die Information erst den lateralen Kern erreicht, kann sie über die internen Bahnen der Amygdala zum zentralen Kern übermittelt werden, der dann das ganze Arsenal von Abwehrreaktionen einsetzt. Wenn ich hier auch überwiegend meine eigenen Untersuchungen dargestellt habe, so haben doch auch andere Forscher (besonders Michael Davis, Michael Fanselow, Norman Weinberger und Bruce Kapp) erheblich zu unserem Verständnis der neuralen Grundlage der Furchtkonditionierung beigetragen.[311]

EIN SEEPFERDCHEN FÜR ALLE GELEGENHEITEN: Nehmen wir ein anderes Beispiel. Sie gehen die Straße entlang und bemerken, daß jemand auf Sie zugerannt kommt. Als er Sie erreicht, versetzt er Ihnen einen Schlag auf den Kopf und stiehlt Ihnen Brieftasche oder Handtasche. Wenn dann wieder einmal jemand auf Sie zugerannt kommt, werden bei Ihnen wahrscheinlich übliche Furchtreaktionen einsetzen. Sie werden vermutlich erstarren und sich zur Abwehr bereit machen, Blutdruck und Herzfrequenz werden steigen, Handflächen und Füße werden feucht, Streßhormone werden in Ihren Blutstrom ausgeschüttet und so weiter. Der Anblick von jemandem, der auf Sie zugerannt kommt, ist zu einem konditionierten Furchtreiz geworden. Jetzt stellen Sie sich vor, Sie gehen wieder die Straße entlang, auf der Sie beraubt wurden. Niemand rennt auf Sie zu, und trotzdem kann es passieren, daß Ihr Körper seine Abwehrbewegungen abspult. Sie sind nämlich nicht nur auf den unmittelbaren Reiz konditioniert worden, der direkt mit dem Trauma zusammenhängt (der Anblick des auf Sie zurennenden Straßenräubers), sondern auch auf die anderen Reize, die zufällig gegeben waren. Aus ihnen setzte sich die Gelegenheit oder der Kontext zusammen, in dem der Straßenraub sich ereignete, und auch sie werden, wie der Anblick des Straßenräubers, durch das traumatische Erlebnis konditioniert.

Die kontextuelle Konditionierung ist von Psychologen ausführlich erforscht worden. Wenn man eine Ratte in eine Kiste setzt und ihr, während ein Ton ertönt, ein paarmal einen schwachen elektrischen Schlag versetzt, wird sie, wie wir gesehen haben, auf den Ton konditioniert, aber auch auf die Kiste. Wird die Ratte dann wieder in die Kiste gesetzt, so werden auch ohne den Ton die konditionierten Furchtreaktionen – Starre, autonome und endokrine Erregung, Schmerzunterdrückung, Reflexverstärkung – auftreten. Der Kontext ist zu einem konditionierten Reiz (CS) geworden.

Bei einem Experiment zur kontextuellen Furchtkonditionierung besteht der Kontext aus sämtlichen vorhandenen Reizen, ausgenommen der erklärte CS. Anders gesagt: Der CS steht im Vordergrund, er ist der herausragende und im Hinblick auf den elektrischen Schlag berechenbare Reiz. Alle anderen Reize treten gegenüber dem CS in den Hintergrund und bilden den Kontext. Der Kontext ist ständig da, doch der CS tritt nur gelegentlich auf. Oft ist es deshalb nötig, die Wirkungen eines CS in einem anderen Kontext zu testen, der nicht mit dem Schlag assoziiert ist, weil Furchtreaktionen, die durch den ständig vorhandenen Kontext ausgelöst werden, verhindern können, daß Reaktionen, die auf den gelegentlich auftretenden CS folgen, entdeckt werden.

In einem gewissen Sinne ist die kontextuelle Konditionierung ein inzidentes Lernen. Bei der Konditionierung beachtet das Versuchstier vor allem den auffälligsten Reiz (den Ton als CS), doch die übrigen Reize werden en passant mit übernommen. Das ist aus evolutionärer Sicht sehr sinnvoll. Unser Kaninchen, das dem Fuchs entkam, wurde nicht nur auf die Reize konditioniert, die unmittelbar und direkt mit dem Auftreten des Fuchses assoziiert waren – seinem Anblick und Geruch und den Geräuschen, die er beim Angriff machte –, sondern auch auf den Ort, an dem es dem Fuchs begegnete – die Tränke und ihre Umgebung. Es ist sehr sinnvoll, daß diese zusätzlichen Reize die Wirkung der Konditionierung über die auffälligsten und unmittelbaren Reize hinaus erweitern, denn so kann der Organismus auch Hinweise nutzen, die nur entfernt mit der Gefahr zusammenhängen, um sie zu meiden oder Reißaus zu nehmen.

Das Interessante an einem Kontext ist, daß er kein spezieller Reiz ist, sondern eine Ansammlung von vielen Reizen. Eine Zeitlang glaubte man, die Integration einzelner Reize zu einem Kontext, der keine individuellen Elemente mehr enthält, sei eine Funktion des Hippocampus.[312] Im Unterschied zur Amygdala erhält der Hippocampus keine Information von Hirnregionen, die einzelne optische oder akustische Reize verarbeiten.[313] Vielmehr werden die Bilder und Töne zusammengelegt, bevor sie den Hippocampus erreichen, zu dessen Aufgaben es gehört, eine Repräsentation von dem Kontext zu schaffen, die keine einzelnen Reize, sondern Relationen zwischen Reizen enthält.[314] Russ Phillips und ich sowie Mike Fanselow und Mitarbeiter gingen von dieser Auffassung des Hippocampus aus, als wir untersuchten, ob der Hippocampus in der Konditionierung von Furchtreaktionen auf kontextuelle Hintergrundvorgänge eine wichtige Rolle spielt.[315] Wir prüften also, ob eine Beschädigung des Hippocampus die Konditionierung von Furchtreaktionen auf die Kammer unterband, in der die Versuchstiere einer Koppelung von Ton und elektrischem Schlag ausgesetzt waren. Normalerweise erstarrten die Ratten, sobald man sie in den Konditionierungskäfig setzte. Nach Läsion des Hippocampus reagierten die Ratten kaum auf den Konditionierungskäfig. Doch wenn der Ton erschallte, erstarrten die Ratten nach Läsion. Die Hippocampusläsion eliminierte also selektiv Furchtreaktionen, die durch Kontextreize ausgelöst wurden, beeinträchtigte jedoch nicht Furchtreaktionen, die durch einen Ton ausgelöst wurden. Mit dem Ton klappte es noch, weil der Reiz direkt zur Amygdala gelangen konnte. Wir schlossen daraus, daß die Tiere mit Hippocampusläsion keine Furchtreaktionen zeigten, weil sie nicht die Repräsentation des Kontexts bilden und zur Amygdala schicken konnten. Wie sich zeigte, unterband eine Beschädigung der Amygdala die Kontext-Konditionierung ebenso wie die Ton-Konditionierung.[316]

EINE NABE IM RAD DER FURCHT: Die Amygdala gleicht der Nabe eines Rades. Sie erhält auf einer unteren Ebene Inputs von sensorisch-spezifischen Regionen des Thalamus, auf einer höheren Ebene Informationen vom sensorisch-spezifischen Kortex und auf einer noch höheren Ebene (vom Sensorischen unabhängige) Informationen über die allgemeine Situation von der Hippocampusformation. Durch derartige Verbindungen ist die Amygdala in der Lage, die emotionale Bedeutung sowohl einzelner Reize als auch komplexer Situationen zu verarbeiten. Es ist im Grunde die Amygdala, die die emotionale Bedeutung bewertet. Wenn auslösende Reize etwas auslösen, dann hier.

Würden wir die einzelnen Bahnen zur Amygdala und in etwa die Funktionen kennen, welche die entsprechenden Regionen in der Kognition spielen, ließen sich vermutlich brauchbare Hypothesen darüber aufstellen, welche Arten von kognitiver Repräsentation Furchtreaktionen auslösen können. Wüßten wir ferner, wie das Gehirn eine kognitive Funktion ausführt, und könnten wir ermitteln, wie die an

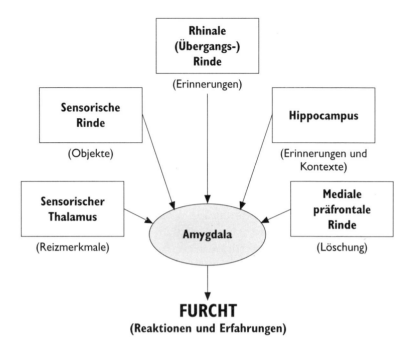

| Rhinale (Übergangs-) Rinde |
| (Erinnerungen) |

| Sensorische Rinde |
| (Objekte) |

| Hippocampus |
| (Erinnerungen und Kontexte) |

| Sensorischer Thalamus |
| (Reizmerkmale) |

Amygdala

| Mediale präfrontale Rinde |
| (Löschung) |

FURCHT
(Reaktionen und Erfahrungen)

Die Amygdala erhält Inputs von vielen Ebenen der kognitiven Verarbeitung. Über Inputs von sensorischen Bereichen des Thalamus können einfache Reizmerkmale die emotionalen Reaktionen der Amygdala auslösen; über Inputs von kortikalen Systemen der sensorischen Verarbeitung (besonders der letzten Stufen der Verarbeitung in diesen Systemen) können komplexe Aspekte der Reizverarbeitung (Objekte und Ereignisse) die Amygdala aktivieren. Inputs vom Hippocampus sind wesentlich an der Bestimmung des emotionalen Kontexts beteiligt. Wie wir im 7. Kapitel sehen werden, sind der Hippocampus und angrenzende Rindenbereiche (darunter die Bereiche der rhinalen oder Übergangsrinde) an der Bildung und dem Abruf von expliziten Erinnerungen beteiligt, und Inputs von diesen Bereichen zur Amygdala erlauben das Auslösen von Emotionen durch solche Erinnerungen. Die mediale präfrontale Rinde ist anscheinend am Prozeß der Löschung beteiligt; hier wird durch wiederholte Darbietung des konditionierten Reizes ohne den unkonditionierten Reiz die Fähigkeit konditionierter Furchtreize geschwächt, konditionierte Furchtreaktionen auszulösen. Inputs von der medialen präfrontalen Rinde scheinen an diesem Prozeß mitzuwirken (siehe 8. Kapitel). Wenn wir wissen, welche Rindenbereiche zur Amygdala projizieren, und wenn wir die Funktionen kennen, an denen diese Bereiche beteiligt sind, können wir Vorhersagen darüber machen, wie diese Funktionen zu Furchtreaktionen beitragen könnten. Die Anatomie kann also die Psychologie erklären helfen.

dieser Funktion beteiligten Hirnregionen mit der Amygdala verbunden sind, so könnten wir plausible Ideen darüber vorlegen, wie diese Art von Kognition Furcht auslöst.

Man kann sich leicht vorstellen, auf welche Weise Fehlfunktionen der Amygdala und ihrer neuralen Partner zu emotionalen Störungen führen könnten. Sind bei einer Person (aus genetischen oder erworbenen Gründen) die thalamischen Bahnen dominant oder sonstwie von den kortikalen Bahnen entkoppelt, so könnte diese Person emotionale Erinnerungen auf der Grundlage von Reizereignissen bilden, die sich nicht mit der vom Kortex vermittelten bewußten Wahrnehmung der Welt decken. Da die thalamischen Bahnen zur Amygdala das sensorische System verlassen, bevor auf der kortikalen Ebene die bewußten Wahrnehmungen gebildet werden, fällt die Verarbeitung durch diese subkortikalen Bahnen, die nur Einzelmerkmale und Fragmente von Reizen repräsentieren kann, nicht notwendig mit den Wahrnehmungen zusammen, die im Kortex zustande kommen. Die betreffende Person hätte sehr wenig Einsicht in ihre Emotionen. Und wenn das Hippocampussystem von den thalamischen und kortikalen Projektionen zur Amygdala entkoppelt ist, könnte die betreffende Person Emotionen äußern, die dem unmittelbaren Kontext, auch dem sozialen Kontext, nicht angemessen sind. Dies sind einstweilen rein spekulative Überlegungen, die jedoch mit den bis jetzt bekannten Tatsachen im Einklang sind.

So wie es immer schon war

Aufgrund von Versuchen mit der Furchtkonditionierung bei Ratten konnten wir die Hirnmechanismen, die der Furchtreaktion zugrunde liegen, weitgehend aufklären. Wenn wir die Furcht an Ratten untersuchen, dann aus dem einleuchtenden Grund, daß wir lernen möchten, wie die Furcht beim Menschen funktioniert. Auch wenn es vielleicht nicht jedem einleuchtet, daß dies ein vernünftiger Ansatz ist, bin ich gleichwohl überzeugt, daß wir tatsächlich etwas über die menschliche Furcht lernen können, indem wir das Gehirn einer Ratte studieren.

Kein anderes Geschöpf ist mit Hilfe der Furchtkonditionierung so gründlich untersucht worden wie die Ratte, und kein anderes Verfahren wurde zur Erforschung der Furcht so ausgiebig angewandt wie die

Furchtkonditionierung, doch wenn wir die Erkenntnisse zusammentragen, die an anderen Arten und mit anderen experimentellen Ansätzen gewonnen wurden, kommen wir zu dem unausweichlichen Schluß, daß die grundlegenden Hirnmechanismen der Furcht über viele Stufen der evolutionären Entwicklung hinweg im wesentlichen dieselben geblieben sind.

Beginnen wir mit unserem Grundmodell der Furcht, der Furchtkonditionierung. Die Auswirkungen von Amygdalaläsionen auf die Furchtkonditionierung wurden an Vögeln, Ratten, Kaninchen, Affen und Menschen untersucht, wobei die Aktivität des autonomen Nervensystems als konditionierte Reaktion benutzt wurde. Bei jeder dieser Arten unterbindet eine Beschädigung der Amygdala konditionierte Furchtreaktionen – der CS löst nicht die CR aus, wenn die Amygdala beschädigt ist.

Tauben sind die einzige Nichtsäugerart, an der die Auswirkungen von Amygdalaläsionen auf die Furchtkonditionierung untersucht worden sind. Die Übereinstimmung der Auswirkungen bei Tauben und Säugern bedeutet, daß die Amygdala als Schlüsselkomponente des Abwehrsystems des Wirbeltiergehirns entweder selektiert wurde, bevor die Evolutionslinie der Vögel und Säuger sich von jener der Reptilien trennte, oder daß die Amygdala sich in den beiden auf die Reptilien folgenden Evolutionslinien getrennt als Träger dieser Funktion entwickelt hat. Diese Frage ließe sich am besten dadurch klären, daß wir herausfinden, ob Amygdalaläsionen bei Reptilien die Furchtkonditionierung unterbinden. Leider wurde dieser Versuch bisher nicht gemacht, und so müssen wir uns an andere Tatsachen halten.

Man hat zur Erkundung der zerebralen Bahnen der Furcht beziehungsweise des Abwehrverhaltens noch ein anderes Verfahren benutzt, die Hirnreizung. Es wurde sowohl bei Reptilien als auch bei Säugern und Vögeln angewandt und könnte uns daher bei der Beantwortung der Frage helfen, ob die Beteiligung der Amygdala an der Abwehr mindestens bis zu dem Punkt zurückreicht, an dem die Evolution von Vögeln und Säugern einen anderen Weg einschlug als die der Reptilien.

Zunächst müssen wir uns allerdings vergewissern, daß bei der Hirnreizung dieselben Bahnen der Furchtreaktion identifiziert werden, wie sie bei Untersuchungen der Furchtkonditionierung im Säugergehirn ermittelt wurden, wo der Zusammenhang zwischen der Furchtkonditionierung und bestimmten zerebralen Bahnen eindeutig feststeht. Auf die lange und interessante Geschichte der Versuche mit der Hirnreizung an Säugern können wir hier nur am Rande eingehen.[317] Unsere wichtigste Frage ist, ob eine Reizung der Amygdala, die sich in Versuchen zur Furchtkonditionierung als Herz und Seele des Furchtsystems herausgestellt hat, bei Säugern Abwehrreaktionen hervorruft. Das ist eindeutig der Fall. Es ist zweifelsfrei erwiesen, daß eine Reizung der Amygdala bei anästhesierten Säugern Reaktionen des autonomen Nervensystems hervorruft und bei Säugern im Wachzustand zusätzlich zu den autonomen Veränderungen Starre-, Flucht- und defensive Angriffsreaktionen auslöst.[318] Entsprechende Versuche wurden mit Ratten, Katzen, Hunden, Kaninchen und Affen gemacht, immer mit demselben Ergebnis. Abwehrreaktionen können außerdem durch Reizung des zentralen Kerns der Amygdala hervorgerufen werden, jener Region, durch welche die Amygdala mit Arealen im Hirnstamm kommuniziert, welche konditionierte Furchtreaktionen steuern. Werden die Verbindungen der Amygdala zu diesen Bahnen im Hirnstamm unterbrochen, so wird der Ausdruck von Abwehrreaktionen unterbunden. Sowohl bei der Furchtkonditionierung als auch bei der Hirnreizung ergeben sich dieselben Outputs, auf denen der Ausdruck von Furchtreaktionen beruht.

Steigen wir jetzt im Stammbaum hinab und schauen wir, was passiert, wenn wir die Amygdala von Reptilien stimulieren. Lebende Reptilien als Modell der Reptilien in jener Zeit zu nehmen, als die Evolution der Säuger von jener der Reptilien abzweigte, ist nicht ganz unproblematisch – schließlich stammen die heutigen Reptilien ihrerseits schon von Linien ab, die von den Linien der Frühformen abzweigten. Eine vergleichende Untersuchung der Hirnfunktion ist freilich nur auf diese Weise möglich, da es fossile Zeugnisse von Gehirn und Verhalten nicht gibt. Eine Reizung der Amygdala ruft bei Eidechsen die Formen des Abwehrverhaltens hervor, die diese Tiere typischerweise zeigen, wenn sie von einem Freßfeind bedroht sind, und eine Läsion dieses Gebiets beeinträchtigt den Ausdruck dieser Verhaltensweisen in Reaktion auf angeborene auslösende Reize.[319]

Wenn wir jetzt den sich verzweigenden Stammbaum der Evolution hinaufsteigen, können wir beobachten, wie sich eine Reizung der menschlichen Amygdala auswirkt.[320] Man macht solche Versuche anläßlich von Hirnoperationen bei Epilepsie-Patienten, die anderweitig nicht behandelt werden können. Da die Patienten während der Reizung der Amygdala wach sind, lassen sich nicht nur die hervorgerufenen Ausdrucksreaktionen beobachten, sondern man kann die Patienten auch bitten, über ihre Erlebnisse zu berichten. Das am häufigsten gemeldete Erlebnis ist interessanterweise ein Gefühl drohender Gefahr, ein Gefühl der Furcht. Furcht ist auch das am häufigsten gemeldete Erlebnis bei epileptischen Anfällen, die praktisch nichts anderes sind als spontane elektrische Reizungen, die in der Amygdala entspringen.

Neuere Untersuchungen an Menschen mit beschädigter Amygdala deuten ebenfalls darauf hin, daß sie bei der Furcht eine besondere Rolle spielt. Patienten mit Schäden nur an der Amygdala sind äußerst selten; weniger selten sind Patienten mit Schäden, die auch die Amygdala betreffen. Besonders häufig trifft man dies bei Patienten an, denen epileptische Regionen des Temporallappens entfernt wurden. An solchen Patienten haben Kevin LaBar, Liz Phelps und ich eine Untersuchung zur Furchtkonditionierung durchgeführt.[321] Als unkonditionierten Reiz (US) setzten wir anstelle des bei Ratten verwendeten elektrischen Schlags ein sehr lautes, unangenehmes Geräusch ein. Es eignete sich hervorragend für die Konditionierung von Reaktionen des autonomen Nervensystems auf ein leiseres, nicht unangenehmes Geräusch bei einer Kontrollgruppe. Bei der Gruppe mit beschädigtem Temporallappen waren die konditionierten autonomen Reaktionen reduziert – ein wichtiger Befund. Interessant ist, daß die Patienten sich des Zusammenhangs zwischen CS und US »bewußt« waren; auf die Frage, was bei dem Experiment geschehen sei, antworteten sie in der Regel: »Ach, da war ein Geräusch, und dann kam dieses andere, wirklich laute Geräusch.« Dieses Wissen reichte nicht aus, um aus dem bedeutungslosen Geräusch einen auslösenden Reiz zu machen. Die Läsionen gingen über die Amygdala hinaus, doch wissen wir aus den Tierversuchen, daß unter allen von der Läsion betroffenen Gebieten die beschädigte Amygdala die mutmaßliche Ursache des Defizits der Furchtkonditionierung ist. Dies ist ein gutes Beispiel dafür, daß Tierversuche wichtig sind. Ohne die Tierversuche wären die Ergebnisse des Versuchs am Menschen nicht interpretierbar.

Eine auf die Amygdala beschränkte Schädigung ist äußerst selten, doch Antonio Damasio und seine Mitarbeiter an der Universität von Iowa stießen auf eine solche Patientin.[322] Sie führten einige äußerst wichtige und faszinierende Untersuchungen an ihr durch. So untersuchten sie zum Beispiel ihre Fähigkeit, den emotionalen Ausdruck auf Gesichtern zu erkennen. Die meisten Klassen von Emotionen konnte sie korrekt identifizieren, ausgenommen die Furcht. In einer weiteren wichtigen Untersuchung wurde geprüft, ob die Fähigkeit zur Furchtkonditionierung beeinträchtigt war. Das war tatsächlich der Fall. Hier war, anders als bei den Patienten mit Temporallappenläsionen, unzweideutig die Amygdala betroffen. Auch diese Untersuchung war von den zahlreichen Tierversuchen inspiriert, die bereits auf die Amygdala hingedeutet hatten. Wäre sie zwanzig Jahre früher durchgeführt worden, vor den Konditionierungsversuchen an Tieren, hätten wir von den Wegen, auf denen die Amygdala zur Furchtkonditionierung beiträgt, wenig verstanden. Die Untersuchungen am Menschen hätte es vielleicht gar nicht gegeben, wenn die Tierversuche ihnen nicht den Weg geebnet hätten, denn hätte man nicht die Auswirkungen eines Amygdalaschadens auf die konditionierte Furcht aus Tierversuchen gekannt, wäre vermutlich niemand auf die Idee gekommen, an Menschen mit Amygdalaschaden eine solche Untersuchung vorzunehmen.

Diese Diskussion soll belegen, daß die Amygdala bei allen Arten, die eine Amygdala haben, dasselbe tut: sie kümmert sich um die Furchtreaktionen. Das ist nicht die einzige Funktion der Amygdala,[323] aber es ist gewiß eine wichtige. Allem Anschein nach wurde diese Funktion vor Urzeiten begründet, wahrscheinlich schon, als Dinosaurier auf der Erde herrschten, und hat sich in verschiedenen Zweigen der evolutionären Entwicklung erhalten. Die Abwehr von Gefahr ist wohl die höchste Priorität eines Organismus, und es spricht einiges dafür, daß bei den Hauptgruppen von Wirbeltieren, die untersucht worden sind (Reptilien, Vögel und Säuger), dieser Hirnfunktion ein gemeinsamer Bauplan zugrunde liegt.

Die wesentliche Tatsache ist, daß die Abwehr von Gefahr von den einzelnen Arten auf der Verhaltensebene ganz unterschiedlich realisiert wird, die Rolle der Amygdala aber dieselbe bleibt. Diese neurale Entsprechung zwischen den Arten erlaubt es zweifellos, daß unterschiedliche Verhaltensweisen bei verschiedenen Tieren ein und dieselbe evolutionäre Funktion erfüllen. Diese funktionale Äquivalenz und neurale Entsprechung gilt für viele Wirbeltiergehirne, auch das menschliche Gehirn. Was das Erkennen einer Gefahr und die Reaktion darauf betrifft, hat sich das Gehirn einfach nicht sehr verändert. In mancher Beziehung sind wir emotionale Eidechsen.[324] Ich habe keine Zweifel, daß die Untersuchungen der Furchtreaktionen von Ratten uns viel darüber verraten, wie die Furchtmechanismen auch in unserem Gehirn funktionieren.

Über die Evolution hinaus

In der Amygdala und ihren hin- und fortführenden Verbindungen steckt das Programm des Gehirns, Gefahren zu entdecken – sowohl diejenigen, die unseren Vorfahren immer wieder begegnet sind, als auch solche, die jeder von uns individuell kennenlernt – und schützende Reaktionen auszulösen, die im Hinblick auf unseren besonderen Körpertyp und auf die frühzeitlichen Umweltbedingungen, unter denen die Reaktionen selektiert wurden, am wirksamsten sind. Vorgefertigte Reaktionen wurden von der Evolution geformt und treten automatisch oder, wie Darwin sich ausdrückte, unwillkürlich ein.[325] Sie laufen ab, bevor das Gehirn Gelegenheit hatte, darüber nachzudenken, was zu tun ist. Denken erfordert Zeit, doch die Reaktion auf eine Gefahr muß oft schnell und ohne langes Nachgrübeln über die Entscheidung erfolgen. Denken Sie an Darwins Begegnung mit der Puffotter im zoologischen Garten: Die Schlange schnellte vor, und Darwin fuhr blitzschnell zurück. Hätte sich nicht eine Glasscheibe dazwischen befunden, hätte Darwins Leben von seinen unwillkürlichen Reaktionen abgehangen: waren sie schnell genug, hätte er überlebt, waren sie zu langsam, wäre er umgekommen. Auf jeden Fall hatte er, nachdem die Schlange mit ihrem Angriff begonnen hatte, keine Zeit mehr, zu entscheiden, ob er zurückspringen sollte oder nicht. Und obwohl er sich vorgenommen hatte, nicht zurückzufahren, tat er es unwillkürlich.

Viele Tiere kommen fast durchweg mit einem emotionalen Autopiloten durchs Leben, doch ihnen gegenüber sind solche Tiere im Vorteil, die vom Autopiloten leicht auf willkürliche Steuerung umschalten können. Dieser Vorteil beruht auf der Koppelung emotionaler und kognitiver Funktionen. Bislang stand die Rolle kognitiver Prozesse als Quelle von Signalen im Vordergrund, die abgepackte emotionale Reaktionen auslösen können. Die Kognition trägt aber auch in der Weise zur Emotion bei, daß sie uns die Fähigkeit verleiht, in einer gegebenen Situation zu entscheiden, welches Handeln als nächstes angebracht ist. Der Vorteil der Kognition beruht auch darauf, daß sie uns erlaubt, von der *Reaktion* zur *Aktion* überzugehen. Der Überlebensvorteil der Fähigkeit zu diesem Wechsel dürfte die evolutionäre Ausformung der Kognition bei den Säugern und die Explosion der Kognition bei den Primaten, speziell den Menschen, wesentlich geprägt haben.

Das Gehirn gewinnt Zeit, indem es zunächst mit dem Verhalten reagiert, das mit größter Wahrscheinlichkeit zum Erfolg führt. Das soll nicht heißen, daß das Gehirn zunächst automatisch reagiert, um Zeit zu gewinnen. Die automatischen Reaktionen waren in der Evolution zuerst da, und sie können nicht zu dem Zweck entstanden sein, Reaktionen zu dienen, die sich später entwickelt haben. Der Zeitgewinn ist ein begrüßenswertes Nebenprodukt der durch die Organisation des Gehirns erzwungenen Art der Informationsverarbeitung.

Stellen Sie sich vor, Sie seien ein kleines Säugetier, sagen wir ein Präriehund. Sie kommen aus Ihrem Bau, um nach etwas Eßbarem Ausschau zu halten. Sie beginnen die Gegend zu erkunden, und plötzlich entdecken Sie einen Rotluchs. Sofort stellen Sie jede Bewegung ein. Das Erstarren ist ein Geschenk der Evolution an Sie. Sie tun es, ohne Entscheidungen wälzen zu müssen. Es passiert von selbst. Der Anblick oder das Geräusch des Rotluchses geht direkt zu Ihrer Amygdala, und heraus kommt die Starrereaktion. Müßten Sie eine willentliche Entscheidung treffen, was Sie jetzt tun sollen, dann müßten Sie die Erfolgs- und Mißerfolgsaussichten jeder Handlungsalternative abwägen, und dabei könnten Sie sich dermaßen festfahren, daß Sie möglicherweise gefressen werden, bevor Sie zu einem Entschluß gekommen sind. Und wenn Sie anfangen würden, nervös herumzuzappeln oder auf und ab zu gehen, während Sie die Entscheidung zu treffen versuchen, würden Sie die Aufmerksamkeit des Raubtieres auf sich lenken und die Wahrscheinlichkeit Ihres Überlebens mit Sicherheit verringern. Natürlich ist Starre nicht die einzige automatische Reaktion. Aber sie ist eine im ganzen Tierreich sehr verbreitete erste Antwort auf die Entdeckung einer Gefahr (siehe 5. Kapitel). Für automatische Reaktionen wie das Erstarren spricht, daß sie sich in Jahrmillionen bewährt haben; überlegte Reaktionen können nicht mit einer entsprechenden Feinabstimmung aufwarten.

Die Evolution hätte es vermutlich schon schaffen können, die Kognition schneller zu machen, so daß das Denken stets dem Handeln hätte vorausgehen können, und damit das unwillkürliche Handeln gänzlich aus dem Verhaltensrepertoire verbannt. Das wäre allerdings ziemlich aufwendig. Bei vielen Dingen ist es besser, wenn wir nicht erst überlegen müssen, zum Beispiel, wenn wir beim Gehen einen Fuß vor den anderen setzen, wenn wir blinzeln, sobald etwas auf unser Auge zukommt, wenn wir unseren Fanghandschuh genau richtig plazieren, um einen Flugball zu fangen, wenn wir Subjekt und Verb beim Sprechen an der richtigen Stelle einfügen, wenn wir auf eine Gefahr rasch und angemessen reagieren und dergleichen mehr. Müßten wir vor jeder Reaktion überlegen, liefen Verhaltens- und mentale Funktionen nur noch im Schneckentempo ab.

Doch so nützlich automatische Reaktionen auch sein mögen, sie sind nur ein rascher Notbehelf, besonders beim Menschen. Schließlich nehmen Sie die Sache selbst in die Hand. Sie machen einen Plan und führen ihn aus. Dazu müssen Ihre kognitiven Fähigkeiten auf das emotionale Problem gerichtet werden. Sie dürfen nicht mehr an das denken, woran Sie dachten, bevor die Gefahr auftauchte, und müssen an die Gefahr denken, in der Sie schweben (und auf die Sie bereits automatisch reagieren). Robert und Caroline Blanchard nennen dieses Verhalten »Risikoabschätzung«.[326] Wir tun es ständig. Wir sind dauernd damit beschäftigt, Situationen einzuschätzen und zu planen, wie wir unsere Gewinne maximieren und unsere Verluste minimieren können. Ums Überleben geht es nicht nur, wenn uns ein Raubtier begegnet, sondern häufig auch in sozialen Situationen.

Wir verstehen eigentlich nicht ganz, wie das menschliche Gehirn es macht, eine Situation einzuschätzen, mögliche Handlungsweisen zu entwerfen, das eventuelle Ergebnis dieser oder jener Handlungsweise vorherzusagen, den Handlungsalternativen Prioritäten zuzuordnen und sich für ein bestimmtes Handeln zu entscheiden. Aber unzweifelhaft gehören diese Aktivitäten zu den anspruchsvollsten kognitiven Funktionen. Sie ermöglichen den wichtigen Übergang von der Reaktion zur Aktion. Nach unserem derzeitigen Kenntnisstand könnten Regionen wie der präfrontale Kortex daran beteiligt sein.[327] Der präfrontale Kortex ist jener Teil der Hirnrinde, der bei den Primaten am stärksten zugenommen hat, und es gibt sogar Säuger, die ihn nicht besitzen.[328] Eine Schädigung dieser Region erschwert es dem Menschen, sein Handeln zu planen.[329] Sogenannte Frontallappen-Patienten neigen dazu, sich dauernd zu wiederholen. Sie kleben an der Gegenwart und sind unfähig, sich in die Zukunft zu versetzen. Einige Regionen des präfrontalen Kortex haben Verbindungen zur Amygdala, und es ist möglich, daß diese Regionen zusammen – vielleicht auch noch andere – eine wichtige Rolle bei der Planung und Ausführung emotionaler Aktionen spielen. Wir werden auf den Anteil des präfrontalen Kortex an der Emotion noch einmal zurückkommen, wenn wir uns im 9. Kapitel mit dem emotionalen Bewußtsein befassen. Außerdem könnten die Basalganglien beteiligt sein, eine über mehrere Gebiete verteilte subkortikale Schicht im Vorderhirn. Seit langem weiß man, daß diese Regionen an der Steuerung der Bewegung beteiligt sind, und vor kurzem wurde gezeigt, daß Wechselwirkungen zwischen der Amygdala und den Basalganglien wichtig für das instrumentelle emotionale Verhalten sein können, das praktisch dem entspricht, was ich als emotionale Aktionen bezeichne.[330] Es ist wunderbar, daß die emotionale Automatik durch emotionale Pläne ergänzt wird. Sie erlauben uns, nicht bloß zu *reagieren*, sondern emotional zu *agieren*. Diese Wahlmöglichkeit hat jedoch ihren Preis. Wenn man einmal anfängt zu denken, versucht man nicht nur herauszufinden, was man am besten tun sollte in Anbetracht mehrerer möglicher nächster Schritte, die ein Raubtier (auch ein soziales Raubtier) wahrscheinlich tun wird, sondern man denkt dann auch daran, was passieren wird, wenn der eigene Plan scheitert. Größere Gehirne ermöglichen bessere Pläne, doch dafür bezahlt man mit der Angst/Sorge, ein Thema, auf das wir im 8. Kapitel zurückkommen.

Der Bewertungstheoretiker Lazarus hat von emotionaler Bewältigung gesprochen.[331] In dem hier vorgetragenen Begriffsschema bedeutet emotionale Bewältigung die kognitive Planung von vorsätzlichen *Aktionen*, wenn wir uns bei einer unfreiwillig hervorgerufenen emotionalen *Reaktion* ertappen. Die von der Evolution geschaffene Programmierung bringt die Emotionskugel ins Rollen, doch danach übernehmen wir weitgehend das Steuer. Wie wir mit dieser Verantwortung umgehen, ist eine Frage unserer erblichen Veranlagung, unserer bisherigen Erfahrung und unserer kognitiven Kreativität, um nur einige der zahlreichen wichtigen Faktoren zu nennen. Wir werden sie alle verstehen müssen, wenn wir die »Emotion« verstehen wollen, doch um einen Anfang zu machen, sollten wir zunächst den ersten Schritt in der Abfolge aufklären – die Erregung von vorgefertigten emotionalen *Reaktionen* durch angeborene oder erlernte auslösende Reize. Um die Emotion zu verstehen, müssen wir offenkundig über die Evolution hinausgehen, aber nicht, indem wir sie ignorieren, sondern indem wir begreifen, was sie dazu beigetragen hat. Das ist, denke ich, jetzt geschehen, zumindest was die Emotion Furcht angeht oder wenigstens jene Aspekte der Emotion Furcht, die in Untersuchungen zur Furchtkonditionierung erfaßt werden können.

7

Erinnerung an frühere Emotionen

>»In den Erinnerungen jedes Menschen gibt es Dinge, die
er nicht allen mitteilt, höchstens seinen Freunden. Aber
es gibt auch Dinge, die er nicht einmal den Freunden ge-
steht, sondern höchstens sich selbst und auch das nur unter dem Siegel der Verschwiegenheit. Schließlich gibt es
auch solche Dinge, die der Mensch sogar sich selbst zu ge-
stehen fürchtet, und solche Dinge sammeln sich bei jedem
anständigen Menschen in ziemlicher Menge an.«
>
> Fjodor Dostojewskij,
> *Aufzeichnungen aus dem Kellerloch*[332]

Radfahren. Englisch sprechen. Das Treuegelöbnis [der Schüler zur Nation, ein tägliches Ritual in amerikanischen Schulen]. Multiplizieren mit 7. Die Regeln des Dominos. Stuhlgangbeherrschung. Eine Vorliebe für Spinat. Ungeheure Furcht vor Schlangen. Im Stehen das Gleichgewicht halten. Die Bedeutung von »alkyonische Tage«. Der Text des »Subterranean Homesick Blues«. Die Angst beim Geräusch des Zahnbohrers. Der Duft von Bananenpudding.

Was haben all diese Dinge gemein? Es sind Dinge, die ich gelernt und in meinem Gehirn gespeichert habe. Einige habe ich zu tun oder zu erwarten gelernt, andere sind persönliche Erlebnisse, die ich mir gemerkt habe, und wieder andere sind nichts als gewöhnliche Tatsachen.

Lange hat man geglaubt, es gebe ein einziges Lernsystem, das sich um das gesamte Lernen des Gehirns kümmert. Während der Vorherrschaft des Behaviorismus glaubte man zum Beispiel, die Psychologen könnten jede Art von Lernen an jeder beliebigen Tierart erforschen und dadurch herausbekommen, wie Menschen die Dinge lernen, die wir lernen. Man wandte diesen Gedanken nicht nur auf die Dinge an, die sowohl Menschen als auch Tiere tun, wie Nahrung zu suchen und Gefahr zu meiden, sondern auch auf Dinge, die den Menschen leichtfallen und von Tieren, wenn überhaupt, kaum geleistet werden, wie zum Beispiel Sprechen.

Wie man inzwischen weiß, gibt es zahlreiche Gedächtnissysteme im Gehirn, die sich jeweils mit einer anderen Gedächtnisfunktion befassen. Das zerebrale System, mit dem ich lernte, einen Baseball zu treffen, ist ein anderes als jenes, mit dessen Hilfe ich mich erinnere, wie ich den Ball zu treffen versuchte und ihn verfehlte, und dieses unterscheidet sich wiederum von dem System, das mich angespannt und nervös sein ließ, als ich am Schlagmal Aufstellung nahm, nachdem ich den Ball beim letztenmal voll an den Kopf gekriegt hatte. Es geht in allen Fällen um eine Form von Langzeitgedächtnis (bei dem die Erinnerung länger als einige Sekunden währt), die aber jeweils von einem anderen neuralen Zentrum vermittelt wird. Verschiedene Arten von Erinnerungen kommen ebenso wie verschiedene Arten von Emotionen und verschiedene Arten von Empfindungen aus je eigenen Hirnsystemen.

In diesem Kapitel geht es um zwei Lernsysteme, die das Gehirn benutzt, um Erinnerungen an emotionale Erlebnisse zu bilden. Daß es diese beiden getrennten Arten von Gedächtnis im Gehirn gibt, wird deutlich an einer berühmten Fallstudie, bei der eines dieser Systeme beschädigt war, während das andere weiterhin normal funktionierte.

Ist das eine Nadel in Ihrer Hand,
oder sind Sie nur froh, mich zu sehen?

Anfang dieses Jahrhunderts untersuchte der französische Arzt Edouard Claparède eine Patientin, die aufgrund eines Hirnschadens offenbar gänzlich die Fähigkeit eingebüßt hatte, neue Erinnerungen zu bilden.[333] Jedesmal, wenn Claparède ins Zimmer kam, mußte er sich erneut vorstellen, da sie sich nicht erinnerte, ihn schon einmal gesehen zu haben. Das Gedächtnisproblem war so gravierend, daß sie, wenn Claparède das Zimmer verließ und einige Minuten später wiederkam, nicht mehr wußte, daß sie ihn gesehen hatte.

Eines Tages probierte er etwas anderes. Er trat ins Zimmer und streckte ihr wie gewohnt die Hand entgegen. Wie üblich schüttelte sie ihm die Hand. Doch als die beiden Hände sich trafen, zog sie die ihre rasch zurück, weil sie sich an einer Heftzwecke gestochen hatte, die Claparède in seiner Handfläche verborgen hatte. Als er das nächstemal ins Zimmer kam, um sie zu begrüßen, konnte sie sich wieder nicht an ihn erinnern, aber sie lehnte es ab, ihm die Hand zu schütteln. Den Grund konnte sie ihm nicht nennen, oder sie wollte nicht. Claparède war für sie gleichbedeutend mit Gefahr geworden. Er war nicht mehr nur ein Mann, nicht mehr nur ein Doktor, sondern war zu einem Reiz mit einer besonderen emotionalen Bedeutung geworden. Die Patientin konnte sich zwar nicht bewußt an die Situation erinnern, doch unbewußt hatte sie gelernt, daß es ihr weh tun konnte, wenn sie Claparèdes Hand schüttelte, und ihr Gehirn benutzte diese gespeicherte Information, diese Erinnerung, um einer Wiederholung des unangenehmen Erlebnisses auszuweichen.

Diese Fälle von Gedächtnisausfall oder -verlust waren zu Claparèdes Zeiten nicht leicht zu deuten, und bis vor kurzem nahm man an, in ihnen spiegele sich die Erhaltung und das Versagen verschiedener Aspekte ein und desselben Lern- und Gedächtnissystems. Doch durch aktuelle Untersuchungen der Hirnmechanismen des Gedächtnisses sind wir zu einer anderen Ansicht gelangt. Claparède war offenbar der Auffassung, daß bei seiner Patientin zwei verschiedene Gedächtnissysteme wirksam sind: eines, das Erinnerungen von Erlebtem bildet und diese Erinnerungen für die bewußte Wiedererinnerung zu einem späteren Zeitpunkt bereithält, und ein anderes, das außerhalb des Bewußtseins operiert und das Verhalten steuert, ohne daß der Betreffende sich des vorangegangenen Lernvorgangs bewußt ist.

Das bewußte Wiedererinnern ist jene Art von Gedächtnis, an die wir denken, wenn wir im Alltag von »Gedächtnis« sprechen: sich zu erinnern bedeutet, sich eines früheren Erlebnisses bewußt zu sein, und ein Gedächtnisproblem (wiederum im gewöhnlichen Sinne) zu haben heißt, mit dieser Fähigkeit Schwierigkeiten zu haben. Wissenschaftler bezeichnen das bewußte Wiedererinnern als deklaratives oder explizites Gedächtnis.[334] Auf diese Weise gebildete Erinnerungen können zu Bewußtsein gebracht und verbal beschrieben werden. Manchmal mögen wir Schwierigkeiten haben, die Erinnerung auszugraben, doch potentiell ist sie als bewußte Erinnerung zugänglich. Aufgrund eines Hirnschadens hatte Claparèdes Patientin ein Problem mit dieser Art von Gedächtnis.

Eine andere Art von Gedächtnissystem äußert sich jedoch in der Fähigkeit der Patientin, sich vor einer potentiell gefährlichen Situation dadurch zu schützen, daß sie es ablehnte, dem Arzt die Hand zu schütteln. Dieses System bildet implizite oder nichtdeklarative Erinnerungen an gefährliche oder sonstwie bedrohliche Situationen. Erinnerungen dieser Art werden, wie wir im letzten Kapitel sahen, durch die Mechanismen der Furchtkonditionierung gebildet – wegen der Assoziation mit dem schmerzhaften Nadelstich wurde der Anblick Claparèdes zu einem *erlernten Auslöser* von Abwehrverhalten (einem konditionierten Furchtreiz). Wir sahen auch, daß konditionierten Furchtreaktionen in zweierlei Hinsicht implizite oder unbewußte Prozesse zugrunde liegen: Der Lernvorgang hängt nicht von bewußter Wahrnehmung ab, und wenn er stattgefunden hat, braucht der Reiz nicht bewußt wahrgenommen zu werden, um die konditionierten emotionalen Reaktionen hervorzurufen. Es kann uns zu Bewußtsein kommen, daß eine Furchtkonditionierung stattgefunden hat, aber auf ihr Stattfinden haben wir keinen Einfluß, und wir haben keinen bewußten Zugang zu ihrer Funktionsweise. Bei Claparèdes Patientin können wir das beobachten: Infolge eines Hirnschadens hatte sie keine bewußte Erinnerung an den Lernvorgang, durch den der konditionierte Furchtreiz die Fähigkeit erwarb, sie davor zu bewahren, erneut gestochen zu werden.

Auch wenn es keine explizite, bewußte Erinnerung an den emotionalen Lernvorgang gibt, können wir also anhand eines Hirnschadens das Wirken eines impliziten emotionalen Gedächtnissystems erkennen. Doch beim unbeschädigten Gehirn sind das explizite Gedächtnis und implizite emotionale Gedächtnissysteme gleichzeitig wirksam und bilden jeweils ihre eigene Art von Erinnerungen. Wenn Sie Claparède heute begegnen würden, und er hätte nach all den Jahren noch immer seine alten Tricks auf Lager, dann würden Sie eine explizite bewußte Erinnerung daran bilden, von dem komischen alten Kauz gestochen worden zu sein, und außerdem eine implizite oder unbewußte Erinnerung. Die implizite, furchtkonditionierte Erinnerung werden wir als »emotionale Erinnerung«, die explizite, deklarative Erinnerung als »Erinnerung an eine Emotion« bezeichnen. Nachdem wir gesehen haben, wie die Furchtkonditionierung funktioniert, werden wir nun die neurale Organisation des expliziten oder deklarativen Gedächtnissystems betrachten und daneben einen Blick auf die Wechselwirkungen zwischen diesem bewußten Gedächtnissystem und dem unbewußt arbeitenden System der Furchtkonditionierung werfen.

Karl Lashley, der Vater der modernen physiologischen Psychologie und einer der einflußreichsten Hirnforscher in der ersten Hälfte des 20. Jahrhunderts, versuchte in umfangreichen Forschungen den Sitz des Gedächtnisses im Rattengehirn zu ermitteln.[335] Seine Schlußfolgerung, das Gedächtnis werde nicht von einem bestimmten neuralen System vermittelt, sondern sei diffus über das ganze Gehirn verteilt, wurde allgemein akzeptiert. Um die Mitte des Jahrhunderts hatten die Forscher es aufgegeben, nach dem Ort des Gedächtnisses im Gehirn zu suchen – man hielt es für fruchtlos oder gar für eine falsche Suche. Doch das Blatt begann sich zu wenden, als 1953 ein junger Mann, der an extremer Epilepsie litt, in Hartford, Connecticut, operiert wurde.[336]

Dieser eine Patient, unzähligen Hirnforschern und Psychologen als H. M. bekannt,[337] hat, ohne es zu ahnen, den Gang der Forschung an den Hirnmechanismen des expliziten (bewußten) Gedächtnisses in den letzten vierzig Jahren geprägt. Zur Zeit der Operation siebenundzwanzig, hatte er seit dem sechzehnten Lebensjahr krampfartige epileptische Anfälle erlebt. Alle Versuche, mit den damals verfügbaren Medikamenten die Anfälle zu mildern, waren gescheitert. Wegen der Schwere und Hartnäckigkeit seiner Epilepsie galt H. M. als geeigneter Kandidat für einen radikalen, als letztes Mittel betrachteten experimentellen Eingriff, bei dem das Hirngewebe, das die wesentlichen Zentren oder »Herde« des Leidens beherbergt, entfernt wird. In seinem Fall war es nötig, weite Teile des Temporallappens in beiden Hirnhälften zu entfernen.

Gemessen an dem Ausmaß, in dem sie ihr medizinisches Ziel erreichte, war die Operation ein großer Erfolg – man bekam die epileptischen Anfälle mit Krampfmitteln unter Kontrolle. Andererseits trat eine bedauerliche, nicht erwartete Folge ein: H. M. verlor sein Gedächtnis. Genauer gesagt, er büßte seine Fähigkeit ein, explizite, deklarative oder bewußte Langzeit-Erinnerungen zu bilden. Freilich begann man erst sehr viel später, zwischen expliziten und impliziten Erinnerungen zu unterscheiden, und zwar aufgrund der Untersuchungen an H. M. Wir werden die Unterscheidung also einstweilen auf sich beruhen lassen, bis wir uns genauer mit H. M. und seinen Problemen befaßt haben.

Im Laufe der Jahre wurde H. M.s Gedächtnisstörung, seine Amnesie, ausgiebig untersucht und beschrieben. Neal Cohen und Howard

Eichenbaum, zwei führende Gedächtnisforscher, schilderten kürzlich den Zustand von H. M.: »Heute, fast 40 Jahre nach seiner Operation, kennt H. M. weder sein Alter noch das aktuelle Datum; er weiß nicht, wo er wohnt, er weiß nicht, wie es um seine Eltern steht (sie sind seit langem tot), und er kennt seine eigene Geschichte nicht ...«[338] Larry Squire, ebenfalls ein führender Gedächtnisforscher, beschreibt ihn folgendermaßen: »Sein epileptischer Zustand hatte sich deutlich gebessert, aber er war, wenn überhaupt, kaum in der Lage, etwas Neues zu lernen ... Seine Unfähigkeit, etwas Neues zu lernen, geht so weit, daß er ständiger Beaufsichtigung bedarf. Er kann sich die Namen und Gesichter derer, die regelmäßig Umgang mit ihm haben, nicht merken. Seit der Operation älter geworden, erkennt er sich auf einem Foto nicht mehr.«[339] Am einfachsten und treffendsten wurde der bedauerliche Zustand von H. M. aber vermutlich in der ersten ihm gewidmeten Veröffentlichung beschrieben. William Scoville, der Chirurg, und Brenda Milner, die Psychologin, die H. M. als erste untersuchte, bemerkten, daß H. M. Vorgänge des alltäglichen Lebens sogleich wieder vergaß.[340]

Milners Untersuchungen machten unter anderem deutlich, daß H. M.s Gedächtnisproblem nichts mit einem Verlust geistiger Fähigkeiten zu tun hatte. Sein IQ war nach der Operation durchschnittlich, ja sogar überdurchschnittlich, und blieb es viele Jahre lang. Die »Schwarzen Löcher« seines Wissens waren nicht Ausdruck eines allgemeinen Versagens seiner Fähigkeit, zu denken und logische Operationen zu vollziehen. Er war nicht dumm. Er konnte sich nur nichts merken.

H. M.s Gedächtnisschwäche wies viele Gemeinsamkeiten mit der Störung von Claparèdes Patientin auf. Doch aus zwei Gründen ist er für das Verstehen des Gedächtnisses der bedeutendere Fall. Erstens wurde H. M. ab Mitte der fünfziger Jahre bis vor wenigen Jahren umfassend untersucht. Es gibt in der Geschichte der Neurologie wohl keinen Patienten, der so ausgiebig und über eine so lange Zeit untersucht worden ist. Immer war er ein bereitwilliger und fähiger Proband; nur in den letzten Jahren, als das Alter seinen Tribut forderte, konnte er sich nicht mehr ohne weiteres an diesen Untersuchungen beteiligen. Durch sie wissen wir genau, welche Aspekte seines Gedächtnisses beeinträchtigt waren. Der andere Grund, warum H. M. für das Verstehen des Gedächtnisses so wichtig war, ist, daß wir den Ort der Schädigung in seinem Gehirn genau kennen. Seine Läsion war nicht das Ergebnis eines natürlichen Mißgeschicks, sondern einer exakten chirurgischen Operation. Wo der Schaden sitzt, geht aus dem Operationsbericht hervor. Der Ort des Schadens konnte außerdem mit modernen bildgebenden Verfahren, die einen Blick in seinen Schädel erlauben, bestätigt werden. Die Forscher, die H. M. untersuchten, konnten durch die Verknüpfung dieser exakten neurologischen Information über den Ort des Hirnschadens mit den detaillierten Erkenntnissen darüber, welche Aspekte des Gedächtnisses gestört und welche intakt waren, wichtige Einsichten in die Organisation des Gedächtnisses im Gehirn gewinnen.

Das Lange und das Kurze[341]

Heute ist es allgemein anerkannt, daß man das Gedächtnis unterteilen kann in ein Kurzzeitgedächtnis, das Informationen für Sekunden speichert, und ein Langzeitgedächtnis, dessen Dauer Minuten bis Jahre und sogar ein ganzes Leben beträgt.[342] Alles, was Ihnen gegenwärtig bewußt ist, ist das, was sich momentan in Ihrem Kurzzeitgedächtnis befindet (und speziell im sogenannten Arbeitsgedächtnis, einer besonderen Art von Kurzzeitgedächtnis, die im 9. Kapitel erörtert wird), und was in Ihr Kurzzeitgedächtnis gelangt, kann in Ihr Langzeitgedächtnis übergehen.[343] Man kannte diese Unterscheidung seit dem ausgehenden 19. Jahrhundert, nachdem William James (wer sonst?) sie (mit anderen Worten) vorgetragen hatte;[344] den schlüssigsten Beweis dafür, daß Kurz- und Langzeitgedächtnis wirklich verschiedene Prozesse sind, die von unterschiedlichen Hirnsystemen vermittelt werden, lieferten dann aber wohl Milners erste Untersuchungen an H. M.

H. M. schien zwar fast alles zu vergessen, was ihm passierte (er konnte keine Langzeit-Erinnerungen bilden), doch einige Sekunden lang konnte er etwas behalten (er hatte ein Kurzzeitgedächtnis). Er konnte zum Beispiel, wenn man ihm eine Karte mit einem Bild zeigte und die Karte dann wegtat, unmittelbar danach angeben, was auf der Karte war, aber nach rund einer Minute konnte er nicht mehr sagen, was er gesehen hatte, ja nicht einmal, ober er überhaupt etwas gesehen hatte. Aus zahlreichen Tests ergab sich, daß bei H. M. durch Entfernung von Teilen des Temporallappens das Langzeit-, nicht aber das Kurzzeitgedächtnis gestört war, was den Schluß erlaubt, daß die Bildung von Langzeit-Erinnerungen vom Temporallappen vermittelt wird, während für das Kurzzeitgedächtnis ein anderes Hirnsystem zuständig ist.[345] Durch H. M. haben wir außerdem erfahren, daß das Hirnsystem, das an der Bildung neuer Langzeit-Erinnerungen mitwirkt, ein anderes ist als jenes, welches ältere Langzeit-Erinnerungen speichert. H. M. konnte sich recht gut an Ereignisse aus seiner Kindheit und dem frühen Erwachsenenalter erinnern. Das Erinnerungsvermögen an Dinge aus der Zeit vor der Operation war sogar gut, nur einige Jahre vor dem Eingriff ließ es nach. H. M. litt also, wie Milner sagte, an einer schweren anterograden Amnesie (einer Unfähigkeit, neue Informationen im Langzeitgedächtnis zu speichern), aber nur an einer schwachen retrograden Amnesie (der Unfähigkeit, sich an Dinge zu erinnern, die vor der Operation geschehen waren). Sein Defizit bestand also vor allem darin, daß er Neugelerntes nicht im Langzeit-Gedächtnisspeicher ablegen konnte, und nicht in einer Unfähigkeit, Informationen, die in einer früheren Phase seines Lebens dort abgelegt worden waren, abzurufen.

Die an H. M. festgestellten Befunde ließen also eine klare Unterscheidung zwischen Kurzzeitgedächtnis und Langzeitgedächtnis zu, und sie legten außerdem die Vermutung nahe, daß das Langzeitgedächtnis mindestens zweistufig arbeitet; an der ersten Stufe sind die Regionen des Temporallappens beteiligt, die bei H. M. entfernt wurden, während an der zweiten Stufe andere Hirnregionen mitwirken, höchstwahrscheinlich Gebiete des Neokortex.[346] Der Temporallappen ist erforderlich, um Langzeit-Erinnerungen zu bilden, doch mit den Jahren werden die Erinnerungen von diesem Hirnsystem unabhängig. Dies sind bedeutende Erkenntnisse, die ihre Gültigkeit für unser Verständnis der Hirnmechanismen des Gedächtnisses behalten haben.

Auf der Suche nach einem Modell

Zu den Gebieten des Temporallappens, die bei H. M. beschädigt waren, gehörten größere Teile des Hippocampus und der Amygdala sowie angrenzende Übergangsgebiete. MacLean hatte einige dieser Gebiete dem limbischen System zugerechnet, das, wie wir gesehen haben, als emotionales System des Gehirns angenommen wurde. Mit

H. M. kam die Theorie vom limbischen System als Sitz der Emotion erstmals in Schwierigkeiten, weil einiges dafür sprach, daß Teile des limbischen Systems an kognitiven Funktionen (wie dem Gedächtnis) mindestens ebensosehr beteiligt waren wie an der Emotion. Bei H. M. waren mehrere Teile des Temporallappens beschädigt, doch bildete sich die Auffassung heraus, daß für die Gedächtnisstörung hauptsächlich eine Schädigung des Hippocampus verantwortlich war. Außer H. M. wurden auch andere Patienten operiert, und wenn man alle Fälle zusammen betrachtete, schien es einen direkten Zusammenhang zwischen dem Ausmaß der Gedächtnisstörung und dem Anteil zu geben, den man vom Hippocampus entfernt hatte. Der Hippocampus galt aufgrund dieser Beobachtungen als Hauptkandidat für die Abspeicherung neuer Gedächtnisinhalte. Um verheerende Auswirkungen auf das Gedächtnis zu vermeiden, tun Chirurgen bei Operationen am Temporallappen seither alles, um den Hippocampus und mit ihm zusammenhängende Hirnregionen unversehrt zu lassen, zumindest auf einer Seite des Gehirns.

Ende der fünfziger Jahre schien die nächstliegende Aufgabe der Gedächtnisforscher klar und deutlich zu sein: im Tierversuch herauszufinden, wie der Hippocampus seine Gedächtnisarbeit erledigt. Beim Tierversuch wird das Gedächtnis nicht dadurch getestet, daß man die Versuchsperson fragt, ob sie sich an etwas erinnert; man prüft vielmehr, ob das Verhalten durch vorangegangene Lernvorgänge beeinflußt wird. An einem breiten Spektrum von Tieren wurden zahllose Untersuchungen über die Auswirkungen der Hippocampektomie (Entfernung des Hippocampus) auf das Gedächtnis vorgenommen. Die Ergebnisse waren uneinheitlich und enttäuschend. Die Fähigkeit der Tiere, sich an Gelerntes zu erinnern, wurde teils durch Läsionen unterbunden, teils nicht. Entweder waren die Gedächtnismechanismen von Mensch und Tier verschieden, oder die Forscher hatten nicht die richtige Methode gefunden, das Gedächtnis bei Tieren zu testen.

Anfang der siebziger Jahre entwickelte der Oxforder Psychologe David Gaffan ein Verfahren zur Testung des Gedächtnisses bei Affen, das sich als ein verläßliches Maß der hippocampusabhängigen Funktionen erwies.[347] Die Aufgabe hieß verzögerte Nichtübereinstimmung mit dem Muster. Man zeigte dem Affen einen Reiz, zum Beispiel einen Spielzeugsoldaten. Dann wurde der Reiz weggenommen. Nach einer Pause erschienen zwei Reize, der Spielzeugsoldat und ein Spielzeugauto von etwa gleicher Größe. Der Affe konnte eine Nascherei (wie

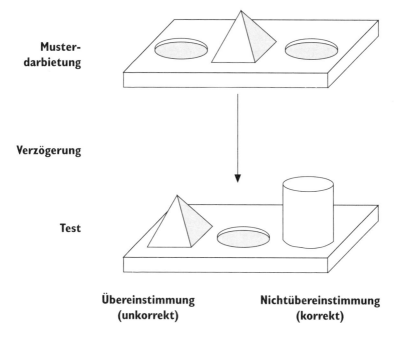

**Muster-
darbietung**

Verzögerung

Test

**Übereinstimmung
(unkorrekt)**   **Nichtübereinstimmung
(korrekt)**

Bei diesem Versuch wird dem Affen ein Musterreiz gezeigt (in der Mitte des Tabletts). Nach einer Verzögerung wird das Muster zusammen mit einem neuen Reiz dargeboten. Greift der Affe nach dem neuen Reiz (der Nichtübereinstimmung), findet er darunter eine Belohnung (Erdnuß, Fruit Loop oder Rosine). Man hat diesen Versuch ausgiebig genutzt, um die Rolle des Hippocampus und angrenzender Rindenbereiche in Gedächtnisprozessen bei Tieren zu erforschen. (Basierend auf einer Illustration, die E. A. Murray vom National Institute of Mental Health zur Verfügung stellte.)

etwa eine Rosine oder ein Fruit Loop) bekommen, wenn er nach dem Reiz griff, der vorher nicht gezeigt worden war (dem Reiz, der nicht mit dem Muster übereinstimmte), in diesem Fall dem Auto. Griff er nach dem Muster (dem Soldaten), erhielt er keine Nascherei.

Da Affen Leckermäuler sind, machen sie bei solchen Spielen bereitwillig mit. Gesunde Affen schneiden gut ab, auch wenn zwischen dem Muster und den beiden Testreizen eine lange Pause liegt. Ist der Hippocampus beschädigt, kommen die Tiere bei kurzen Pausen noch einigermaßen zurecht. Aber je länger die Pause wird, desto schlechter schneiden sie ab; sie reagieren wahllos auf die beiden Reize und wählen ebensooft das Muster wie den nicht übereinstimmenden Reiz.[348] Dieses Versagen bei langen Pausen kann nicht daran liegen, daß sie nicht die Regel gelernt hätten (wähle den Reiz, der nicht mit dem Muster übereinstimmt). Sie erlernen die Regel, bevor der Hippocampus entfernt wird, sie kennen sie also schon und brauchen sie nur auf die in einem Test erscheinenden Reize anzuwenden. Und bei kurzen Pausen wenden sie – sehr wichtig! – die Regel auch richtig an. Das Problem ist tatsächlich, sich das Muster lange genug zu merken, um den nicht übereinstimmenden Gegenstand zu wählen.

Die verzögerte Nichtübereinstimmung mit dem Muster entspricht nicht genau den Aufgaben, mit denen das Gedächtnis bei amnestischen und gesunden Menschen getestet wird.[349] Menschen werden verbal instruiert, wie sie die Aufgabe auszuführen haben, während Tiere die Regel in einem wochen- oder monatelangen Verhaltenstraining erlernen können. Menschen werden meistens an verbalem Material getestet oder werden gebeten, auch bei nichtverbalen Testreizen verbale Antworten zu geben. Bei Tieren drückt sich das Gedächtnis immer im Verhalten aus. Menschen bekommen nicht bei jeder richtigen Antwort eine Nascherei. Bei der verzögerten Nichtübereinstimmung mit dem Muster kam es also nicht darauf an, daß sie hundertprozentig den Tests entsprach, mit denen die Gedächtnisschwierigkeiten bei H. M. aufgedeckt wurden, sondern darauf, daß sie sich als eine verläßliche Methode erwies, um bei Tieren ein vom Hippocampus abhängiges Gedächtnis nachzuweisen. Die verzögerte Nichtübereinstimmung mit dem Muster wurde deshalb zum Eichmaß für die Modellierung der menschlichen Temporallappen-Amnesie bei Affen.

Auch an anderen Arten wurde die verzögerte Nichtübereinstimmung mit dem Muster ausprobiert, speziell an Ratten, und auch bei diesen Tieren erwies sie sich als brauchbares Verfahren, um das hippocampusabhängige Gedächtnis zu testen.[350] Durch Versuche mit Ratten entdeckte man aber noch andere Arten von Aufgaben, an denen der Hippocampus zuverlässig beteiligt ist. Es ging zumeist um Formen von Lernen und Gedächtnis, die auf der Benutzung räumlicher Hinweise beruhen. Bei einer Aufgabe werden die Ratten in einem Labyrinth getestet, in dem verschiedene Wege von einer zentralen Plattform radial nach außen führen.[351] Die Ratte wird in die Mitte gesetzt und muß einen der Wege wählen. Ihre Aufgabe ist, sich die Wege zu merken, die sie noch nicht gegangen ist. Wählt sie einen, den sie noch nicht betreten hat, bekommt sie eine Belohnung, wählt sie aber einen, auf dem sie schon gewesen ist, bekommt sie nichts. Diese Aufgabe ist nur lösbar, wenn sie räumliche Hinweise benutzt, zum Beispiel die Lage des Weges in bezug auf die Lage anderer Gegenstände in dem Raum, in dem sich das Labyrinth befindet. Bei einer anderen Aufgabe werden die Ratten in einen Tank gesetzt, der milchiges Wasser enthält.[352] Ratten können ganz passabel schwimmen, aber sie lieben das Wasser nicht und retten sich so schnell wie möglich aufs Trockene. Zunächst gibt es eine Plattform, die aus dem Wasser ragt. Nachdem die Ratten gelernt haben, wo sie ist, wird die Plattform knapp unter die Wasseroberfläche abgesenkt. Um sich in Sicherheit zu bringen, müssen die Ratten sich gemerkt haben, wo die Plattform war, und dazu räumliche Hinweise aus der Umgebung benutzen. Durch Läsionen des Hippocampus wird das Raumgedächtnis sowohl im radialen als auch im Wasserlabyrinth beeinträchtigt.

Ende der siebziger Jahre schien alles klar zu sein. Tier- und Menschenversuche deuteten schließlich übereinstimmend darauf hin, daß das Gedächtnis entscheidend vom Hippocampus abhängt. Doch da entdeckte Mortimer Mishkin vom National Institute of Mental Health, daß diese allzu klare Geschichte von der Beteiligung des Hippocampus an Gedächtnis und Amnesie einen Haken hat.[353] Er zeigte, daß alle Patienten, auch H. M., die infolge von Temporallappen-Läsionen amnestisch geworden waren, einen Schaden sowohl am Hippocampus als auch an der Amygdala hatten. Konnte die Amygdala nicht auch wichtig sein? Mishkin überprüfte diese Hypothese, indem er an Affen untersuchte, wie es sich auswirkte, wenn einerseits der Hippocampus und die Amygdala und andererseits nur eines dieser beiden Gebiete beschädigt waren. Die Ergebnisse schienen unzweideutig zu sein. Bei der verzögerten Nichtübereinstimmung mit dem Muster war das Erinnerungsvermögen schlechter, wenn sowohl Amygdala als auch Hippocampus beschädigt waren, als wenn nur eines dieser Areale beschädigt war. Die Vorstellung, daß limbische Areale wie die Amygdala und der Hippocampus mehr an der Emotion als an der Kognition beteiligt sind, war bereits durch die Entdeckung erschüttert worden, daß der Hippocampus zur Kognition (Gedächtnis) beiträgt. Noch stärker verwischte sich die Unterscheidung zwischen kognitiven und emotionalen Funktionen limbischer Areale durch die Möglichkeit, daß die Amygdala ein Teil des Gedächtnissystems sein könnte.
Doch die Auffassung, daß die Amygdala ein Teil des Gedächtnis-

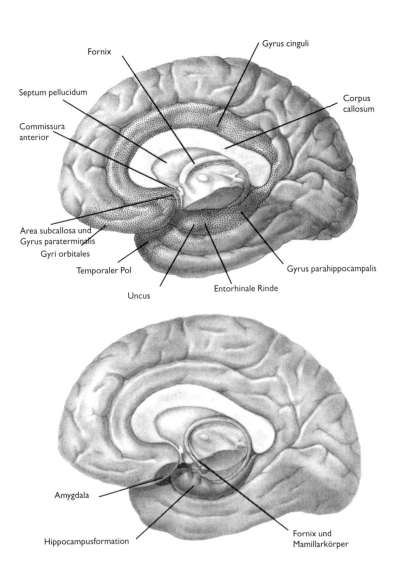

Die beiden Diagramme zeigen die mediale oder innere Wand des menschlichen Großhirns. Die punktierte Fläche ist der klassische limbische Lappen (siehe 4. Kapitel). Amygdala und Hippocampus liegen tief im medialen Teil des Temporallappens, unterhalb des Uncus, der entorhinalen Rinde und des Gyrus parahippocampalis (oben). In der unteren Illustration sind diese Rindenbereiche entfernt worden, um die Lage des Hippocampus und der Amygdala zu zeigen. (Abdruck der Abb. 15-1 und 15-2 in: J. H. Martin [1989], *Neuroanatomy: Text and Atlas*, New York: Elsevier. Copyright © [1989] by Appleton and Lange.)

systems sei, wurde von anderen Forschern nicht restlos geteilt, und Ende der achtziger Jahre wendete sich das Blatt erneut zugunsten des Hippocampus als dem Sitz des Langzeitgedächtnisses. Larry Squire, Stuart Zola-Morgan und David Amaral in San Diego untersuchten einen Patienten mit einer schweren Gedächtnisstörung, die gewisse Ähnlichkeiten mit dem Fall H. M. aufwies.[354] Einige Zeit darauf verstarb der Patient, und das Gehirn wurde für eine Analyse zur Verfügung gestellt. Es zeigte sich, daß allein der Hippocampus beschädigt war. Ansonsten war kein Schaden festzustellen. Die Läsion beruhte auf einer Anoxie, einer Sauerstoffunterversorgung im Gehirn, von der besonders Zellen im Hippocampus betroffen sind. Die Amnesie, so schien es, war allein der Schädigung des Hippocampus zuzuschreiben.

Warum war dann aber die Gedächtnisleistung von Affen bei der verzögerten Nichtübereinstimmung mit dem Muster durch die gleichzeitige Läsion von Hippocampus und Amygdala stärker beeinträchtigt als durch die Läsion nur des Hippocampus? Das San-Diego-Team nahm sich diese Frage vor. Ihnen fiel auf, daß Chirurgen bei der Entfernung der Amygdala oft Rindenbereiche beschädigen, die eine wichtige Verbindung zwischen dem Neokortex und dem Hippocampus herstellen. Vielleicht beruhte Mishkins Effekt nicht auf einem Amygdalaschaden, sondern auf einer Unterbrechung des Informationsflusses zwischen Neokortex und Hippocampus. Die Forscher in San Diego fanden ein Verfahren, die Amygdala zu entfernen, ohne daß die mit dem Hippocampus verbundenen Rindenbereiche beschädigt wurden. Diese ausschließliche Amygdalaläsion hatte keine Auswirkung auf die verzögerte Nichtübereinstimmung mit dem Muster.[355] Bemerkenswert war allerdings, daß die ausschließliche Amygdalaläsion nicht die emotionalen Begleiterscheinungen des Klüver-Bucy-Syndroms, speziell verringerte Furcht, hervorrief.[356] Die Beteiligung des Hippocampus am Gedächtnis schien gerettet, und der Amygdala wurde wieder einmal die Bürde der Kognition abgenommen.

Worin also besteht der Beitrag des Hippocampus, verglichen mit dem Beitrag der vertrackten Rindenbereiche, welche die Amygdala und den Hippocampus umgeben? Mishkin und Betsy Murray zeigten, daß eine Schädigung des umgebenden Kortex ebenfalls ein Defizit bei der verzögerten Nichtübereinstimmung mit dem Muster hervorruft; das Defizit war bei diesen Läsionen sogar noch größer als bei der Schädigung des Hippocampus.[357] Auf dieses Ergebnis gestützt, stellten Murray und Mishkin die Hauptrolle des Hippocampus beim Gedächt-

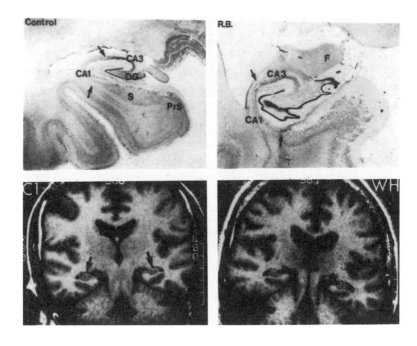

Schnitt durch den Hippocampus eines gesunden Menschen (oben links) und
eines amnestischen Patienten (oben rechts). Der Pfeil zeigt auf die CA-1-
Region des Hippocampus im normalen Gehirn. Beim amnestischen Patienten
ist die CA-1-Region beschädigt. Magnetresonanzbilder eines gesunden Menschen (unten links) und eines amnestischen Patienten (unten rechts). Beim
amnestischen Patienten ist die Hippocampusformation stark geschrumpft.
(Obere Bilder abgedruckt mit freundlicher Genehmigung von L.R. Squire
[1986], »Mechanisms of Memory«. *Science* 232, S. 1612–1619, © 1986 American
Association for the Advancement of Science. Untere Bilder abgedruckt mit
freundlicher Genehmigung von G. Press, D.G. Amaral and L.R. Squire
[1989], »Hippocampal abnormalities in amnesic patients revealed by high-
resolution magnetic resonance imaging«. *Nature* 341, S. 54, © Macmillan
Magazines Ltd.)

nis in Frage und rückten die Bedeutung des umgebenden Kortex in den Vordergrund. Andere Forscher wandten jedoch ein, daß man eine solche Schlußfolgerung nicht allein auf die verzögerte Nichtübereinstimmung mit dem Muster stützen könne, die vielleicht doch nicht der Dreh- und Angelpunkt sei, zu dem man sie gemacht hatte.[358] Schließlich gebe es recht handfeste Beweise dafür, daß ein ausschließlicher Hippocampusschaden beim Menschen zur Amnesie führen kann (siehe den erwähnten Anoxiefall). Die verzögerte Nichtübereinstimmung mit dem Muster sei vielleicht besser geeignet, die Funktion des umgebenden Kortex als die des Hippocampus zu testen, woraus dann zu folgern wäre, daß diese beiden Areale ausschließlich zum Gedächtnis beitragen.[359] Über diese Details wird man sicherlich noch lange debattieren. Doch unter den meisten Forschern vom Fach herrscht im großen und ganzen Einigkeit darüber, wie das Temporallappen-Gedächtnissystem funktioniert.[360] Sensorische Verarbeitungsbereiche des Kortex erhalten Inputs über äußere Ereignisse und erzeugen perzeptuelle Repräsentationen der Reize. Diese Repräsentationen werden dann zu den umgebenden Rindenbereichen befördert, die ihrerseits verarbeitete Repräsentationen zum Hippocampus schicken. Der Hippocampus tauscht sich daraufhin mit den umgebenden Regionen aus, die sich wiederum mit dem Neokortex austauschen. Die Aufrechterhaltung der Erinnerung über eine kürzere Frist (einige Jahre) setzt voraus, daß das Temporallappen-Gedächtnissystem unversehrt ist, sei es, weil Komponenten dieses Systems die Gedächtnisspur speichern, sei es, weil die Spur durch Wechselwirkungen zwischen dem Temporallappensystem und dem Neokortex aufrechterhalten wird. Im Laufe der Jahre tritt der Hippocampus seine Kontrolle über das Gedächtnis nach und nach an den Neokortex ab, wo die Erinnerung anscheinend so lange bleibt, wie sie eine Erinnerung ist, und das kann für ein ganzes Leben sein.

Dieses Modell des Gedächtnisses, das sich aus Untersuchungen an amnestischen Tieren und Menschen ergeben hat, läßt uns die mentalen Veränderungen verstehen, die sich nach und nach bei der Alzheimer-Krankheit vollziehen.[361] Die Krankheit beginnt mit ihrem Angriff auf das Gehirn beim Temporallappen, speziell beim Hippocampus, wodurch klar wird, daß Vergeßlichkeit das erste Warnsignal ist. Doch schließlich dringt die Krankheit zum Neokortex vor, womit erklärlich wird, daß die fortschreitende Erkrankung neben einer Vielzahl sonstiger rindenabhängiger kognitiver Funktionen alle Aspekte des Gedächtnisses (alte und neue Gedächtnisinhalte) in Mitleidenschaft zieht. Die kognitive Auflösung, die sich vollzieht, während die Alzheimer-Krankheit das Vorderhirn erfaßt, wäre ohne die jahrelangen Untersuchungen zur Amnesie bei Mensch und Tier nicht leicht zu deuten. Und dank dieser Erkenntnisse über die Gefährdung von Geist und Gehirn durch die Krankheit wird man vielleicht eher Methoden finden, um der sich vollziehenden kognitiven Auflösung vorzubeugen, sie zum Stillstand zu bringen oder gar rückgängig zu machen.

Nester der Erinnerung

In den Anfängen vermochte H. M. bei den allermeisten ihm gestellten Gedächtnisaufgaben keine neuen Langzeit-Erinnerungen zu bilden.[362] Gleichgültig, ob man ihn mit Worten, Bildern oder Tönen testete – er konnte sich nicht erinnern. Man bezeichnete seine Gedächtnisschwäche dementsprechend als »globale Amnesie«. Die wenigen Dinge, die sich merken konnte, erschienen zunächst wie isolierte, unzusammenhängende Erinnerungsbrocken. Doch je mehr man durch verschiedene Gedächtnistests über ihn herausfand, desto deutlicher wurde, daß H. M. klar abgegrenzte Nester der Gedächtnisschwäche hatte. Aufgrund dieser Entdeckungen betrachtet man die Temporallappen-Amnesie nicht mehr als eine globale, alle Formen des Lernens neuer Inhalte beeinträchtigende Gedächtnisstörung. Der Forschung gelang es herauszufinden, welche Lernfunktionen von der Amnesie verschont bleiben und welche beeinträchtigt werden, und auf diese Weise konnte der Anteil des Temporallappensystems am Gedächtnis bestimmt werden.

Zu den ersten Beobachtungen von Lernvorgängen, die von der Amnesie verschont blieben, gehörte die folgende Aufgabe. Milner bat H. M., ein Bild eines Sterns abzuzeichnen, wobei er seine Hand aber nur im Spiegel sehen konnte.[363] Er mußte folglich lernen, anhand der ungewohnten (visuell umgekehrten) Rückmeldung, die sein Gehirn über die räumliche Position seiner Hand erhielt, die Hand zu steuern. Beim erstenmal mißlang es, doch durch Üben wurde er immer besser, und die Fähigkeit, die verbesserte Leistung zu zeigen, blieb über einen längeren Zeitraum erhalten. Auch bei einer anderen Geschicklichkeitsaufgabe verbesserte er sich durch Üben, wie Suzanne Corkin vom MIT herausfand: Er sollte einen Schreibstift auf einen kleinen Punkt halten, der auf einem sich drehenden Plattenteller umherwanderte.[364] Wie bei der Zeichenaufgabe mit dem Spiegel verbesserte er sich, je länger er übte. Bemerkenswert und wichtig an beiden Geschicklichkeits-Lernaufgaben war: Er verbesserte sich, obwohl er an die Erfahrungen, die zu der verbesserten Leistung führten, keine bewußte Erinnerung hatte. Daraus konnte man schließen, daß das Erlernen und Erinnern manueller Fertigkeiten von einem anderen System als dem Temporallappensystem vermittelt wird.

Neal Cohen untersuchte später die Frage, ob vielleicht auch das Erlernen kognitiver Fertigkeiten, also die Fähigkeit, durch Üben bei mentalen Aufgaben besser abzuschneiden, von der Amnesie verschont sein könnte.[365] Wie er zeigte, verbessert sich durch Üben die Fähigkeit von Amnestikern, Spiegelbilder von Wörtern zu lesen. Die Patienten konnten darüber hinaus komplizierte, auf Regeln basierende Strategien erlernen, die für die Lösung mathematischer Probleme oder von Puzzles erforderlich sind. Ein vieldiskutiertes Beispiel ist ein Puzzlespiel namens »Tower of Hanoi«, bei dem Scheiben von unterschiedlicher Größe so zwischen drei Pflöcken hin und her verschoben werden müssen, daß auf keinen Fall eine kleinere Scheibe unter eine größere gerät. Die »optimale« Lösung bereitet sogar normalen Versuchspersonen Schwierigkeiten. Doch durch langes Üben gelang den amnestischen Patienten, darunter H. M., diese Lösung. Wie bei den anderen Lernaufgaben konnten sie sich nicht daran erinnern, dieses Spiel schon gespielt zu haben.

Die englischen Forscher Elizabeth Warrington und Larry Weiskrantz zeigten, daß bei amnestischen Patienten das »Priming« erhalten bleibt.[366] Wie in den anderen Fällen, wo Lernen und Gedächtnis von der Amnesie verschont bleiben, werden beim Priming die Auswirkungen der vorangegangenen Erfahrung auf das spätere Verhalten, nicht aber das Wissen der Versuchsperson vom vorangegangenen Lernvorgang als Nachweis des Lernens benutzt. In einer Version des Priming erhält die Versuchsperson eine Wortliste, die sie sich einprägen soll. Anschließend nach dem Inhalt der Liste befragt, schneiden amnestische Patienten sehr schlecht ab. Wenn man sie aber nicht nach dem Inhalt der Liste fragt, sondern ihnen Wortfragmente gibt, die sie ergänzen sollen, schneiden sie, genau wie normale Versuchspersonen, besser bei jenen Fragmenten ab, die mit Wörtern in der vorher gezeigten Liste zusammenpassen, als bei Fragmenten, die mit der Liste nichts zu tun haben.

Weiskrantz und Warrington zeigten ferner, daß die klassische Konditionierung von Lidreflexen bei Amnesie erhalten bleibt.[367] Bei dieser Aufgabe wird ein Ton mit einem aversiven Reiz gekoppelt (meistens wird Luft in die Augen geblasen). Nach hundert Versuchen löst der Ton eine Schließung der Lider unmittelbar vor dem Beginn des Lufthauchs aus. Diese zeitlich genau abgestimmte Reaktion schützt die empfindlichen Gewebe des Auges vor dem Lufthauch. Die Konditionierung des Lidreflexes funktioniert bei amnestischen Patienten normal. Das ist nicht überraschend, wissen wir doch aus Tierversuchen, daß die Konditionierung des Lidreflexes sich auf Schaltungen im Hirnstamm stützt und auch dann unbeeinträchtigt bleibt, wenn das gesamte Hirngewebe oberhalb des Mittelhirns entfernt wird.[368] Die Patienten können sich später jedoch nicht erinnern, den Konditionierungsapparat schon gesehen zu haben.

Die Vielzahl von Gedächtnissystemen

Was haben all diese von der Amnesie verschonten Lern- und Gedächtnisfunktionen miteinander gemein, und wie unterscheiden sie sich von den Funktionen, die bei Temporallappen-Amnesie beeinträchtigt sind? Cohen und Squire faßten alle Ergebnisse zusammen und formulierten eine Antwort.[369] Eine Schädigung des Temporallappen-Gedächtnissystems beeinträchtigt ihrer Ansicht nach die Fähigkeit, sich bewußt zu erinnern, läßt aber die Fähigkeit, gewisse Dinge zu erlernen, unberührt. Sie haben diese beiden Prozesse als deklaratives und prozedurales Gedächtnis bezeichnet. Der Harvard-Forscher Daniel Schacter unterscheidet im gleichen Sinne zwischen explizitem und implizitem Gedächtnis.[370] Beim expliziten Gedächtnis ist man sich der Basis der Leistung bewußt, während die Leistung beim impliziten Gedächtnis von unbewußten Faktoren geleitet wird. Das Erlernen von Fertigkeiten, das Priming und die klassische Konditionierung sind Beispiele des impliziten oder prozeduralen Lernens. Sie bleiben von der Temporallappen-Amnesie unberührt und stützen sich auf andere Hirnareale als das Temporallappen-Gedächtnissystem. Es gibt noch andere Einteilungen des Gedächtnisses,[371] doch die Unterscheidung zwischen dem bewußten, expliziten, deklarativen Gedächtnis einerseits und dem unbewußten, impliziten, prozeduralen Gedächtnis andererseits hat das heutige Denken am stärksten beeinflußt, und ihr wird hier der Vorzug gegeben.

Ein beeindruckendes Beispiel für den Unterschied zwischen explizitem und implizitem Gedächtnis lieferte eine von Squire und seinen Mitarbeitern durchgeführte Untersuchung.[372] Amnestiker bestanden einen Gedächtnistest oder scheiterten, je nachdem, wie man sie instruierte; sie scheiterten, wenn die Instruktionen so gegeben wurden, daß die Patienten auf den expliziten Gedächtnispfad gelockt wurden, während sie bei einem Streifzug durch das Land des impliziten Gedächtnisses erfolgreich waren. Die Reize waren bei allen Versuchen dieselben, nur die Gedächtnisinstruktionen waren andere. Zunächst erhielten die Versuchspersonen eine Wortliste, die sie sich einprägen sollten. Einige Minuten später erhielten sie eine der drei folgenden Instruktionen: Nennen Sie alle Wörter aus der Liste, an die Sie sich erinnern; benutzen Sie die folgenden Hinweise, die Ihnen helfen werden, sich an möglichst viele Wörter aus der Liste zu erinnern; oder: Nennen Sie das erste Wort, das Ihnen einfällt, wenn Sie die folgenden Hinweise sehen. Die bei den beiden letztgenannten Versuchen benutzten Hinweise waren aus drei Buchstaben bestehende Wortstämme von Wörtern, die auf der Liste gestanden hatten: MOT für MOTEL, ABS für ABSENT, INC für INCOME usw. Die Stämme konnten auch anderen Wörtern entstammen: MOT zum Beispiel aus MOTHER oder MOTLEY oder eben MOTEL. Ohne Hinweise schnitten die Amnestiker erwartungsgemäß schlecht ab. Als die Instruktion jedoch lautete, das erste Wort zu nennen, das ihnen einfalle, wenn sie einen Hinweis gesehen hätten, waren sie genauso gut wie normale Versuchspersonen. In diesem Fall waren die Hinweise eher aktivierende Reize als Erinnerungshilfen. Bei der Priming-Aufgabe benutzten sie ein implizites Gedächtnissystem und schnitten deshalb gut ab, während sie sich wegen der Schädigung des Temporallappen-Gedächtnissystems nicht bewußt an die Items erinnern konnten, auch nicht mit Hilfe der Hinweise. Bei Versuchen mit Ratten hat Howard Eichenbaum etwas Ähnliches herausgefunden: Je nach Art der Instruktion (in Form von Übungsaufgaben), die die Ratten erhielten, war die Lernsituation entweder vom Hippocampus abhängig oder unabhängig.[373]

Kurz darauf wiesen Cohen und Squire nach, daß das explizite, deklarative Gedächtnis von nur einem Gedächtnissystem, dem Temporallappen-Gedächtnissystem, vermittelt wird, daß es aber eine Vielzahl von impliziten, prozeduralen Gedächtnissystemen gibt. Das Priming zum Beispiel wird von einem anderen Hirnsystem vermittelt als das Lernen von Fertigkeiten oder die klassische Konditionierung. Außerdem werden verschiedene Formen von klassischer Konditionierung von unterschiedlichen neuralen Systemen vermittelt – die Konditionierung des Lidreflexes von Schaltungen im Hirnstamm und die Furchtkonditionierung von der Amygdala und ihren Verbindungen. Das Gehirn besitzt offenbar vielfältige Gedächtnissysteme, die jeweils für eine andere Art von Lern- und Gedächtnisfunktionen zuständig sind.

Rückblickend läßt sich sagen, daß man die Vielzahl von Gedächtnissystemen aus der Tatsache hätte ersehen können, daß es so schwierig war, Gedächtnisaufgaben zu finden, die bei Tieren vom Hippocampus abhängen. Man fand zwar einige, doch die überwältigende Mehrheit der Gedächtnisaufgaben, mit deren Hilfe man das tierische Gedächtnis erforschte, funktionierten ausgezeichnet ohne Hippocampus. Wenn die Leistung bei manchen Aufgaben vom Hippocampus abhing und bei anderen nicht, konnte das Gedächtnis kein einheitliches Phänomen sein, und es mußte verschiedene Gedächtnissysteme im Gehirn geben. Doch in den sechziger und siebziger Jahren hatte man keine klare theoretische Grundlage, um diese uneinheitlichen Effekte zu verstehen. Statt zur Klärung trugen sie zur Verwirrung bei. Mit der Idee, daß es eine Vielzahl von Gedächtnissystemen gibt, wurde alles verständlich.

Was repräsentiert der Hippocampus denn nun?

Weshalb der Hippocampus für seine Art von Gedächtnis so wichtig ist, können wir ziemlich genau herausbekommen, indem wir die Inputs untersuchen, die der Hippocampus vom Neokortex erhält.[374] Das Hauptbindeglied zwischen dem Hippocampus und dem Neokortex ist, wie schon erwähnt, der Übergangskortex (siehe Abbildung S. 213). Diese Region erhält Inputs von den höchsten neokortikalen Verarbeitungsstufen in jeder der wichtigen Sinnesmodalitäten. Wenn ein kortikales sensorisches System alles, was es mit einem visuellen oder akustischen Reiz machen kann, erledigt hat, schickt es die Information zu der Übergangsregion, wo die einzelnen Sinnesmodalitäten miteinander vermischt werden können. Schon in den Übergangsschaltungen

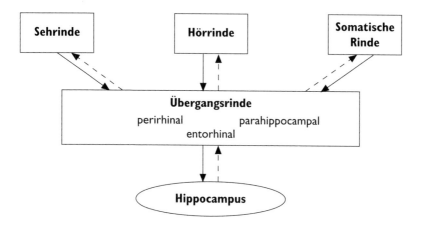

| Sehrinde | Hörrinde | Somatische Rinde |

Übergangsrinde
perirhinal   parahippocampal
            entorhinal

Hippocampus

Aus den großen sensorischen Verarbeitungssystemen des Neokortex entspringen Projektionen zu Bereichen, die einen Übergang zwischen dem Neokortex und dem Hippocampus bilden (das heißt zu den perirhinalen und parahippocampalen Bereichen). Diese schicken ihre Outputs zur entorhinalen Rinde. Die entorhinale Rinde ist dann die Hauptquelle von Inputs für die Hippocampusformation. Der Hippocampus projiziert auf denselben Wegen durch die Übergangsrinde zum Neokortex zurück.

beginnen sich also Repräsentationen der Welt zu bilden, die nicht mehr nur visueller oder akustischer oder olfaktorischer Art sind, sondern diese alle zusammen enthalten. Hier verlassen wir den Hirnbereich der reinen Wahrnehmung und gelangen in den konzeptuellen Bereich. Die Übergangsregion schickt diese konzeptuellen Repräsentationen dann zum Hippocampus, wo noch komplexere Repräsentationen erzeugt werden.

Einen der ersten Hinweise darauf, wie der Hippocampus seine Aufgabe erledigt, lieferte eine Studie von John O'Keefe am Londoner University College zu Beginn der siebziger Jahre.[375] Er stellte fest, daß Zellen im Hippocampus einer Ratte sehr aktiv wurden, wenn die Ratte sich in einen bestimmten Teil einer Testkammer begab, und inaktiv wurden, wenn die Ratte sich anderswohin begab. Er fand viele solcher Zellen, und jede wurde an einer anderen Stelle aktiv. O'Keefe nannte sie »Ortszellen«. Die Kammer war oben offen, und die Ratten konnten in den Raum hineinsehen. O'Keefe zeigte, daß die Aktivität der Zellen von dem Eindruck der Ratte abhing, wo sie sich, auf das Zimmer bezogen, befand, denn als die Hinweise im Zimmer, an denen die Ratte sich orientieren konnte, beseitigt wurden, änderte sich das Feuerungsmuster der Zellen einschneidend. Genaugenommen reagierten die Zellen allerdings nicht auf visuelle Reize, denn auch bei völliger Dunkelheit behielten sie ihre »Ortsfelder« (die Stelle, an der sie aktiv wurden) bei. 1978 veröffentlichten O'Keefe und seine Kollegin Lynn Nadel ein einflußreiches Buch mit dem Titel *The Hippocampus as a Cognitive Map*, in dem sie die These vertraten, der Hippocampus bilde von sensorischen Eindrücken unabhängige räumliche Repräsentationen der Welt.[376] Eine wichtige Funktion dieser räumlichen Repräsentationen besteht O'Keefe und Nadel zufolge darin, einen Kontext zu erzeugen, in dem Erinnerungen lokalisiert werden. Der Kontext mache Erinnerungen zu autobiographischen Daten, indem er sie in Raum und Zeit lokalisiere, und darauf beruhe die Bedeutung des Hippocampus für das Gedächtnis. In ihrer ersten Aufstellung eines multiplen Gedächtnissystems unterschieden O'Keefe und Nadel ein vom Hippocampus vermitteltes lokales Gedächtnissystem von einer Reihe anderer Systeme, die von anderen Hirnregionen vermittelt werden. Sie befaßten sich vornehmlich mit dem lokalen System und kümmerten sich nicht um die Hirnsysteme, die anderen Formen des Lernens zugrunde liegen.

O'Keefes Beobachtungen und sein zusammen mit Nadel verfaßtes Buch ließen einen regelrechten Industriezweig entstehen, der die Rolle des Hippocampus bei der Verarbeitung räumlicher Hinweise erforschte. Der Nachweis des hippocampusabhängigen Gedächtnisses im radialen Labyrinth[377] und im Wasserlabyrinth[378] war eine direkte Folge der Ortszellen-Befunde, und in zahlreichen Experimenten versuchte man zu klären, wie der Hippocampus den Raum kodiert. Von besonderer Bedeutung waren, abgesehen von O'Keefes weiteren Untersuchungen,[379] die Arbeiten von Bruce McNaughton und Carol Barnes in Tucson,[380] David Olton in Baltimore,[381] Richard Morris in Edinburgh[382] sowie Jim Ranck, John Kubie und Bob Muller in Brooklyn.[383]

Doch die Idee, der Hippocampus sei eine Raum-Maschine, fand nicht bei allen Forschern Anklang. Howard Eichenbaum zum Beispiel bezweifelt, daß der Hippocampus sich mit der räumlichen Verarbeitung als solcher befaßt, und behauptet statt dessen, der Hippocampus sei besonders gut darin und besonders wichtig dafür, Repräsentationen zu erzeugen, welche die vielfältigen Hinweise gleichzeitig beinhalten, und der Raum sei nicht der vorrangige Beleg dafür, sondern nur ein spezielles Beispiel davon.[384] Jerry Rudy und Rob Sutherland haben die These vertreten, der Hippocampus erzeuge Repräsentationen, die Konfigurationen (Verschmelzungen) von Hinweisen enthalten, welche die einzelnen Reize, aus denen die Konfiguration sich zusammensetzt, transzendieren.[385] Dies weicht von der Hypothese Eichenbaums ab, der zufolge es bei der Repräsentation im Hippocampus um die Relation zwischen einzelnen Hinweisen geht und nicht um eine Repräsentation, in der die Hinweise zu einer neu synthetisierten Konfiguration verschmolzen sind.

Um zwischen der räumlichen, der konfiguralen und der relationalen Hypothese entscheiden zu können, sind noch weitere Untersuchungen erforderlich. Das letzte Wort wird derjenige haben, der schließlich erklärt, wie die Gesichts-, Geruchs- und Gehöreindrücke eines Erlebnisses sowie die Anordnung all der verschiedenen Reize und Ereignisse in Raum und Zeit im Hippocampus repräsentiert sind.

Als Paul McLean seine Theorie vom limbischen System vortrug, vermutete er, der Hippocampus sei der ideale Sitz der Emotion. Er meinte, der Hippocampus sei aufgrund seiner primitiven, einfachen Architektur nicht imstande, feine Unterscheidungen zwischen den Reizen zu machen, und neige dazu, Dinge miteinander zu vermischen.[386] Damit, meinte MacLean, sei die Irrationalität und Verworrenheit unseres Gefühlslebens zu erklären. Inzwischen ist das Pendel jedoch zur anderen Seite ausgeschlagen. Heute schreibt man dem Hippocampus nicht mehr eine primitive Organisation zu, die Verworrenheit zur Folge hat, sondern einen vorzüglichen Aufbau, der mit ausgefallener Rechenleistung einhergeht.[387] Man hält den Hippocampus sogar für ein entscheidendes Glied in einem der wichtigsten kognitiven Systeme des Gehirns, dem Temporallappen-Gedächtnissystem.

Eins wie 's andere: Emotionale Erinnerungen und Erinnerungen an Emotionen

Jetzt wollen wir untersuchen, was aus der Unterscheidung zwischen explizitem und implizitem Gedächtnis für die Frage folgt, wie Erinnerungen in einer emotionalen Situation gebildet werden. Angenommen, Sie haben einen entsetzlichen Verkehrsunfall. Die Hupe hört nicht mehr auf zu hupen. Sie haben Schmerzen und sind insgesamt von dem

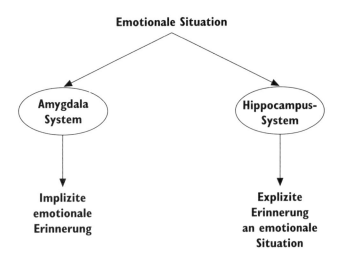

Emotionale Situation

Amygdala System

Hippocampus-System

Implizite emotionale Erinnerung

Explizite Erinnerung an emotionale Situation

Heute wird allgemein angenommen, daß das Gehirn eine Vielzahl von Gedächtnissystemen enthält. Die bewußte, deklarative oder explizite Erinnerung wird vermittelt vom Hippocampus und von mit ihm verbundenen Rindenbereichen, während unbewußte oder implizite Erinnerungsformen von verschiedenen Systemen vermittelt werden. Eines der impliziten Gedächtnissysteme ist ein emotionales (Furcht-)Gedächtnissystem, an dem die Amygdala und mit ihr zusammenhängende Bereiche beteiligt sind. In traumatischen Situationen arbeiten implizite und explizite Gedächtnissysteme parallel. Werden Sie später mit Reizen konfrontiert, die während des Traumas gegeben waren, werden sehr wahrscheinlich beide Systeme reaktiviert. Durch das Hippocampussystem werden Sie sich erinnern, mit wem Sie während des Traumas zusammen waren und was Sie taten, und Sie werden sich – als eine nüchterne Tatsache – auch daran erinnern, daß die Situation schrecklich war. Durch das Amygdalasystem werden die Reize neben anderen körperlichen und zerebralen Reaktionen bewirken, daß Ihre Muskeln sich straffen, daß Blutdruck und Herzfrequenz sich ändern und daß Hormone ausgeschüttet werden. Weil diese Systeme von denselben Reizen aktiviert werden und gleichzeitig funktionieren, hat es den Anschein, als seien die beiden Arten von Erinnerungen einer einheitlichen Gedächtnisfunktion. Nur wenn wir diese Systeme, besonders durch Tierversuche, aber auch durch Untersuchungen seltener menschlicher Fälle, zerlegen, können wir verstehen, wie aus parallel arbeitenden Gedächtnissystemen unabhängige Gedächtnisfunktionen hervorgehen.

Erlebnis traumatisiert. Wenn Sie dann später einen Hupton hören, werden sowohl das implizite als auch das explizite Gedächtnissystem aktiviert. Der Hupton (bzw. eine neurale Repräsentation von ihm), der zu einem konditionierten Furchtreiz geworden ist, geht vom Hörsystem direkt zur Amygdala und löst implizit körperliche Reaktionen aus, die in Gefahrensituationen typischerweise auftreten: Muskelanspannung (ein Überbleibsel der Starrereaktion), Veränderungen von Blutdruck und Herzfrequenz, verstärkte Transpiration usw. Der Ton wandert auch durch den Kortex zum Temporallappen-Gedächtnissystem, wo explizite, deklarative Erinnerungen aktiviert werden. Sie werden an den Unfall erinnert. Sie erinnern sich bewußt, wohin Sie fuhren und wer Sie begleitete. Sie erinnern sich auch, wie schrecklich es war. Doch im deklarativen Gedächtnissystem besteht kein Unterschied zwischen der Tatsache, daß Bob Sie begleitete, und der Tatsache, daß der Unfall schrecklich war. Beides sind schlichte Tatsachen, benennbare Aussagen über das Erlebnis. Die spezielle Tatsache, daß der Unfall schrecklich war, ist keine emotionale Erinnerung. Sie ist eine deklarative Erinnerung an ein emotionales Erlebnis. Sie wird vom Temporallappen-Gedächtnissystem vermittelt und hat selbst keine emotionalen Konsequenzen. Damit Sie eine aversive emotionale Erinnerung haben, einschließlich aller körperlichen Empfindungen, die mit einer Emotion einhergehen, müssen Sie ein emotionales Gedächtnissystem aktivieren, zum Beispiel das auf die Amygdala gestützte implizite Furcht-Gedächtnissystem (siehe Abbildung S. 216).

Es gibt allerdings einen Ort, an dem explizite Erinnerungen an emotionale Erlebnisse und implizite emotionale Erinnerungen sich treffen – im Arbeitsgedächtnis mit dem von ihm erzeugten unmittelbaren bewußten Erlebnis (Arbeitsgedächtnis und Bewußtsein werden im 9. Kapitel erörtert). Der Hupton öffnet über das implizite emotionale Gedächtnissystem die Schleusen der emotionalen Erregung und schaltet all die körperlichen Reaktionen ein, die mit Furcht und Abwehr zusammenhängen. Die Tatsache, daß Sie erregt sind, wird zum Bestandteil Ihres aktuellen Erlebens. Diese Tatsache wird im Bewußtsein neben Ihrer expliziten Erinnerung an den Unfall abgelegt. Ohne die durch das implizite System ausgelöste emotionale Erregung wäre die bewußte Erinnerung emotional neutral. Die gleichzeitige Repräsentation im Bewußtsein der bewußten Erinnerung und der aktuellen emotionalen Erregung gibt der bewußten Erinnerung dagegen eine emotionale Tönung. Diese beiden Vorgänge (die ältere Erinnerung

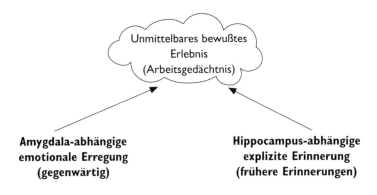

Resultat der Aktivität im expliziten Gedächtnissystem des Hippocampus ist ein bewußtes Zurkenntnisnehmen von gespeichertem Wissen oder persönlichen Erfahrungen. Resultat der Aktivität in der Amygdala ist der Ausdruck von emotionalen (Abwehr-)Reaktionen. Wir werden uns aber auch der Tatsache bewußt, daß wir erregt sind, so daß im Bewußtsein die expliziten Erinnerungen an frühere Situationen mit der unmittelbaren emotionalen Erregung verschmelzen kann. So entstehen neue explizite Erinnerungen an frühere Erinnerungen, die auch eine emotionale Tönung erhalten können.

und die aktuelle Erregung) verschmelzen nahtlos zum einheitlichen bewußten Erlebnis des Augenblicks. Dieses einheitliche Erlebnis der älteren Erinnerung und der Erregung kann dann seinerseits in eine neue explizite Langzeit-Erinnerung umgewandelt werden, in der die Tatsache enthalten ist, daß Sie emotional erregt waren, als Sie sich das letztemal an den Unfall erinnerten. Es war in diesem Fall nicht die Erinnerung an den Unfall, die zu der emotionalen Erregung führte. Das implizite Erregen der Emotion verlieh der expliziten Erinnerung eine emotionale Tönung (siehe obige Abbildung).

Wir wissen jedoch aus persönlicher Erfahrung, daß bewußte Erinnerungen uns nervös und besorgt machen können, und auch diese Tatsache müssen wir erklären. Eine Erklärung erfordert lediglich, daß zwischen dem expliziten Gedächtnissystem und der Amygdala Verbindungen bestehen. Tatsächlich besteht eine Fülle von Verbindungen vom Hippocampus und den Übergangsregionen sowie auch von zahlreichen anderen Rindengebieten zur Amygdala.

Es ist auch möglich, daß implizit verarbeitete Reize die Amygdala aktivieren, ohne daß sie explizite Erinnerungen aktivieren oder sonstwie im Bewußtsein repräsentiert sind. Es kann, wie wir im 2. und 3. Kapitel gesehen haben, zu einer unbewußten Reizverarbeitung kommen, weil entweder der Reiz selbst oder seine Implikationen unbemerkt bleiben. Angenommen, der oben erwähnte Unfall habe sich vor langer Zeit ereignet und Ihr explizites Gedächtnissystem habe viele der Details vergessen, zum Beispiel den Umstand, daß die Hupe nicht aufhörte zu hupen. Jetzt, viele Jahre später, wird der Hupton vom expliziten Gedächtnissystem ignoriert. Doch falls das emotionale Gedächtnissystem nicht vergessen hat, wird der Hupton, wenn er die Amygdala erreicht, eine emotionale Reaktion auslösen. In diesem Fall erleben Sie einen emotionalen Zustand, ohne seine Gründe recht zu verstehen. Dieser Zustand, emotional erregt zu sein und nicht genau zu wissen, warum, ist den meisten von uns nur allzu vertraut, und es war dieser Zustand, den die Schachter-Singer-Theorie der Emotion zu erklären versuchte. Damit aber die Emotion auf diese Weise erregt wird, muß das implizite emotionale Gedächtnissystem weniger vergeßlich sein als das explizite Gedächtnissystem. Zwei Umstände lassen vermuten, daß es sich tatsächlich so verhalten könnte. Zum einen ist das explizite Gedächtnissystem notorisch vergeßlich und ungenau (wie wir unten sehen werden). Zum anderen lassen konditionierte Furchtreaktionen mit der Zeit kaum nach. Oft nimmt ihre Stärke im Lauf der Zeit sogar zu, ein Phänomen, das als »Inkubation der Furcht« bezeichnet wurde.[388] Es ist möglich, die Stärke einer konditionierten Reaktion dadurch zu vermindern, daß man den *erlernten Auslöser*, den CS, immer wieder ohne den US darbietet. Doch oft kehren sogenannte gelöschte Reaktionen von selbst wieder, und auch wenn sie nicht von selbst wiederkehren, können belastende Ereignisse sie wieder zum Leben erwecken.[389] Beobachtungen wie diese haben uns zu der Feststellung gebracht, daß das konditionierte Furchtlernen besonders unverwüstlich ist und vielleicht sogar eine vollkommen unauslöschliche Form des Lernens darstellt. Aus dieser Feststellung ergeben sich äußerst wichtige Folgerungen für das Verständnis bestimmter psychiatrischer Leiden, wie wir im nächsten Kapitel sehen werden.

Infantile Amnesie

Die Idee, daß implizite emotionale Erinnerungen und explizite Erinnerungen an Emotionen von je eigenen Systemen gebildet werden, ist zu berücksichtigen, wenn wir die infantile Amnesie verstehen wollen, also unsere Unfähigkeit, uns an Erlebnisse aus der frühen Kindheit, das heißt ungefähr den zwei ersten Lebensjahren, zu erinnern. Der erste, der die infantile Amnesie diskutierte, war Freud; ihm fiel auf, daß man sich zuwenig darüber wundert, daß ein Kind mit zwei Jahren gut sprechen kann und mit komplizierten mentalen Situationen vertraut ist, sich aber an eine Bemerkung, die es in dieser Zeit gemacht hat, später nicht mehr erinnern kann.[390]

Lynn Nadel und Jake Jacobs führen die infantile Amnesie auf die relativ lange Reifungsdauer des Hippocampus zurück.[391] Eine Hirnregion ist erst dann voll funktionsfähig, wenn ihre Zellen ausgewachsen und mit anderen Zellen in den verschiedenen Regionen, mit denen sie kommuniziert, verbunden sind. Dazu braucht der Hippocampus offenbar etwas mehr Zeit. Jacobs und Nadel vermuteten deshalb, daß wir keine expliziten Erinnerungen an die frühe Kindheit haben, weil das System, das ihrer Bildung dient, noch nicht funktionsbereit ist. Andere Hirnsysteme müssen dagegen früher zu ihrer Lern- und Gedächtnisarbeit bereit sein, denn Kinder lernen in dieser amnestischen Zeit eine ganze Menge, auch wenn sie sich an das Lernen nicht bewußt erinnern.

Jacobs und Nadel interessierten sich besonders dafür, wie sich ein frühes Trauma, obwohl es nicht erinnert wird, dauerhaft nachteilig auf das Seelenleben auswirken kann. Nach ihrer Vermutung reift das System, das für unbewußte Erinnerungen an traumatische Ereignisse verantwortlich ist, vor dem Hippocampus. Den Sitz dieses unbewußten Lern- und Gedächtnissystems für Traumata konnten sie nicht ermitteln, aber inzwischen wissen wir natürlich, daß die Amygdala und ihre Verbindungen entscheidend an diesem System beteiligt sind.

Es mangelt zwar an biologischen Erkenntnissen zur Reifung der Amygdala, doch lassen Verhaltensstudien den Schluß zu, daß die Amygdala tatsächlich vor dem Hippocampus reif wird. Jerry Rudy und seine Mitarbeiter an der Universität von Colorado untersuchten, in welchem Alter Ratten fähig waren, hippocampusabhängige bzw. amygdalaabhängige Aufgaben zu erlernen.[392] Die amygdalaabhängigen Aufgaben wurden in einem früheren Alter bewältigt als die hippocampusabhängigen Aufgaben. Die Amygdala scheint vor dem Hippocampus funktionsreif zu sein.

Die besondere Funktion und differentielle Reifung der Amygdala ist für das Verstehen psychopathologischer Erscheinungen von Bedeutung. Wir gehen darauf im nächsten Kapitel näher ein.

Blitzlicht-Erinnerungen

In dem Cartoon *The Far Side* von Gary Larson sitzt ein Haufen Tiere auf einer Waldlichtung zusammen.[393] Die Bildunterschrift lautet etwa folgendermaßen: Alle Tiere des Waldes wissen, wo sie waren und mit wem sie zusammen waren, als sie erfuhren, daß Bambis Mutter erschossen worden war. Dies ist, wie Sie vermutlich erkannt haben, eine Parodie auf das der amerikanischen Babyboom-Generation und ihren Eltern zugeschriebene Phänomen, daß sie sich genau erinnern können, was sie gerade taten, als sie hörten, daß Präsident Kennedy erschossen worden war. Psychologen bezeichnen dies als »Blitzlicht-Erinnerung«, eine Erinnerung, die durch ihre emotionalen Implikationen besonders frisch und klar geblieben ist.[394] Wir verstehen die biologischen Grundlagen von Blitzlicht-Erinnerungen, wenn wir die unten beschriebenen Forschungsergebnisse von Jim McGaugh und seinen Mitarbeitern an der Universität von Kalifornien in Irvine mit der Idee vereinbaren, daß für die Entdeckung der emotionalen Implikationen einer Situation und für die Repräsentation emotionaler Situationen im expliziten Gedächtnis verschiedene Systeme verantwortlich sind.

In McGaughs Labor hat man sich seit langem mit der Rolle der peripheren Hormone, etwa des Adrenalins, bei der Festigung von Gedächtnisprozessen befaßt.[395] Wird Ratten, unmittelbar nachdem sie etwas gelernt haben, Adrenalin gespritzt, so prägt sich die gelernte Situation besser ein. Demnach würde sich eine Situation, in der auf natürliche Weise Adrenalin (von der Nebenniere) ausgeschüttet wird, besonders gut einprägen. Da emotionale Erregung gewöhnlich zur Ausschüttung von Adrenalin führt, ist zu erwarten, daß die explizite bewußte Erinnerung an emotionale Situationen stärker ist als die explizite Erinnerung an nichtemotionale Situationen. Zu erwarten ist ferner, daß eine Blockierung der Wirkungen von Adrenalin die gedächtnisverstärkenden Wirkungen der emotionalen Erregung neutralisiert.

221

McGaugh und Larry Cahill überprüften diese Hypothesen. Sie legten den Versuchspersonen eine Geschichte von einem radfahrenden Jungen vor. Eine Teilgruppe bekam eine Version zu lesen, in der der Junge eine Fahrt mit seinem Rad macht, nach Hause fährt und dann zusammen mit der Mutter im Auto zum Krankenhaus fährt, wo sein Vater als Arzt tätig ist. Die andere Teilgruppe bekam eine zweite Version, in der der Junge eine Fahrt mit seinem Rad macht, von einem Auto angefahren und mit dem Rettungswagen in das Krankenhaus gebracht wird, wo sein Vater als Arzt tätig ist. Im Wortlaut stimmen beide Versionen soweit wie möglich überein, nur die emotionalen Implikationen sind verändert. Nachdem sie die Geschichte gelesen hatten und bevor sie gebeten wurden, ihren Inhalt wiederzugeben, erhielt die Hälfte der Versuchspersonen in jeder Teilgruppe entweder eine Placebo-Injektion oder ein Mittel, das die Wirkungen des Adrenalins blockiert. Von den mit dem Placebo behandelten Versuchspersonen erinnerten sich diejenigen, die die emotional bewegende Version gelesen hatten, an mehr Einzelheiten als die Leser der sachlichen Version. Die Versuchspersonen, die einen Adrenalinblocker erhalten hatten, zeigten bei der Erinnerung keinen Unterschied, ob es nun um die emotionale Version ging oder um die nichtemotionale – beide Teilgruppen schnitten so ab wie die placebobehandelten Versuchspersonen, die die nichtemotionale Version gelesen hatten. Durch Adrenalinblockade wurden die gedächtnisverstärkenden Effekte der emotionalen Erregung tatsächlich unterbunden.

McGaugh hat Vorschläge gemacht, wie man dieses faszinierende Resultat praktisch anwenden könnte. Vielfach werden Rettungsmannschaften und kämpfende Soldaten von den schlimmen Szenen, die sie erleben, traumatisiert. Man könnte vielleicht die Wirkungen des Adrenalins unmittelbar nach dem Erlebnis blockieren und ihnen dadurch spätere Ängste ersparen.

Aber wie kommt es überhaupt, daß eine emotionale Situation zur Ausschüttung von Adrenalin führt? Die Frage führt uns, was nicht erstaunlich ist, zur Amygdala zurück. Wir sahen schon des öfteren, daß die Amygdala, wenn sie eine aversive emotionale Situation entdeckt, alle möglichen körperlichen Systeme in Schwung bringt, darunter das autonome Nervensystem. Wenn das autonome Nervensystem die Nebenniere aktiviert, wird Adrenalin in den Blutstrom ausgeschüttet. Das Adrenalin wirkt dann offenbar auf das Gehirn ein, allerdings indirekt. Diese Rückkoppelung (wie William James sagen würde) wechselwirkt

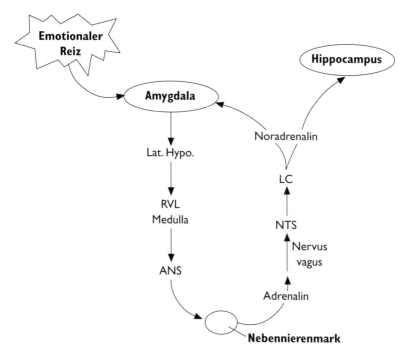

Untersuchungen von McGaugh und Mitarbeitern deuteten darauf hin, daß das bei Streß ausgeschüttete Hormon Adrenalin Erinnerungen stabilisiert und verstärkt. Da Adrenalin aber normalerweise nicht aus dem Blut ins Gehirn treten kann (Adrenalinmoleküle sind zu groß, um die Blut-Hirn-Schranke zu überwinden), muß die Wirkung eine indirekte sein. Das Diagramm zeigt, wie Adrenalin indirekt auf das Gehirn einwirken könnte. Mit Gefahr assoziierte Reize aktivieren die Amygdala. Über Bahnen durch den lateralen Hypothalamus (LAT. HYPO.) zum rostral-ventral-lateralen Mark (RVL) wird das autonome Nervensystem (ANS) aktiviert. Eines der vielen Zielorgane, die durch die Erregung des ANS aktiviert werden, ist das Nebennierenmark. Es schüttet Adrenalin aus, das vielfältige Wirkungen im Körper hat. Von besonderer Bedeutung in der Modulation des Gedächtnisses scheint ein Effekt auf den Nervus vagus zu sein, der im Mark im Kern des Tractus solitarius (NTS) endet. Dieser entsendet Projektionen zum Locus caeruleus (LC), der in weiten Teilen des Vorderhirns, darunter die Amygdala und der Hippocampus, Noradrenalin ausschüttet. Durch Beeinflussung der Funktionen von Amygdala und Hippocampus könnten implizite emotionale Erinnerungen und explizite Erinnerungen an Emotionen moduliert werden.

223

dann mit Systemen, die ebenfalls aktiv sind, zum Beispiel dem Hippo-campussystem, das die explizite Erinnerung an die Situation bildet. Wie die Rückkoppelung das explizite Gedächtnis stärkt, hat man noch nicht ganz klären können, doch irgendwie gelangt das Adrenalin zum Gehirn und beeinflußt die Funktionsweise des Temporallappen-Ge-dächtnissystems in dem Sinne, daß die dort erzeugten Erinnerungen verstärkt werden (siehe Abbildung S. 223).[396]

Einschränkungen

Die Vorstellung, daß wir uns am besten (beziehungsweise besser) an die Dinge erinnern, die für uns wichtig sind, die also Emotionen in uns wecken, leuchtet intuitiv ein und wird durch zahlreiche Forschungser-gebnisse gestützt. Man sollte jedoch nicht übersehen, daß diese Vor-stellung mit einigen wichtigen Einschränkungen versehen ist.

DAS GEDÄCHTNIS IST SELEKTIV: Nicht alle Aspekte eines Erlebnisses werden gleich gut erinnert, und die Gedächtnisverstärkung durch emotionale Erregung kommt manchen Aspekten mehr zugute als an-deren.[397] Wenn Sie mit vorgehaltener Waffe beraubt werden, werden Sie sich später vermutlich besser an den Raub erinnern als an andere Dinge, die am gleichen Tag geschehen sind. Doch auch in der Deutlich-keit und Klarheit Ihrer Erinnerung an den Raub gibt es erheblichen Spielraum. Im allgemeinen erinnert man sich besser an Dinge, die für den Vorfall zentral sind (zum Beispiel das Äußere der Waffe) oder die besonders augenfällig sind (wie die ethnische Zugehörigkeit oder die Körpergröße des Täters), als an eher untergeordnete oder nicht so auf-fällige Einzelheiten (Haar- und Augenfarbe, Gesichtsbehaarung, Mo-dell und Farbe des Fluchtautos usw.). Leider kommt es bei der Auf-spürung von Verdächtigen und bei der eindeutigen Identifizierung des Täters oft auf diese Einzelheiten an.

Welche Einzelheiten man sich einprägt, hängt wahrscheinlich von individuellen Faktoren ab, darunter auch, was das Opfer zur Tatzeit am stärksten fesselte. Hat das Opfer mehr auf die Waffe gestarrt, die auf sein Gesicht gerichtet war, als auf das Gesicht desjenigen, der ihm die Waffe vorhielt, was unter den gegebenen Umständen sehr verständ-lich ist, so wird es sich das Äußere der Waffe besser einprägen als das

Gesicht des Täters. Einen ahnungslosen Passanten, der das Ganze beobachtet, mögen andere Dinge mehr fesseln, und er wird vielleicht ganz andere explizite Erinnerungen an das Verbrechen haben als das Opfer. Die expliziten Erinnerungen hängen sehr eng mit dem zusammen, was während des Erlebnisses Aufmerksamkeit erfährt.[398]

Gleichzeitig können sich die impliziten emotionalen Erinnerungen auf Aspekte konzentrieren, die sich der Aufmerksamkeit und dem Bewußtsein entziehen. Wie wir im 3. Kapitel gesehen haben, konnte man aus autonomen Reaktionen auf emotionale Erinnerungen schließen, die nicht bewußt kodiert waren. Es ist denkbar, daß man durch die physiologische Messung der autonomen Reaktionen des Opfers der Erinnerung an den Täter näherkommt als durch Abfragen seiner expliziten Erinnerung. Der Lügendetektortest, bei dem Funktionen des autonomen Nervensystems gemessen werden, ist zwar unzuverlässig, doch manchmal verrät sich ein Verdächtiger aufgrund seiner unbewußten unwillkürlichen Reaktionen als Schuldiger. Man könnte den Lügendetektortest auch beim Opfer einsetzen, um an seine unbewußten Vorstellungen heranzukommen, doch würden die Ergebnisse auch hier mit Ungewißheit behaftet sein.

ERINNERUNGEN SIND UNVOLLKOMMENE REKONSTRUKTIONEN VON ERLEBNISSEN: So deutlich und stark die Erinnerung an ein emotionales Erlebnis auch sein mag, muß sie doch nicht zutreffend sein. Ungeachtet ihrer emotionalen Implikationen sind explizite Erinnerungen keine Kopien der Erlebnisse, durch die sie entstanden sind. Zum Zeitpunkt des Erinnerns sind sie Rekonstruktionen, und der Zustand des Gehirns zum Zeitpunkt des Erinnerns kann Einfluß darauf haben, wie die entlegene Erinnerung heraufbeschworen wird. Wie Sir Frederic Bartlett vor langer Zeit demonstrierte, enthalten explizite Erinnerungen Vereinfachungen, Hinzufügungen, Ausschmückungen und Rationalisierungen von Lernvorgängen ebenso wie Auslassungen von Elementen des ursprünglichen Lernvorgangs.[399] Das Erinnern vollzieht sich im Rahmen eines kognitiven Schemas, wie Bartlett es nannte, zu dem die Erwartungen und Vorurteile des sich Erinnernden gehören.[400]

Viele Experimente und anekdotische Berichte dokumentieren, daß die Erinnerung durch spätere Ereignisse nachträglich verändert werden kann. Viele Beispiele finden sich in den Schriften der Psychologin Elizabeth Loftus, die sich speziell mit der Beeinflußbarkeit der Erinnerung befaßt, und ihrer Mitarbeiter.[401] Eines betrifft den Brigadegeneral Elliot Thorpe, der Zeuge der Bombardierung von Pearl Harbor war. Als er in den Ruhestand ging, beschrieb er das Ereignis ganz anders als in einem zuvor abgegebenen Bericht, und beide Versionen wichen in vielen Einzelheiten von den Tatsachen ab, die durch andere Quellen bestätigt wurden. Ein anderes Beispiel stammt aus dem Prozeß gegen Carl Gustav Christer Pettersson, der beschuldigt wurde, den schwedischen Ministerpräsidenten Olof Palme ermordet zu haben, während das Ehepaar Palme nach einem Kinobesuch nach Hause ging.[402] Der Verteidiger ließ die Aussagen, die Frau Palme zu verschiedenen Zeitpunkten nach der Tat gemacht hatte, durch einen Gedächtnispsychologen begutachten. Als Sachverständiger geladen, sagte der Psychologe aus, die Aussagen von Frau Palme seien mit der Zeit immer deutlicher und detaillierter geworden, was darauf hindeute, daß ihre Erinnerung an den Vorfall von anderen Faktoren als ihrem Erleben der Tat beeinflußt worden seien. Frau Palme habe, so wurde behauptet, Informationen aus Zeitungs- und Fernsehberichten in ihre Erinnerung einfließen lassen. Ein drittes Beispiel liefert ein Experiment des bahnbrechenden Kognitionspsychologen Ulric Neisser, der in zwei Phasen untersucht hat, wie sich die Leute an die Explosion der Raumfähre *Challenger* erinnerten – am Tag nach dem Ereignis und sieben Jahre später.[403] Die Mehrheit der Befragten sagte, sie könnten sich sehr gut erinnern, was sie gerade getan hätten, als sie von dem Unglück hörten. Doch in vielen Fällen wich die spätere Erinnerung sehr stark von der Erinnerung ab, die sie am Tag danach zu Protokoll gaben. Aus diesen Beispielen soll nicht der Schluß gezogen werden, Erinnerungen, die während emotional erregender Erlebnisse entstehen, seien generell zweifelhaft; sie wecken jedoch ein gesundes Mißtrauen gegen die Genauigkeit von expliziten Erinnerungen, auch expliziten Erinnerungen an emotionale Situationen, wenn es entscheidend auf die Details ankommt.

ERINNERUNGEN AN EMOTIONALE EREIGNISSE SIND MANCHMAL SCHWACH: Man hört bisweilen, emotionale und besonders traumatische Ereignisse gingen einher mit einer das Erlebnis betreffenden selektiven Amnesie und nicht mit einer verstärkten Erinnerung daran. Soldaten im Einsatz oder Opfer von Vergewaltigung, Inzest und anderen Gewaltverbrechen haben, wie zahlreiche anekdotische Berichte belegen, manchmal nur sehr dürftige oder gar keine Erinnerungen an das traumatische Erlebnis. Diese Beobachtungen decken sich mit Freuds Theorie, daß unangenehme Ereignisse verdrängt, aus dem Bewußtsein verbann werden.[404] Man weiß nicht, welche Umstände zum Verlust der Erinnerung führen, statt sie zu fördern; sie könnten etwas zu tun haben mit der Intensität und Dauer des emotionalen Traumas. Wir kommen im nächsten Kapitel auf dieses Thema und auf mögliche biologische Mechanismen zurück, durch die traumatische Erinnerungen einer Amnesie zum Opfer fallen könnten.

Stimmungsabhängige Erinnerungen

An das, was man in einer bestimmten Situation oder Verfassung gelernt hat, erinnert man sich allgemein am besten, wenn man wieder in dieser Situation oder Verfassung ist.[405] Wenn man eine Wortliste unter dem Einfluß von Marihuana gelernt hat, wird man sich vielleicht besser daran erinnern, wenn man wieder »stoned« ist, als wenn man »straight« ist. Das zustandsabhängige Lernen bezieht sich auf viele Situationen, nicht nur auf Rauschzustände. Die Erinnerung an Wörter ist besser, wenn die Versuchspersonen in dem Raum getestet werden, in dem sie die Wörter gelernt haben, als wenn sie in einem anderen Raum getestet werden. Auch ist die Erinnerung an Wörter besser, wenn sich die Versuchsperson beim Lernen wie beim Erinnern in derselben Gemütsverfassung befindet. Eine logische Folge davon ist, daß wir eher unangenehme Erinnerungen haben, wenn wir traurig sind, und angenehme, wenn wir glücklich sind. Die sogenannte affektive Kongruenz der Erinnerung tritt verstärkt bei depressiven Menschen auf, die zeitweilig nur zu verdrießlichen Erinnerungen fähig zu sein scheinen. Die Tatsache, daß der Inhalt von Erinnerungen durch emotionale Zustände beeinflußt wird, wird durch die Existenz getrennter Systeme für die Speicherung von impliziten emotionalen Erinnerungen und von expliziten Erinnerungen an Emotionen erklärbar.

Viele Psychologen sind der Ansicht, daß Erinnerungen in assoziativen Netzen gespeichert werden, kognitiven Strukturen, in denen die verschiedenen Elemente der Erinnerung getrennt repräsentiert und miteinander verknüpft sind.[406] Damit eine Erinnerung ins Bewußtsein gelangt, muß das assoziative Netz ein bestimmtes Maß der Aktivierung erreichen, was von der Anzahl der aktivierten Erinnerungselemente und dem Gewicht der jeweils aktivierten Elemente abhängt. Das Gewicht eines Elements ist der Beitrag, den es zur gesamten Erinnerung

Für Modelle assoziativer Netze wird die Erinnerung als Verbindungen zwischen *Knoten* des Wissens gespeichert. Je stärker die Knoten untereinander verknüpft sind, desto leichter wird die Erinnerung wiedergefunden und desto klarer ist sie. Die Illustration zeigt ein hypothetisches Assoziationsnetz, das einer Schlangenphobie zugrunde liegen könnte. In diesem Modell wird die Phobie durch propositionale (verbale) Information aufrechterhalten. (Nach Abb. 7.1 in P. Lang [1984],»Cognition in emotion: concept and action«. In: C. E. Izard, J. Kagan und R. B. Zajonc, Hgg., *Emotions, Cognition, and Behavior*, New York: Cambridge University Press, © 1984 by Cambridge University Press. Abdruck mit freundlicher Genehmigung von Cambridge University Press.)

in dem Netz beisteuert. Wesentliche Aspekte einer Erinnerung haben ein stärkeres Gewicht als Dinge, die nicht so wesentlich sind. Je mehr von den Hinweisen, die beim Lernen gegenwärtig waren, auch beim Erinnern gegenwärtig sind und je stärker das Gewicht der Erinnerungselemente ist, die durch die beim Erinnern gegenwärtigen Hinweise aktiviert werden, desto eher wird es zu der Erinnerung kommen.

Eines der Elemente einer expliziten Erinnerung an ein früheres emotionales Erlebnis sind die emotionalen Implikationen des Erlebnisses. Die Gegenwart von Hinweisen, welche dieses Element aktivieren, erleichtert die Aktivierung des assoziativen Netzes. Relevant sind in diesem Fall die Hinweise aus Gehirn und Körper, die signalisieren, daß Sie sich in demselben emotionalen Zustand befinden wie während des Lernens. Diese Hinweise treten auf, weil die Reize, die auf das explizite System einwirken, auch auf das implizite emotionale Gedächtnissystem einwirken und dafür sorgen, daß der emotionale Zustand wiederkehrt, in dem Sie sich befanden, als das explizite Gedächtnissystem seine Lernaufgabe erledigte. Die Übereinstimmung zwischen dem gegenwärtigen emotionalen Zustand und dem als Teil der expliziten Erinnerung gespeicherten emotionalen Zustand erleichtert die Aktivierung der expliziten Erinnerung. Eine Koaktivierung des impliziten emotionalen Gedächtnisses könnte auf diese Weise das explizite System beim Erinnern wie beim Lernen unterstützen.

Synaptische Stärke

Bisher haben wir Lernen und Gedächtnis aus der Sicht des neuralen Systems betrachtet. Jetzt müssen wir tiefer in das Innere des Gehirns hineinschauen, um zu sehen, wie die Neurone und ihre Synapsen zu Lern- und Gedächtnisfunktionen beitragen.

Lernen besteht nach verbreiteter Auffassung in der Verstärkung synaptischer Verbindungen zwischen Neuronen. Rein strukturell gesehen, sind Synapsen winzige Spalte zwischen Neuronen. Wichtiger ist aber, daß sie die winzigen Spalte an den Stellen sind, wo zwei Neurone aufeinanderstoßen und Informationen austauschen.

Sie werden sich erinnern, daß Synapsen an dem Axon-Endknöpfchen eines Neurons den Kontakt zum Dendriten eines anderen Neurons herstellen. Vom Zellkörper des sendenden Neurons fließen elektrische Impulse durch das Axon zu dem Endknöpfchen. Der Endknopf schüttet daraufhin eine Substanz aus, einen sogenannten Neurotransmitter, der in den synaptischen Spalt fließt, um sich an Rezeptormoleküle zu binden (die dem Empfang bestimmter Transmittersubstanzen dienen), die auf dem Dendriten des empfangenden Neurons sitzen. Hat sich an die Rezeptoren des empfangenden Neurons genügend Transmitter gebunden, »feuert« dieses über sein Axon elektrische Impulse, die zum Feuern des nächsten Neurons beitragen, und so weiter.

1949 trug der große kanadische Psychologe Donald Hebb eine Hypothese vor, wie sich Lernen auf der Ebene der Synapsen abspielen könnte.[407] Denken Sie sich zwei Neurone X und Y, die anatomisch miteinander verbunden sind, aber eine schwache synaptische Beziehung zueinander haben. Das bedeutet: Wenn X feuert, könnte auch Y feuern, tut es aber nicht. Falls jedoch irgendwann Y feuert, wenn die Impulse von X bei Y ankommen, geschieht etwas zwischen diesen beiden

Keine Reaktion	Aktionspotential	Aktionspotential
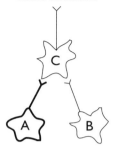	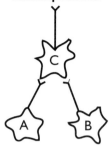	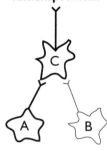

Input von Zelle A ist nicht stark genug, um Zelle B zur Reaktion zu veranlassen (B ist nicht aktiv).	Hebbsche Plastizität: Simultane Inputs von den Zellen A und B lösen bei C eine Reaktion aus. Koaktivität von A und C stärkt die synaptische Verbindung A-C.	Nach Hebbscher Plastizität ist der Input von Zelle A jetzt ausreichend, um eine Reaktion von Zelle C hervorzurufen.

1949 äußerte Donald Hebb die Vermutung, daß das Lernen auf Veränderungen der neuralen Funktion beruhen könnte, die entstehen, wenn zwei Zellen gleichzeitig aktiv sind. Heute ist die sogenannte Hebbsche Plastizität das allseits bevorzugte Modell dafür, wie Lernen und Gedächtnis auf der Ebene einzelner Zellen im Gehirn funktionieren. Wie aus der Abbildung zu ersehen ist, entsteht Hebbsche Plastizität zwischen zwei Zellen, wenn diese gleichzeitig feuern. In der Abbildung ist A normalerweise nicht, B aber wohl in der Lage, C zu aktivieren. Wenn B nun bewirkt, daß C feuert, und im selben Moment feuert zufällig auch A, dann geschieht etwas in der Verbindung zwischen A und C, derart, daß A die Fähigkeit erwirbt, C allein zu aktivieren. Was genau zwischen A und C passiert, war ein Rätsel. Neurowissenschaftler haben nun jedoch einen Mechanismus identifiziert, auf dem die Hebbsche Plastizität beruhen könnte. Er heißt Langzeit-Potenzierung (LTP), und es geht dabei um Glutamat und seine Rezeptoren. Wie LTP und die Glutamat-Rezeptoren funktionieren, zeigen die Abbildungen S. 232 und S. 234.

Zellen: Es entsteht eine funktionelle Bindung. Dadurch steigt die Wahrscheinlichkeit, daß beim nächstenmal, wenn X feuert, auch Y feuern wird. Eine Verbindung zwischen zwei Zellen, die auf diese Weise verstärkt wird, bezeichnen wir heute als Hebbsche Synapse.[408] Den Kern der Hebbschen Idee fängt vielleicht nichts so gut ein wie der oft benutzte Slogan: »cells that fire together wire together« (Zellen, die zusammen feuern, verdrahten sich). Die Hebbsche Plastizität ist in der Abbildung S. 230 dargestellt.

Lange galt Hebbs Hypothese als eine interessante, aber unbegründete Vorstellung über den Mechanismus des Lernens. Ihr fehlte die Faktengrundlage. Anfang der siebziger Jahre erhielt sie den faktischen Unterbau, der sie zur allgemeinen Lieblingsvorstellung über den Lernmechanismus machte. Den Unterbau lieferten Untersuchungen der synaptischen Funktion im Hippocampus, die von Tim Bliss und Terje Lømo durchgeführt wurden.[409]

Es war bekannt, daß eine elektrische Reizung der Bahn, die die Übergangsgebiete mit dem Hippocampus verbindet, im Hippocampus neurale Aktivität auslöst. Diese Aktivität ist meßbar als eine neurale Reaktion, die als Feldpotential bezeichnet wird und die zusammengefaßte synaptische Reaktion jener Hippocampuszellen darstellt, die durch den Reiz aktiviert werden. Bliss und Lømo zeigten, daß die Größe des Feldpotentials und damit die Stärke der synaptischen Reaktion durch eine einfache Manipulation gesteigert werden kann. Sie verpaßten der Bahn kurzzeitig einen Tetanus, einen Reiz mit hoher Frequenz (hundert Reizpulse pro Sekunde). Die synaptische Reaktion auf einen einzelnen Testreiz war nach dem Tetanus stärker als vorher. Die synaptische Verbindung zwischen Übergangsregion und Hippocampus wurde also durch den Tetanus verstärkt. Und was das wichtigste war: Die erzeugten Veränderungen schienen nicht nur vorübergehend, sondern dauerhaft zu sein. Die Erzeugung von Veränderungen der synaptischen Stärke bezeichnet man gemeinhin als »Langzeit-Potenzierung« (englisch: long-term potentiation, abgekürzt LTP; siehe Abbildung S. 232).

Die Tatsache, daß eine kurze Episode im Leben eines Neurons langfristige Veränderungen im Verhalten dieses Neurons bewirken kann, deutete darauf hin, daß LTP genau der Stoff sein könnte, aus dem Erinnerungen gemacht sind. Anfangs als reichlich phantastisch betrachtet, gewann diese Vorstellung an Glaubwürdigkeit, als die Forschung weitere Eigenschaften der LTP entdeckte.

LTP-Versuchsanordnung

Reizelektrode

Meßelektrode

Bereich A ⟶ Bereich B

LTP-Verfahren

Schritt 1: Versetze Bereich A einen einzelnen Testreiz und miß die neurale Reaktion in Bereich B.

Schritt 2: Versetze Bereich A eine Folge von hochfrequenten Reizen.

Schritt 3: Versetze Bereich A einen einzelnen Testreiz und miß die neurale Reaktion in Bereich B.

Testreiz

Zeit

LTP Reiz

Zeit

Neurale Reaktionen

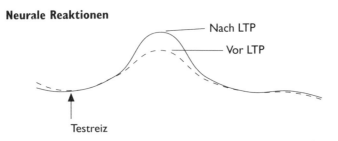

Nach LTP

Vor LTP

Testreiz

Bei LTP handelt es sich um eine Verstärkung der funktionellen Verbindung zwischen zwei Hirnbereichen (A und B). Da die Verbindungen zwischen Hirnbereichen auf Synapsen beruhen, nimmt man an, daß LTP die Übertragung zwischen Synapsen fördert. Im Labor wird LTP dadurch herbeigeführt, daß Bereich A eine hochfrequente Folge elektrischer Reize erhält. Durch diese Behandlung wird die neurale Reaktion auf einen einzelnen Testreiz verstärkt. Da ein und derselbe Reiz nach dieser Behandlung der Bahn eine stärkere Reaktion ergibt, fördert die hochfrequente Reizung die Übertragung in der Bahn.

232

Eine davon ist die Spezifität der LTP.[410] Ein gegebenes Neuron erhält Inputs von zahlreichen anderen Neuronen. Neuron Z erhält zum Beispiel Inputs von X, Y und anderen. Würde die Erzeugung einer LTP durch Reizung der X-Z-Bahn nicht nur die X-Z-Synapsen verstärken, sondern auch die Y-Z-Synapsen, wäre keine ausgesprochene Spezifität gegeben, und als Modell dafür, wie durch ganz spezifische Lernerfahrungen Erinnerungen erzeugt werden, wäre dieses Phänomen nur von begrenztem Wert. Die tetanische Reizung der X-Z-Bahn verändert jedoch die synaptische Stärke dieser Verbindung und läßt die Stärke der Y-Z-Verbindung unverändert. LTP hat nicht zur Folge, daß das gesamte postsynaptische (jenseits des synaptischen Spalts gelegene) Neuron verändert und für jeden beliebigen Input empfänglicher gemacht wird; nur die an der Erfahrung beteiligten Synapsen auf dem postsynaptischen Neuron werden verändert. LTP ist, wie das Lernen, erfahrungsspezifisch.

Eine andere wichtige Eigenschaft von LTP ist die Kooperativität.[411] Eine LTP erfolgt nur dann, wenn durch Reizung einer Reihe von Inputs zu einer Zelle genügend viele Synapsen aktiviert werden. Werden zu wenige gereizt, kommt es nicht zu einer LTP. Die Inputs müssen, anders gesagt, kooperieren, damit eine LTP erfolgt.

Eine für die Herstellung der Verknüpfung zwischen LTP und Lernen besonders wichtige Spielart von Kooperativität ist die Assoziativität.[412] Betrachten wir noch einmal das Neuron Z, das Inputs von X und Y erhält. Werden die X-Z-Bahn und die Y-Z-Bahn gleichzeitig tetanisch gereizt, erzeugt der Testreiz, der an eine dieser Bahnen angelegt wird, eine stärkere synaptische Reaktion, als wenn nur eine dieser Bahnen allein tetanisch gereizt worden wäre. Dies ist Kooperativität zwischen zwei Bahnen. Die beiden Bahnen sind nun verknüpft oder assoziiert.

Die Assoziativität der LTP ist ein entscheidendes Bindeglied zu Hebbs Lernprinzip, und es spricht einiges dafür, daß sie ein Weg sein könnte, auf dem bei natürlichen Lernerfahrungen Assoziationen zwischen Ereignissen hergestellt werden. Hebbs Vermutung, hier das Substrat des Lernens gefunden zu haben, bekam durch weitere Entdeckungen über die molekulare Basis der LTP und des Lernens im Hippocampus noch mehr Gewicht.

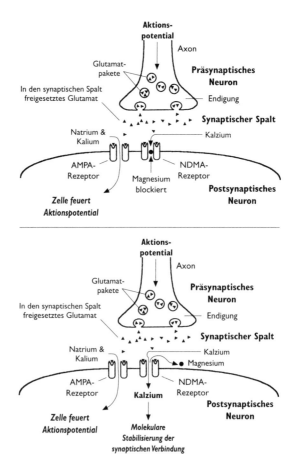

Ein Aktionspotential, das an dem Axon entlangwanderte und im Endbereich ankommt, bewirkt, daß Pakete von Glutamat aus dem Endknöpfchen des präsynaptischen Neurons freigesetzt werden. Das freigesetzte Glutamat diffundiert in den synaptischen Spalt und bindet sich an AMPA- und NDMA-Rezeptoren auf den Dendriten von postsynaptischen Neuronen. Bindet sich das Glutamat an AMPA-Rezeptoren, strömen Natrium und Kalium in das postsynaptische Neuron und tragen zum Aufbau eines Aktionspotentials bei (oben). NDMA-Rezeptoren sind zwar normalerweise von Magnesium blockiert, doch die Wirkung von Glutamat an AMPA-Rezeptoren beseitigt die Blockade. Daraufhin strömt Kalzium in die untere Zelle und löst eine Fülle molekularer Veränderungen aus, die die Verbindung zwischen prä- und postsynaptischem Neuron verstärken und stabilisieren. (Illustration basiert auf Abb. 1 in: F. A. Edwards [1992], »Potentially right on both sides«. *Current Opinion in Neurobiology 2*, S. 299–401.)

Gedächtnis dank Glutamat

Der Neurotransmitter Glutamat scheint eine entscheidende Rolle zu spielen; das zeigen vielfältige Untersuchungen zur molekularen Basis der LTP im Hippocampus. Diese setzt eine bestimmte Klasse von Glutamat-Rezeptormolekülen voraus. Die Feststellung, daß das hippocampusabhängige Gedächtnis dieselben Rezeptoren voraussetzt, spricht sehr für einen Zusammenhang zwischen Gedächtnis und LTP.

Die von Axon-Endköpfen ausgeschütteten Neurotransmitter binden sich an ihre Rezeptoren auf der anderen Seite der Synapse und lösen entweder eine Erregung oder eine Hemmung aus. Erregende Transmitter machen es wahrscheinlicher, hemmende Transmitter dagegen weniger wahrscheinlich, daß die Zelle auf der anderen Seite der Synapse (die postsynaptische Zelle) feuert. Der wichtigste erregende Transmitter des Gehirns ist Glutamat. Es wirkt hauptsächlich in der Weise, daß Pakete von Glutamat, die vom Axon-Endkopf ausgeschüttet werden, den synaptischen Spalt überqueren und sich an die AMPA-Klasse von Glutamat-Rezeptoren binden.[413] Daraufhin feuert die postsynaptische Zelle und läßt auf ihrem Axon Impulse entlangwandern. Eine andere Klasse von Glutamat-Rezeptoren, die NDMA-Rezeptoren, ist normalerweise verschlossen, und das zu ihnen gelangende Glutamat bleibt wirkungslos.[414] Sie werden jedoch offen für die Bindung von Glutamat, wenn die postsynaptische Zelle feuert (siehe Abbildung S. 234).

Aufgrund der Tatsache, daß NDMA-Rezeptoren nur dann für das Publikum geöffnet sind, wenn die Zelle, zu der sie gehören, soeben gefeuert hat, kann der NDMA-Rezeptor als Mittel zur Bildung von Assoziationen zwischen Reizen dienen. Es scheint sogar, als sei der NDMA-Rezeptor der Weg, auf dem die Hebbsche Regel (Zellen, die zusammen feuern, verdrahten sich) im Gehirn realisiert wird.

Stellen Sie sich folgendes vor: Impulse von einer Inputbahn bewirken, daß Glutamat ausgeschüttet wird, das sich an das postsynaptische Neuron bindet und die postsynaptische Zelle veranlaßt zu feuern. Wenn Impulse von einer anderen Inputbahn bewirken, daß Glutamat an Synapsen auf derselben ausgeschüttet wird, und diese Impulse eintreffen, während die Zelle feuert, bindet sich das Glutamat an die kurzzeitig geöffneten NDMA-Rezeptoren (so wie auch an die AMPA-Rezeptoren). So entsteht eine Assoziation oder Verknüpfung zwischen den beiden Inputs.

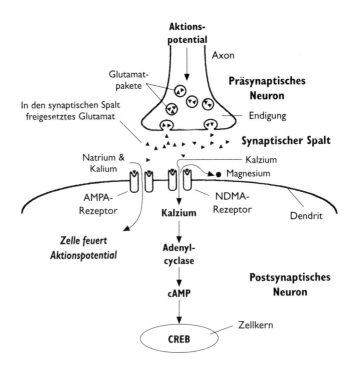

Wenn Glutamat sich an die NDMA-Rezeptoren einer Zelle bindet, die gerade ein Aktionspotential gefeuert hat, wird die Magnesiumblockade des NDMA-Rezeptors beseitigt, und Kalzium strömt herein. Der Kalziumzustrom aktiviert nun Adenylcyclase, was zu einer Vermehrung des zyklischen AMP (cAMP) führt; die erhöhte cAMP-Konzentration aktiviert cAMP-induzible Gene im Zellkern über den Gentranskriptionsfaktor CREB. CREB induziert Proteine, zum Beispiel synaptische Effektorproteine, die zur langfristigen Aufrechterhaltung der LTP beitragen könnten, möglicherweise durch Stabilisierung von Veränderungen im Aufbau der postsynaptischen Dendriten. (Basierend auf Abb. S. 234 und Abb. 1 in: M. Mayford, T. Abel and E. R. Kandel [1995], »Transgenic approaches to cognition«. *Current Opinion in Neurobiology* 5, S. 141–148.)

NDMA-Rezeptoren stellen also einen Weg dar, auf dem die assoziative Eigenschaft der LTP, das Hebbsche Lernprinzip, verwirklicht werden könnte, oder, allgemeiner gefaßt, einen Weg, auf dem gleichzeitig stattfindende Ereignisse als Teil der Erinnerung an ein Erlebnis miteinander verknüpft werden könnten.[415] Es ist daher bedeutsam, daß die Verabreichung von Mitteln, welche die Bindung von Glutamat an NDMA-Rezeptoren blockieren, eine LTP in Hippocampusschaltungen unterbindet und außerdem das hippocampusabhängige Lernen beeinträchtigt (zum Beispiel das räumliche Lernen im Wasserlabyrinth).[416] Wie die NDMA-Rezeptoren genau zu LTP und Gedächtnis beitragen, gehört zu den Fragen, die in der Neurowissenschaft derzeit am intensivsten erforscht werden. Eine Rolle spielt das Einströmen von Kalzium in die postsynaptische Zelle, das eine ganze Kaskade von weiteren molekularen Schritten in Gang setzt, welche die synaptischen Verknüpfungen und damit die verstärkte synaptische Reaktion stabilisieren (siehe die nachfolgende Diskussion der molekularen Blindheit).

Verschiedene Forscher haben versucht, einen direkteren Zusammenhang zwischen LTP und Gedächtnis herauszuarbeiten.[417] Einige haben gezeigt, daß die Herstellung einer LTP in einer bestimmten Bahn die auf dieser Bahn beruhenden Lernprozesse beeinflußt. Andere haben herausgefunden, daß das natürlich stattfindende Lernen sich auf die Leichtigkeit auswirkt, mit der eine LTP stattfindet. Wieder andere haben festgestellt, daß beim Lernen in den Bahnen, die das Lernen vermitteln, der LTP ähnliche Veränderungen stattfinden.

Während immer überzeugendere Gründe auf eine Entsprechung zwischen LTP und natürlichem Lernen hindeuten, ist die Hypothese, LTP sei die Basis des Lernens, noch immer unbewiesen. Daß das Lernen tatsächlich auf den durch LTP hervorgerufenen Veränderungen beruht, ist bislang durch kein Experiment nachgewiesen. In vielen Laboratorien bemüht man sich nach Kräften, aus den Korrelationen zwischen LTP und Lernen einen kausalen Zusammenhang zu machen. Viele Fachleute sind überzeugt, daß der kausale Zusammenhang existiert und daß es nur eine Frage der Zeit ist, bis man einen Weg gefunden hat, ihn nachzuweisen.

Die molekulare Blindheit des Gedächtnisses

Anfangs sah man in der LTP ein hauptsächlich auf den Hippocampus beschränktes Phänomen. Deshalb bemühte man sich fieberhaft, tierische Modelle zu entwickeln, um den Beitrag des Hippocampus zum Gedächtnis zu erforschen. Inzwischen weiß man, daß LTP in vielen Hirnregionen und in vielen Lernsystemen vorkommt. Besonders bedeutsam für unser Anliegen ist die Tatsache, daß LTP in Bahnen nachgewiesen wurde, die an der Furchtkonditionierung beteiligt sind,[418] und daß ein Blockieren der NDMA-Rezeptoren in der Amygdala die Furchtkonditionierung unterbindet.[419]

Es ist denkbar, daß die NDMA-abhängige synaptische Plastizität ein ziemlich universaler Weg ist, auf dem das Gehirn auf der molekularen Ebene lernt und Informationen speichert. Es gibt zwar (auch im Hippocampus) andere Formen der Plastizität, die nicht auf NDMA-Rezeptoren angewiesen sind,[420] doch hat es den Anschein, daß NDMA-abhängige Plastizität eines der wichtigsten Lernverfahren ist und daß das Gehirn tatsächlich über eine begrenzte Anzahl von Lernmechanismen verfügt, die es in unterschiedlichen Situationen benutzt.

Die Idee, daß die Bildung unterschiedlicher Arten von Erinnerungen auf ziemlich universalen Mechanismen beruht, wird immer unwiderstehlicher, wenn wir uns genauer anschauen, wie Erinnerungen stabilisiert werden. Untersuchungen an so unterschiedlichen Arten wie Schnecken, Mäusen und Fruchtfliegen kamen, was die molekularen Vorgänge angeht, die aus Lernerlebnissen Langzeit-Erinnerungen machen, zu übereinstimmenden Ergebnissen. Die vom genetischen Apparat im Zellkern gesteuerte Proteinsynthese scheint eine entscheidende Rolle zu spielen. Wird die Proteinsynthese blockiert, entstehen keine Langzeit-Erinnerungen.[421] Mit anderen Worten: Die Langzeit-Erinnerung an ein Erlebnis könnte von Proteinen aufrechterhalten werden, die in Zellen hergestellt werden, nachdem ein Lernvorgang stattgefunden hat. Die Bedeutung der Proteine beruht anscheinend darauf, daß sie Gene nachahmen, die die Herstellung bestimmter Substanzen kontrollieren, welche für die Stabilisierung von Erinnerungen erforderlich sind. Wird die Proteinsynthese gestört, wird die Bildung der meisten Arten von Langzeit-Erinnerungen bei den meisten Tierarten ebenso wie die langfristige Aufrechterhaltung der LTP unterbunden.[422]

Eine Substanz, die besonders wichtig zu sein scheint, ist zyklisches

AMP (abgekürzt cAMP). Dieser Stoff übernimmt dort, wo die Neurotransmitter aufhören. Durch Neurotransmitter können die Zellen X und Y mit Z kommunizieren; anschließend hilft cAMP, Z daran zu erinnern, daß X und Y gleichzeitig gefeuert haben – daß X und Y assoziiert waren. Statt an der Kommunikation zwischen Zellen ist cAMP an der Kommunikation zwischen verschiedenen Teilen der Zelle beteiligt. Eric Kandel, einer der führenden Erforscher der Neurobiologie des Gedächtnisses, hat als erster den Beitrag des cAMP zum Gedächtnis nachgewiesen.[423] Er zeigte auch, daß die Blockierung der Expression von cAMP Gedächtnis und LTP im Hippocampus unterbindet.[424] Gentechnisch wurden Tiere geschaffen, die kein cAMP herstellen können. Tim Tully hat nachgewiesen, daß Fruchtfliegen, denen das entsprechende Gen fehlt, an einer Amnesie für bestimmte Langzeitgedächtnis-Aufgaben leiden,[425] und Kandel hat ebenso wie Alcino Silva[426] gezeigt, daß genetisch manipulierte Mäuse, die kein cAMP herstellen können, bei der LTP im Hippocampus Defizite haben und bei Aufgaben, die auf den Hippocampus angewiesen sind, unfähig sind, neue Langzeit-Erinnerungen zu bilden. Die Mechanismen der Gedächtnisstabilisierung zeigen unabhängig von der Tierart und vom benutzten Lernverfahren eine bemerkenswerte Übereinstimmung. Es könnte zwar mehr als einen solchen Mechanismus geben, aber ihre Zahl dürfte relativ klein sein.

Aus der Idee, daß die Natur sich bei vielen verschiedenen Lernsystemen vieler verschiedener Tierarten möglicherweise eines oder einiger weniger molekularer Mechanismen bedient, ergibt sich eine wichtige Folgerung. Verschiedene Formen des Lernens sind zwar nicht unbedingt auf der Ebene der molekularen Vorgänge voneinander unterscheidbar, erhalten ihre unverwechselbaren Eigenschaften aber durch die Schaltungen, deren Bestandteil sie sind. Auf der molekularen Ebene mag das Gedächtnis auf einem universalen oder zumindest weitverbreiteten Mechanismus beruhen, doch auf der Systemebene gibt es eine Vielzahl von Gedächtnissen.

Claparède im Rückblick

Es dürfte inzwischen klar sein, wie Claparèdes Patientin eine implizite Erinnerung an den Nadelstich bilden konnte, ohne eine explizite, bewußte Erinnerung an das Erlebnis zu haben, das zur Bildung der impliziten Erinnerung führte. Höchstwahrscheinlich war ihr Temporallappen-Gedächtnissystem beschädigt. Ihre Amygdala war dagegen sehr wahrscheinlich gesund und munter, da sie eine implizite Erinnerung bildete, die eine Furchtkonditionierung einschloß. Das sind natürlich nachträgliche Vermutungen, da wir nicht wissen, welcher Teil ihres Gehirns beschädigt war. Diese Vermutungen stützen sich aber auf eine vierzigjährige Erforschung der neuralen Grundlage des Gedächtnisses, und sollten sie in ihrem Fall aus irgendeinem Grund nicht zutreffen (was wir nie erfahren werden), so werden sie sich bei künftigen Fällen, in denen wir den Ort des Hirnschadens feststellen können, ganz gewiß oft als zutreffende Vorhersagen erweisen.

Was eine gegebene Art von Gedächtnis zu ebendieser Art von Gedächtnis macht, ist die Vielzahl von Gedächtnissen auf der Systemebene. Schaltungen im Hippocampus mit ihren massiven Verbindungen zum Neokortex eignen sich gut für die Bildung von komplexen Erinnerungen, in denen eine Fülle von Ereignissen in Raum und Zeit miteinander verknüpft sind. Der Zweck dieser Schaltungen besteht nach Eichenbaum darin, Flexibilität der Repräsentationen zu ermöglichen.[427] Mit diesen Erinnerungen ist keine bestimmte Reaktion verknüpft – sie können in ganz unterschiedlichen Situationen auf ganz unterschiedliche Weise genutzt werden. Die Amygdala eignet sich dagegen mehr als Befehlsgeber für die Ausführung von Überlebensreaktionen. Durch die Lern- und Gedächtnisfunktionen dieser Hirnregion sind Reizsituationen starr an bestimmte Reaktionen gekoppelt. Sie ist so verdrahtet, daß die Notwendigkeit, über den nächsten Schritt nachzudenken, ausgeschaltet wird.

Die Funktionen des Hippocampus und der Amygdala und der Beitrag dieser Strukturen zum deklarativen und emotionalen Gedächtnis wurden hier natürlich stark vereinfacht dargestellt. Die Vereinfachungen lassen sich aber mit den Feststellungen in Einklang bringen, die man aus Verhaltensstudien über diese Strukturen gewonnen hat, und sie erfassen zumindest teilweise, wie diese Strukturen an den Formen des Gedächtnisses mitwirken, mit denen sie in Zusammenhang gebracht worden sind.

Eine implizite (unbewußte) emotionale Erinnerung mag bei mikroskopischer, das heißt molekularer Betrachtung nicht von einer expliziten (bewußten) Erinnerung an eine Emotion zu unterscheiden sein. Doch auf der Ebene der neuralen Systeme und ihrer Funktionen sind dies eindeutig unverwechselbare Operationen des Gehirns. Heute wissen wir sehr viel mehr über die getrennte Operation dieser beiden Systeme, und außerdem erkennen wir allmählich, wie sie miteinander wechselwirken. Auf diesen Wechselwirkungen beruhen die emotionalen Qualitäten von Erinnerungen an frühere Emotionen.

8

Wo die wilden Dinge sind

>»Eine Phobie ist – wie eine psychoanalytische
>Theorie – eine Geschichte darüber, wo die wilden
>Dinge sind.«
>
>Adam Phillips, *Vom Küssen, Kitzeln*
>*und Gelangweiltsein*[428]

1793: in Paris beherrschte die Revolution die Atmosphäre. Doch die
französische Revolution, um die es uns hier geht, fand nicht auf den Straßen statt, sondern in den Irrenanstalten. Philippe Pinel war der grundlegenden Meinung, daß die Geisteskranken nicht unheilbare wilde Tiere
seien, die man einsperren und quälen sollte, sondern Menschen, die man
mit Anstand und Respekt behandeln sollte. Als der Gefängniskommis-
sar der Revolution von Pinels Plan hörte, die Irren zu rehabilitieren,
fragte er: »Sind Sie nicht selber verrückt, diese Bestien befreien zu wollen?« Pinel antwortete: »Ich bin überzeugt, daß die *Menschen* nicht
unheilbar sind, wenn man ihnen Luft und Freiheit läßt.« Einige der »Bestien« genasen unter Pinels Anleitung. Eine wurde sein Leibwächter.[429]

Bis zum Jahr 1800 war Pinel zu einem der einflußreichsten Ärzte in
Paris geworden, und die revolutionäre Gesellschaft der Beobachter des
Menschen beauftragte ihn, eine wirklich wilde Bestie zu begutachten,
einen Jungen von rund elf Jahren, den man einige Monate zuvor in
einem kleinen Dorf in Südfrankreich gefangen hatte. Roger Shattuck,
der ein faszinierendes Buch über den wilden Jungen vom Aveyron geschrieben hat, schildert den Vorfall wie folgt:

Vor Tagesanbruch kam am 9. Januar 1800 ein bemerkenswertes Geschöpf
aus den Wäldern um das Dorf Saint-Sernin in Südfrankreich. Niemand hatte
ihn erwartet. Niemand kannte ihn. Er war seiner körperlichen Erscheinung
nach ein Mensch und ging aufrecht. Alles andere an ihm deutete auf ein Tier
hin. Er war nackt bis auf ein zerlumptes Hemd und zeigte keinerlei Scham-

gefühl, ließ nicht erkennen, daß er sich als eine menschliche Person begriff, die mit den Menschen, die ihn gefangen hatten, in irgendeiner Weise verwandt war. Er konnte nicht sprechen, sondern brachte nur ein seltsames, sinnloses Geschrei hervor.[430]

Pinel glaubte ungeachtet seiner bisherigen Erfolge nicht, daß eine Rehabilitierung des wilden Jungen möglich sei. Shattuck zufolge hat Pinel anscheinend ernsthaft überlegt, ob der Zustand des Jungen auf »organischen« oder auf »funktionellen« Ursachen beruhte, eine Unterscheidung, die er in anderen Fällen zu machen pflegte. Eine entsprechende Untersuchung hätte vielleicht zu einer sachlich begründeteren Entscheidung darüber geführt, ob der Junge heilbar war. Handelte es sich um ein organisches Problem, etwa einen Hirnschaden, dann war sein wilder Zustand vielleicht wirklich unheilbar. Waren aber die Lebensumstände – der Mangel an Fürsorge in seiner frühen Kindheit, das Fehlen einer geselligen Anregung, sein belastendes, traumatisches Leben in einer feindseligen Umwelt – die Ursachen, dann war eine Heilung vielleicht möglich. »Die Antwort werden wir niemals erfahren«, schreibt Shattuck.

Bei sogenannten funktionellen Störungen bestehen tatsächlich größere Heilungschancen als bei solchen, die organische Ursachen haben. Die Unterscheidung zwischen organischen und funktionellen Leiden sollte jedoch behutsam getroffen werden, und sie darf auf keinen Fall implizieren, daß von bestimmten Geistesstörungen das Gehirn und von anderen der Geist (die Psyche) betroffen ist. Das Gehirn ist, wie es bei Shakespeare heißt, die Wohnung der Seele.[431] In geistigen Störungen drückt sich wie in geistiger Gesundheit das Wirken des Gehirns aus.

Tatsächlich spricht Shakespeare von der *gebrechlichen* Wohnung der Seele und meint damit, daß die Grenze zwischen geistiger Gesundheit und Krankheit sehr dünn ist. Wir alle empfinden hin und wieder Traurigkeit und innere Unruhe. Werden diese Empfindungen aber exzessiv und sind sie den Umständen nicht mehr angemessen, dann geraten wir aus einem normalen in einen krankhaften emotionalen Zustand.

In diesem Kapitel befassen wir uns besonders mit krankhaften Emotionen, die als Angststörungen bezeichnet werden. Sie gehören zu den verbreitetsten Formen von Geisteskrankheit.[432] Ich werde zeigen, daß an ihnen das Furchtsystem des Gehirns beteiligt ist und daß wir aufgrund der Fortschritte, die wir im Verständnis der normalen Funktionsweise des Furchtsystems gemacht haben, leichter verstehen, was bei Angststörungen schiefläuft. Ich werde die These vertreten, daß Angststörungen auftreten, wenn das Furchtsystem sich von den kortikalen Kontrollen losreißt, die unsere primitiven Impulse – die wilden Dinge in uns – gewöhnlich in Schach halten.

Eine kurze Geschichte der Geisteskrankheit

Die Diagnose der Geistesstörungen fußt auf der Arbeit Emil Kraepelins im ausgehenden 19. Jahrhundert. Er grenzte die Schizophrenie vom manisch-depressiven Irresein ab, indem er zeigte, daß diese Krankheiten einen unterschiedlichen Verlauf nehmen. Freud, der ein Zeitgenosse Kraepelins war, interessierte sich mehr für Neurosen als für psychotische Leiden wie die Schizophrenie, und er sah die Ursache eher im seelischen Konflikt und der daraus erwachsenden Angst. Folgt man dem Psychiater Peter Kramer, so orientieren sich die amerikanischen Psychiater seit den fünfziger Jahren nicht mehr an Freud.[433] Sie machten sich das Spektrummodell der Geisteskrankheit zu eigen, dem zufolge alle Formen von Psychopathologie durch Angst bedingt sind.[434] Nach der Freudschen Auffassung war die Neurose eine Folge einer halbwegs gelungenen Angstabwehr, die mit einer Symptombildung einhergeht. Doch nach dem Spektrummodell wurde sogar die Psychose als eine Folge der Angst aufgefaßt, einer so maßlosen Angst, daß das Ich zerfiel und regredierte. Zwischen geistiger Gesundheit und Geisteskrankheit unterschied man nach dem Grad der vorhandenen Angst, und allen Leiden wurde dieselbe Behandlung zugedacht, nämlich eine Verminderung des inneren Konflikts per Psychotherapie.

Inzwischen sind neue Zeiten angebrochen. Den Fachleuten für seelische Gesundheit steht heute ein verwirrendes Arsenal an diagnostischen Kategorien zur Verfügung. Wie grundlegend sich die Dinge gewandelt haben, erkennt man schon beim Durchblättern der diagnostischen Bibel, dem 1980 erstmals erschienenen und jetzt in vierter Auflage vorliegenden *Diagnostic and Statistical Manual of Mental Disorders* (DSM) der Amerikanischen Psychiatrischen Vereinigung.[435] Man findet dort unter anderem eine Fülle von Phobien, unterschiedliche Arten von Panikattacken, eine Vielzahl von affektiven und Denkstörungen, Somatisierungsstörungen, antisoziale Persönlichkeitszustände sowie zahlreiche Formen von Mißbrauch aller möglichen Substanzen. Zusätzlich gibt es Überschneidungen, zum Beispiel von Panik mit Agoraphobie (Furcht vor offenen oder dichtbevölkerten Plätzen) oder von manisch-depressivem Irresein mit Kokainabhängigkeit und dergleichen mehr.

Bei aller diagnostischen Vielfalt ist jedoch klar, daß bestimmte Kategorien von Geisteskrankheit häufiger vorkommen als andere. Der U. S. Public Health Service erfaßt die Häufigkeit der einzelnen Formen von Geisteskrankheit.[436] 1994 hatten rund 51 Millionen Amerikaner von 18 Jahren an aufwärts irgendeine Form von diagnostizierter Geisteskrankheit, darunter etwa 11 Millionen mit Drogen- oder Arzneimittelmißbrauch. Von den übrigen 40 Millionen wurde mehr als die Hälfte den Angststörungen zugeordnet, etwas weniger als die Hälfte den affektiven Störungen (besonders der Depression) und der Rest der Schizophrenie und diversen sonstigen Leiden.

Der hohe Anteil von Geistesstörungen, die mit Angst verbunden sind, ist keine Rechtfertigung der Spektrumtheorie, denn mit einer Behandlung der Depression oder der Schizophrenie als einer Form von Angst wird man wahrscheinlich nicht so weit kommen wie mit einer spezifischen Behandlung. Er unterstreicht jedoch die Notwendigkeit, das Wesen der Angst und ihre unterschiedlichen Manifestationen zu verstehen. Zum Glück kann uns das inzwischen erreichte Verständnis des Furchtsystems helfen, die Entstehung von Angststörungen zu erklären, und vielleicht wird es uns auch helfen, Wege zu einer erfolgreichen Behandlung und Vorbeugung zu finden.

Furcht und Ekel in der Angst

Angst und Furcht sind eng verwandt. Beide sind Reaktionen auf schädliche oder potentiell schädliche Situationen. Angst wird gewöhnlich von Furcht durch die Abwesenheit eines äußeren Reizes unterschieden, der die Reaktion hervorruft – die Angst kommt von innen, die Furcht aus der Außenwelt. Der Anblick einer Schlange weckt Furcht, während Angst durch die Erinnerung an ein unangenehmes Erlebnis mit einer Schlange oder die Erwartung geweckt wird, man könnte einer Schlange begegnen. Angst ist auch als eine ungelöste Furcht bezeichnet worden.[437] Nach dieser Auffassung hängt die Furcht mit den Verhaltensakten der Flucht und Vermeidung in bedrohlichen

Situationen zusammen, und wenn diese Aktionen vereitelt werden, wird Furcht zu Angst.

Furcht und Angst sind normale Reaktionen auf (reale oder eingebildete) Gefahren und an sich nicht pathologisch. Wenn Furcht und Angst häufiger auftreten und länger anhalten, als es unter den gegebenen Umständen vernünftig ist, und wenn sie ein normales Leben erschweren, liegt eine Furcht-/Angststörung vor.[438]

Freud bezeichnete Leiden, in denen sich Angst und deren Abwehr (Konversion, Verdrängung, Verschiebung) äußern, als Neurosen.[439] Die Psychiatrie ist inzwischen nicht mehr so freudgläubig, wie sie es schon einmal war, und der DSM spielt den Terminus »Neurose« herunter, um den Eindruck zu vermeiden, in Angstsymptomen äußerten sich notwendigerweise Freudsche Abwehrmechanismen.[440] Der DSM führt unter »Angststörungen« daher neben den Krankheiten, die Freud als Angstneurosen bezeichnete, auch neuere Diagnosen auf.[441] Die vollständige Liste des DSM zählt zu den Angststörungen: Panik, Phobien, posttraumatische Belastungsstörungen, Zwangsstörungen und generalisierte Angst.

Erkennungsmerkmale dieser Störungen sind intensive Angstgefühle und Meidung von Situationen, die diese Gefühle wahrscheinlich heraufbeschwören werden.[442] Eine *Phobie* ist eine Furcht vor bestimmten Reizen oder Situationen, die über die tatsächliche Bedrohung hinausschießt. Die Konfrontation mit dem phobischen Objekt oder der Situation löst zuverlässig einen Zustand tiefer Angst aus. Der Betroffene wird alles tun, um das Objekt oder die Situation zu meiden. *Panikattacken* sind mit umgrenzten Phasen intensiver Angst und großen Unbehagens verbunden. Vielfach hat der Betroffene das Gefühl zu ersticken. Im Unterschied zu den Phobien sind die Attacken vielfach unvorhersagbar und häufig nicht an einen bestimmten äußeren Reiz oder eine äußere Situation gebunden. Manchmal geht Panik mit Agoraphobie einher. In schweren Fällen kann das Meiden solcher Situationen zu einer abgeschotteten Lebensweise führen. Die *posttraumatische Belastungsstörung* (PTSD) ist verbunden mit heftiger Angst, hervorgerufen durch Reize, die während eines extremen Traumas gegeben waren oder irgendwie mit Reizen verwandt sind, die während des Traumas aufgetreten sind. Man findet sie häufig bei Kriegsteilnehmern, aber auch bei Opfern von schweren körperlichen Mißhandlungen, sexuellem Mißbrauch und Naturkatastrophen. Gemieden werden Situationen, ja sogar Gedanken, die den Betroffenen an das Trauma erinnern könnten. *Zwangsstörungen* gehen einher mit aufdringlichen, sich wiederholenden und anhaltenden Gedanken und/oder wiederkehrenden Verhaltensweisen, die in Reaktion auf Zwangsvorstellungen immer wieder auf dieselbe Weise ausgeführt werden. Die Zwangshandlungen sollen die Angst neutralisieren, hängen jedoch mit der Situation, die sie neutralisieren sollen, nicht eindeutig zusammen oder schießen über sie hinaus. *Generalisierte Angst*, auch als unbestimmte oder frei flottierende Angst bezeichnet, ist verbunden mit einer über längere Zeit anhaltenden übertriebenen Sorge wegen unterschiedlichster Dinge.

Der DSM beschreibt Symptome und Situationsfaktoren, an denen ein erfahrener Kliniker die einzelnen Angststörungen erkennen kann. Arne Öhman, der in der Erforschung menschlicher Furcht und Angst eine führende Position einnimmt, hat jedoch folgenden Einwand: »Bei Phobikern, die mit ihren Furchtobjekten konfrontiert werden, bei PTSD-Patienten, die mit traumatischen, für die Störung relevanten Szenen konfrontiert werden, und bei Panikattacken treten physiologische Reaktionen auf, an denen die Übereinstimmungen sehr viel stärker hervorstechen als die Unterschiede.«[443] Er behauptet, Panik, phobische Furcht und PTSD seien äußere Manifestationen der »Aktivierung ein und derselben grundlegenden Angstreaktion«. Dies ist im Kern die Position, die ich hier vertreten werde. Ich mache sie jedoch nicht an Symptomen, sondern an Hirnsystemen fest: Angststörungen sind Ausdruck der Tätigkeit des Furchtsystems des Gehirns. Öhman bezieht die generalisierte Angst nicht mit ein, weil er sie eher als ein stabiles Persönlichkeitsmerkmal denn als eine Folge von Angstepisoden auffaßt – man spricht hier gern vom Unterschied zwischen Ängstlichkeit und Zustandsangst. Höchstwahrscheinlich liegt der generalisierten Angst aber (zumindest teilweise) dasselbe Hirnsystem zugrunde wie den anderen Angststörungen.

Der kleine Albert trifft den kleinen Hans

Angststörungen können jederzeit auftreten, melden sich aber am häufigsten im frühen Erwachsenenalter. Woran liegt das? Wieso geht das Gehirn von einem Zustand, in dem es nicht sonderlich besorgt ist, zu einem anderen über, in dem es krankhaft besorgt ist oder neurotische Verhaltensweisen an den Tag legt, die die Sorge in Schach halten?

Von Freud an haben die meisten Theoretiker angenommen, die klinisch erschöpfende Angst sei eine Folge traumatischer Lernerlebnisse, die unangenehme Erinnerungen erzeugen. Breuer und Freud[444] behaupteten zum Beispiel in dem berühmten Fall der Anna O., daß »Hysteriker vornehmlich unter Erinnerungen leiden« beziehungsweise, wie Matthew Erdelyi sagt, unter »traumatischen Erinnerungen, die sie aus dem Bewußtsein gelöscht haben«.[445] Da Furchtkonditionierung die unerläßliche Bedingung traumatischen Lernens ist, dürfte man kaum von der Hypothese überrascht sein, daß Furchtkonditionierung bei der Entstehung krankhafter Angst eine Rolle spielt. Sie galt lange als umstritten und unvollständig, doch wie wir noch sehen werden, ist es durch neue Forschungsergebnisse wahrscheinlicher, ja sogar ziemlich plausibel geworden, daß Furchtkonditionierung erheblich zu Angststörungen beiträgt.[446]

Die Konditionierungstheorie der Angst entstand in den zwanziger Jahren, als die Psychologen sich darauf verlegten, die meisten Verhaltensaspekte mit Lernerlebnissen und speziell mit Pawlows konditionierten Reflexen zu erklären.[447] John Watson, der Vater des Behaviorismus, behauptete, bei einem Jungen von elf Monaten, dem kleinen Albert, eine Tierphobie konditioniert zu haben, indem er, während der Junge unbeschwert mit einer Ratte spielte, einen lauten klirrenden Ton erzeugte.[448] Danach vermied es der Junge, mit der Ratte zu spielen, und wenn er in ihrer Nähe war, weinte er. Zur Erklärung dieses Befundes äußerte Watson die Vermutung, daß bestimmte Reize (laute Geräusche, schmerzhafte Reize, plötzlicher Verlust der physischen Unterlage) von Natur aus fähig seien, Furchtreaktionen hervorzurufen. Treten diese unkonditionierten Reize auf, so erwerben andere, zufällig auch gegebene Reize die Fähigkeit, konditionierte Furcht auszulösen. Neurosen entstehen Watson zufolge durch diese traumatischen Lernsituationen, bleiben lebenslang erhalten und beeinflussen das Verhalten.[449]
Watsons Theorie der Angst stützte sich ebenso wie seine behavioristische Auffassung der Psychologie auf das Pawlowsche konditionierte Reflexlernen. Doch in den dreißiger Jahren hatte für die Behavioristen eine andere Form des Lernens, die instrumentelle Konditionierung, die gleiche Bedeutung erlangt.[450] Bei der instrumentellen Konditionierung wird eine beliebige Reaktion (wie etwa, eine Taste zu drücken oder in einem Labyrinth eine Kehrtwendung zu machen) dann erlernt, wenn sie verstärkt wird, was bedeutet, daß anschließend entweder eine

Belohnung dargeboten oder eine Bestrafung unterlassen wird. Die Reaktion wird erlernt, weil sie verstärkt wird, und sie wird anschließend ausgeführt, um die Belohnung zu erhalten oder die Bestrafung zu vermeiden. Während bei der Pawlowschen Konditionierung die Bedeutung von einem emotional erregenden Reiz auf einen neutralen Reiz übertragen wird, besteht die Verknüpfung bei der instrumentellen Konditionierung zwischen einem emotional erregenden Reiz und einer neutralen Reaktion.

So unterschiedlich der Behaviorismus und die Psychoanalyse auch in ihren Ansätzen waren, suchten doch beide zu verstehen, warum wir so handeln, wie wir es tun. O. Hobart Mowrer, ein führender Behaviorist, fand in beiden Ansätzen etwas Wertvolles und begann in den vierziger Jahren, Freuds Theorie der Angstneurose in die Sprache der Lerntheorie zu übersetzen.[451] Mit Hilfe der Prinzipien der Pawlowschen und der instrumentellen Konditionierung hoffte er, das, wie er sich ausdrückte, »neurotische Paradoxon« aufzulösen: »Ein normaler, vernünftiger Mensch – ja sogar ein Tier in den Grenzen seiner Intelligenz – wird die Folgen seines Handelns abwägen... Ist die Auswirkung unvorteilhaft, wird das Handeln, das sie hervorruft, gehemmt, aufgegeben. Bei der Neurose beobachtet man jedoch Handlungen, die überwiegend unvorteilhafte Folgen haben, und doch werden sie über Monate, Jahre oder ein Leben lang beibehalten.«[452]

Mowrer zufolge ist Angst das Motiv dafür, daß wir uns mit traumatischen Ereignissen befassen, bevor sie eintreten. Und weil Angstverminderung Erleichterung oder Sicherheit bringt, ist sie ein mächtiger Verstärker für instrumentelle Verhaltensweisen (beliebige Reaktionen, die erlernt werden, weil sie ein Bedürfnis befriedigen oder ein Ziel erreichen helfen). Reaktionen, die Angst vermindern, werden deshalb erlernt und beibehalten.

Angst wird Mowrer zufolge in der von Watson postulierten Weise erlernt – Reize, die während einer schmerzhaften oder traumatischen Reizung vorhanden sind, erwerben die Fähigkeit, Angst hervorzurufen. Weil Angst unbehaglich ist, wird der Betroffene bei Vorliegen der sie auslösenden Reize motiviert sein, die Umstände zu verändern, sich von dem Ort, wo die angstauslösenden Reize sind, zu entfernen und solche Situationen in Zukunft zu meiden. Die Verminderung der Angst, die diese Reaktionen bewirken, verstärkt dann die Verhaltensweisen und sorgt dafür, daß sie beibehalten werden. Oft ist das zweckmäßig, aber bisweilen führt es zu neurotischen Symptomen.

Nehmen wir ein Beispiel aus dem Leben. Ein Mann wird im Aufzug beraubt. Von Stund an fürchtet er sich, Aufzüge zu benutzen. Er meidet sie nach Möglichkeit. Er sucht einen Therapeuten auf, der ihn zu beruhigen versucht; es sei äußerst unwahrscheinlich, daß er ein weiteres Mal in einem Aufzug beraubt werde, zumal dann, wenn er ihn während der Geschäftszeit benutze. Doch die Beruhigung schlägt nicht an. Der Mann muß zu seinem Büro im zwölften Stock. Das macht ihm angst. Obwohl es sehr lästig für ihn ist, benutzt er Tag für Tag die Treppe. Die daraus resultierende Angstverminderung erhält nach Mowrers Theorie das neurotische Verhalten, die Treppe zu benutzen, aufrecht.

Angst war für Mowrer wie für die existentialistischen Philosophen ein wesentliches Element der menschlichen Existenz, war grundlegend für das spezifisch Menschliche, aber auch ein Hinweis auf unsere Gebrechlichkeit:

Ein Verhalten, das Angst vermindert, hat im allgemeinen auch die Folge, die Gefahr, auf welche die Angst hindeutet, zu verringern. Eine Antilope, die einen Panther wittert, wird sich nicht nur weniger unbehaglich (ängstlich) fühlen, wenn sie sich aus dem Geruchsbereich des Panthers entfernt, sondern sie wird wahrscheinlich auch in Wirklichkeit etwas sicherer sein. Ein primitives Dorf, das von Räubern oder wilden Tieren bedroht ist, schläft besser, nachdem es sich mit einem tiefen Graben oder einer soliden Einpfählung umgeben hat. Und eine moderne Mutter fühlt sich besser, nachdem ihr Kind ordnungsgemäß gegen eine gefürchtete Krankheit geimpft wurde. Diese Fähigkeit, sich von der bloßen Aussicht auf traumatische Erlebnisse beunruhigen zu lassen, bevor sie wirklich eintreten (oder wieder eintreten), und sich dadurch motivieren zu lassen, realistische Vorkehrungen gegen sie zu ergreifen, ist fraglos ein ungeheuer wichtiger und nützlicher psychologischer Mechanismus, und die Tatsache, daß die vorausschauende, angsterregende Neigung beim Menschen höher entwickelt ist als bei niederen Tieren, ist vermutlich für viele der einzigartigen Leistungen des Menschen verantwortlich. Verantwortlich ist sie freilich auch für einige seiner ganz unübersehbaren Mißerfolge.[453]

Mowrer ebnete den Weg für eine verhaltenstheoretische Interpretation Freuds, doch was er wollte, wurde von einem anderen Verhaltenspsychologen, Neal Miller, äußerst erfolgreich verwirklicht.[454] Miller hatte zu ermitteln versucht, ob die Furcht nicht ebenso wie der Hunger oder die Sexualität als ein Trieb fungiert, als ein inneres Signal, das den Anstoß zu einem Handeln gibt, durch welches der Trieb reduziert wird. So wie ein hungriges Tier nach Nahrung sucht, so versucht ein furchtsames, von den Reizen, die Furcht erregen, fortzukommen. In seinem Experiment mußten Ratten, wenn sie einen elektrischen Schlag vermeiden wollten, beim Ertönen eines Summers über eine Hürde springen.[455] Die erste Phase umfaßte die Furchtkonditionierung: Der Summer ertönte, und die Ratten erhielten einen elektrischen Schlag. Dann lernten sie durch Zufallshandeln, daß sie den Schlag vermeiden konnten, wenn sie während des Summtons über die Hürde sprangen. Nachdem sie das herausgefunden hatten, sprangen sie jedesmal, wenn der Summer ertönte, auch nachdem der Strom abgeschaltet war. Der Schlag war nicht mehr präsent und folglich auch kein Motivator mehr. Mowrers Vermutung schien sich zu bestätigen, daß die Vermeidungsreaktion durch die Erwartung des Schlags aufrechterhalten wird, durch die von dem warnenden Signal geweckte Furcht. Doch um zu beweisen, daß Furcht der Motivator war, änderte Miller die Regeln für die Ratten. Vorher war der Summer ausgegangen, wenn die Ratte über die Hürde sprang, und das Abschalten des Summers schien eine hinreichende Verstärkung zu sein, um die Ratten weiterhin zum Springen zu bewegen. Jetzt blieb der Summer an, wenn die Ratte sprang, und ging erst aus, wenn sie einen Hebel betätigte. Nachdem die Ratten das gelernt hatten, änderte Miller die Spielregeln erneut und zwang die Ratten, eine zusätzliche Reaktion zu erlernen, um den Summer abzuschalten. Die erste Reaktion wurde erlernt, weil die Ratte damit den Schlag vermeiden konnte, doch die weiteren Reaktionen waren von vornherein nicht mit dem Schlag verknüpft. Sie wurden durch die Tatsache verstärkt, daß sie den Ton abschalteten. Nach Millers Meinung zeigten die Ergebnisse, daß Furcht ein Trieb ist, ein innerer Energiequell des Verhaltens, und daß Verhaltensweisen, welche die Furcht vermindern, verstärkt werden und dadurch zu gewohnheitsmäßigen Handlungen werden (»Furcht« wird hier allerdings als internes Körpersignal verstanden wie der Hunger und bezieht sich nicht unbedingt auf die subjektive, bewußt erlebte Furcht in dieser Theorie).

Diese neue Auffassung der Furcht als Trieb ermöglichte es nach Millers Ansicht, wahrhaft wissenschaftlich an die Prinzipien der Psychoanalyse heranzugehen. Gemeinsam mit dem ausgebildeten Analytiker John Dollard versuchte Miller, den unbewußten neurotischen Konflikt und seinen Ausdruck im Symptom mit den Prinzipien des tierischen Lernens zu erklären.[456] So wie eine Ratte jede beliebige Reaktion erlernen konnte, die ihr erlaubte, einer angsterzeugenden Situation zu entfliehen oder sie zu meiden, so erlernen Menschen alle möglichen instrumentellen Reaktionen, die ihnen erlauben, der Angst und dem Schuldgefühl, die ein neurotischer Konflikt verursacht, zu entfliehen oder diese zu meiden.[457] Um Dollard und Miller zu zitieren:

> Die Symptome des Neurotikers sind die offenkundigsten Aspekte seines Problems. Sie sind es, die der Patient kennt und die er loswerden möchte. Die Phobien, Hemmungen, Vermeidungen, Zwänge, Rationalisierungen und psychosomatischen Symptome des Neurotikers werden von ihm und von allen, die mit ihm zu tun haben, als lästig empfunden ... Wenn ein erfolgreiches Symptom auftritt, wird es verstärkt, weil es das neurotische Elend verringert. So wird das Symptom als eine Gewohnheit gelernt.[458]

Anfang der sechziger Jahre schlug die Theorie, die Angst als konditionierte Furcht verstand, eine andere Richtung ein. Statt der Tradition von Mowrer und Miller zu folgen, für die Freud nicht wissenschaftlich exakt, aber doch auf der richtigen Spur war, brachten die neuen Theoretiker wenig Nachsicht für die psychoanalytische Auffassung der Angst und ihre Betonung der ungelösten und unbewußten Konflikte auf. Einer von ihnen war Joseph Wolpe. Er deutete Freuds berühmten Phobiefall, den kleinen Hans,[459] im Sinne einer einfachen Pawlowschen Konditionierung.[460] Der fünfjährige Hans bekam Angst vor Pferden, als er eines Tages Zeuge eines schrecklichen Vorfalls wurde, bei dem ein Pferd stürzte. Nach Freuds Auffassung war die Pferdephobie ein ungelöster ödipaler Konflikt – Hans' Furcht, von seinem Vater kastriert zu werden, weil er seine Mutter begehrte, wurde auf Pferde verschoben. Das Trauma, das Pferd stürzen zu sehen, war die Gelegenheit, dank deren die Phobie den tieferen Konflikt überdecken konnte. Wolpe sah es jedoch anders. Wie alle guten Konditionierungstheoretiker behauptete er, daß ein neutraler Reiz, zum Beispiel ein Pferd, der zusammen mit einem Trauma auftritt, die Fähigkeit erwirbt, Furchtreaktionen auszulösen und daß Phobien nichts anderes sind als eine Furcht (Angst), die auf ein ansonsten bedeutungsloses Ereignis konditioniert wurde. In diesem Zusammenhang übte Wolpe scharfe Kritik an Freud; er habe Informationen, die seine Theorie bestätigten, selektiv benutzt, und Informationen, die ihr zuwiderliefen, selektiv mißachtet. Hans selbst soll zum Beispiel gesagt haben, er sei »wahnsinnig geworden«, als er das Pferd stürzen sah, und zur Bestätigung dieser Sicht sagte sein Vater, die Angst sei unmittelbar nach dem Vorfall ausgebrochen. Freud tat diese oberflächlichen Erklärungen ab, aber Wolpe nahm sie für bare Münze. Für Wolpe war der kleine Hans nichts anderes als der kleine Albert. Der Kreis der Konditionierungstheorie hatte sich geschlossen.

Der Unterschied zwischen Watsons und Wolpes rein Pawlowschem Ansatz einerseits und Mowrers und Millers psychoanalytischen Übersetzungen ist mehr als nur einer der Sprache, in der die Entstehung der Angst beschrieben wird. Er hat außerdem gewichtige Folgen für die Frage, wie Angst behandelt werden sollte. Die Freudianer und ihre verhaltenstheoretischen Günstlinge sahen das Ziel der Therapie in der Auflösung unbewußter Konflikte. Die andere, von Wolpe verkörperte Richtung konnte mit unbewußten Erklärungen nichts anfangen und sah in neurotischen Symptomen nicht mehr und nicht weniger als konditionierte Reaktionen. Stanley Rachman und Hans Eysenck, zwei weitere führende Vertreter dieser Richtung, drückten es so aus: »Werde die Symptome los, und du hast die Neurose beseitigt.«[461]

Die psychoanalytische Theorie und die verschiedenen Konditionierungstheorien haben trotz zahlreicher wichtiger Unterschiede einen gemeinsamen Gedanken: Angst ist das Ergebnis von traumatischen Lernerlebnissen. Da traumatisches Lernen (zumindest teilweise) Furchtkonditionierung einschließt, ist es möglich, daß ähnliche Hirnmechanismen zu pathogener Angst bei Menschen und zu konditionierter Furcht bei Tieren beitragen. Wenn dem so ist, dann könnte man mit Hilfe leicht durchführbarer Tierversuche verstehen, wie Angst beim Menschen gelernt, verlernt und kontrolliert wird. Doch ehe wir diese ziemlich bahnbrechende und, wie einige sagen würden, umstrittene Schlußfolgerung akzeptieren können, müssen wir noch auf einige Ideen über den Zusammenhang zwischen Furchtkonditionierung und Angststörungen sowie auf einige Tatsachen bezüglich der Organisation und Funktion des Furchtsystems des Gehirns eingehen.

Bereit zur Furcht

Der Experimentalpsychologe Martin Seligman, der sich mit konditionierter Furcht bei Tieren befaßt hatte, wies Anfang der siebziger Jahre auf einige auffallende Unterschiede zwischen menschlicher Angst und konditionierter Furcht bei Versuchstieren hin.[462] Besonders wichtig war für Seligman der Umstand, daß Vermeidungs-Konditionierung rasch erlischt, wenn das Tier daran gehindert wird, die Vermeidungsreaktion auszuführen, und alternative Lösungen für Flucht oder Vermeidung nicht geboten werden. Denken Sie daran, daß Millers Ratten weiterhin über die Hürde sprangen, wenn der Summer ertönte, obwohl der Stromschlag abgeschaltet war. Weil sie weiterhin sprangen, hatten sie keine Gelegenheit herauszufinden, daß der Schlag abgeschaltet war. Nun zeigt Seligman aber, daß, wenn die Hürde durch eine Wand ersetzt und damit die Vermeidungsreaktion unterbunden wird, die Ratte schnell lernt, daß dem Summer nicht länger ein Schlag folgt, und den Summer zu ignorieren beginnt. Wird dann die Mauer wieder durch die Hürde ersetzt, springt die Ratte nicht mehr in Reaktion auf den Summer. Wird die Ratte zu der Erkenntnis gezwungen, daß der Summer keine Gefahr nach sich zieht, erlischt die Furcht, und das führt zur Löschung der neurotischen Vermeidungsreaktion. Wenn man dagegen einem Akrophobiker sagt, es sei noch niemand zufällig vom Empire State Building heruntergefallen und er werde sich ganz prima fühlen, wenn er zur Spitze hinauffahre, oder zwingt man ihn gar, hinaufzufahren, um den Beweis dafür zu liefern, so hilft das nichts, ja es kann seine Höhenangst sogar noch verschlimmern. Die menschliche Phobie scheint der Löschung mehr Widerstand entgegenzusetzen und irrationaler zu sein als die konditionierte Furcht beim Tier.

Der Unterschied beruht nach Seligmans Ansicht auf folgendem: Während bei Laborversuchen beliebige, sinnlose Reize (blinkende Lichter oder Summer) benutzt werden, richten sich Phobien gegen bestimmte Klassen von äußerst sinnvollen Objekten oder Situationen (Insekten, Schlangen, Höhen). Wir sind möglicherweise von der Evolution darauf vorbereitet, bestimmte Dinge leichter zu lernen als andere, und diese biologisch bedingten Fälle von Lernen sind besonders wirksam und nachhaltig. So gesehen, äußert sich in Phobien unsere evolutionäre Bereitschaft, etwas über Gefahren zu lernen und uns die erlernte Information besonders nachdrücklich einzuprägen.

In einer relativ stabilen Umwelt ist es im allgemeinen eine verläßliche Annahme, daß die Gefahren, die auf eine Art lauern, sich nur wenig ändern werden. Es ist daher im allgemeinen sinnvoll, eine fertige Methode zu haben, um rasch etwas über Dinge zu lernen, die für die eigenen Vorfahren und deren Vorfahren gefährlich waren. Da unsere Umwelt sich aber sehr von derjenigen unterscheidet, in der die ersten Menschen lebten, kann unsere angeborene Bereitschaft, etwas über die Gefahren für unsere Vorfahren zu lernen, uns Probleme bereiten, zum Beispiel, wenn sie uns veranlaßt, Furcht vor Dingen zu entwickeln, die in unserer Welt nicht besonders gefährlich sind.

Mit dem Begriff der Bereitschaft brachte Seligman einen Schuß biologischen Realismus in die unbedarfte Konditionierungstheorie, die von Watson und seinen Schülern verbreitet wurde. Die Ironie dabei ist, daß das Phänomen der Bereitschaft bei Watsons Konditionierung des kleinen Albert eine entscheidende Rolle gespielt haben könnte. Watsons Ergebnisse ließen sich in mehreren nachfolgenden Experimenten nicht reproduzieren,[463] und diese Resultate dienten vielfach als Munition gegen Furchtkonditionierungs-Theorien der Angst. Seligman weist jedoch darauf hin, daß Watson, indem er ein behaartes Tier als konditionierten Reiz wählte, unabsichtlich einen vorbereiteten Reiz benutzte und die späteren Experimente deshalb fehlschlugen, weil sie unbelebte, sinnlose Reize benutzten.

Die Bereitschaftstheorie wurde durch Untersuchungen von Susan Mineka entschieden gestützt.[464] Man hatte seit langem vermutet, daß Affen eine angeborene Furcht vor Schlangen haben, so daß ein Affe, der zum erstenmal eine Schlange sieht, sich furchtsam verhalten und in Deckung gehen würde. Doch Mineka zeigte, daß im Labor aufgezogene Affen sich bei der ersten Konfrontation mit einer Schlange nicht fürchten. Bei früheren Untersuchungen hatte man die jungen Affen in Anwesenheit ihrer Mutter getestet. Zeigt man dem jungen Affen die Schlange, wenn er von der Mutter getrennt ist, verhält er sich nicht furchtsam. Offenbar lernt das Junge, sich vor Schlangen zu fürchten, durch das Vorbild der Mutter, die sich furchtsam verhält. Da solche Lernvorgänge bei nicht ängstigenden Objekten ausblieben, müssen biologisch relevante Reize etwas an sich haben, das bei jungen Affen ein rasches und nachhaltiges Beobachtungslernen fördert. Menschen lernen vieles, indem sie andere in sozialen Situationen beobachten, und daher hat man vermutet, daß Angst und besonders pathologische Angst gelegentlich oder sogar häufig durch soziale Beobachtung erlernt wird.[465]

Öhman hat in den letzten Jahren die Bereitschaftstheorie favorisiert.[466] Die Evolution hat nach seiner Ansicht den modernen Menschen mit einer Neigung ausgestattet, Furcht mit Situationen zu verknüpfen, die für das Überleben unserer Vorfahren bedrohlich waren. Sollte tatsächlich eine solche evolutionsbedingte Neigung bestehen, dann müßte sie in unseren Genen verankert sein. Es müßte folglich auch eine erbliche Variation bestehen, so daß die allgemeine Bereitschaft, Furcht vor Gefahren zu erwerben, denen unsere Vorfahren ausgesetzt waren, bei einigen stärker ausgeprägt ist als bei anderen. Solche übermäßig bereiten Menschen sind nach Öhmans Ansicht anfällig für Phobien.

Öhman hat die Bereitschaftstheorie strengen Tests unterworfen. Er ging von der Annahme aus, daß Schlangen und Insekten übliche Objekte von Phobien und daher geeignete Beispiele für vorbereitete Reize sind, während Blumen gewöhnlich keine phobischen Objekte sind. Diese furchtrelevanten (vorbereiteten) und furchtirrelevanten Reize benutzte er bei Konditionierungsversuchen mit Menschen. Für die Bereitschaftstheorie sprach sein Befund, daß konditionierte Furcht (gemessen an Reaktionen des autonomen Nervensystems) mit furchtrelevanten Reizen der Löschung stärker widerstanden als mit furchtirrelevanten Reizen. Außerdem wurde kein Widerstand gegen Löschung beobachtet, als moderne furchtrelevante Reize (Schußwaffen und Messer) benutzt wurden, was den Schluß zuläßt, daß die Evolution noch nicht genügend Zeit hatte, diese Gefahren einzubauen. Öhman wies ferner nach, daß Phobiker auf Reize, die für ihre eigene Phobie relevant sind, stärker reagieren als auf andere furchtrelevante Reize – Leute mit einer Schlangenphobie zeigten bei Schlangenbildern stärkere konditionierte Reaktionen als bei Spinnenbildern, während es sich bei Leuten mit einer Spinnenphobie umgekehrt verhielt. Das stand im Einklang mit seiner Behauptung, daß Phobiker erblich übermäßig bereit sind, auf die Objekte ihrer Phobie zu reagieren. Schließlich verhinderte er mit speziellen Verfahren, daß die konditionierten Reize bewußt wahrgenommen wurden, und konnte auf diese Weise die vorbereitete Konditionierung hervorrufen, ohne daß die Versuchspersonen sich der konditionierten Reize bewußt wurden. Dies zeigt, daß Phobien unabhängig vom Bewußtsein gelernt und ausgedrückt werden, was mit ihrer scheinbar irrationalen Natur zusammenhängen mag.

Die Bereitschaftstheorie bemüht sich sehr, einige der Mängel der herkömmlichen Furchtkonditionierungs-Theorie der Angst aufzuarbeiten, besonders die Tatsache, daß die Furcht im Rahmen der Angststörungen nicht leicht zu löschen und ausgesprochen irrational ist. Dennoch hat sie wichtige Aspekte von Phobien und anderen Angststörungen nicht erklären können. Es gibt Ängste wegen Objekten und Situationen, auf die die Evolution uns nicht vorbereitet hat, zum Beispiel Autos und Aufzüge. Angststörungen können auftreten und treten auch vielfach auf, ohne daß man sich an ein traumatisches Erlebnis erinnert, was den Schluß zuläßt, daß die traumatische Konditionierung vielleicht doch nicht so wichtig ist. Es gibt auch Fälle, in denen dem Beginn einer Angststörung ein unzweifelhaftes Trauma vorausgeht, das aber mit der Störung nichts zu tun (wenn zum Beispiel die Mutter stirbt und anschließend eine Höhenangst auftritt) – eine Konditionierung der Angst durch das Trauma wäre nicht zu erklären. Aber das sind Lücken, die wir vielleicht mit Hilfe unseres Wissens über die Hirnmechanismen der konditionierten Furcht und neuer Beobachtungen über die Auswirkungen von Streß auf das Gehirn werden schließen können.

Neue Erkenntnisse über die Angst: Hinweise vom Gehirn

In unserem Bemühen, die Natur von Angststörungen zu verstehen, stützen wir uns im folgenden auf die im vorigen Kapitel entwickelte Idee, daß es eine Vielzahl von Gedächtnissystemen gibt. Wir wollen vor allem untersuchen, was sich aus der Vorstellung ergibt, daß in einer traumatischen Lernsituation bewußte Erinnerungen von einem System geschaffen werden, an dem der Hippocampus und mit ihm zusammenhängende Rindenbereiche beteiligt sind, während unbewußte Erinnerungen auf Furchtkonditionierungs-Mechanismen beruhen, deren Basis die Amygdala ist. Diese beiden Systeme arbeiten parallel und speichern unterschiedliche, auf das Erlebnis bezogene Informationen ab. Bei einer späteren Begegnung mit Reizen, die beim Trauma gegeben waren, können beide Systeme ihre jeweiligen Erinnerungen abrufen. Das Amygdalasystem erzeugt in diesem Fall körperliche Reaktionen, die auf die Gefahr vorbereiten, das Hippocampussystem bewußte Erinnerungen.

Bei der Prüfung der Frage, wie Angststörungen entstehen und wo-

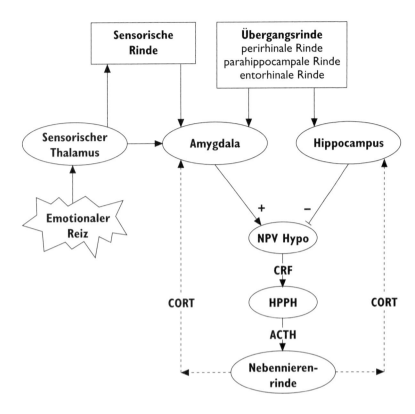

Mit Gefahr verbundene Reize aktivieren die Amygdala. Über Bahnen von der Amygdala zum Nucleus paraventricularis des Hypothalamus (NPV Hypo) wird Corticotropin-Releasing-Faktor (CRF) zur Hypophyse (HPPH) geschickt, die daraufhin adrenocorticotropes Hormon (ACTH) in den Blutstrom ausschüttet. ACTH veranlaßt die Nebennierenrinde, Steroidhormone (CORT) in den Blutstrom auszuschütten. CORT kann aus dem Blut ungehindert ins Gehirn gelangen, wo es sich an spezialisierte Rezeptoren auf Neuronen im Bereich des Hippocampus und der Amygdala und in anderen Bereichen bindet. Über den Hippocampus hemmt CORT die weitere Ausschüttung von CRF aus dem NPV. Doch solange der emotionale Reiz vorhanden ist, wird die Amygdala versuchen, den NPV zur Ausschüttung von CRF zu bewegen. Es hängt von dem Verhältnis zwischen den fördernden Wirkungen (+) von der Amygdala und den hemmenden Wirkungen (–) vom Hippocampus auf den NPV ab, wieviel CRF, ACTH und letztlich CORT ausgeschüttet wird.

durch sie aufrechterhalten werden, sollte man das deklarative System und andere Gedächtnissysteme auseinanderhalten. Darauf haben Jake Jacobs und Lynn Nadel 1985 in einem Artikel hingewiesen, der meine Ansichten über die Auswirkungen von Streß auf das Furchtsystem stark beeinflußt hat.[467]

STRESSBEDINGTER VERLUST UND WIEDERHERSTELLUNG VON TRAUMA-TISCHEN ERINNERUNGEN: Ein spezielles Ärgernis für die Konditionierungstheorien war die Tatsache, daß Personen mit klinischen Angstsymptomen sich nicht an ein traumatisches Ereignis erinnern können, das als Ursache ihrer Angst in Frage käme. Der Hauptkonkurrent, die psychoanalytische Theorie Freuds, nimmt dagegen an, daß Angst nur entsteht, wenn traumatische Erinnerungen in die unbewußten Winkel der Seele verbannt werden. Da sie sich mit etwas so Rätselhaftem und wissenschaftlich Unbewiesenem wie der Verdrängung nicht abgeben wollten, haben die Konditionierungstheoretiker sich mit Fällen abgeplagt, in denen keine Erinnerung an ein verursachendes Trauma vorliegt. Entweder liegt kein Trauma und folglich keine Konditionierung vor, oder es hat doch ein Trauma gegeben, aber es wird nicht erinnert. In beiden Fällen sind uns die Konditionierungstheoretiker eine Erklärung schuldig.

Eine mögliche Lösung dieses Rätsels haben neuere Untersuchungen geliefert, aus denen hervorging, daß belastende Ereignisse Fehlfunktionen im Hippocampus auslösen können. Zumindest in einigen Fällen könnte das Unvermögen, sich an ein verursachendes Trauma zu erinnern, auf einem streßbedingten Versagen der Hippocampus-Gedächtnisfunktion beruhen.[468] Um den Hergang und die Gründe dieser Erscheinung zu verstehen, müssen wir uns mit den biologischen Auswirkungen von Streß befassen.

Wenn Menschen und andere Lebewesen mit einer belastenden Situation konfrontiert sind, schüttet die Nebenniere ein Steroidhormon in den Blutstrom aus.[469] Die Nebennierensteroide sind maßgeblich daran beteiligt, die Energiereserven des Körpers zur Bewältigung von Streßsituationen zu mobilisieren. In der Steuerung der Freisetzung von Nebennierensteroiden spielt die Amygdala, wie wir im 6. Kapitel gesehen haben, eine entscheidende Rolle. Entdeckt sie eine Gefahr, benachrichtigt sie den Hypothalamus, der seinerseits die Hypophyse benachrichtigt, mit der Folge, daß ein Hormon namens ACTH ausgeschüttet wird. ACTH strömt mit dem Blut zur Nebenniere und bewirkt die Ausschüttung des Steroidhormons. Dieses gelangt zu verschiedenen Zielorten im Körper und außerdem ins Gehrin, wo es sich an Rezeptoren im Hippocampus, der Amygdala, dem präfrontalen Kortex und anderen Regionen bindet. Weil Streßereignisse zuverlässig die Absonderungen von Nebenniere und Hypophyse bewirken, bezeichnet man diese als Streßhormone.

Man weiß seit einiger Zeit, daß die Steroidrezeptoren im Hippocampus zu einem Steuerungssystem gehören, das die Menge des freigesetzten Nebennierenhormons reguliert.[470] Bindet sich das Hormon an Rezeptoren im Hippocampus, wird der Hypothalamus informiert, die Hypophyse und die Nebenniere zu einer Verringerung ihrer Ausschüttungen zu veranlassen. Bei Streß sagt die Amygdala unausgesetzt »ausschütten«, und der Hippocampus sagt unausgesetzt »verringern«. Durch ein mehrfaches Durchlaufen dieser Schleife wird die Konzentration der Streßhormone im Blut sehr genau den Anforderungen der Streßsituation angepaßt.

Hält der Streß zu lange an, läßt allmählich die Fähigkeit des Hippocampus nach, die Ausschüttung der Streßhormone zu steuern und seine normalen Funktionen auszuführen. Gestreßte Ratten sind nicht in der Lage, Verhaltensaufgaben, die auf dem Hippocampus beruhen, zu erlernen und sich einzuprägen.[471] Bei der im letzten Kapitel beschriebenen Aufgabe im Wasserlabyrinth können sie sich zum Beispiel nicht die Lage der sicheren Plattform merken. Durch Streß wird auch die Fähigkeit beeinträchtigt, eine Langzeit-Potenzierung im Hippocampus zu veranlassen,[472] womit sich vermutlich der Gedächtnisausfall erklärt. Bei Menschen beeinträchtigt Streß auch die Funktionen des expliziten bewußten Gedächtnisses.[473]

Bruce McEwen, ein führender Forscher auf dem Gebiet der Biologie des Stresses, hat gezeigt, daß starker, aber zeitlich begrenzter Streß Dendriten im Hippocampus schrumpfen läßt.[474] Dendriten sind jene Teile von Neuronen, bei denen Inputs eingehen und die für die ersten Phasen der Langzeit-Potenzierung und Gedächtnisbildung verantwortlich sind.[475] Hört der Streß auf, können diese Veränderungen sich zurückbilden. Bei anhaltendem Streß treten jedoch irreversible Veränderungen ein. Zellen des Hippocampus beginnen zu verkümmern. In diesem Fall ist der Gedächtnisverlust von Dauer.

Robert Sapolsky, der die Auswirkungen von sozialem Streß auf das Verhalten von Affen untersuchte, entdeckte als erster die Auswirkungen von Streß auf den Hippocampus.[476] Einige der Affen, die sozial

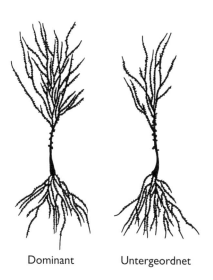

Dominant   Untergeordnet

Hier sehen wir Neurone von ungestreßten (dominanten) und gestreßten (untergeordneten) Spitzhörnchen, einer Säugetierart, die am Anfang der Primaten-
evolution steht. Der Streß hing in diesem Experiment damit zusammen, daß
die untergeordneten Männchen mit einem dominanten Männchen konfrontiert wurden. Durch wiederholten sozialen Streß dieser Art verminderte sich
die Verzweigung und die Länge der Dendriten. Man vergleiche die obere
Hälfte der Zelle des ungestreßten dominanten Tieres mit der des gestreßten untergeordneten Tieres. (Abdruck aus A. M. Magarinos, B. S. McEwen,
G. Flugge and E. Fuchs [1996], »Chronic psychosocial stress causes apical
dendritic atrophy of hippocampal CA 3 pyramidal neurons in subordinate tree
shrews«. *Journal of Neuroscience* 16, S. 3534–3540.)

einem dominierenden Männchen untergeordnet waren, starben im
Laufe mehrerer Jahre. Sie hatten, wie man bei der Autopsie feststellte,
Magengeschwüre, was mit einem Leben unter Streß in Einklang steht.
Am auffälligsten war jedoch die ausgeprägte Schrumpfung des Hippo-
campus. Von Schäden an anderen Teilen des Gehirns war kaum etwas
zu bemerken. Diese grundlegende Entdeckung wurde inzwischen
durch andere Befunde bestätigt. So verkümmert der Hippocampus bei
Mäusen, die unter sozialem Streß leben.[477]

Wie neuere Untersuchungen gezeigt haben, ist auch der menschliche
Hippocampus streßanfällig.[478] Bei Menschen, die ein Trauma hinter
sich haben, zum Beispiel Opfern von wiederholtem Kindsmißbrauch

oder Vietnamveteranen mit posttraumatischer Belastungsstörung, ist der Hippocampus geschrumpft. Auch ist die Merkfähigkeit erheblich eingeschränkt, ohne daß der IQ oder andere kognitive Funktionen betroffen wären. Belastende Erlebnisse können den menschlichen Hippocampus und seine Gedächtnisfunktionen verändern.

Für diese physischen Veränderungen im Hippocampus und die daraus resultierenden Gedächtnisschwierigkeiten sind offenbar Nebennierensteroide verantwortlich.[479] Beim sogenannten Cushing-Syndrom entwickeln sich Tumoren in der Nebennierenrinde, und es wird zuviel Steroidhormon ausgeschüttet. Die Betroffenen haben, wie man seit langem weiß, Gedächtnisschwierigkeiten. Untersuchungen haben jetzt gezeigt, daß bei dieser Krankheit auch der Hippocampus schrumpft. Zu Zelltod im Hippocampus und Gedächtnisschwierigkeiten kommt es auch, wenn man Ratten bzw. Menschen hohe Dosen von Steroiden injiziert, wodurch die Auswirkungen von starkem Streß nachgeahmt werden. Werden jedoch die Auswirkungen der Steroide medikamentös blockiert, so sind die Ratten gegen die Auswirkungen von Streß auf den Hippocampus und das Gedächtnis immun.

Es muß noch auf einen anderen Zusammenhang zwischen Streß und Gedächtnis hingewiesen werden. Übermäßiger Streß kann zur Depression führen, und manche der Betroffenen haben ein schlechtes Gedächtnis. Es ist durchaus möglich, daß die bei Depression auftretenden Gedächtnisstörungen mit den Auswirkungen des Streß auf den Hippocampus zusammenhängen.

Gelegentlich unterstützt Streß die Bildung von expliziten Erinnerungen und verstärkt sie (siehe die Blitzlicht-Hypothese), aber er kann das explizite Gedächtnis auch vernichten. Jetzt haben wir eine plausible Erklärung für diesen Widerspruch. Eine Gedächtnisstärkung ist von leichtem Streß zu erwarten, aufgrund der fördernden Effekte des Adrenalins (7. Kapitel), doch wenn der Streß hinreichend stark und anhaltend ist, um die Konzentration der Nebennierensteroide so zu steigern, daß der Hippocampus negativ beeinflußt wird, leidet das Gedächtnis.

Was wir über negative Auswirkungen von Streß auf das Gedächtnis wissen, verdanken wir überwiegend schweren Fällen, in denen der Streß tagelang anhielt. Eine wichtige Frage ist, ob ein einmaliges traumatisches Erlebnis wie Beraubung oder Vergewaltigung die Steroidkonzentration so stark ansteigen lassen kann, daß der Hippocampus darunter leidet und die Erinnerung an den Vorfall verlorengeht. Eine definitive Antwort steht noch aus, doch neuere Untersuchungen haben gezeigt, daß kurzzeitiger Streß das Raumgedächtnis von Ratten zerstören und die Induktion der Langzeit-Potenzierung im Hippocampus beeinträchtigen kann.[480] Beide Wirkungen bleiben aus, wenn die Nebennierenrinde entfernt wird und damit die Nebennierensteroide wegfallen.

Jetzt wird es kompliziert. Angenommen, es sei tatsächlich möglich, daß ein befristetes Trauma zu einer Amnesie bezüglich des Erlebnisses führt. Läßt sich dann später eine Erinnerung an diese Ereignisse wiederherstellen? Wir können zwar generell die Bedingungen angeben, unter denen eine Wiederherstellung möglich oder unmöglich ist, doch können wir nicht sagen, ob es in einem bestimmten Fall gelungen ist. Wurde der Hippocampus zum Beispiel durch den Streß so sehr in Mitleidenschaft gezogen, daß er während des Ereignisses keine Erinnerung bilden konnte,[481] dann wird es auf keinen Fall möglich sein, eine bewußte Erinnerung an das Ereignis heraufzuholen. Wenn keine Erinnerung gebildet wurde, kann sie auch nicht wiederaufgerufen oder wiederhergestellt werden. Wurde der Hippocampus dagegen nur teilweise von dem Trauma in Mitleidenschaft gezogen, könnte er an der Bildung einer schwachen oder bruchstückhaften Erinnerung mitgewirkt haben. In diesem Fall könnte es möglich sein, Aspekte des Erlebnisses mental zu rekonstruieren. Bei solchen Erinnerungen müssen zwangsläufig »Lücken ausgefüllt« werden, und die Zuverlässigkeit der Erinnerung wird davon abhängen, wieviel ausgefüllt wurde und wie wichtig die ausgefüllten Teile für den Inhalt der Erinnerung waren.

Explizite, bewußte Erinnerungen sind, wie ich im letzten Kapitel betonte, Rekonstruktionen, bei denen Informationen, die im Langzeitgedächtnis gespeichert sind, mit dem aktuellen Gemütszustand vermengt werden. Auch Erinnerungen, die mit einem einwandfrei funktionierenden Hippocampus gebildet werden, können leicht durch Erlebnisse verzerrt werden, die sich zwischen der Bildung der Erinnerung und ihrem erneuten Aufruf ereignet haben. Elizabeth Loftus und Mitarbeiter haben das in zahlreichen Experimenten gezeigt.[482] Von besonderer Bedeutung ist ihr Befund, daß durch Beeinflussung von Ereignissen, die sich nach der Bildung der Erinnerung abspielen, leicht eine falsche Erinnerung herbeigeführt werden kann, ja daß sogar eine Erinnerung an ein Erlebnis erzeugt werden kann, das nie stattgefunden hat. Die Versuchspersonen glauben vorbehaltlos an ihre Erinnerungen, aber da die Vorgänge sich im Rahmen kontrollierter Laborexperimente abgespielt haben, läßt sich beweisen, daß die Erinnerungen fabriziert sind. Durch sorgfältig kontrollierte Laborexperimente wurde aber auch gezeigt, daß Informationen, die bewußt verarbeitet und gespeichert, aber später vergessen wurden, zurückgeholt werden können, ein Phänomen namens Hypermnesie, mit dem wir uns im 3. Kapitel befaßt haben.[483]

Bei der Wiederherstellung von Erinnerungen im wirklichen Leben ist nur eines klar: Wenn keine unanfechtbare Bestätigung vorliegt, kann ein Außenstehender nicht eindeutig sagen, ob eine bestimmte Erinnerung echt oder fabriziert ist (wobei fabriziert nicht heißt, daß der Betreffende lügt, sondern nur, daß die Erinnerung falsch ist). Unzweifelhaft gibt es Opfer grausiger Vorfälle, die die Erinnerung an den Vorfall verloren haben, und es mag einige geben, die später eine Erinnerung an das Geschehene zusammenstückeln können. Man kann jedoch auf Irrwege geraten, wenn man einzig aufgrund seiner Selbsterkenntnis zwischen echten und fabrizierten Erinnerungen zu unterscheiden versucht. Salvador Dalí sagte einmal: »Der Unterschied zwischen falschen und wahren Erinnerungen ist derselbe wie bei Juwelen: Es sind immer die falschen, die am echtesten, am glänzendsten erscheinen.«[484] Man mag darüber streiten, ob er recht hatte oder nicht, aber wie wir oben (im 2. und 3. Kapitel) gesehen haben, stellt die introspektive Erforschung der eigenen Denkprozesse ein äußerst unzuverlässiges Fenster in den eigenen Geist dar, auch bei stinknormalen (nichttraumatischen) Ereignissen. Wahrscheinlich wird es sogar noch schlimmer, wenn Verwirrung herrscht, wie es während eines Traumas und hinterher unausweichlich ist. Die Gewässer der Gedächtniswiederherstellung sind trügerisch, und man sollte sie sehr behutsam durchschreiten.

Die Funktionen der Amygdala werden, soweit man weiß, durch Streß nicht beeinträchtigt, sondern sogar, wie wir noch sehen werden, gestärkt. Daher ist es durchaus möglich, daß man eine schwache bewußte Erinnerung an ein traumatisches Ereignis hat, aber durch die von der Amygdala vermittelte Furchtkonditionierung sehr mächtige implizite, unbewußte emotionale Erinnerungen. Und diese machtvollen unbewußten Ängste können aufgrund anderer Folgen des Stresses, die noch zu beschreiben sind, sehr großen Widerstand gegen die Löschung entwickeln. Sie können, anders gesagt, zu unbewußten Quellen heftiger Angst werden, die ein ganzes Leben lang ihre unerkannten bösen Einflüsse ausüben. Es ist jedoch unmöglich, diese machtvollen unbewußten Erinnerungen nachträglich in explizite Erinnerungen zu überführen. Wenn keine unbewußte Erinnerung gebildet wurde, kann sie eben nicht wiederhergestellt werden.

Offenbar hatte Freud recht mit seiner Überzeugung, daß Aspekte traumatischer Erlebnisse bisweilen in Gedächtnissystemen gespeichert werden, die vom Bewußtsein aus nicht direkt zugänglich sind. Nicht ganz so klar ist, ob daran die Verdrängung (im Freudschen Sinne) beteiligt ist. Das Unvermögen, sich an traumatische Erlebnisse zu erinnern, könnte von Fall zu Fall auf streßbedingtem Versagen des Hippocampus beruhen, was allerdings noch zu beweisen ist. Daß der traumatische Ursprung der Angst nicht erinnert wird, spricht insofern nicht gegen die Konditionierungstheorie der Angst. Die Verdrängung unangenehmer Erlebnisse kann natürlich durchaus ein reales Phänomen sein, das wir wissenschaftlich bisher nicht verstanden haben. Es mag auch Angststörungen geben, die sich ohne ein ursächliches Trauma entwickeln. Dennoch haben wir zumindest einen möglichen Mechanismus, mit dem sich gewisse Aspekte dieser Störungen auf eine biologisch leichtverständliche Weise erklären lassen.

Verstärkung emotionaler Erinnerungen durch irrelevante Stressoren: Die negativen Auswirkungen von starkem Streß auf die explizite bewußte Erinnerung an ein Trauma haben eine Kehrseite. Derselbe Streß, der zur Amnesie bezüglich eines Traumas führen kann, könnte implizite oder unbewußte Erinnerungen, die während des traumatischen Ereignisses gebildet werden, verstärken.

Wie neuere Experimente gezeigt haben, kommt es bei Ratten, die Nebennierensteroide in einer Menge injiziert bekommen, die sehr starkem Streß entspricht, zu einem drastischen Abfall einer Substanz namens Kortikotropin freisetzender Faktor (CRF) in dem Teil des Hypothalamus, der die Ausschüttung des Streßhormons ACTH aus der Hypophyse steuert.[485] CRF ist nämlich der Neurotransmitter, der die Ausschüttung von ACTH anregt. Wenn der CRF in dieser Bahn zurückgeht, äußert sich darin die vom Hippocampus über eine negative Rückkoppelung bewirkte Steuerung der Streßhormone – erreicht die Konzentration der Nebennierensteroide im Blut einen bestimmten Wert, weist der Hippocampus den Hypothalamus an, die Ausschüttungen zu verringern. Wenn die Steroidkonzentration einen kritischen Wert erreicht, beginnen die Hippocampus-Schaltungen zu versagen. Im zentralen Kern der Amygdala kommt es unter denselben Bedingungen dagegen zu einem drastischen Anstieg von CRF – die Amygdala kann bei steigender Steroidkonzentration im Blut immer aktiver werden. Streß wirkt sich also auf die Amygdala ganz anders aus als auf die Hippocampus-Hypothalamus-Bahn.

Keith Corodimas, Jay Schulkin und ich stellten aufgrund dieser Beobachtungen die Vorhersage auf, daß die von der Amygdala vermittelten Lern- und Gedächtnisprozesse bei starkem Streß erleichtert werden könnten, und wir untersuchten die Auswirkungen einer Streßhormonüberlastung auf konditioniertes Furchtverhalten.[486] Der Vorhersage entsprechend stellten wir fest, daß die erlernte Furcht bei den mit Steroiden behandelten Ratten stärker war als bei unbehandelten. Dies ist nur ein vorläufiges Ergebnis, doch bei Experimenten mit anderen Formen Pawlowscher Konditionierung erkannte man gleichfalls, daß Streß konditionierte Reaktionen verstärkt.[487]

Sollte Streß tatsächlich den Hippocampus beeinträchtigen und die Amygdala fördern, so würde Streß uns in einen Operationsmodus versetzen, in dem wir auf Gefahr reagieren, statt über sie nachzudenken. Unklar ist, ob dies eine spezifische Anpassung ist oder ob wir bloß das Glück haben, daß wir bei einem Versagen der höheren Funktionen auf eine Rückfallposition zurückgreifen können, in der das Denken der Evolution überlassen wird.

Aus der Tatsache, daß Streßhormone konditionierte Furchtreaktionen verstärken können, ergibt sich eine wichtige Folgerung für unser Verständnis von Angststörungen, speziell für die Frage, warum diese manchmal nach belastenden Ereignissen auftreten oder sich verschlimmern, die mit der Angst anscheinend nichts zu tun haben.[488] Schwachkonditionierte Furchtreaktionen können bei Streß stärker werden. Die Reaktionen könnten aus zwei Gründen schwach sein: entweder weil sie schwach konditioniert waren oder weil sie vorher gelöscht oder durch irgendeine Behandlung zum Abklingen gebracht worden waren. Wie auch immer – ihre Stärke könnte durch Streß erhöht werden. So könnte eine Schlangenphobie, die seit Jahren abgeklungen ist, beim Tod eines nahestehenden Menschen wieder auftreten. Eine milde Form von Höhenangst, die im Alltag keine Probleme verursacht, könnte sich unter dem verstärkenden Einfluß von Streß in eine pathologische Angst verwandeln. Der Streß hängt mit der auftretenden Störung nicht zusammen, sondern senkt die Schwelle für eine Angststörung, macht den Betroffenen anfällig für Angst, ohne jedoch die Art der Störung zu diktieren. Für diese sind vermutlich Befürchtungen und sonstige Anfälligkeiten verantwortlich, die in dem Betroffenen schlummern.

Fehlfunktionen des Gehirns können unvorbereitete Lerninhalte resistent gegen Löschung machen: Neurotische Ängste sind bekanntermaßen schwer zu erschüttern. Das ist der Fluch des Therapeutendaseins, aber zugleich die Verdienstgrundlage der Therapeuten. Einen Ausweg aus diesem Dilemma bietet die Bereitschaft (im Sinne der evolutionären Lernbereitschaft), doch gibt es noch einen anderen. Furchtreaktionen von Ratten, die auf beliebige Töne oder Lichtsignale konditioniert wurden, lassen sich weitgehend resistent gegen Löschung machen, wenn bestimmte Rindenareale, die zur Amygdala projizieren, beschädigt werden. Dies läßt die Vermutung zu, daß diese Areale des Kortex in manchen Fällen pathogener Angst schlecht funktionieren, so daß gewöhnliche Reize von der Amygdala in einer Weise konditioniert werden können, die der Löschung widersteht.

Vor einigen Jahren untersuchten wir die Auswirkungen von Schäden der visuellen Rindenbereiche auf die Fähigkeit von Ratten, auf visuelle Reize konditioniert zu werden.[489] Die beeinträchtigten Ratten lernten ganz ausgezeichnet, was für unsere Vermutung sprach, daß sensorische Informationen bei der Konditionierung auf subkortikalen Wegen zur Amygdala gelangen. Doch als wir die Furchtreaktionen bei diesen Tieren zu löschen versuchten, geschah etwas Unerwartetes. Die Löschung gelang nicht. Normale Ratten fürchteten sich nicht mehr vor den Lichtsignalen, wenn sie einige Tage lang die Signale erhalten hatten, ohne daß ein elektrischer Schlag folgte. Doch die Ratten mit Läsionen der Sehrinde waren wie »Energizer«-Batterien – sie machten weiter und weiter und weiter.

Wir hatten auf keinen Fall angenommen, daß die Löschung in der Sehrinde erfolgt. Sie betrachteten wir vielmehr als ein notwendiges Bindeglied zwischen der visuellen Welt und kortikalen Bereichen höherer Ordnung, die für die Löschung nötig sind. Ein Gebiet, das als Regulator der Löschung in Frage kam, war der mediale präfrontale Kortex. Dieses Gebiet empfängt Signale von den sensorischen Regionen des Kortex und von der Amygdala, und es hat Rückverbindungen zur Amygdala und zu vielen der Gebiete, zu denen die Amygdala projiziert.[490] Der mediale präfrontale Kortex ist somit durch seine Lage prädestiniert, die Outputs der Amygdala zu regulieren, die auf Ereignissen in der Außenwelt und auf der Interpretation dieser Ereignisse durch die Amygdala basieren. Ratten, bei denen Maria Morgan diese Region beschädigte, verhielten sich in Anwesenheit eines konditionierten Furchtreizes weiterhin furchtsam, während Ratten ohne Läsion dieses Gebiets schon lange aufgehört hatten, furchtsam zu reagieren.[491]

Die Amygdala der kortikal beschädigten Ratte verhält sich wie ein neurotischer Mensch: Obwohl Informationen vorliegen, daß der Reiz nicht mehr mit Gefahr verknüpft ist, bringt sie hartnäckig ihre Furchterinnerungen zum Ausdruck. Die Löschung scheint auf der kortikalen Regulierung über die Amygdala zu beruhen, und wenn die Amygdala von diesen kortikalen Kontrollen befreit ist, kann sogar unvorbereitete konditionierte Furcht gegen Löschung resistent sein.

Zu den Kennzeichen eines Frontallappen-Schadens gehört die Perseveration, die Unfähigkeit, mit einer Tätigkeit aufzuhören, wenn sie nicht mehr angemessen ist.[492] Frontallappen-Patienten, die eine Aufgabe ausführen, bei der eine Regel befolgt werden muß, haben zum Beispiel große Schwierigkeiten, ihr Verhalten zu ändern, wenn die Regel geändert wird. In der üblichen Testversion bekommt der Patient einen Stapel Karten mit jeweils einem oder mehreren farbigen Symbolen und muß dann anhand von Rückmeldungen darüber, ob seine Reaktion korrekt ist, herausfinden, welche Art von Hinweis (Farbe, Form oder Zahl) die richtige Lösung ist. Hat der Patient ein Prinzip (zum Beispiel Farbe) einmal begriffen, kommt er mit der Aufgabe gut zurecht. Wird das Prinzip aber plötzlich geändert (beispielsweise zu Form), folgt er weiterhin der alten Regel. Es gibt sogar Patienten, die wissen, was sie tun sollten, doch können sie ihr Verhalten nicht ihrem Wissen anpassen. Sie sind starr und unbeweglich und setzen ihr Verhalten auch dann fort, wenn offenkundig ist, daß es nicht der Situation angemessen ist. Dies ist offenbar auch ein Merkmal ihres Verhaltens in der Realität.

Die Perseveration gilt gewöhnlich als eine kognitive Störung, eine Denkstörung, doch in dem, was wir über die Furchtlöschung bei Ratten mit präfrontalen Läsionen herausgefunden haben, äußert sich offensichtlich dieselbe Art von Schwierigkeit, nur im Bereich der Emotion. Wir haben das Unvermögen unserer Ratten, konditionierte Furchtreaktionen zu löschen, sogar als »emotionale Perseveration« bezeichnet.[493] Während die kognitive Perseveration durch eine Schädigung der lateralen Bereiche des präfrontalen Kortex entsteht, ging die emotionale Perseveration auf die Schädigung eines kleinen Teils der medialen präfrontalen Region zurück.[494] Die lateralen und medialen präfrontalen Regionen führen möglicherweise dieselbe Operation aus, nämlich die Anpassung des Verhaltens an sich ändernde Bedingungen, wobei es von den Arealen abhängt, mit denen die präfrontale Region zusammenarbeitet, ob die kognitiven oder die emotionalen Funktionen betroffen sind. Mit anderen Worten: Der mediale Kortex befaßt sich mit der Änderung von Reaktionen, weil er zum präfrontalen Kortex gehört, und er ändert Reaktionen aufgrund von emotionalen Informationen, weil er mit der Amygdala verbunden ist. Edmund Rolls hat die Vermutung geäußert, daß der mediale präfrontale Kortex eine ähnliche Rolle in der Emotion spielen könnte, und er stützt sich dabei auf die Messung der Aktivität von Neuronen in diesem Gebiet bei Affen, die Aufgaben ausführten, bei denen der mit bestimmten Reaktionen verknüpfte Verstärker (Lohn oder Strafe) häufig wechselte.[495] Über den Beitrag des präfrontalen Kortex zur Emotion haben sich auch andere Forscher geäußert, unter denen Antonio Damasio besonders erwähnt zu werden verdient.[496] Im nächsten Kapitel über das emotionale Bewußtsein werden wir näher darauf eingehen.

Der präfrontale Kortex kann wie der Hippocampus durch Streß verändert werden. Beide bieten, wie neuere Untersuchungen gezeigt haben, eine Gegenkraft, die verhindert, daß allzu viele Streßhormone ausgeschüttet werden.[497] Da diese auf negativer Rückkoppelung beruhende Steuerungsfunktion bei anhaltendem Streß versagt, könnten sowohl der präfrontale Kortex als auch der Hippocampus negativ beeinflußt werden. Ein streßbedingtes Versagen des präfrontalen Kortex könnte die Bremsen der Amygdala lösen, mit der Folge, daß neue Lerninhalte verstärkt und resistenter gegen Löschung werden und daß möglicherweise vorher gelöschte konditionierte Ängste erneut zum Ausbruch kommen können.

Die Tatsache, daß klinische Furcht schwer zu löschen ist, bedeutet noch nicht, daß sie auf einem anderen Hirnsystem beruht als dem, welches löschbare konditionierte Furcht bei Tieren vermittelt. Wenn hinsichtlich der Löschung von konditionierter Furcht Unterschiede zwischen Laborexperimenten und ängstlichen Personen bestehen, so beruht das eher auf Unterschieden in der Funktionsweise des Furchtsystems in normalen und ängstlichen Gehirnen als darauf, daß das Gehirn für das Erlernen konditionierter Furcht bzw. klinischer Angst unterschiedliche Systeme benutzt. Das heißt nicht, daß der präfrontale Kortex bei ängstlichen Personen Löcher aufweist, wie es bei unseren

Laborratten der Fall ist. Störungen der elektrischen und chemischen Funktionen können auf vielfältige Weise eine Hirnregion beeinträchtigen, und Läsionen sind nur ein extremer Fall solcher Störungen.

VERSCHWUNDEN, ABER NICHT VERGESSEN – DIE UNAUSLÖSCHLICHKEIT EMOTIONALER ERINNERUNGEN: Aus unserem Befund, daß Furchtkonditionierung bei Beschädigung des medialen präfrontalen Kortex resistent gegen Löschung wird, ergibt sich als weitere wichtige Folgerung, daß Löschung den Ausdruck konditionierter Furchtreaktionen verhindert, aber nicht die impliziten Erinnerungen auslöscht, die diesen Reaktionen zugrunde liegen.[498] Löschung bedeutet also nicht, daß die Gedächtnistafel der Amygdala leer gewischt wird, sondern daß die kortikale Kontrolle über den Output der Amygdala versagt.

Die Idee, daß es bei der Löschung nicht um ein Ausradieren emotionaler Erinnerungen geht, sondern um ein Unterbinden ihres Ausdrucks, steht im Einklang mit verschiedenen Feststellungen bezüglich konditionierter Reaktionen.[499] Pawlow fand zum Beispiel heraus, daß nur eine gewisse Zeit zu verstreichen braucht, und gelöschte Reaktionen *kommen spontan zurück*. Bekannt ist auch, daß bei einer Ratte, die durch Koppelung zwischen einem Ton und einem elektrischen Schlag in einem bestimmten Käfig konditioniert wurde und bei der die durch den Ton ausgelöste Furchtreaktion in einem anderen Käfig völlig gelöscht wurde, die durch den Ton ausgelöste konditionierte Reaktion *erneuert* wird, wenn die Ratte wieder in den ersten Käfig gesetzt wird. Außerdem kann eine gelöschte Reaktion *wiederhergestellt* werden, wenn die Ratte mit dem unkonditionierten Reiz (US) oder anderen Formen belastender Reizung konfrontiert wird. Streß kann mit anderen Worten gelöschte oder vielleicht schwachbegründete, aber ungelöschte konditionierte Reaktionen zurückbringen.[500] Jedes dieser Beispiele zeigt ebenso wie unser Läsionsexperiment, daß emotionale Erinnerungen durch die Löschung nicht ausradiert, sondern lediglich in Schach gehalten werden. Gelöschte Erinnerungen können wie Lazarus ins Leben zurückgeholt werden.

Ich hatte kürzlich ein wissenschaftliches Aha-Erlebnis, einen dieser seltenen, wunderbaren Momente, wo man aufgrund neuer Laborergebnisse einen Zusammenhang, der einem bis dahin ein Rätsel war, plötzlich vollkommen durchschaut. Greg Quirk, Chris Repa und ich maßen die elektrische Aktivität der Amygdala vor und nach der Konditionierung.[501] Nach der Konditionierung verstärkten sich die elektri-

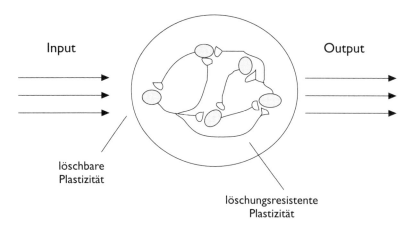

**konditioniertes Netz
(Zellverband)**

Input

Output

löschbare
Plastizität

löschungsresistente
Plastizität

In neueren Untersuchungen wurde die neurale Aktivität in der Amygdala während der Konditionierung und der Löschung gemessen. Nach der Konditionierung ist die Reaktion einzelner Zellen auf den konditionierten Reiz verstärkt (derselbe Input erzeugt einen größeren Output). Zusätzlich entwickeln einzelne Zellen stärkere Verbindungen untereinander, so daß, wenn eine feuert, die anderen ebenfalls feuern. Diese untereinander verbundenen Zellen bezeichnet man als einen Zellverband. Während die Reaktion einzelner Zellen auf den konditionierten Reiz bei der Löschung nachläßt, bleiben die konditionierten Verbindungen in manchen Fällen erhalten. Diese Zellverbände in der Amygdala oder zwischen der Amygdala und Rindenbereichen könnten ein wichtiger Aspekt der durch Furchtkonditionierung geschaffenen, langlebigen, löschungsresistenten impliziten Erinnerung sein.

schen Reaktionen auf den CS, einen Ton, drastisch, und durch Löschung ging diese Steigerung wieder zurück. Da wir aber die Aktivität vieler einzelner Neurone maßen, konnten wir auch die Beziehungen zwischen den Zellen verfolgen. Die funktionellen Wechselwirkungen zwischen Neuronen nahmen infolge der Konditionierung zu, und die Wahrscheinlichkeit, daß zwei Zellen gleichzeitig feuerten, stieg drastisch an. Diese Wechselwirkungen äußerten sich sowohl in der Reaktion auf den Reiz als auch darin, daß die Zellen spontan feuerten, wenn nichts Besonderes geschah. Bei einigen dieser Zellen – und das ist höchst bemerkenswert – gingen diese funktionellen Wechselwirkungen nach der Löschung nicht zurück. Durch die Konditionierung waren offenbar »Zellverbände« entstanden, wie Donald Hebb sie nannte,[502] und einige davon schienen gegen Löschung resistent zu sein. Wenngleich der Ton die Zellen nicht mehr zum Feuern veranlaßte (sie waren gelöscht), bleiben die funktionellen Wechselwirkungen zwischen den Zellen, die sich in ihrem spontanen Feuern äußerten, erhalten. Diese funktionellen Kopplungen halten die Erinnerung offenbar auch dann noch fest, wenn die äußeren Auslöser der Erinnerung (zum Beispiel phobische Reize) nicht mehr die Erinnerung und das mit ihr verknüpfte Verhalten (zum Beispiel phobische Reaktionen) aktivieren. Im Augenblick ist das noch reine Spekulation, doch geben die Beobachtungen Hinweise darauf, wie Erinnerungen im Gehirn weiterleben können, während sie mit äußerlichen Reizen nicht erreichbar sind (siehe Abbildung S. 271). Um diese Erinnerungen zu reaktivieren, bräuchte nur der Input zu den Zellverbänden verstärkt zu werden. Das leistet möglicherweise der Streß.

Unbewußte Furchterinnerungen, die von der Amygdala gebildet wurden, scheinen unauslöschlich ins Gehirn eingebrannt zu sein. Sie bleiben uns wahrscheinlich unser Leben lang erhalten. Das ist in vielen Fällen sehr sinnvoll, besonders in einer stabilen Umwelt, die sich nicht verändert, denn wir brauchen dann nicht immer wieder über dieselben Gefahren belehrt zu werden. Der Nachteil ist allerdings, daß die Dinge, die in die Schaltungen der Amygdala eingeprägt sind, Fehlanpassungen sein können. In solchen Fällen müssen wir die unglaubliche Wirksamkeit des Furchtsystems teuer bezahlen.

Der Psychiater Roger Pitman hat scharfsinnig erkannt, daß sich aus den Erkenntnissen über die Furchtkonditionierung bei Ratten wichtige Folgerungen für die Behandlung der Angst ergeben.[503] Die klassische, auf der Theorie von Mowrer und Miller basierende Behandlung bestand darin, den Patienten zwangsweise mit den angstverursachenden Reizen zu konfrontieren, ohne ihm eine Möglichkeit der Vermeidung oder der Flucht zu lassen, und auf diese Weise die Angst, die durch die Reize ausgelöst wird, zu löschen. Da die Amygdala traumatische Erlebnisse jedoch unauslöschlich bewahrt, rät er zu einer weniger tröstlichen, dafür aber vielleicht realistischeren Betrachtungsweise. Es könnte sein, daß wir die impliziten Erinnerungen, die Angststörungen zugrunde liegen, niemals loswerden. Wenn dem so ist, können wir bestenfalls hoffen, eine gewisse Kontrolle über sie auszuüben.

Das Furchtsystem und spezifische Angststörungen

Bis vor einiger Zeit wurde nicht zwischen den verschiedenen Angststörungen unterschieden, und es gab keine spezifische Behandlung für sie.[504] Panik und posttraumatische Belastungsstörung (PTSD) zum Beispiel kamen bis 1980 im DSM nicht vor. Phobien wurden lange mit Neurosen in Zusammenhang gebracht, galten aber in der Regel als neurotische Symptome und nicht als eine besondere Form der Angststörung. Seit man zwischen den verschiedenen Angststörungen klare diagnostische Unterscheidungen trifft, sind störungsspezifische Furchtkonditionierungs-Theorien aufgestellt worden. Ich werde im folgenden versuchen, störungsspezifische Theorien über Phobien, PTSD und Panik mit Erkenntnissen über die Hirnmechanismen der Furchtkonditionierung zu untermauern.[505]

PHOBISCHE ÄNGSTE: Was wir heute über Phobien denken, fußt noch immer auf dem Begriff der Bereitschaft. Normalerweise hängt die Stärke der Konditionierung vorwiegend, wenn auch nicht ausschließlich davon ab, wie traumatisch der unkonditionierte Reiz ist. Bei der vorbereiteten Furchtkonditionierung trägt aber auch der konditionierte Reiz zur emotionalen Wirkung bei. Wenn zwei konditionierte Reize gegeben sind, von denen einer biologisch darauf vorbereitet ist, auf Gefahr konditioniert zu werden, und der andere nicht, sollte daher ein und derselbe unkonditionierte Reiz die Ausbildung einer stärkeren konditionierten Reaktion auf den vorbereiteten Reiz unterstützen. Wie könnte das im Gehirn ablaufen?

Vielleicht haben Neurone in der Amygdala, die vorbereitete Reize verarbeiten, festverdrahtete, aber normalerweise unwirksame Verbindungen zu anderen Zellen, die emotionale Reaktionen steuern. Das Trauma bräuchte diese vorhandenen Bahnen nur sanft zu massieren, statt ganz neue synaptische Verbindungen zwischen den Input- und Outputneuronen der Amygdala herzustellen. Bei einem Trauma von gegebener Stärke käme auf diese Weise, wenn vorbereitete Reize im Spiel sind, eine stärkere Konditionierung zustande.

Zwar wurde die Rolle der Amygdala bei der vorbereiteten Furchtkonditionierung noch nicht untersucht, doch lassen Versuchsergebnisse die Vermutung zu, daß die Amygdala besonders leicht auf Reize anspricht, die als artspezifische emotionale Signale dienen, wobei Reize, die das vorbereitete Lernen unterstützen, ein herausragendes

Beispiel bilden. Werden Ratten zum Beispiel mit einer Katze konfrontiert, stoßen sie Schreie aus, die andere Ratten warnen, sich vom Herkunftsort der Schreie fernzuhalten.[506] Die Schreie liegen im Ultraschallbereich (außerhalb des menschlichen Hörbereichs). Da Katzen in diesem Bereich nicht hören können, gleichen die Schreie geheimen, verschlüsselten Nachrichten, die unbemerkt durch die feindlichen Linien dringen. Fabio Bordi und ich fanden bei Experimenten einige Zellen in der Ratten-Amygdala, die auf Ultraschall-Töne, die den Warnschreien ähneln, besonders lebhaft reagierten.[507] Möglicherweise ist die Ratten-Amygdala von der Evolution darauf vorbereitet, auf diese Töne zu reagieren und etwas über sie zu lernen. Es könnte sogar sein, daß die Amygdala aller Arten darauf vorbereitet ist, auf für die jeweilige Art relevante Hinweise zu reagieren.[508] Gesichter zum Beispiel sind wichtige emotionale Signale im Leben von Primaten, und in der Amygdala von Affen gibt es Neurone, die auf den Anblick von Affengesichtern lebhaft reagieren.[509]

Informationen über äußere Reize gelangen, wie wir im 6. Kapitel sahen, auf zwei Wegen zur Amygdala, einem subkortikalen und einem kortikalen. Die subkortikale Bahn ist kürzer und schneller, aber ungenau, die kortikale Bahn hat genau umgekehrte Eigenschaften. Lernen und Gedächtnis scheinen, wie wir im 7. Kapitel sahen, auf der Potenzierung der synaptischen Übertragung auf diesen Bahnen zu beruhen. Vermutlich erfolgt die Potenzierung im normalen Gehirn auf beiden Bahnen, die bei der Konditionierung und Äußerung von Furchtreaktionen auf äußere Reize zusammenwirken. Nehmen wir jedoch an, daß phobisches Lernen aufgrund angeborener Neigung oder bisheriger Erfahrung die subkortikale Bahn stärker beansprucht als die kortikale, speziell bei vorbereiteten Reizen. Das könnte erklären, warum Phobien sich leicht generalisieren – wie Öhman gezeigt hat, wissen Phobiker manchmal nicht mehr, vor was sie sich fürchten, wenn die Angst sich generalisiert.[510] Die subkortikale Bahn, die nicht gerade für feine Unterscheidungen berühmt ist, könnte zu einem Lernen führen, das sich ungehinderter auf andere Reize ausdehnt. Und da es sich eben um eine subkortikale Bahn handelt, dürfte es besonders schwierig sein, sie unter bewußte kortikale Kontrolle zu bringen. Es ist bemerkenswert, daß die Hochfrequenztöne, die die Amygdala so wirksam in Schwung brachten, auf den schnellen und ungenauen subkortikalen Bahnen zu ihr gelangten.

Obwohl die von der Amygdala vermittelte Furchtkonditionierung eine Form von implizitem Lernen ist (und zwar unabhängig von den benutzten Input-Bahnen), fürchten sich Phobiker bewußt vor ihren jeweiligen phobischen Reizen. Sie haben also eine von ihrem Temporallappen-Gedächtnissystem gebildete explizite, bewußte Erinnerung, die sie daran erinnert, daß sie sich vor Schlangen, Höhen oder was auch immer fürchten. Diese Erinnerung könnte in der ursprünglichen traumatischen Lernsituation entstanden sein; es gibt allerdings Phobiker, die sich nicht an ein solches Lernerlebnis erinnern, vielleicht wegen eines streßbedingten Gedächtnisverlusts. In diesen Fällen könnte die bewußte Erinnerung an die phobische Furcht bei späteren Erfahrungen mit dem phobischen Objekt entstanden sein. Bei der Begegnung mit dem Objekt könnte die Amygdala unbewußt den Reiz entdecken und den körperlichen Ausdruck von Furcht produzieren. Der Betroffene könnte, nachdem er sich der körperlichen Reaktion bewußt wird, die Erregung (nach Schachter und Singer) dem wahrscheinlichsten Objekt zuschreiben und die Erinnerung bilden, daß er sich vor Objekten dieser Art fürchtet. Bei den gängigen phobischen Objekten (Schlangen, Spinnen, Höhen) werden diese phobischen Zuschreibungen vermutlich dadurch erleichtert, daß der Betroffene weiß, daß viele Menschen sich vor diesen Dingen fürchten. Ist diese explizite Erinnerung einmal gebildet, wird ihr Aufruf im Bewußtsein zu einem machtvollen Reiz, der seinerseits fähig ist, die Amygdala zu aktivieren und durch Verbindungen von kortikalen Bereichen (einschließlich des Hippocampus) zur Amygdala Angst zu erzeugen. Auch dann, wenn man keine bewußte Erinnerung an das ursprüngliche Lernerlebnis hat, ist vermutlich ein Bewußtsein des phobischen Zustands im expliziten Gedächtnis gespeichert.

Nicht jeder, der ein traumatisches Ereignis erlebt, entwickelt eine Phobie. Vermutlich ist das Gehirn mancher Menschen aufgrund ihrer angeborenen Veranlagung oder früherer Erlebnisse dafür prädisponiert, auf traumatische Lernerlebnisse auf diese spezielle Art zu reagieren. Die Amygdala dieser Menschen könnte für eine bestimmte Klasse vorbereiteter Reize überempfindlich sein, oder die Amygdala könnte sonstige Änderungen aufweisen, die die Furchtkonditionierung besonders wirksam machen. Andererseits könnten, wie wir gesehen haben, Veränderungen im Frontallappen bestimmte Menschen dafür prädisponieren, Ängste zu entwickeln, die der Löschung widerstehen, auch bei unvorbereiteten Reizen.

TRAUMATISCHE BELASTUNG: Die posttraumatische Belastungsstörung (PTSD) kannte man früher unter den Bezeichnungen Bombenneurose oder Kriegsneurose, weil sie häufig bei Kriegsteilnehmern diagnostiziert wurde.[511] Das Phänomen tritt zwar auch bei Opfern anderer Arten von Traumata auf, doch wird es aus dem folgenden Zitat eines Vietnamveteranen deutlich:

> Die Erinnerungen gehen mir nicht aus dem Sinn! Ausgelöst durch Dinge, die nichts damit zu tun haben, zum Beispiel eine zuschlagende Tür oder den Duft eines am Spieß gebratenen Schweins, kommen die Bilder mit größter Klarheit zurück und überschwemmen mich. Gestern abend ging ich ins Bett und schlief zur Abwechslung einmal gut. Dann ... gab es einen krachenden Donnerschlag. Ich war sofort wach, starr vor Angst. Ich bin auf der Stelle wieder in Vietnam ... Meine Hände frieren, obwohl mir der Schweiß vom ganzen Körper rinnt. Ich spüre, wie sich mir die Nackenhaare sträuben. Ich kriege keine Luft, und mein Herz hämmert ... Der nächste Donnerschlag läßt mich dermaßen zusammenfahren, daß ich zu Boden falle ....[512]

Die Ähnlichkeit zwischen Störungen dieser Art und labor-konditionierter Furcht ist den Psychiatern nicht entgangen. Zur Erklärung der Kriegsneurosen von Teilnehmern am Ersten Weltkrieg wurde denn auch auf konditionierte Furcht verwiesen.[513] Dennis Charney aus Yale und Roger Pitman aus Harvard, zwei der bekanntesten Psychiater, die sich mit PTSD befassen, sprechen sich beide dafür aus, daß Furchtkonditionierung an der Störung beteiligt ist.[514]

Die Furchtkonditionierungs-Theorien der Phobie und der PTSD unterscheiden sich in der Frage, woher der Konditionierungsprozeß seine Stärke erhält. Im Fall des vorbereiteten phobischen Lernens macht der konditionierte Reiz das Lernen besonders stark. Der unkonditionierte Reiz ist in der Regel unangenehm und kann sogar schmerzhaft sein, muß aber nichts Ungewöhnliches sein. Im Fall der PTSD sind die konditionierten Reizereignisse nicht so bemerkenswert wie der unkonditionierte Reiz. DSM-III-R definiert PTSD denn auch als auf einem Trauma beruhend, das weit außerhalb des normalen Erfahrungsbereichs liegt.

Wenn wir annehmen, daß das Trauma bei der PTSD ein außergewöhnliches Ereignis und ein besonders starker unkonditionierter Reiz ist, läßt sich diese Störung mit einer durchaus gängigen Auffassung von der Vermittlung konditionierter Furcht durch die Amygdala plausibel erklären. Gewiß kennen wir nicht genau die Kombination von Faktoren, die zusammen auf der neuralen Ebene den schrecklichen unkonditionierten Reiz ausmachen, aber wir können uns ohne weiteres einen solchen neuralen Zustand vorstellen, der die Amygdala mit elektrischen und chemischen Signalen bombardiert, die als Verstärker einer Pawlowschen Konditionierung ausgesprochen wirksam sind. Diese mächtigen verstärkenden Reize werden dann synaptisch mit den Schall-, Gesichts- und Geruchseindrücken von der Schlacht verknüpft, die ebenfalls zur Amygdala gelangen. Später löst das Auftreten dieser konditionierten Reize oder ihnen ähnlicher Reize tiefgreifende Furchtreaktionen aus, indem es diese mächtig potenzierten Amygdala-Schaltungen reaktiviert.

Konditionierte Reize aktivieren die Amygdala, ohne daß wir uns dessen bewußt sind, gelangen aber gleichzeitig zum Temporallappen-Gedächtnissystem und können dazu führen, daß wir uns an das ursprüngliche Trauma beziehungsweise an spätere Episoden erinnern, in denen das ursprüngliche Trauma wiedererlebt wird. Diese bewußten Erinnerungen lassen dann zusammen mit dem Bewußtsein, jetzt in einem Zustand starker emotionaler Erregung zu sein (der auf der unbewußten Aktivierung von Furchtreaktionen durch die Amygdala beruht), bewußte Angst und Unruhe entstehen. Durch diese aus dem Neokortex und dem Hippocampus fließenden Kognitionen über die emotionale Erregung wird die Amygdala zusätzlich erregt. Der körperliche Ausdruck der Reaktionen der Amygdala hält den Kortex darüber auf dem laufenden, daß eine emotionale Erregung vorliegt, und erleichtert wiederum die angstvollen Gedanken und Erinnerungen. Das Gehirn gerät in einen Teufelskreis der emotionalen und kognitiven Erregung und wird wie ein führerloser Zug immer schneller.

An der PTSD könnten, wie es für das phobische Lernen vermutet wird, die direkten Projektionen von subkortikalen sensorischen Verarbeitungsbereichen zur Amygdala beteiligt sein. Dies würde erklären, warum die Anfälle so impulsiv und unkontrollierbar sind und dazu neigen, sich zu generalisieren (von Kanonenschüssen über Donnerschläge bis zu zuschlagenden Türen). Die subkortikalen Bahnen sind, wie wir gesehen haben, schnelle und ungenaue Übertragungswege. Sie bringen die Amygdala in Schwung und lösen emotionale Reaktionen aus, ehe der Kortex Gelegenheit hatte, herauszufinden, worauf reagiert wird. Und da diese Bahnen nicht besonders gut zwischen Reizen unterscheiden können, kommt es leicht zur Generalisierung (für diese

Schaltung mag eine zuschlagende Tür ja auch gar nicht so anders klingen als ein Kanonenschuß). Es könnte sein, daß ein Trauma bei manchen Menschen aus angeborenen oder erworbenen Gründen das Gehirn in der Weise beeinflußt, daß die thalamischen Bahnen zur Amygdala gegenüber den kortikalen dominieren, so daß diese unbewußten Verarbeitungssysteme beim Lernen und Speichern von Informationen die Führung übernehmen. Eine spätere Konfrontation mit Reizen, die den beim Trauma aufgetretenen auch nur entfernt ähneln, würde wie ein geölter Blitz über die potenzierten Bahnen zur Amygdala vordringen und die Furchtreaktion auslösen. Durchaus denkbar, daß es schwerer ist, über diese subkortikalen Bahnen eine bewußte willentliche Kontrolle zu gewinnen. Da während Angstanfällen gleichzeitig bewußte Erinnerungen entstehen, werden die mit diesen Anfällen einhergehenden körperlichen Empfindungen, sobald sie bewußt wahrgenommen werden, zu machtvollen Auslösern von Angst, zumindest erleichtern sie sie. Nun werden wir sehen, daß körperliche Empfindungen bei Panikstörungen, die oft in Verbindung mit PTSD auftreten, Angst antreiben können.

PANIK: Panikattacken sind die am häufigsten diagnostizierte Angststörung.[515] Sie ähneln phobischen und PTSD-Reaktionen insofern, als der Patient unter starker emotionaler Erregung leidet, einschließlich einer heftigen Aktivierung des sympathischen Nervensystems. Doch während phobische und PTSD-Reaktionen in Gegenwart äußerer Reize auftreten, scheinen Panikattacken mehr mit inneren Reizen zu tun zu haben.[516] Und da die Panik auf inneren Vorgängen beruht, ist es für den Betroffenen besonders schwierig, die Reize, die sie hervorrufen, zu meiden. In dieser Hinsicht unterscheiden sich Panikpatienten von Patienten mit PTSD oder Phobien, die ein ausgeprägtes Vermeidungsverhalten zeigen.[517]

Man kann eine Panikattacke dadurch herbeiführen, daß man den Patienten hyperventilieren oder ein Gasgemisch mit einem hohen Kohlendioxidanteil einatmen läßt oder ihm Natriumlaktat injiziert.[518] Auf diese Weise schafft man die inneren Signale (körperlichen Empfindungen), die normalerweise gegeben sind, wenn eine Attacke auf natürliche Weise vorkommt. Auch durch eine falsche Rückmeldung über die Herzschlagfrequenz, die dem Patienten eine erhöhte körperliche Erregung vorspiegelt, kann eine Panik herbeigeführt werden.[519] Der Glaube, daß eine Panik im Gange ist, könnte ein wichtiges Glied in der

Kette der Ereignisse sein, die das Auftreten körperlicher Empfindungen mit einer ausgewachsenen Panik verknüpfen.

Es gibt eine Reihe von Theorien darüber, wie eine Panik entsteht, darunter biologische Erklärungen (zum Beispiel Überempfindlichkeit für Kohlendioxid) und psychologische (zum Beispiel eine in der Kindheit erlebte Trennungsangst).[520] Es ist nicht meine Absicht, all diese Theorien hier zu besprechen oder zu bewerten. Ich möchte vielmehr eine bestimmte Theorie diskutieren, die Konditionierungstheorie, und überlegen, wie die entsprechenden Vorgänge im Gehirn von Panikpatienten ablaufen könnten.

Nach einer verbreiteten Ansicht führen Verfahren der künstlichen Induktion von Panik zu körperlichen Empfindungen, die dann als konditionierte Reize dienen.[521] Der Patient, der schon vorher Panik erlebt hat, lernt die warnenden Anzeichen. Wenn diese inneren Signale (und seien sie auch künstlich induziert) auftreten, glaubt der Patient, daß eine Panik beginnt.[522] Diese kognitive Bewertung körperlicher Empfindungen treibt dann das System in die Panik. Nach dieser Auffassung ist induzierte und vermutlich auch natürliche Panik eine konditionierte Reaktion auf innere Reize, die bei früheren Panikattacken vorkamen. Es wurde sogar behauptet, diese inneren Empfindungen könnten vorbereitete Reize sein, was zusätzlich für einen Zusammenhang zwischen Panik und Phobie und den ihnen zugrundeliegenden Mechanismen sprechen würde.[523] Von der Bereitschaft solcher inneren Reize geht Donald Kleins Theorie aus, nach der Panik auf der Aktivierung eines evolutionär alten Erstickungsalarmsystems beruht.[524]

Die umfassendste Konditionierungstheorie der Panik ist von Wolpe entwickelt worden.[525] Ihm zufolge resultiert die erste Panikattacke aus dem Erlebnis der Folgen der Hyperventilation, die den Kohlendioxidanteil in den Lungen und im Blut erhöht und verschiedene unangenehme körperliche Empfindungen nach sich zieht (Benommenheit, rasendes Herzklopfen, Erstickungsgefühl). Die Hyperventilation kann verschiedene Ursachen haben, zum Beispiel Drogen wie Kokain, Amphetamin oder LSD oder giftige Substanzen am Arbeitsplatz. Meistens kommt Panik nach Wolpes Ansicht jedoch bei Personen vor, die besonders ängstlich und besorgt sind und starkem Streß ausgesetzt waren. Nach einer von Wolpe zitierten Untersuchung kam es bei 84 Prozent der untersuchten Patienten in dem Jahr vor der ersten Panikattacke zu schweren Ehekonflikten, wobei wiederum betont wird, daß kognitive Faktoren die Angst über die Schwelle heben können.

Die Ursache der ersten Panik ist Wolpe zufolge unwichtig. Sie kann organischer oder psychischer Natur sein. Doch nachdem es zu einer Panik gekommen ist, werden die dabei zufällig gegebenen Reize zu konditionierten Furchtreizen. Doch im Unterschied zu typischen Situationen der Furchtkonditionierung sind die entscheidenden Reize nicht äußere, sondern innere. Das Ansteigen des Blutdrucks in Reaktion auf eine Hyperventilation könnte zum Beispiel zu einem konditionierten Furchtreiz werden. Steigt der Blutdruck aus einem anderen Grund, zum Beispiel wegen eines Gesprächs mit dem Vorgesetzten oder weil man sich in einer anderweitig angespannten sozialen Situation befindet, werden die zuvor durch Hyperventilation hervorgerufenen und auf Steigerung des Blutdrucks konditionierten schädlichen Empfindungen ausgelöst. Diese Empfindungen werden dann wahrgenommen und als Anzeichen des Beginns einer Panikattacke interpretiert. Der konditionierte Reiz (Erhöhung des Blutdrucks) wird dagegen nicht so leicht bemerkt (Bluthochdruck wird bisweilen sogar als »stiller Mörder« bezeichnet), und die Panik scheint spontan zu sein. Äußere Reize können ebenfalls zu konditionierten Panikreizen werden. Trat die erste Panik in einem Auto auf, wird der Aufenthalt in einem Auto mit erhöhter Wahrscheinlichkeit zur Panik führen. Dennoch spielen in Wolpes Modell die inneren Reize die Hauptrolle.

Betrachten wir nun die Ereignisfolge, durch welche die Amygdala an einer konditionierten Panik teilhaben könnte. Im unteren Hirnstamm gibt es Neurone, die auf Veränderungen des Kohlendioxidanteils im Blut sehr empfindlich reagieren.[526] Wie sich herausgestellt hat, empfängt die Amygdala Inputs von Neuronen dieser Region.[527] Die Amygdala erhält auch Informationen über den Status der inneren Organe – die Frequenz der Herzschläge, die Höhe des Blutdrucks und andere wichtige Meldungen aus dem Körperinneren.[528] Durch Verknüpfung dieser inneren Signale über den Zustand von Körperorganen (die konditionierten Reize) mit Informationen über den Kohlendioxidanteil im Blut (der unkonditionierte Reiz) könnte die Amygdala synaptische Verbindungen zwischen den gleichzeitigen Vorgängen herstellen, so daß die inneren Signale anstelle der Kohlendioxideffekte durch die Outputs der Amygdala eine tiefgreifende Aktivierung des sympathischen Nervensystems hervorrufen könnten. Ist das sympathische Nervensystem auf diese Weise aktiviert worden, wird sich der Betreffende der körperlichen Erregung bewußt und wird dann durch das explizite Gedächtnis daran erinnert, daß die von ihm erlebten Symptome meistens bei Panikattacken auftreten, was vermuten läßt, daß gleich eine beginnen könnte. Diese bewußten Erinnerungen und Gedanken an die Möglichkeit einer Panik könnten dann über Projektionen vom Hippocampus und vom Neokortex zur Amygdala zu einer weiteren, anhaltenden Aktivierung des sympathischen Nervensystems und zum Hochschaukeln einer regelrechten Panikattacke führen. Im Fall der falschen Rückmeldung über den Status der Herzfrequenz und anderer Körperfunktionen beginnt die Ereigniskette vermutlich mit kortikalen Kognitionen (zum Beispiel der Ansicht, daß das Herz schnell schlägt), die dann als Abrufhinweise für explizite Erinnerungen an frühere Erlebnisse mit raschem Herzschlag (frühere Panikattacken) dienen. Diese bewußten Gedanken und expliziten Erinnerungen aktivieren dann wie zuvor, wiederum über Verbindungen von neokortikalen Bereichen und vom Hippocampus zur Amygdala, die letztere und ihre Befehle an das sympathische Nervensystem.

Da die Beteiligung der Amygdala an der Panik noch nicht untersucht wurde, sind dies natürlich hypothetische Neuro-Szenarien. Doch während der Beitrag dieser Schaltungen zur Panikstörung beim Menschen hypothetisch ist, sind die Schaltungen und ihre Funktionen real, und es ist durchaus denkbar, daß sie in der beschriebenen Weise zur Panik beitragen könnten.

Schlechte Gewohnheiten und ängstliche Gedanken

Die Vermeidungsreaktionen, die für Angststörungen so typisch sind, liegen irgendwo zwischen den von mir oben beschriebenen angeborenen emotionalen *Reaktionen* und willkürlichen emotionalen *Aktionen*. Vermeidungsreaktionen sind instrumentelle Reaktionen, die erlernt werden, weil sie verstärkt werden. Danach werden sie, wenn die entsprechenden Reize gegeben sind, gewohnheitsmäßig, das heißt automatisch, ausgeführt. Doch im Unterschied zu den angeborenen Reaktionen sind Vermeidungsreaktionen mehr oder weniger beliebig mit der Gefahr verknüpft. Angeborene emotionale Reaktionen treten auf, wenn die Amygdala (durch angeborene oder erlernte Auslöser) aktiviert wird, weil die Reaktion fest mit der Amygdala verdrahtet ist. Für die Vermeidung hat das Gehirn dagegen eine Reaktion gelernt, die ausgeführt werden kann, wenn ein erlernter Auslöser gegeben ist, der die angeborene Reaktion umgeht. Ratten zum Beispiel erstarren anfangs, wenn sie einen Ton hören, der einen elektrischen Schlag ankündigt. Mit der Zeit können sie jedoch lernen, während des Tons genau im richtigen Moment hochzuspringen, um den Schlag zu vermeiden, oder während des Tons über eine Barriere zu springen und ein Rad in Bewegung zu setzen, um den Schlag auszuschalten. Einmal gelernt, verhindern diese Reaktionen eine emotionale Erregung. Sie werden automatisch ausgeführt, ohne bewußte Entscheidung. Sie werden zu Gewohnheiten, zu automatischen Reaktionsweisen auf Reize, die normalerweise eine Gefahr ankündigen. Wie die konditionierten Furchtreaktionen werden sie automatisch ausgeführt, doch sind sie keine angeborenen, sondern erlernte Reaktionen.

Emotionale Gewohnheiten können sehr sinnvoll sein. Wenn Sie herausfinden, daß Sie beim Besuch einer bestimmten Tränke wahrscheinlich einem blutdürstigen Raubtier begegnen werden, dann vermeiden Sie am besten, dorthin zu gehen. Wenn Sie jedoch aufhören, Tränken zu besuchen, weil Sie ängstlich werden, sobald Sie nach Wasser Ausschau zu halten beginnen, oder wenn Sie, sobald Sie zum Trinken kommen, anfangen, weniger Wasser zu trinken, als Sie benötigen, um gesund zu bleiben, dann ist Ihre Vermeidungsreaktion schädlich für Ihr normales Leben geworden. Sie haben eine Angststörung.

Es kann sehr sinnvoll sein, daß emotionale Gewohnheiten automatisch ablaufen, denn Sie können übliche Gefahren meiden, ohne lange darüber nachdenken zu müssen. Wenn emotionale Gewohnheiten jedoch zu Angststörungen werden, wird das starre unlöschbare Lernen, das für Vermeidungsverhalten typisch ist, zu einem Nachteil.

Viele der wichtigen Medikamente zur Behandlung von Angst wurden entwickelt, weil sie Vermeidungsverhalten bei Tieren zu unterdrücken vermochten. Eine Ratte, die einen elektrischen Schlag erhält, wenn sie eine Plattform in einer Testkammer verläßt, wird zum Beispiel auf der Plattform bleiben, wenn sie anderntags in die Kammer gesetzt wird. Erhält sie jedoch, unmittelbar bevor sie am zweiten Tag auf die Plattform gesetzt wird, eine Valiuminjektion, wird sie viel eher die Plattform verlassen, um herauszufinden, ob die Gefahr noch gegeben ist. Wenn sie das Medikament erhält, ist sie also weniger furchtsam, weniger ängstlich bezüglich der Situation.

Vermeidungslernen vollzieht sich gewöhnlich in zwei Phasen, wie Mowrer und Miller vermuteten. Zunächst kommt es zur Furchtkonditionierung. Dann wird eine Reaktion erlernt, weil sie vermeintlich die erlernte Furcht vermindert. Wir wissen, daß für die Furchtkonditionierung die Amygdala nötig ist, doch ist noch unklar, welche Hirnmechanismen an der instrumentellen Vermeidungsreaktion beteiligt sind. Allem Anschein nach sind solche Strukturen wie die Basalganglien, der frontale Kortex und der Hippocampus beteiligt.[529] Wo genau im Gehirn Medikamente wie Valium ihre angstvermindernden Wirkungen entfalten, ist umstritten.[530] Doch vermutlich wirken sie an mehreren Orten.

Wie könnte ein Medikament wie Valium in der Amygdala wirken? Valium gehört zu den sogenannten Benzodiazepinen. Das Gehirn hat natürliche Rezeptoren für diese Medikamente. Wenn Sie Valium nehmen, bindet es sich an die Benzodiazepinrezeptoren im gesamten Gehirn. Diese Rezeptoren tun etwas ganz Bestimmtes. Sie erleichtern die Wirkung des hemmenden Neurotransmitters GABA. In zahlreichen

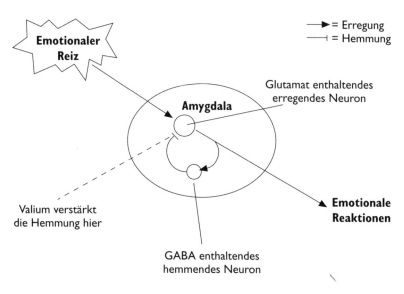

Valium und einige andere Medikamente zur Angstbekämpfung wirken dadurch, daß sie die Fähigkeit hemmender Neurone steigern, die Erregungsübertragung zu unterbinden. Wenn wir unter dem Einfluß von Valium stehen, ist die Fähigkeit von äußeren emotionalen Reizen (und von Gedanken), emotionale Reaktionen hervorzurufen, vermindert, möglicherweise dank der Wirkung von GABA enthaltenden hemmenden Neuronen in der Amygdala.

Hirnregionen wird also die Hemmung verstärkt. In einigen Hirnregionen wird das keine Auswirkungen auf die Angst haben, weil diese Regionen nicht an dieser Funktion mitwirken. Was auch immer eine an der Angst beteiligte Hirnregion in angstauslösenden Situationen tut, wird sie, wenn Valium gegeben wurde, in geringerem Maße tun. Der laterale Kern ist zum Beispiel der für sensorischen Input zuständige Bereich der Amygdala. Durch Verstärkung der Hemmung in diesem Bereich steigt die Schwelle für Angst. Reize, die normalerweise über die Amygdala furchtsame Reaktionen hervorrufen, tun dies nicht mehr (siehe Abbildung S. 283). Nach der Vermutung von Jeffrey Gray wirken die angstbekämpfenden Medikamente (wenn auch indirekt) über den Hippocampus.[531] Dies könnte ebenfalls zutreffen, denn die Fähigkeit expliziter Erinnerungen, uns nervös und furchtsam zu machen, würde herabgesetzt.

Die neuralen Schaltungen der Vermeidung sind längst nicht so klar wie die Schaltungen der Furchtkonditionierung. Die Vermeidung ist komplexer: Sie umfaßt außer der Furchtkonditionierung auch das instrumentelle Lernen. Außerdem kann die Vermeidungskonditionierung auf vielerlei Weise untersucht werden, und eine große Vielfalt von Reaktionen kann auf diese Weise konditioniert werden. Vermeidungsreaktionen sind beliebig. Alles, was die Konfrontation mit furchtauslösenden Ereignissen verringert, kann eine Vermeidungsreaktion sein. Aus diesen Gründen sind die Hirnmechanismen der Vermeidung schwerer zu ermitteln. Da wir jedoch die Hirnmechanismen, die an der ersten Phase des Vermeidungslernens (der Furchtkonditionierungsphase) beteiligt sind, inzwischen gut im Griff haben, können wir uns mit größerer Umsicht an die zweite Phase machen.

Psychotherapie: Nur eine andere Art, das Gehirn neu zu verdrahten

Sowohl Freuds psychoanalytische Theorie als auch die verschiedenen Konditionierungstheorien nehmen an, daß Angst das Resultat traumatischer Lernerfahrungen ist, die die Bildung angsterzeugender Langzeit-Erinnerungen fördern. Psychoanalyse und Konditionierungstheorien haben insofern ähnliche Schlußfolgerungen bezüglich der Ursprünge der Angst gezogen. Die beiden Arten von Theorien führen

jedoch zu unterschiedlichen therapeutischen Ansätzen. Die Psychoanalyse möchte dem Patienten die Ursprünge des inneren Konflikts
bewußtmachen, während die Verhaltenstherapie, wie die von Konditionierungstheorien inspirierte Therapie heißt, den Patienten von den
Symptomen der Angst zu befreien sucht, oft durch verschiedene Formen von Löschungstherapie. Welches die beste Behandlungsstrategie
ist, die Psychoanalyse, die Verhaltenstherapie oder in neuerer Zeit die
kognitive Therapie, ist sehr umstritten.[532] Allgemein empfiehlt man allerdings für viele Angststörungen Löschungstherapien, entweder al-
lein oder in Verbindung mit anderen Ansätzen.[533] Die von Wolpe entwickelte Urform der Löschungstherapie beginnt
mit Entspannungsübungen.[534] Nachdem der Patient gelernt hat, sich in
der therapeutischen Situation wohl zu fühlen, wird er gebeten, emotionale Vorstellungen zu äußern, wobei er mit weniger erschreckenden
Vorstellungen beginnt und sich zu den stärker erschreckenden vorar-
beitet. Dies ist die systematische Desensibilisierung. Die Desensibilisierung kann dann von Vorstellungen zu realen Objekten übergehen, die
Angst erregen, wiederum beginnend mit den weniger erschreckenden
und fortschreitend zu den stärker erschreckenden. Erdelyi deutete die
systematische Desensibilisierung in der Sprache der Konditionierung:
Man präsentiere den konditionierten Reiz, bis die emotionalen Reaktionen ausbleiben.[535] Der konditionierte Reiz wird schließlich mit
einem neuen unkonditionierten Reiz, Sicherheit, assoziiert, und die
neue konditionierte Reaktion ist keine Reaktion. Nach Erdelyis Vermutung könnten die üblichen Techniken der psychoanalytischen ka-
thartischen Therapie (hypnotische Induktion, Liegen auf einer Couch,
Vertrauen in den Therapeuten, Äußern von Vorstellungen) dasselbe
bewirken wie die Wolpesche Therapie: Löschung der erlernten emotionalen Reaktion.

Um zu verstehen, wie die Therapie funktioniert, muß man natürlich
die Hirnmechanismen der Löschung entdecken. Die Löschung beruht,
wie wir gesehen haben, offenbar auf Wechselwirkungen zwischen dem
medialen präfrontalen Kortex und der Amygdala. Michael Davis hat
gezeigt, daß die Löschung durch denselben synaptischen Mechanismus
erfolgt wie die Konditionierung: NMDA-abhängige synaptische Plastizität in der Amygdala.[536] Es scheint, daß die Amygdala bei blockier-
ten NMDA-Rezeptoren nicht lernen kann, was der präfrontale Kortex
ihr beizubringen versucht – eine bestimmte emotionale Erinnerung zu
hemmen.

Diese Beobachtungen vermitteln uns ein anderes Verständnis der Therapie. Therapie ist nur eine andere Methode, auf Hirnbahnen, die die Amygdala kontrollieren, eine synaptische Potenzierung zu erzeugen. Die emotionalen Erinnerungen der Amygdala sind, wie wir gesehen haben, unauslöschlich in deren Schaltungen eingebrannt. Man kann allenfalls hoffen, ihren Ausdruck zu regulieren. Und das erreicht man, indem man den Kortex dazu bringt, die Amygdala zu kontrollieren.

Die Verhaltens-(Löschungs-)therapie und die Psychoanalyse haben dasselbe Ziel – dem Patienten bei seinem Problem zu helfen. Möglicherweise wird die Wirkung in beiden Fällen dadurch erreicht, daß man dem Kortex hilft, Kontrolle über die Amygdala zu gewinnen. Die neuralen Wege könnten jedoch unterschiedlich sein. Während die Löschungstherapie durch eine Art von implizitem Lernen über die Schaltung zwischen präfrontalem Kortex und Amygdala erfolgen könnte, könnte bei der Psychoanalyse, die die bewußte Einsicht und bewußte Bewertungen betont, die Kontrolle der Amygdala durch explizites Wissen über das Temporallappen-Gedächtnissystem und andere am Bewußtsein beteiligte kortikale Bereiche erfolgen (siehe 9. Kapitel). Eine interessante und wohlbekannte Tatsache ist, daß die Verbindungen von den kortikalen Bereichen zur Amygdala weit schwächer sind als die Verbindungen von der Amygdala zum Kortex.[537] Das könnte erklären, warum emotionale Informationen so leicht in unsere bewußten Gedanken eindringen, während es uns schwerfällt, bewußte Kontrolle über unsere Emotionen zu gewinnen. Die lange Dauer der Psychoanalyse könnte auf dieser Asymmetrie der Verbindungen zwischen Kortex und Amygdala beruhen.

(Keinen) Dank für die Erinnerungen

Die Fähigkeit, rasch Erinnerungen von Reizen zu bilden, die mit Gefahren zusammenhängen, sie lange (vielleicht unbegrenzt) zu behalten und sie automatisch zu nutzen, wenn künftig ähnliche Situationen auftreten, ist eine der mächtigsten und wirksamsten Lern- und Gedächtnisfunktionen des Gehirns. Aber dieser unglaubliche Luxus ist kostspielig. Manchmal – und vielleicht allzuoft – entwickeln wir unnötigerweise Befürchtungen und Ängste. Ist es etwa sinnvoll, sich vor

Höhen oder Aufzügen oder bestimmten Nahrungsmitteln oder Verkehrsmitteln zu fürchten? All diese Dinge sind natürlich mit Risiken verbunden, doch in der Regel ist es relativ unwahrscheinlich, daß sie uns schaden. Wir haben mehr Ängste, als nötig wäre, und schuld daran ist vermutlich unser äußerst wirksames Furchtkonditionierungssystem zusammen mit einer extrem ausgeprägten Fähigkeit, uns Ängste auszumalen, und eine Unfähigkeit, sie zu kontrollieren. Doch wie wir im nächsten Kapitel sehen werden, besteht eine gewisse Aussicht, daß die künftige Evolution des Gehirns dieses Ungleichgewicht korrigieren wird.

9

Noch einmal mit Gefühlen

»Die Menschen glauben frei zu sein, nur weil sie sich ihrer
Handlungen bewußt sind und nicht die Ursachen ken-
nen, durch welche diese Handlungen bestimmt werden.«
Baruch Spinoza, *Ethik*[538]

»Wie klein der Kosmos ist ... wie dürftig und armselig,
verglichen mit dem menschlichen Bewußtsein, mit einer
einzigen individuellen Erinnerung...«
Vladimir Nabokov, *Erinnerung, sprich*[539]

Das Bild der Emotion, das ich bisher gezeichnet habe, ist weitgehend ein Bild der Automatik. Ich habe gezeigt, daß unser Gehirn
von der Evolution darauf programmiert wurde, auf wichtige Situationen in bestimmter Weise zu reagieren. Die Wichtigkeit kann signalisiert werden von Informationen, die von der Evolution in das Gehirn
eingebaut wurden, oder von Erinnerungen, die durch frühere Erfahrungen gebildet wurden. Doch in beiden Fällen sind die ersten Reaktionen, die von wichtigen Reizen ausgelöst werden, automatisch und
erfordern weder ein bewußtes Wahrnehmen des Reizes noch eine bewußte Kontrolle der Reaktionen.

Dieses Szenario, werden Sie vielleicht sagen, mag ja für die Kontrolle
der körperlichen Reaktionen zutreffen. Die sind aber nicht das Wesentliche an einer Emotion. Sie treten bei einer Emotion auf, aber eine
Emotion ist etwas anderes, etwas mehr. Eine Emotion ist ein subjektives Erlebnis, eine ins Bewußtsein dringende Leidenschaft, ein Gefühl.

Ich habe den größten Teil dieses Buches dem Bemühen gewidmet,
zu zeigen, daß ein Großteil dessen, was das Gehirn bei einer Emotion
macht, sich außerhalb der bewußten Wahrnehmung abspielt. Jetzt ist es
an der Zeit, das Bewußtsein zu seinem Recht kommen zu lassen. Es ist
an der Zeit zu sehen, welchen Anteil das Bewußtsein an der Emotion

und welchen Anteil die Emotion am Bewußtsein hat. Es ist an der Zeit, noch einmal die Emotion zu betrachten, diesmal mit Gefühlen als Teil des Bildes.[540]

Eine einfache Idee

Was die Natur der bewußten emotionalen Erlebnisse, der emotionalen Gefühle angeht, habe ich eine unglaublich einfache Idee. Sie besagt, daß ein subjektives emotionales Erlebnis wie das Gefühl, sich zu fürchten, dann entsteht, wenn wir bewußt wahrnehmen, daß ein Emotionssystem des Gehirns wie das Abwehrsystem aktiv ist. Wir benötigen dazu mindestens zweierlei: ein Abwehrsystem und die Fähigkeit, seine Aktivität bewußt wahrzunehmen. Der Pluspunkt dieser Auffassung ist, daß wir, sobald wir das Bewußtsein verstanden haben, auch die subjektiven emotionalen Erlebnisse verstehen. Der Minuspunkt ist, daß wir, um die subjektiven emotionalen Erlebnisse zu verstehen, erst einmal das Bewußtsein verstanden haben müssen.

Nach meiner Auffassung geht es beim emotionalen Erlebnis im Grunde also gar nicht um ein Problem der Emotion. Das Problem ist vielmehr, wie bewußte emotionale Erlebnisse zustande kommen. Da sich die wissenschaftliche Erforschung der Emotionen vorwiegend um bewußte emotionale Erlebnisse drehte,[541] haben die Wissenschaftler, die sich mit der Emotion befassen, die Sache so formuliert, daß sie die Emotionen erst dann verstehen können, wenn sie das Leib-Seele-Problem verstanden haben, also die Frage, wie aus Gehirnen Bewußtsein entsteht, und das ist wohl das schwierigste Problem, das es gibt und je gegeben hat.[542]

Die Wissenschaft hat diese Richtung schon am Anfang eingeschlagen, als William James die Geschichte mit dem Bären brachte. Er begann mit einer Frage, nämlich der, warum der Anblick eines Bären uns dazu bringt, fortzulaufen (das Vom-Reiz-zur-Reaktion-Problem in der Emotion), und endete bei einer Frage, nämlich der, warum wir uns fürchten, wenn wir den Bären sehen (das Vom-Reiz-zum-Gefühl-Problem in der Emotion). Seitdem dreht sich die Erforschung der Emotion um die Frage, woher die bewußten Gefühle kommen.[543]

Mit dem Bewußtsein haben sich alle Bereiche der Psychologie befassen müssen. Wahrnehmung und Gedächtnis zum Beispiel setzen ebenfalls bewußte Erlebnisse voraus. Einen Apfel wahrzunehmen heißt, sich bewußt zu sein, daß da ein Apfel ist, und sich eines Sachverhalts an einem Apfel zu erinnern heißt, sich dieses Sachverhalts an einem Apfel bewußt zu sein. Die Schwierigkeit, den bewußten Inhalt, der bei Wahrnehmung, Erinnerung oder Emotion auftritt, wissenschaftlich zu verstehen, führte zur behavioristischen Bewegung in der Psychologie.[544] Und der Erfolg der kognitiven Bewegung als einer Alternative zum Behaviorismus beruhte weitgehend darauf, daß sie den Geist im Sinne unbewußt ablaufender Prozesse verstehen konnte, ohne erst das Problem lösen zu müssen, wie bewußte Inhalte erzeugt werden. Weil die kognitive Revolution aber die Emotion überging,[545] entgingen ihr die Vorteile, die daraus erwachsen, daß der Geist im Sinne unbewußter Prozesse statt im Sinne bewußter Inhalte verstanden wird. Infolgedessen kreist die Erforschung der Emotion immer noch um die Frage, wo die unbewußten Gefühle herkommen, statt um die unbewußten Prozesse, denen diese Bewußtseinszustände manchmal entspringen und manchmal nicht.

Indem wir Emotionen als unbewußte Prozesse betrachten, denen manchmal bewußte Inhalte entspringen, entlasten wir die Emotionsforscher vom Leib-Seele-Problem, so daß sie sich der Frage widmen können, wie das Gehirn seine unbewußten emotionalen Aufgaben löst. Wir sehen aber auch, wie bewußte emotionale Erlebnisse vermutlich erzeugt werden, nämlich auf dieselbe Weise wie auch andere bewußte Erlebnisse – durch die Schaffung einer bewußten Repräsentation der Zusammenhänge der ihnen zugrundeliegenden Verarbeitungssysteme.[546] Wie bewußte Repräsentationen entstehen, ist noch weitgehend ungeklärt, doch haben neuere Untersuchungen uns erste wichtige Hinweise geliefert.

Kurzer Stoff

Zu der Frage, was Bewußtsein ist und was nicht, gibt es eine Unmenge von Vorstellungen.[547] Während man kaum sagen kann, daß darüber Einmütigkeit besteht, bauen viele der in den letzten Jahren vorgetragenen Theorien auf dem Begriff des Arbeitsgedächtnisses auf.[548]

Merken Sie sich diese Zahl: 783445. Nun schließen Sie die Augen und wiederholen Sie sie; zählen Sie jetzt von 99 in Zweierschritten rückwärts bis 91, und versuchen Sie erneut, die Zahl zu wiederholen. Wahrscheinlich werden Sie es nicht schaffen. Das liegt daran, daß das Denken sich in einem mentalen Arbeitsraum von begrenzter Kapazität abspielt. Als Sie anfingen, den Arbeitsraum für das Subtraktionsproblem zu nutzen, warfen Sie die gespeicherte Nummer heraus. Diesen Arbeitsraum nennen wir Arbeitsgedächtnis; er ist ein temporärer Speichermechanismus, der es uns erlaubt, mehrere Informationen gleichzeitig präsent zu halten und miteinander zu vergleichen, zu kontrastieren und anderweitig miteinander zu verknüpfen.[549]

Das Arbeitsgedächtnis ist weitgehend mit dem identisch, was man früher Kurzzeitgedächtnis nannte. In dem Begriff Arbeitsgedächtnis steckt jedoch nicht nur ein temporärer Speichermechanismus, sondern auch ein beim Denken und Urteilen benutzter aktiver Verarbeitungsmechanismus.

Was wir über das Arbeitsgedächtnis wissen, verdanken wir weitgehend der bahnbrechenden Forschung von Alan Baddeley in den frühen siebziger Jahren.[550] Aus einer berühmten Untersuchung eines der Pioniere der Kognitionspsychologie, George Miller, wußte man, daß das Kurzzeitgedächtnis eine maximale Kapazität von etwa sieben Informationen hat.[551] Baddeley folgerte daraus, daß Versuchspersonen, die sich aktiv sechs Dinge merken sollten, zum Beispiel sechs Ziffern, Schwierigkeiten haben müßten, gleichzeitig andere Aufgaben auszuführen, die eine temporäre Speicherung erfordern, da der mentale Arbeitsraum weitestgehend belegt sein würde. Zur Überprüfung dieser These ließ er seine Versuchspersonen die Ziffern laut wiederholen, während sie gleichzeitig Tasten drücken sollten, um zu bestätigen, daß der Inhalt von Sätzen, die ihnen währenddessen vorgelesen wurden, wahr bzw. falsch war. Das Textverständnis war, wie Baddeley herausfand, stark vermindert, doch zu seiner Überraschung waren die Versuchspersonen noch bis zu einem gewissen Grade dazu fähig.

Aufgrund seines Experiments benannte Baddeley den Begriff des Kurzzeitgedächtnisses um. Er ersetzte den Allgemeinbegriff Kurzzeitgedächtnis durch den Begriff Arbeitsgedächtnis; dieses besteht nach seiner Vermutung aus einem allgemeinen temporären Speichersystem, das bei allen aktiven Denkvorgängen benutzt wird, und mehreren spezialisierten Speichersystemen, die nur aufgerufen werden, wenn bestimmte Informationen behalten werden müssen.

Gedächtnisforscher bezeichnen temporäre Speichersysteme in Anlehnung an einen Terminus aus der Computertechnik manchmal als

Puffer. Heute glaubt man, daß es eine Reihe von spezialisierten Puffern gibt. So hat zum Beispiel jedes sensorische System einen oder mehrere temporäre Puffer. Sie unterstützen die Wahrnehmung, indem sie dem System erlauben, das, was es sieht oder hört, mit dem zu vergleichen, was es vor einem Augenblick gesehen oder gehört hat. Außerdem gibt es temporäre Puffer, die der Sprachbenutzung zugeordnet sind (dank ihrer merken wir uns den ersten Teil eines Satzes, bis wir den letzten Teil gehört haben, so daß wir das Ganze verstehen können). Die spezialisierten Gedächtnispuffer arbeiten parallel, unabhängig voneinander.

Das allgemeine System besteht aus einem *Arbeitsraum*, wo Informationen aus den spezialisierten Puffern zeitweilig festgehalten werden können, und einer Reihe von Überwachungsfunktionen, welche die an diesen Informationen vorgenommenen Operationen kontrollieren. Die Überwachungsfunktionen sind für die Koordination sämtlicher Aktivitäten des Kurzzeitgedächtnisses verantwortlich; sie legen fest, welche spezialisierten Systeme im Augenblick zu beachten sind, und verschieben Informationen von diesen und anderen Systemen in den Arbeitsraum und von diesem dorthin.

Zwar kann jeweils nur eine begrenzte Menge von Informationen im allgemeinen Arbeitsraum festgehalten werden, doch kann es sich dabei um jede Art von Information handeln. Deshalb können verschiedene Arten von Information im Arbeitsgedächtnis miteinander in Beziehung gesetzt werden (das Aussehen, der Klang und der Geruch einer Sache können im Arbeitsgedächtnis mit deren Namen verknüpft werden). Die Kapazitätsgrenze des Arbeitsgedächtnisses (etwa sieben verschiedene Informationen) kann – auch das eine der zahlreichen Einsichten George Millers in den kognitiven Geist – mit Hilfe der »Stückelung« bis zu einem gewissen Grad überwunden werden: Da wir uns von praktisch allem (Buchstaben, Wörter, Ideen) sieben merken können, kann die von den sieben Informationen tatsächlich repräsentierte Informationsmenge riesig sein (denken Sie, was sich alles mit den Namen von sieben Ländern verbindet).[552]

Was im Arbeitsgedächtnis ist, ist das, woran wir gerade denken oder dem wir unsere Aufmerksamkeit schenken. Das Arbeitsgedächtnis ist jedoch kein bloßes Produkt des Hier und Jetzt. Es hängt auch von dem ab, was wir wissen und welche Erfahrungen wir gemacht haben. Es hängt, anders gesagt, vom Langzeitgedächtnis ab. Damit Sie sich bewußt sind, einen Basketball zu sehen, genügt es nicht, daß der Basket-

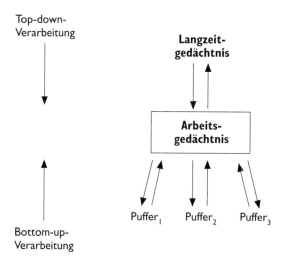

Top-down-
Verarbeitung

Langzeit-
gedächtnis

Arbeits-
gedächtnis

Puffer₁   Puffer₂   Puffer₃

Bottom-up-
Verarbeitung

Reize, die in spezialisierten Systemen (etwa sensorischen, Raum- und Sprach-systemen) verarbeitet werden, können simultan in Kurzzeit-Gedächtnispuffern bereitgehalten werden. Die verschiedenen Kurzzeitpuffer liefern potentielle Inputs für das Arbeitsgedächtnis, das am effektivsten ist, wenn es jeweils nur einen der Puffer bearbeitet. Das Arbeitsgedächtnis verknüpft Informationen, die es von Kurzzeit-Gedächtnispuffern erhält, mit Langzeit-Erinnerungen, die gleichfalls aktiviert werden.

ball als rein visuelles Muster (ein rundes, orangefarbenes Objekt mit umlaufenden dünnen schwarzen Linien) von Ihrem Sehsystem repräsentiert ist. Das Muster muß auch die Aufmerksamkeit der Überwachung des Arbeitsgedächtnisses gefesselt haben. Das Muster wird also im visuellen Kurzzeitgedächtnispuffer bereitgehalten, und die Überwachung arbeitet mit dem visuellen und nicht mit dem auditorischen oder anderen Puffern. Aber auch das genügt noch nicht. Erst durch Vergleich des visuellen Musters mit Informationen im Langzeitgedächtnis (gespeicherte Tatsachen und gespeicherte Erfahrungen mit ähnlichen Objekten) wird der Reiz als ein Basketball erkannt. Doch gespeichertes Wissen ist nicht nur bedeutsam für die Ermittlung des Sinns von Informationen, die von untergeordneten spezialisierten Systemen aufgenommen wurden – es beeinflußt auch das Funktionieren der untergeordneten Systeme. Sind zum Beispiel Erinnerungen, die mit Basketbällen zu tun haben, aktiviert und dem Arbeitsgedächtnis verfügbar gemacht worden, so wird die Tätigkeit der spezialisierten Prozessoren darauf ausgerichtet, in der Außenwelt Informationen zu entdecken und aufzunehmen, die sich auf Basketbälle beziehen. Dieser Einfluß der Erinnerung auf die Wahrnehmung ist ein Beispiel für das, was Kognitionswissenschaftler gelegentlich als Top-down-Verarbeitung (von oben nach unten) bezeichnen, im Gegensatz zum Aufbau von Wahrnehmungen aus der sensorischen Verarbeitung, die als Bottom-up-Verarbeitung (von unten nach oben) bezeichnet wird.

Kurz, das Arbeitsgedächtnis befindet sich im Schnittpunkt von Bottom-up- und Top-down-Verarbeitungssystemen und ermöglicht Denkvorgänge höherer Ordnung und logische Folgerungen. Stephen Kosslyn, ein führender Kognitionswissenschaftler, formuliert es so:

Das Arbeitsgedächtnis steht in Verbindung mit der aktivierten Information in Langzeitgedächtnissen, der Information in Kurzzeitgedächtnissen und den Entscheidungsprozessen darüber, welche Information in den Langzeitgedächtnissen aktiviert und in den Kurzzeitgedächtnissen festgehalten wird ... Ein solches Arbeitsgedächtnissystem ist für eine Vielzahl von Aufgaben notwendig, zum Beispiel Kopfrechnen, Lesen, Problemlösen und ... logisches Denken generell. All diese Aufgaben erfordern nicht nur eine Form von temporärer Speicherung, sondern auch ein Wechselspiel zwischen temporär gespeicherten Informationen und einem größeren Bestand an gespeichertem Wissen.[553]

Das Hier und das Jetzt im Gehirn

Wie also arbeitet das Arbeitsgedächtnis im Gehirn? Die Grundlage für unser Verständnis dieses Problems schufen die Untersuchungen von C. F. Jacobsen in den dreißiger Jahren.[554] Er trainierte Affen an einer sogenannten Reaktionsverzögerungs-Aufgabe. Der Affe saß auf einem Stuhl und sah zu, wie der Experimentator eine Rosine unter eines von zwei nebeneinander befindlichen Objekten legte. Dann wurde für eine bestimmte Zeit (die Verzögerung) ein Vorhang niedergelassen, und danach durfte der Affe wählen. Um die Rosine zu bekommen, mußte der Affe sich nicht gemerkt haben, unter was für einem Objekt die Rosine war, sondern ob sie unter dem linken oder dem rechten Objekt war. Die korrekte Leistung verlangte also, daß der

Affe sich die räumliche Lage der Rosine während der Verzögerungszeit (in der der Schauplatz dem Blick entzogen war) gemerkt hatte. Bei sehr kurzen Verzögerungen (einige Sekunden) schnitten normale Affen recht gut ab, und wie zu erwarten, ließ die Leistung mit wachsender Verzögerung (von Sekunden zu Minuten) nach. Affen mit beschädigtem präfrontalem Kortex schnitten jedoch schlecht ab, auch bei den kurzen Verzögerungen. Aufgrund dieser und nachfolgender Untersuchungen kam man zu dem Schluß, daß der präfrontale Kortex bei temporären Gedächtnisprozessen eine Rolle spielt, Prozessen, die wir heute als Arbeitsgedächtnis bezeichnen.

Im vorigen Kapitel haben wir die Rolle des *medialen* präfrontalen Kortex bei der Löschung von emotionalen Erinnerungen untersucht. Mit dem Arbeitsgedächtnis hat man dagegen vorwiegend den *lateralen* präfrontalen Kortex in Verbindung gebracht. Man nimmt an, daß der laterale präfrontale Kortex nur bei Primaten existiert und beim Menschen erheblich größer ist als bei anderen Primaten.[555] Es ist nicht überraschend, daß eine der kompliziertesten kognitiven Funktionen des Gehirns sich auf diese Region stützt.

Die Laboratorien von Joaquin Fuster an der Universität von Kalifornien in Los Angeles und Pat Goldman-Rakic in Yale haben die Beteiligung des lateralen präfrontalen Kortex am Arbeitsgedächtnis in den letzten Jahren ausgiebig untersucht.[556] Beide Forscher zeichneten die elektrische Aktivität lateraler präfrontaler Neurone von Affen auf, während diese Reaktionsverzögerungs-Aufgaben und andere Tests ausführten, die eine kurzzeitige Speicherung erfordern. Sie zeigten, daß Zellen in dieser Region während der Verzögerungszeiten besonders aktiv waren. Wahrscheinlich sind diese Zellen am Festhalten der Information während der Verzögerung aktiv beteiligt.

Der Beitrag des lateralen präfrontalen Kortex zum Arbeitsgedächtnis wird weiter untersucht. Zahlreiche Befunde sprechen jedoch dafür, daß der laterale präfrontale Kortex an den Überwachungs- bzw. den allgemeinen Aspekten des Arbeitsgedächtnisses beteiligt ist. So beeinträchtigt eine Beschädigung dieser Region beim Menschen das Arbeitsgedächtnis unabhängig von der Art der dargebotenen Reizinformation.[557] Mit bildgebenden Verfahren hat man außerdem gezeigt, daß eine Vielzahl unterschiedlicher Arbeitsgedächtnis-Aufgaben zu einer Aktivierung des lateralen präfrontalen Kortex führt.[558] In einer neueren Untersuchung sollten die Versuchspersonen eine verbale und eine visuelle Aufgabe entweder nacheinander oder gleichzeitig ausführen.[559] Es zeigte sich, daß der laterale präfrontale Kortex aktiviert wurde, wenn die Aufgaben gleichzeitig ausgeführt wurden und folglich die Überwachungsfunktionen des Arbeitsgedächtnisses in Anspruch nahmen, nicht aber, wenn die Aufgaben getrennt ausgeführt wurden.

Der laterale präfrontale Kortex hat eine ideale Position für die Ausführung dieser allgemeinen Funktionen des Arbeitsgedächtnisses. Er hat Verbindungen zu den verschiedenen sensorischen Systemen (wie dem visuellen und dem auditorischen System) und zu anderen neokortikalen Systemen, die spezialisierte temporäre Speicherfunktionen (wie die räumliche und die verbale Speicherung) wahrnehmen, und er ist außerdem verbunden mit dem Hippocampus und anderen kortikalen Bereichen, die am Langzeitgedächtnis beteiligt sind.[560] Zusätzlich hat er Verbindungen zu Bereichen des Kortex, die an der Bewegungskontrolle beteiligt sind, so daß die von der Überwachung getroffenen Entscheidungen in willkürliche Handlungen umgesetzt werden können.[561] Neuere Untersuchungen haben Anhaltspunkte dafür geliefert, daß der laterale präfrontale Kortex mit einigen dieser Bereiche wechselwirkt. Am besten untersucht sind Wechselwirkungen mit temporären Speicherpuffern in der Sehrinde.

Die kortikale visuelle Verarbeitung beginnt im primären Sehbereich, der im Okzipitallappen (dem hintersten Teil des Kortex) liegt. Dieser Bereich erhält visuelle Informationen vom visuellen Thalamus, verarbeitet sie und verteilt dann die Ergebnisse an verschiedene andere Rindenbereiche. Das kortikale Sehsystem ist zwar außerordentlich komplex,[562] doch sind die für zwei Aspekte der visuellen Verarbeitung verantwortlichen neuralen Bahnen recht gut verstanden. Zum einen wird bestimmt, »was« ein Reiz ist, zum anderen, »wo« er sich befindet.[563] Die »Was«-Bahn schickt einen Verarbeitungsstrom von der primären Sehrinde zum Temporallappen, die »Wo«-Bahn vom primären Kortex zum Parietallappen.

Goldman-Rakic und Mitarbeiter maßen bei Tests des Kurzzeitgedächtnisses, in denen es darum ging, die räumliche Lage visueller Reize kurzzeitig zu behalten, die Aktivität von Zellen in der »Wo«-Bahn des Parietallappens. Dort waren Zellen ebenso aktiv wie im lateralen präfrontalen Kortex, was den Schluß zuläßt, daß sie sich während der Verzögerung die Lage merkten.[564] Die betreffenden parietalen und frontalen Bereiche sind anatomisch miteinander verbunden – der parietale Bereich schickt Axone zum präfrontalen Bereich, der seinerseits

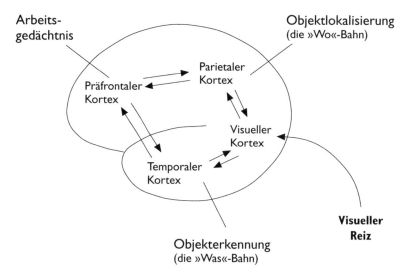

Arbeits-gedächtnis

Objektlokalisierung
(die »Wo«-Bahn)

Parietaler
Kortex

Präfrontaler
Kortex

Visueller
Kortex

Temporaler
Kortex

**Visueller
Reiz**

Objekterkennung
(die »Was«-Bahn)

Die vom visuellen Kortex (der Sehrinde) empfangene visuelle Information wird an kortikale Bereiche weitergegeben, die spezialisierte visuelle Verarbeitungsfunktionen erfüllen. Gut erforschte spezialisierte Funktionen sind die Objekterkennung (vermittelt von der »Was«-Bahn) und die Objektlokalisierung (vermittelt von der »Wo«-Bahn). Diese spezialisierten visuellen Bahnen liefern Inputs an den präfrontalen Kortex, der entscheidend am Arbeitsgedächtnis beteiligt ist. Die spezialisierten Systeme erhalten auch Informationen vom präfrontalen Kortex zurück, so daß der Informationsinhalt des Arbeitsgedächtnisses die weitere Verarbeitung von einlaufenden Informationen beeinflussen kann. Nach links zeigende Pfeile stehen für Bottom-up-Verarbeitung, nach rechts zeigende für Top-down-Verarbeitung.

Axone zum parietalen Bereich entsendet. Diese Befunde lassen vermuten, daß der visuelle Bereich des Parietallappens mit dem lateralen präfrontalen Kortex zusammenarbeitet, um Informationen über die räumliche Lage visueller Reize im Arbeitsgedächtnis zu halten. Und in Untersuchungen, bei denen es darum ging, ob ein bestimmtes Objekt kurz zuvor gesehen worden war und wiedererkannt wurde, fand Robert Desimone Anhaltspunkte für Wechselwirkungen zwischen den visuellen Bereichen des Temporallappens (der »Was«-Bahn) und dem lateralen präfrontalen Kortex.[565] Die Aufrechterhaltung visueller Informationen im Arbeitsgedächtnis scheint also auf Wechselwirkungen zwischen der lateralen präfrontalen Region und spezialisierten Bereichen der Sehrinde zu beruhen.[566] Die Bahnen von den spezialisierten visuellen Bereichen vermitteln dem präfrontalen Kortex, »was« da draußen ist und »wo« es lokalisiert ist (Bottom-up-Verarbeitung). Über Bahnen, die zurück zu den Sehbereichen verlaufen, informiert der präfrontale Kortex das Sehsystem, auf die Objekte und räumlichen Lagen zu achten, die im Arbeitsgedächtnis verarbeitet werden (Top-down-Verarbeitung). Wie wir gesehen haben, nimmt man an, daß diese Einflüsse von oben nach unten wesentlich an den Überwachungsfunktionen des Arbeitsgedächtnisses beteiligt sind.

Neuere Untersuchungen speziell von Goldman-Rakic und Mitarbeitern haben Fragen bezüglich der Rolle des präfrontalen Kortex als allgemeiner Arbeitsgedächtnis-Prozessor aufgeworfen.[567] Sie fanden zum Beispiel heraus, daß jeweils andere Teile des lateralen präfrontalen Kortex am Arbeitsgedächtnis mitwirken, wenn Tiere zu bestimmen haben, »was« ein Reiz ist bzw. »wo« er lokalisiert ist; demnach sind unterschiedliche Teile des präfrontalen Kortex auf unterschiedliche Arbeitsgedächtnis-Aufgaben spezialisiert. Diese Ergebnisse zeigen zwar, daß bestimmte Teile des präfrontalen Kortex ausschließlich an bestimmten Kurzzeitgedächtnis-Aufgaben mitwirken, doch schließen sie nicht die Möglichkeit aus, daß es einen allgemeinen Arbeitsraum und eine Reihe von Überwachungsfunktionen gibt, die die Tätigkeit der spezialisierten Systeme koordinieren, zumal da die getesteten Aufgaben die Kapazität des Arbeitsgedächtnisses nicht so stark in Anspruch nahmen, daß die Kapazitätsgrenzen des Systems deutlich wurden.[568] Untersuchungen, die das System voll in Anspruch nahmen, wie die oben beschriebenen Tests mit bildgebenden Verfahren, lassen vermuten, daß Neurone im lateralen präfrontalen Kortex Teil eines allgemeinen Arbeitsgedächtnissystems sind. Nach den Ergebnissen von Goldman-Rakic ist es aber auch möglich, daß die allgemeinen Aspekte des Arbeitsgedächtnisses nicht an einem einzelnen Punkt im lateralen präfrontalen Kortex lokalisiert sind, sondern sich über die ganze Region verteilen. Darauf deutet die Tatsache hin, daß einige Zellen in den spezialisierten Bereichen des lateralen präfrontalen Kortex an multiplen Arbeitsgedächtnis-Aufgaben mitwirken.[569]

Auch gibt es Anhaltspunkte dafür, daß die allgemeinen Funktionen des Arbeitsgedächtnisses sich auf andere Bereiche als den lateralen präfrontalen Kortex stützen. Untersuchungen mit bildgebenden Verfahren an Menschen haben zum Beispiel gezeigt, daß ein anderer Be-

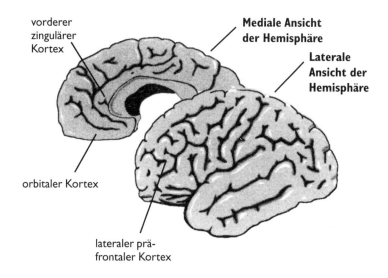

vorderer
zingulärer
Kortex

**Mediale Ansicht
der Hemisphäre**

**Laterale
Ansicht der
Hemisphäre**

orbitaler Kortex

lateraler prä-
frontaler Kortex

Zu den Bereichen des Frontallappens, von denen man annimmt, daß sie an Funktionen des Arbeitsgedächtnisses beteiligt sind, gehören der präfrontale Kortex, der orbitale und der vordere zinguläre Kortex.

reich des Frontallappens, der vordere zinguläre Kortex, bei Arbeitsgedächtnis- und verwandten kognitiven Aufgaben ebenfalls aktiviert wird.[570] Der vordere zinguläre Bereich erhält genau wie der laterale präfrontale Kortex Inputs von den einzelnen spezialisierten sensorischen Puffern, und es bestehen anatomische Verbindungen zwischen dem vorderen zingulären und dem lateralen präfrontalen Kortex.[571] Außerdem sind beide Regionen Teil des sogenannten Frontallappen-Aufmerksamkeitszentrums, eines kognitiven Systems, das an der selektiven Aufmerksamkeit, der Allokation der mentalen Ressourcen, an Entscheidungsprozessen und an der Steuerung von Willkürbewegungen beteiligt ist.[572] Es ist eine verlockende Vorstellung, daß Neurone im lateralen präfrontalen und im vorderen zingulären Bereich, die zusammenarbeiten, an den allgemeinen Aspekten des Arbeitsgedächtnisses mitwirken. Oben (4. Kapitel) sahen wir, daß der zinguläre Kortex einmal als Sitz der Seele (des Bewußtseins) betrachtet wurde. Da der zinguläre Bereich nach den neueren Untersuchungen am Arbeitsgedächtnis mitwirkt, ist die ältere Vorstellung vielleicht gar nicht so verkehrt.

Ein anderer Bereich des präfrontalen Kortex, die Orbitalregion, die an der Unterseite des Frontallappens liegt, hat sich ebenfalls als wichtig erwiesen. Eine Beschädigung dieses Bereichs bei Tieren beeinträchtigt die kurzfristige Erinnerung an Informationen über die Belohnung, über das, was im Augenblick gut und schlecht ist,[573] und Zellen in diesem Bereich sind zuständig für die Frage, ob ein Reiz vor kurzem zu einer Belohnung oder einer Bestrafung geführt hat.[574] Ist der orbitale frontale Bereich bei Menschen beschädigt, übersehen sie soziale und emotionale Hinweise, und manche zeigen ein gestörtes Sozialverhalten.[575] Dieser Bereich erhält Inputs von sensorischen Verarbeitungssystemen (einschließlich ihrer temporären Puffer) und ist gleichzeitig eng mit der Amygdala und dem vorderen zingulären Bereich verbunden. Der orbitale Bereich stellt ein Bindeglied dar, über welches die emotionale Verarbeitung durch die Amygdala im Arbeitsgedächtnis mit Informationen verknüpft werden könnte, die in sensorischen oder anderen Bereichen des Neokortex verarbeitet werden. Wir kommen darauf noch zurück.

Über das Arbeitsgedächtnis und seine neurale Basis gibt es noch vieles zu erforschen. Unklar ist zum Beispiel, ob sowohl der temporäre Arbeitsraum als auch die Überwachungsfunktionen ihren Sitz im frontalen Kortex haben. Denkbar ist, daß die präfrontalen Bereiche nichts speichern, sondern nur die Tätigkeit anderer Regionen kontrollieren, so daß die Aktivität in einigen Bereichen die Schwelle zum Bewußtsein überschreitet, während sie in anderen Bereichen gehemmt wird.[576] Es gibt zwar noch vieles zu lernen, doch sind die Forscher auf diesem Gebiet bei diesem sehr zähen und sehr wichtigen Problem beträchtlich vorangekommen.

Die Plattform des Bewußtseins

Tennessee Williams sagte: »Das Leben ist nichts als Erinnerung, außer dem gegenwärtigen Moment, der so rasch an einem vorbeigeht, daß man sein Gehen kaum mitbekommt.«[577] Williams erkannte nicht, daß sogar die unmittelbare Gegenwart auf Erinnerung beruht – was wir über den einen gegenwärtigen Moment wissen, ist im wesentlichen das, was sich in unserem Arbeitsgedächtnis befindet. Dank des Arbeitsgedächtnisses können wir wissen, daß das »Hier und Jetzt« »hier« ist und »jetzt« geschieht. Diese Einsicht liegt der Auffassung zugrunde, die von einer Reihe moderner Kognitionswissenschaftler geteilt wird, daß Bewußtsein das Wahrnehmen dessen sei, was sich im Arbeitsgedächtnis befindet.

Stephen Kosslyn zum Beispiel behauptet, daß etwas, dessen ich mir bewußt bin, sich im Arbeitsgedächtnis befinden müsse.[578] John Kihlstrom vertritt die Ansicht, daß eine Verbindung hergestellt werden müsse zwischen der mentalen Repräsentation eines Ereignisses und einer mentalen Repräsentation des »Selbst« als des Handelnden oder Erlebenden, damit wir uns dieses Ereignisses bewußt sein könnten. Diese integrierten episodischen Repräsentationen haben nach Kihlstrom ihren Ort im Arbeitsgedächtnis.[579] Philip Johnson-Laird bemerkt, daß es die Inhalte des Arbeitsgedächtnisses sind, was uns jeweils bewußt ist.[580] Bernard Baars definiert in einem einflußreichen Buch mit dem Titel *A Cognitive Theory of Consciousness* »Bewußtsein als eine Art von momentanem Arbeitsgedächtnis«.[581] Und in mehreren aktuellen Theorien wird Bewußtsein gleichgesetzt mit konzentrierter Aufmerksamkeit, die erreicht wird mit einer Befehls- oder Überwachungsfunktion ähnlich derjenigen, die in den Theorien des Arbeitsgedächtnisses vorgeschlagen wird.[582]

Die bewußten und unbewußten Aspekte des Denkens werden manchmal im Sinne serieller bzw. paralleler Funktionen beschrieben. Das Bewußtsein scheint die Dinge seriell zu bearbeiten, mehr oder weniger eines nach dem anderen,[583] während der unbewußte Geist, der sich aus vielen verschiedenen Systemen zusammensetzt, mehr oder weniger parallel zu arbeiten scheint. Einige Kognitionswissenschaftler haben die Vermutung geäußert, daß Bewußtsein auf einem seriellen Prozessor von begrenzter Kapazität beruhe, der sich an der Spitze einer kognitiven Hierarchie aus einer Vielzahl von parallel organisierten Spezialprozessoren befinde; einige, darunter Stephen Kosslyn und Daniel Dennett, haben sogar vermutet, daß das Bewußtsein ein virtueller serieller Prozessor ist – ein Parallelprozessor, der einen seriellen emuliert, also sich wie ein serieller Prozessor verhält.[584] Serielle Prozessoren erzeugen Repräsentationen durch Manipulation von Symbolen,[585] und wir können uns nur symbolisch repräsentierter Information bewußt sein.[586] Die Informationsverarbeitung durch die parallelen Prozessoren tieferer Ebenen läuft subsymbolisch ab,[587] in Codierungen, die das Bewußtsein nicht zu entschlüsseln vermag. Philip Johnson-Laird drückt das so aus: Da das Bewußtsein »an der Spitze steht, können seine Anweisungen ein Ziel in explizit symbolischer Form benennen, zum Beispiel ›aufstehen und gehen‹. Es braucht nicht im einzelnen zu befehlen, diesen oder jenen Muskel zu kontrahieren. Diese Anweisungen werden zunehmend detaillierter von den untergeordneten Prozessoren formuliert ... [Das Bewußtsein] erhält die Ergebnisse der Berechnungen von untergeordneten Prozessoren, aber wieder in einer höheren und explizit symbolischen Form.«[588] Diese Überlegung liefert eine Erklärung dafür, daß wir uns der Ergebnisse mentaler Berechnungen bewußt sind, nicht aber der Berechnungen selbst, und daß wir Handlungen produzieren können, ohne zu wissen, wie die einzelnen Muskeln gesteuert werden. Mit anderen Worten: Der Bewußtseinsprozessor arbeitet auf der symbolischen Ebene, die introspektiv zugängliche Inhalte bereitstellt, doch die parallelen Prozessoren arbeiten subsymbolisch, und ihre Operationen sind dem Bewußtsein nicht direkt zugänglich.[589] Und da nicht alle subsymbolischen Prozessoren zwangsläufig in den Bewußtseinsprozessor einspeisen, bleibt ein Teil der subsymbolischen Verarbeitung unzugänglich.

Das Arbeitsgedächtnis ist der serielle Prozessor von begrenzter Kapazität, der symbolische Repräsentationen erzeugt und manipuliert. In ihm erfolgt die integrierte Überwachung und Steuerung verschiedener untergeordneter spezialisierter Prozessoren. Das Arbeitsgedächtnis ist, anders gesagt, ein entscheidender Teil des Systems, aus dem das Bewußtsein hervorgeht.

Das Arbeitsgedächtnis-Konzept des Bewußtseins hat gegenüber vielen anderen Formulierungen den Vorzug, daß es erlaubt, das Problem konkret zu fassen. Wir wollen nicht Konkretheit um ihrer selbst willen, doch in diesem Fall scheint sie uns etwas zu bringen. Als Arbeitsgedächtnis verstanden, kann man das Bewußtsein als ein Berechnungssystem behandeln, ein System, das durch Berechnungen, durch Verarbeitung von Informationen, Repräsentationen erzeugt. Als Berechnungssystem genommen, kann das Bewußtsein sowohl psychologisch als auch neurologisch untersucht werden, und die ihm zugrundeliegenden Prozesse können sogar durch Computersimulationen modelliert werden.

Es steht allerdings nicht fest, daß das Bewußtsein berechenbar ist. Johnson-Laird erinnert uns daran, daß eine Computersimulation des Wetters nicht dasselbe ist wie Regen und Sonnenschein.[590] Theorien des Arbeitsgedächtnisses, die das Bewußtsein nicht als Inhalt, sondern als Prozesse verstehen, versuchen zu erklären, was für Berechnungsfunktionen für bewußte Erlebnisse verantwortlich sein könnten und diesen zugrunde liegen, aber sie erklären nicht, wie es ist, solche Erlebnisse zu haben.[591] Diese Theorien erklären, wie der menschliche Geist im allgemeinen arbeitet, aber sie bieten keine Erklärung für ein bestimmtes Erlebnis in einem bestimmten Geist. Sie zeigen vielleicht, wie eine Repräsentation im Arbeitsgedächtnis erzeugt wird, aber nicht, wie es ist, sich dieser Repräsentation bewußt zu sein. Sie zeigen, wie ein Entscheidungsprozeß im Arbeitsgedächtnis zu einer Bewegung führen könnte, aber nicht, wie es ist, wenn man tatsächlich entscheidet, eine Bewegung zu machen. Das Arbeitsgedächtnis ist also sehr wahrscheinlich ein wichtiger, vielleicht sogar ein essentieller Bestandteil des Bewußtseins. Vieles spricht dafür, das es die Plattform ist, auf der das bewußte Erleben steht. Doch läßt sich das Bewußtsein, besonders seine phänomenale oder subjektive Natur, nicht vollständig mit den Rechenprozessen, die dem Arbeitsgedächtnis zugrunde liegen, erklären, jedenfalls nicht auf eine Weise, die irgend jemand derzeit begreift.[592]

Es ist eine wirklich wichtige Aufgabe, die exakte Natur des Bewußtseins und die Mechanismen zu ermitteln, durch die es aus Ansammlungen von Neuronen hervorgeht. Die Vermittlung des Arbeitsgedächtnisses durch das Gehirn sowie der Zusammenhang zwischen dem Bewußtsein und dem Arbeitsgedächtnis und/oder anderen Hirnsystemen sind noch weitgehend ungeklärt. Doch brauchen Emotionsforscher diese Fragen nicht zu klären, und wir brauchen auch nicht ihre Klärung abzuwarten, um zu erforschen, wie die Emotion funktioniert. Die Emotionsforscher haben nur zu klären, wie es kommt, daß emotionale Information im Arbeitsgedächtnis repräsentiert wird. Der Rest des Problems, nämlich herauszubekommen, wie die Inhalte des Arbeitsgedächtnisses subjektiv erlebt werden und wie diese subjektiven Phänomene aus dem Gehirn hervorgehen, bleibt allen Geistforschern aufgegeben. Die Emotionsforscher haben sicherlich vieles zur Erforschung des Bewußtseins beizusteuern, aber das Bewußtsein als solches aufzuklären ist nicht ihre oder zumindest nicht ihre Aufgabe allein. Eigentlich sollte sich das von selbst verstehen, doch hat sich die Erforschung der Emotionen so sehr auf das Problem des emotionalen Bewußtseins konzentriert, daß die grundlegenden emotionalen Mechanismen dabei zu kurz gekommen sind.

Die emotionale Gegenwart

Ich gebe zu, daß ich den Schwarzen Peter des emotionalen Bewußtseins weitergegeben habe. Ich habe das Problem der emotionalen Gefühle umdefiniert zu dem Problem, wie es kommt, daß emotionale Information im Arbeitsgedächtnis repräsentiert wird. Das wird Sie nicht erfreuen, wenn Sie genau wissen möchten, was ein Gefühl ist, oder wenn Sie wissen möchten, wie etwas so Ungreifbares wie ein Gefühl Bestandteil von etwas so Handgreiflichem wie dem Gehirn sein kann. Damit wird, anders gesagt, das Leib-Seele-Problem nicht gelöst. Doch so wichtig die Lösung des Leib-Seele-Problems auch ist, es ist nicht das einzige Problem, das zu lösen sich lohnt. Und die Lösung des Leib-Seele-Problems würde uns auch nicht verraten, was so unverwechselbar an den Geisteszuständen ist, die wir Emotionen nennen, noch würde sie uns erklären, warum die verschiedenen Emotionen gerade so empfunden werden, wie wir sie empfinden. Auch würde sie uns nicht verraten, was bei emotionalen Störungen schiefläuft, noch würde sie uns Methoden zu ihrer Behandlung und Heilung an die Hand geben. Um zu verstehen, was eine Emotion ist und wie bestimmte emotionale Gefühle zustande kommen, müssen wir verstehen, wie die spezialisierten Emotionssysteme operieren, und ermitteln, wie deren Aktivität im Arbeitsgedächtnis repräsentiert wird.

Man wird vielleicht einwenden, ich ginge ein großes Risiko ein, ich gründete unser Verständnis unserer Gefühle, unserer privatesten und intimsten Geisteszustände, auf die Möglichkeit, daß das Arbeitsgedächtnis der Schlüssel zu unserem Bewußtsein sei. Doch in Wirklichkeit benutze ich das Bewußtsein nur als einen »prinzipiellen« Weg, die Gefühle zu erklären. Ich behaupte, daß Gefühle zustande kommen, wenn die Aktivität spezialisierter Emotionssysteme in dem System repräsentiert wird, das dem Bewußtsein zugrunde liegt, und ich benutze das Arbeitsgedächtnis als eine weithin anerkannte Erklärung dafür, wie das Bewußtsein zustande kommen könnte.

Wir haben sehr ausführlich beschrieben, wie ein spezialisiertes Emotionssystem, das Abwehrsystem, funktioniert. Schauen wir nun, wie es dazu kommen könnte, daß die Aktivität dieses Systems im Arbeitsgedächtnis repräsentiert wird und dadurch das Gefühl entstehen läßt, das wir als Furcht kennen.

Von bewussten Bewertungen zu Emotionen: Auf einem Waldspaziergang treffen Sie auf ein Kaninchen. Das von dem Kaninchen reflektierte Licht wird von Ihren Augen aufgenommen. Die Signale werden vom Sehsystem zu Ihrem visuellen Thalamus und von dort zur Sehrinde weitergeleitet, wo eine Repräsentation von dem Kaninchen erzeugt und in einem kurzlebigen visuellen Objektpuffer festgehalten wird. Verbindungen von der Sehrinde zu den kortikalen Langzeitgedächtnis-Zentren aktivieren einschlägige Erinnerungen (Tatsachen über Kaninchen, die im Gedächtnis gespeichert sind, und Erinnerungen an frühere Erlebnisse mit Kaninchen, wenn Sie solche hatten). Über Verbindungen zwischen den Kurzzeitgedächtnis-Zentren und dem Arbeitsgedächtnissystem werden aktivierte Langzeit-Erinnerungen mit den sensorischen Repräsentationen des Reizes im Arbeitsgedächtnis verknüpft, und dadurch werden Sie sich bewußt, daß das Objekt, das Sie vor sich sehen, ein Kaninchen ist.

Ein paar Schritte weiter liegt zusammengerollt neben einem Baumstamm eine Schlange. Ihre Augen erfassen auch diesen Reiz. Genau wie beim Kaninchen werden bewußte Repräsentationen erzeugt – durch Verknüpfung kurzlebiger visueller Repräsentationen mit Informationen aus dem Langzeitgedächtnis im Arbeitsgedächtnis. Doch im Fall der Schlange sind Sie sich nicht nur der Tierart bewußt, die Sie betrachten, sondern zusätzlich werden Sie vom Langzeitgedächtnis informiert, daß diese Tierart gefährlich sein kann und daß Sie möglicherweise in Gefahr sind.

Den kognitiven Bewertungstheorien zufolge konstituieren die bisher beschriebenen Vorgänge Ihre Einschätzung der Situation, und sie sollten hinreichend die »Furcht« erklären, die Sie als Folge der Begegnung mit der Schlange empfinden. Der Unterschied zwischen der Arbeitsgedächtnis-Repräsentation des Kaninchens und der der Schlange ist der, daß die letztere Informationen über die Gefährlichkeit der Schlange enthält. Doch diese kognitiven Repräsentationen und Bewertungen im Arbeitsgedächtnis reichen nicht aus, um aus dem Erlebnis ein regelrechtes emotionales Erlebnis zu machen. Davy Crockett – Sie werden sich vielleicht erinnern – sagte, seine Liebe zu seiner Frau sei so heiß gewesen, daß sie ihm fast die Kochtöpfe zum Platzen gebracht habe. Hier passiert nichts, was dem Platzen eines Kochtopfes gleichkäme. Es muß noch etwas hinzukommen, damit aus kognitiven Bewertungen Emotionen, aus Erlebnissen emotionale Erlebnisse werden. Dieses Etwas ist natürlich die Aktivierung des von der Evolution

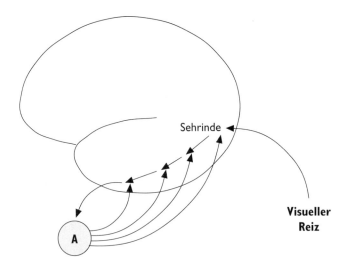

Die Amygdala erhält Inputs von den letzten Stadien der Verarbeitung innerhalb der sensorischen Systeme, projiziert jedoch zurück zu allen Stadien der
kortikalen Verarbeitung, auch zu den ersten. Hier ein Beispiel aus dem visuellen System.

geschaffenen Systems für den Umgang mit Gefahren. An diesem System ist, wie wir gesehen haben, entscheidend die Amygdala beteiligt.

Viele, aber nicht alle Menschen werden, wenn sie in einer Situation
wie der oben beschriebenen einer Schlange begegnen, eine ausgewach-
sene emotionale Reaktion einschließlich körperlicher Reaktionen und
emotionaler Gefühle haben.[593] Dazu muß die visuelle Repräsentation
der Schlange die Amygdala aktivieren. Daraufhin wird eine Fülle von
Output-Bahnen aktiviert. Die Aktivierung dieser Outputs macht die
Begegnung mit der Schlange zu einem emotionalen Erlebnis, das jedoch ohne diese Aktivierung ausbleibt.[594]

Was an der Aktivierung der Amygdala-Outputs macht ein Erlebnis
zu einem emotionalen Erlebnis? Um das zu verstehen, müssen wir uns
einige der Folgen dieser Aktivierung ansehen. Diese Outputs sind die
Grundbestandteile, die, im Arbeitsgedächtnis mit kurzzeitigen sensorischen Repräsentationen und den durch diese sensorischen Repräsentationen aktivierten Langzeit-Erinnerungen vermischt, ein emotionales Erlebnis hervorrufen.

BESTANDTEIL 1: DIREKTE AMYGDALA-EINFLÜSSE AUF DEN KORTEX: Die Amygdala hat zahlreiche Projektionen zu zahlreichen kortikalen Bereichen.[595] Diese Projektionen von der Amygdala zum Kortex sind sogar, wie wir gesehen haben, stärker als die Projektionen vom Kortex zur Amygdala (siehe Abbildung S. 306). Die Amygdala projiziert nicht nur zurück zu kortikalen sensorischen Bereichen, von denen sie Inputs erhält, sondern auch zu sensorischen Verarbeitungsbereichen, von denen sie keine Inputs erhält. Damit ein visueller Reiz vom Kortex aus zur Amygdala gelangt, muß er vom primären Kortex zu einer sekundären Region und dann zu einem dritten kortikalen Bereich im Temporallappen laufen (der als Kurzzeitpuffer für visuelle Objektinformation dient). Dieser dritte Bereich projiziert dann zur Amygdala. Die Amygdala projiziert dann zurück zu diesem Bereich, aber auch zu den beiden vorangegangenen visuellen Verarbeitungsbereichen. Ist die Amygdala einmal aktiviert, kann sie folglich die kortikalen Bereiche beeinflussen, welche die Reize verarbeiten, die sie aktiviert haben (Abbildung S. 306). Das ist unter Umständen sehr wichtig, wenn es darum geht, die Aufmerksamkeit auf emotional relevante Reize zu lenken, indem die kurzfristigen Objektpuffer auf die Reize konzentriert werden, denen die Amygdala Bedeutung zuschreibt. Die Amygdala hat außerdem beträchtliche Verbindungen zu Langzeitgedächtnis-Zentren, darunter das Hippocampussystem und die Bereiche des Kortex, die bei der langfristigen Informationsspeicherung mit dem Hippocampus zusammenwirken. Diese Bahnen könnten zur Aktivierung von Langzeit-Erinnerungen beitragen, die für die emotionalen Implikationen unmittelbar gegebener Reize relevant sind. Die Verbindungen der Amygdala zum lateralen präfrontalen Kortex sind zwar relativ dünn, aber dafür hat sie recht starke Verbindungen zum vorderen zingulären Kortex, einem der übrigen Partner bei der Überwachung des Arbeitsgedächtnisses im Frontallappen. Sie schickt außerdem Verbindungen zum orbitalen Kortex, einem weiteren Mitwirkenden am Arbeitsgedächtnis, der speziell an kurzfristigen Erinnerungen an Belohnungen und Bestrafungen beteiligt sein könnte. Über diese Verbindungen zu spezialisierten Kurzzeitpuffern, Langzeitgedächtnis-Zentren und den Zentren des Frontallappens kann die Amygdala den Informationsinhalt des Arbeitsgedächtnisses beeinflussen (Abbildung S. 308). Offensichtlich ist in dieses System eine beträchtliche Redundanz eingebaut, die es ermöglicht, daß das Bewußtsein auf mehreren Wegen von der Aktivität der Amygdala Kenntnis erhält.

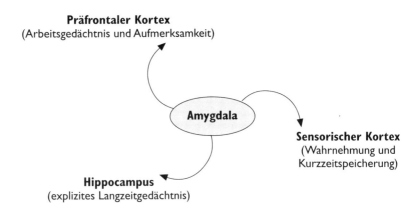

Präfrontaler Kortex
(Arbeitsgedächtnis und Aufmerksamkeit)

Amygdala

Sensorischer Kortex
(Wahrnehmung und
Kurzzeitspeicherung)

Hippocampus
(explizites Langzeitgedächtnis)

Bereiche der Amygdala projizieren zu zahlreichen Rindenbereichen. Darunter sind Projektionen zu allen Stadien der kortikalen sensorischen Verarbeitung (siehe die Abb. S. 306), zum präfrontalen Kortex und zum Hippocampus und den angrenzenden Rindenbereichen. Über diese Projektionen hat die Amygdala Einfluß auf die laufende Wahrnehmung, auf mentale Vorstellungen, Aufmerksamkeit, Kurzzeitgedächtnis, Arbeitsgedächtnis und Langzeitgedächtnis sowie auf die verschiedenen Denkprozesse höherer Ordnung, die diese möglich machen.

Kurz, dank der Verbindungen von der Amygdala zum Kortex können die Abwehrzentren der Amygdala in gefahrvollen Situationen die Aufmerksamkeit, die Wahrnehmung und das Gedächtnis beeinflussen. Andererseits scheint es, als könnten diese Verbindungen nicht hinreichend erklären, warum sich eine Wahrnehmung, eine Erinnerung oder ein Gedanke an ein emotionales Ereignis anders »anfühlen« sollte als bei einem nichtemotionalen Ereignis. Sie verschaffen dem Arbeitsgedächtnis Informationen darüber, ob etwas Gutes oder Schlechtes vorhanden ist, reichen aber nicht aus, um die Gefühle zu erzeugen, die aus dem Bewußtsein stammen, daß etwas Gutes oder Schlechtes vorhanden ist. Dafür sind noch weitere Verbindungen nötig.

BESTANDTEIL 2: AMYGDALA-AUSGELÖSTE ERREGUNG: Außer den direkten Einflüssen der Amygdala auf den Kortex gibt es eine Reihe indirekter Kanäle, durch welche die Folgen der Amygdala-Aktivierung auf die kortikale Verarbeitung einwirken können. Äußerst wichtig sind darunter Verbindungen zu den Erregungssystemen im Gehirn.

Seit langem nimmt man an, daß der Unterschied zwischen Wachheit und Aufmerksamkeit einerseits und Schläfrigkeit und Unaufmerksamkeit andererseits mit dem Erregungsniveau des Kortex zusammenhängt.[596] Wenn Sie hellwach sind und Ihre Aufmerksamkeit auf etwas Wichtiges richten, ist Ihr Kortex erregt. Wenn Sie schläfrig sind und sich auf nichts Spezielles konzentrieren, befindet sich der Kortex im unerregten Zustand. Im Schlaf ist der Kortex im unerregten Zustand, außer im Traumschlaf, während dessen er hochgradig erregt ist. Im Traumschlaf ist der Kortex sogar in einem ähnlichen Erregungszustand wie im Wachzustand, außer daß er keinen Zugang zu äußeren Reizen hat und nur innere Vorgänge verarbeitet.[597]

Die kortikale Erregung läßt sich leicht mit Hilfe von an der Kopfhaut angelegten Elektroden messen, die die elektrische Aktivität kortikaler Zellen durch den Hirnschädel hindurch erfassen. Das so entstehende Elektroenzephalogramm oder EEG ist langsam und rhythmisch, wenn der Kortex nicht erregt ist, und schnell und unsynchronisiert während der Erregung.

Zellen im Kortex und in den thalamischen Bereichen, die den Kortex mit seinen wichtigsten Inputs versorgen, werden bei Erregung sensibler.[598] Sie gehen von einem Zustand, in dem sie sehr selten und mehr oder weniger synchron Aktionspotentiale feuern, in einen Zustand über, in dem sie generell desynchronisiert sind, außer mit einigen Zellen, die von einlaufenden Reizen besonders stark angetrieben werden.

Wenn bei Erregung ein Großteil des Kortex potentiell übersensibel für Inputs ist, können die Systeme, die gerade Informationen verarbeiten, von diesem Effekt besonders profitieren. Wird zum Beispiel die Erregung durch den Anblick einer Schlange ausgelöst, werden davon besonders jene Neurone betroffen, die aktiv an der Verarbeitung der Schlange beteiligt sind, indem sie etwa Langzeit-Erinnerungen über Schlangen aufrufen oder Arbeitsgedächtnis-Repräsentationen der Schlange erzeugen. Anderen Neuronen, die zu dieser Zeit inaktiv sind, kommen die Vorteile nicht zugute. Auf diese Weise wird durch einen ganz unspezifischen Mechanismus ein ganz spezifisches Informationsverarbeitungsergebnis erreicht (Abbildung S. 310). Das ist ein wunderbarer Trick.

Verschiedene Systeme scheinen zur Erregung beizutragen. Vier davon befinden sich im Hirnstamm, und sie besitzen eine eigene chemische Identität, das heißt, ihre Zellen enthalten unterschiedliche Neurotransmitter, die bei Aktivierung der Zellen von ihren Axon-Endknöp-

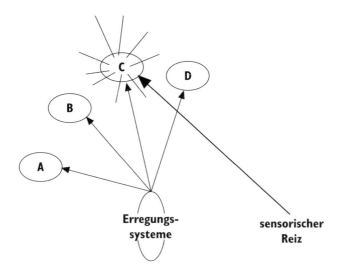

Erregungs-
systeme

sensorischer
Reiz

Erregungssysteme wirken unspezifisch im ganzen Bereich des Vorderhirns. Eine ihrer wichtigsten Aufgaben ist, Zellen empfänglicher für einlaufende Signale zu machen. Besonders betroffen sind Zellen, die während der Erregung Reize verarbeiten. So werden von der unspezifischen Erregung ganz spezifische Effekte bewirkt. Im hier gezeigten Beispiel nehmen Erregungssysteme potentiell Einfluß auf die Bereiche A, B, C und D. Am größten sind die Effekte jedoch im Bereich C, der gerade einen Reiz verarbeitet. Den anderen Bereichen, die während der Erregung inaktiv sind, kommen die Vorteile der Erregung nicht zugute.

fen ausgeschüttet werden. Eine Gruppe produziert Acetylcholin (ACh), eine andere Noradrenalin, eine andere Dopamin, wieder eine andere Serotonin. Eine fünfte Gruppe, die ebenfalls ACh enthält, liegt im Vorderhirn in der Nähe der Amygdala. Die Axone all dieser Gruppen enden in ausgedehnten Gebieten des Vorderhirns. Wenn neue oder sonstwie bedeutsame Reize gegeben sind, schütten die Axon-Endknöpfe ihre Neurotransmitter aus und »erregen« kortikale Zellen, die dadurch für einlaufende Signale besonders empfänglich werden.

Erregung ist wichtig für alle mentalen Funktionen. Sie trägt erheblich bei zu Aufmerksamkeit, Wahrnehmung, Gedächtnis, Emotion und Problemlösung. Ohne Erregung bemerken wir nicht, was los ist – wir achten nicht auf die Einzelheiten. Allzu starke Erregung ist aber auch nicht gut. Bei Übererregtheit wird man nervös und ängstlich und unproduktiv. Für optimale Leistungen braucht man genau das richtige Aktivierungsniveau.[599]

Emotionale Reaktionen gehen normalerweise mit starker kortikaler Erregung einher. Um die Mitte des Jahrhunderts nahmen bestimmte Emotionstheorien an, daß es ein Erregungskontinuum gibt, das von vollständiger Bewußtlosigkeit (Koma) über den Schlaf, einen schläfrigen Wachzustand und einen hellwachen Zustand bis zur emotionalen Erregung reicht. Diese hochgradige Erregung erklärt teilweise, warum es im emotionalen Zustand so schwerfällt, sich auf andere Dinge zu konzentrieren und effizient zu arbeiten. Erregung hält einen in dem emotionalen Zustand fest, in dem man sich gerade befindet. Das kann sehr sinnvoll sein (wenn man in Gefahr ist, möchte man nicht abgelenkt werden), es kann aber auch lästig sein (wenn das Furchtsystem einmal angeschaltet ist, ist es schwer abzuschalten – das ist das Wesen der Angst).

Wahrscheinlich trägt in Anwesenheit von Reizen, die gefährlich sind oder auf Gefahr hinweisen, jedes der Erregungssysteme zur Erregung bei, doch scheinen Wechselwirkungen zwischen der Amygdala und dem benachbarten, ACh enthaltenden System im Vorderhirn von besonderer Bedeutung zu sein.[600] Dieses ACh enthaltende System ist der Basalkern. Sind die Amygdala oder der Basalkern beschädigt, können Reize, die vor Gefahr warnen, etwa konditionierte Furchtreize, keine Erregung hervorrufen. Außerdem kann durch Reizung der Amygdala oder des Basalkerns künstlich eine kortikale Erregung hervorgerufen werden. Werden die Wirkungen des ACh im Kortex medikamentös blockiert, so bleiben die Auswirkungen von konditionierten Reizen oder von einer Reizung der Amygdala und des Basalkerns aus. Diese und andere Befunde lassen vermuten, daß die Amygdala, wenn sie Gefahr entdeckt, den Basalkern aktiviert, der dann im gesamten Kortex ACh ausschüttet. Die Amygdala wechselwirkt außerdem mit den Erregungssystemen im Hirnstamm, und an der Gesamtwirkung einer Amygdala-Aktivierung auf die Erregung sind sicherlich auch diese beteiligt.[601]

Der Basalkern kann zwar auf unterschiedliche Weise in Schwung gebracht werden, doch bei Vorliegen eines gefährlichen Reizes geschieht es durch die Aktivität der Amygdala.[602] Andere emotionale Systeme wirken vermutlich auf je eigene Weise auf die Erregungssysteme und die kortikale Verarbeitung ein.

Nicht nur bei emotionalen Reizen, sondern bei jedem neuen Reiz, der uns begegnet, tritt Erregung ein. Nur wird die temporäre Erregung, die ein neuer, aber nichtssagender Reiz auslöst, gleich wieder verfliegen, während emotionale Reize eine anhaltende Erregung auslösen. Wenn Sie einem Raubtier gegenüberstehen, kommt es darauf an, daß Sie nicht das Interesse am Geschehen verlieren oder sich von einem anderen Ereignis ablenken lassen. Das ist so offensichtlich, daß es fast lächerlich erscheint, aber nur, weil das Gehirn es so mühelos erledigt.

Wie kommt es, daß emotionale Reize eine anhaltende Erregung auslösen, andere aber nicht? Auch dies hängt wahrscheinlich mit der Beteiligung der Amygdala zusammen. Für die Erregung, die ein neuartiger Reiz auslöst, ist die Amygdala nicht erforderlich. Sie wird vielmehr durch direkte Inputs von den sensorischen zu den Erregungssystemen vermittelt.[603] Solche Erregungseffekte nutzen sich rasch ab. Wenn der Reiz bedeutungsvoll ist, zum Beispiel gefährlich, wird die Amygdala ins Spiel gebracht, und sie aktiviert ihrerseits Erregungssysteme, die die Erregung steigern und in Gang halten. Wenn der Reiz anhält und von der Amygdala weiterhin als gefährlich interpretiert wird, werden die Erregungssysteme in Gang gehalten, die wiederum die kortikalen Zentren, die den Reiz verarbeiten, in einem Zustand der Übersensibilität erhalten. Zu beachten ist, daß die Amygdala auch Axone von Erregungssystemen empfängt, so daß die Aktivierung von Erregungssystemen auch dazu beiträgt, die Amygdala in einem erregten Zustand zu halten. Wir haben es mit einem sich selbst erhaltenden Teufelskreis der emotionalen Reaktivität zu tun. Die Erregung hält Sie in dem emotionalen Zustand fest, in dem Sie sich gerade befinden, wenn die Erregung eintritt, es sei denn, daß etwas anderes geschieht, das hinreichend bedeutsam und hinreichend erregend ist, um die Erregung auf etwas anderes zu verlagern.

Der von Erregungssystemen gelieferte Informationsgehalt ist gering. Anhand der neuralen Botschaften, die er von Erregungssystemen erhält, kann der Kortex nicht erkennen, daß eine Gefahr (und nicht irgendein anderer emotionaler Zustand) vorliegt. Erregungssysteme sagen lediglich, daß etwas Wichtiges vor sich geht. Erst durch die Kombination unspezifischer kortikaler Erregung und spezifischer Informationen, die durch direkte Projektionen von der Amygdala zum Kortex gelangen, kann das Arbeitsgedächtnis sagen, daß etwas Wichtiges vor sich geht und daß es das Furchtsystem des Gehirns betrifft. Diese Repräsentationen treffen im Arbeitsgedächtnis mit den Repräsentationen von spezialisierten Kurzzeitgedächtnispuffern und mit Repräsentationen aus dem Langzeitgedächtnis zusammen, die durch aktuelle Reize und durch die Amygdala-Verarbeitung aktiviert werden. Das fortgesetzte Antreiben der Amygdala durch den gefährlichen Reiz hält die Erregungssysteme auf Trab, was die Amygdala und die mit der Situation befaßten kortikalen Zentren ebenfalls auf Trab hält. Kognitive Interferenz und Entscheidungsprozesse, die von der Überwachung des Arbeitsgedächtnisses kontrolliert werden, werden aktiv auf die emotional erregende Situation konzentriert, um herauszubekommen, was vor sich geht und was dagegen zu tun ist. Alle anderen Inputs, die sich um die Aufmerksamkeit des Arbeitsgedächtnisses bemühen, werden abgeblockt.

Wir haben jetzt fast alle Grundbestandteile für ein komplettes emotionales Erlebnis zusammen, nur einer fehlt noch.

BESTANDTEIL 3: RÜCKMELDUNGEN DES KÖRPERS: Wie wir in früheren Kapiteln gesehen haben, führt die Aktivierung der Amygdala zur automatischen Aktivierung von Systemen, die die Äußerung einer Vielzahl von Reaktionen kontrollieren: artspezifische Verhaltensweisen (Starre, Flucht, Kampf, Gesichtsausdruck), weiter zu Reaktionen des autonomen Nervensystems (ANS; Veränderungen des Blutdrucks und der Herzfrequenz, Piloarrektion, Schwitzen) und zu hormonalen Reaktionen (Ausschüttung von Streßhormonen wie Adrenalin und Nebennierensteroiden sowie einer Fülle von Peptiden in den Blutstrom). Die ANS- und die hormonalen Reaktionen können wir zusammenfassend als viszerale Reaktionen bezeichnen – Reaktionen der inneren Organe und Drüsen, der Viszera. Werden diese verhaltensmäßigen und viszeralen Reaktionen ausgedrückt, so erzeugen sie Signale im Körper, die ans Gehirn zurückgemeldet werden.

Es gibt unzählige Möglichkeiten, wie Rückmeldungen des Körpers während emotionaler Reaktionen die Informationsverarbeitung des Gehirns und unsere bewußten Gefühle beeinflussen können. Dennoch ist es sehr umstritten, ob Rückkoppelung überhaupt einen Einfluß auf das emotionale Erleben hat und wenn, wie stark (siehe 3. Kapitel). Der Vater der Rückkoppelungstheorie ist, wie Sie sich erinnern werden, William James. Er behauptete, daß wir nicht weinen, weil wir traurig sind, und nicht vor der Gefahr weglaufen, weil wir uns fürchten, sondern daß wir traurig sind, weil wir weinen, und uns fürchten, weil wir weglaufen. Dagegen wandte sich Cannon, dem zufolge die Rückmeldung, insbesondere die viszerale Rückmeldung von den inneren Organen, zu langsam und zu undifferenziert ist, als daß die Emotion, die man gerade empfindet, von ihr bestimmt werden könnte. Sehen wir einmal davon ab, daß James sowohl die somatische als auch die viszerale Rückmeldung in seine Theorie einbezog, und prüfen wir, ob Cannons Behauptungen über die Viszera stichhaltig sind.

Zu Cannons Zeiten glaubte man in der Tat, daß die viszeralen Systeme in allen Situationen gleichförmig reagieren. Inzwischen wissen wir aber, daß das ANS, das die Viszera kontrolliert, selektiv reagieren kann, so daß viszerale Organe in unterschiedlichen Situationen gesondert aktiviert werden können. So lassen sich, wie neuere Untersuchungen zeigen, die einzelnen Emotionen (Zorn, Furcht, Ekel, Traurigkeit, Fröhlichkeit, Überraschung) bis zu einem gewissen Grad anhand der Reaktionen des autonomen Nervensystems (wie Hauttemperatur und Herzfrequenz) unterscheiden.[604]

Als das für emotionale Erlebnisse wichtige Hormon galt zu Cannons Zeiten das Adrenalin, das der Kontrolle des ANS unterliegt und von dem man deshalb annahm, es reagiere in unterschiedlichen Situationen gleichförmig. Inzwischen weiß man aber, daß bei emotionaler Erregung Steroid- und Peptidhormone von inneren Organen ausgeschüttet werden und mit dem Blutstrom zum Gehirn gelangen. Denkbar ist, daß die Aktivierung unterschiedlicher emotionaler Systeme im Gehirn unterschiedliche Muster der Hormonausschüttung von inneren Organen nach sich zieht, womit unterschiedliche Muster der chemischen Rückmeldung an das Gehirn entstehen würden, die sich eindeutig in unterschiedlichen Emotionen niederschlagen würden.

Doch ungeachtet ihrer Spezifität sind viszerale Reaktionen zu langsam, um der Faktor zu sein, von dem es abhängt, welche Emotion Sie jeweils erleben. Es dauert mindestens ein bis zwei Sekunden, bis Signale vom Gehirn zu den Viszera gelangen, diese darauf reagieren und die so erzeugten Signale zum Gehirn zurückgelangen. Bei manchen Systemen dauert es sogar noch länger. Das liegt weniger an der Reisedauer des Signals vom Gehirn über Nervenbahnen zu den Organen, sondern an der Reaktionszeit der Organe. Die viszeralen Organe bestehen aus »glatten Muskeln«, die sehr viel langsamer reagieren als die gestreiften Muskeln, die unsere Gliedmaßen bewegen. Auch die Reisedauer von Hormonen mit dem Blutstrom zum Gehirn kann sehr lang sein, und bis bestimmte Hormone (wie die Nebennierensteroide) sich im Gehirn auswirken, müssen erst einmal neue Proteine synthetisiert werden, und das kann Stunden dauern.

Andererseits sind die emotionalen Zustände dynamisch. So kann sich im Laufe einer emotionalen Episode Furcht in Zorn oder Ekel oder Erleichterung verwandeln, und es ist denkbar, daß viszerale Rückmeldungen zu diesen emotionalen Veränderungen beitragen. Während die Erregung unspezifisch ist und dazu tendiert, einen in dem emotionalen Zustand festzuhalten, in dem man sich befindet, wenn die Erregung eintritt, könnten spezifische Muster viszeraler, speziell chemischer Rückmeldung sich darauf auswirken, welche Hirnsysteme aktiv sind, und so im Laufe eines emotionalen Ereignisses zum Übergang von einer Emotion zur anderen beitragen.

Cannon war also auf dem richtigen Weg mit der Vermutung, daß die emotionalen Gefühle nicht von den viszeralen Reaktionen abhängen können, aber nicht so sehr wegen deren mangelnder Spezifität als vielmehr wegen ihrer Langsamkeit. Zugleich verfehlte Cannons Kritik jedoch ihr Ziel, denn James hatte nicht nur die viszerale, sondern auch die somatische Rückmeldung für wichtig erachtet. Und das somatische System besitzt unzweideutig die nötige Geschwindigkeit und Spezifität, um zu emotionalen Erlebnissen beitragen zu können (es dauert keine Sekunde, bis ein gestreifter Muskel auf einen Reiz reagiert hat und die dadurch erzeugten Empfindungen den Kortex erreichen). Diesen Sachverhalt erkannte Sylvan Tomkins vor vielen Jahren, und er machte ihn zur Grundlage seiner Theorie, nach der Emotionen auf Rückmeldungen von der Gesichtsmuskulatur abhängen[605] und die von Carroll Izard aufgegriffen und weiterverfolgt wurde.[606]

Die meisten, die einen Zusammenhang zwischen somatischer Rückmeldung und emotionalem Erleben annehmen, gehen von den Rückmeldungen von der Gesichtsmuskulatur aus; Antonio Damasio stützt sich in seiner Hypothese der somatischen Marker dagegen auf das gesamte Muster der somatischen und viszeralen Rückmeldungen vom Körper.[607] Nach seiner Vermutung liegen den entsprechenden Informationen »Gefühle im Bauch« zugrunde, und sie spielen eine entscheidende Rolle in unseren emotionalen Erlebnissen und Entscheidungsprozessen.

Nimmt man alle Wechselwirkungen zwischen den einzelnen Systemen zusammen, ergeben sich für die Erzeugung emotionsspezifischer Rückmeldungsmuster atemberaubende Möglichkeiten. Das ist besonders zu beachten, wenn man sich überlegt, was nötig wäre, um die Existenz dieser Muster wissenschaftlich zu dokumentieren oder, was noch schwieriger wäre, zu beweisen, daß die Rückmeldung keine Rolle spielt.

Um dieses Problem zu klären, hat man die emotionalen Gefühle bei Personen untersucht, bei denen infolge von Rückenmarksverletzungen der Informationsfluß vom Gehirn zum Körper und vom Körper zurück zum Gehirn weitgehend unterbrochen ist. In einer der ersten Studien wurde behauptet, die Intensität der emotionalen Gefühle sei bei Patienten mit sehr schweren Schädigungen abgestumpft und die Bandbreite der erlebten Emotionen sei vermindert, was für die Auffassung sprach, daß Rückmeldung eine wichtige Rolle spielt.[608] Spätere Untersuchungen machten deutlich, daß die erste Untersuchung fehlerhaft war und daß sich bei korrekter Durchführung des Experiments keine Defizite im emotionalen Gefühl zeigen.[609] Rückenmarksverletzungen unterbrechen den Informationsfluß zwischen Gehirn und Körper jedoch nicht vollständig. So kann der Nervus vagus verschont sein, der viele der Informationen von den viszeralen Organen zum Gehirn übermittelt, und auch der Fluß von Hormonen und Peptiden vom Gehirn zum Körper und umgekehrt wird nicht beeinträchtigt. Unversehrt bleiben natürlich auch die Nerven, die die Bewegungen der Gesichtsmuskulatur kontrollieren und Empfindungen von Gesichtsbewegungen zum Gehirn zurückmelden, da diese direkt vom Gehirn zum Gesicht verlaufen, ohne das Rückenmark zu passieren. Es beweist gar nichts, wenn man bei diesen Patienten keine Abstumpfung der emotionalen Erlebnisse und keine Einschränkung der Bandbreite emotionaler Erlebnisse feststellt.[610]

Es bleibt noch ein Argument zu prüfen, das gegen einen Beitrag der Rückmeldung zur Emotion sprechen würde. Somatische Reaktionen wie Bewegungen der Gesichts- und Körpermuskulatur besitzen zwar die erforderliche Schnelligkeit und Spezifität, um zu emotionalen Gefühlen beitragen zu können, doch ist behauptet worden, daß auch sie nicht ausreichen. Ein und dieselbe Reaktion (etwa Laufen) kann bei unterschiedlichen Emotionen auftreten (Laufen, um Nahrung zu ergattern oder um einer Gefahr zu entgehen), und bei ein und derselben Emotion (Furcht) kann es zu diametral entgegengesetzten Reaktionen kommen (Weglaufen oder Erstarren). Das ist natürlich richtig, doch darf nicht übersehen werden, daß die körperlichen Rückmeldungen sich in einem biologischen Kontext abspielen. Wenn die körperliche Rückmeldung vom Gehirn aufgenommen wird, wird sie in jenen Systemen verzeichnet, die zuvor die Reaktionen erzeugt haben. Wenn wir laufen, kann das sowohl den Grund haben, daß wir Nahrung zu erlangen suchen, als auch den, daß wir einer Gefahr zu entrinnen trachten, doch wird die von den somatischen und viszeralen Reaktionen zum Gehirn zurückfließende Rückmeldung in beiden Fällen mit unterschiedlichen Systemen wechselwirken. Wenn wir vor einer Gefahr weglaufen, wird die Rückmeldung das System für Nahrungssuche untätig finden, das Abwehrsystem dagegen aktiv. Aus ein und demselben Rückmeldungsmuster ergeben sich durch Wechselwirkung mit bestimmten Hirnsystemen ganz spezifische Beiträge.

William James sagte, er könne sich ein emotionales Erlebnis nicht ohne begleitende körperliche Reaktionen vorstellen – er glaubte nicht an körperlose Emotionen.[611] Ich muß ihm aus mehreren Gründen beipflichten. Zunächst scheint die persönliche Erfahrung dafür zu sprechen, daß Emotionen in dieser Weise funktionieren. Die meisten von uns empfinden die Emotionen körperlich, weshalb wir solche Redewendungen haben wie »Herzeleid« oder daß sich einem »der Magen umdreht«. Die persönliche Erfahrung beweist natürlich nichts (wir haben gesehen, wie bedenklich die Introspektion als Quelle wissenschaftlicher Daten ist), doch spricht nichts dagegen, sie zum Ausgangspunkt einer gründlicheren Analyse zu nehmen. Zweitens sind die Gründe, die gegen eine Mitwirkung der Rückmeldung angeführt werden, dürftig – die Ergebnisse von Rückenmarksstudien sind bestenfalls ohne Beweiskraft. Drittens gibt es bei emotionalen Reaktionen eine Fülle von Rückmeldungen, die zum großen Teil hinreichend schnell und spezifisch sind, um für subjektive Erlebnisse eine Rolle zu spielen. Viertens haben die Untersuchungen von Paul Ekman und Robert Zajonc gezeigt, daß die Rückmeldung tatsächlich genutzt wird.[612] Ekman bat zum Beispiel die Versuchspersonen, bestimmte Gesichtsmuskeln zu bewegen. Er brachte sie ohne deren Wissen dazu, die Gesichtsausdrücke zu zeigen, die für bestimmte Emotionen charakteristisch sind. Anschließend ließ er sie Fragen nach ihrer Stimmung beantworten. Es stellte sich heraus, daß die Gefühle der Versuchspersonen erheblich davon beeinflußt wurden, ob sie den Ausdruck einer positiven oder einer negativen Emotion gezeigt hatten. Es ist also vielleicht gar keine so schlechte Idee, ein fröhliches Gesicht aufzusetzen, wenn einem traurig zumute ist.

Es ist kaum zu glauben, daß der Anteil der körperlichen Zustände an den Emotionen nach all diesen Jahren noch immer nicht eindeutig und definitiv geklärt ist. Dennoch gehe ich davon aus, daß die Rückmeldung eine Rolle spielt. Die emotionalen Systeme sind evolutionär entstanden, um die körperlichen Reaktionen den Anforderungen der

Umwelt anzupassen, und ich sehe nicht viele Möglichkeiten, wie ein vollblütiges emotionales Gefühl existieren könnte ohne einen Körper, der an dem Gehirn hängt, das das entsprechende Gefühl zu empfinden versucht.

Eine Möglichkeit sollte allerdings erwähnt werden. Es geht um das, was Damasio mit »Als-ob«-Schleifen bezeichnet. In bestimmten Situationen ist es möglich, sich vorzustellen, wie eine körperliche Rückmeldung sich anfühlen würde, wenn sie einträte. Diese »Als-ob«-Rückmeldung wird dann im Arbeitsgedächtnis kognitiv repräsentiert und kann Gefühle und Entscheidungen beeinflussen. Im 3. Kapitel haben wir aufgrund der Untersuchung von Valins gesehen, daß so etwas möglich ist. Er gab den Versuchspersonen falsche Rückmeldungen über ihre Herzfrequenz. Der Glaube, ihre Herzfrequenz habe sich geändert, reichte aus, um ihnen das Gefühl zu geben, sie seien emotional erregt, und bestimmte Bilder gegenüber anderen zu bevorzugen. Dies war natürlich nur möglich bei einem Gehirn, das schon viele reale Rückmeldungen erlebt hatte, so daß die Art und Weise, wie eine Rückmeldung sich anfühlt und funktioniert, imaginiert und dazu benutzt werden konnte, die subjektiven Erlebnisse tatsächlich zu beeinflussen. Dies spricht eher für als gegen die Rolle körperlicher Zustände bei emotionalen Gefühlen.

Gefühle: Die wesentlichen Voraussetzungen

Jetzt haben wir alle Bestandteile eines emotionalen Gefühls zusammen, alle Zutaten, die wir brauchen, um aus einer emotionalen Reaktion ein bewußtes emotionales Erlebnis zu machen. Wir haben ein spezialisiertes Emotionssystem, das sensorische Inputs erhält und verhaltensmäßige, autonome und hormonale Reaktionen hervorbringt. Wir haben kortikale sensorische Puffer, die Informationen über die aktuell gegebenen Reize festhalten. Wir haben die Überwachung des Arbeitsgedächtnisses, die sich über den Inhalt der Kurzzeitgedächtnispuffer auf dem laufenden hält, Information aus dem Langzeitgedächtnis abruft und die Inhalte der Kurzzeitgedächtnispuffer mit Hilfe der aktivierten Langzeit-Erinnerungen interpretiert. Ferner haben wir die kortikale Erregung. Und schließlich haben wir die körperliche Rückmeldung, somatische und viszerale Informationen, die

**Aktivierung von Rindenbereichen
durch die Amygdala**

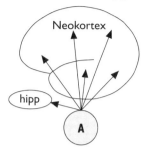

**Von der Amygdala ausgehende
Erregung von Rindenbereichen**

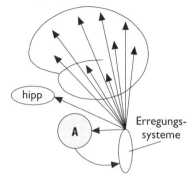

**Rückmeldung von durch die Amygdala
angestoßenen emotionalen Reaktionen**

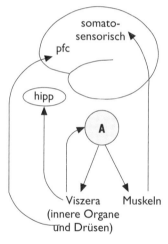

Bewußte emotionale Erlebnisse setzen sich aus verschiedenen Bestandteilen zusammen. Gezeigt werden einige beteiligte Faktoren, darunter direkte Inputs von der Amygdala zu Rindenbereichen (Regionen sensorischer Verarbeitung und von Prozessen höherer Ordnung), Inputs von der Amygdala zu unspezifischen Erregungssystemen und von diesen zu vielfältigen Bereichen des Vorderhirns (kortikale und subkortikale Bereiche) sowie die Rückmeldung des körperlichen Ausdrucks der Emotionen zur Amygdala und zu den kortikalen Bereichen. Man beachte, daß der körperliche (viszerale und muskuläre) Ausdruck selbst von der Amygdala kontrolliert wird. A = Amygdala; hipp = Hippocampus; pfc = präfrontaler Kortex.

319

während einer emotionalen Reaktion zum Gehirn zurücklaufen. Wenn all diese Systeme gleichzeitig funktionieren, ist ein bewußtes emotionales Erlebnis unvermeidlich. Wenn nur einige Zutaten gegeben sind und andere fehlen, kann es dennoch zu emotionalen Erlebnissen kommen, je nachdem, was da ist und was nicht. Schauen wir einmal, was für die Emotion Furcht verzichtbar und was unerläßlich ist.

Man kann *kein* bewußtes emotionales Gefühl der Furcht haben, ohne daß Aspekte des emotionalen Erlebnisses im Arbeitsgedächtnis repräsentiert sind. Das Arbeitsgedächtnis ist das Tor zu subjektiven Erlebnissen, emotionalen und nichtemotionalen, und es ist unerläßlich für die Erzeugung eines bewußten emotionalen Gefühls.

Man kann *kein* vollständiges Gefühl der Furcht haben ohne die Aktivierung der Amygdala. Wenn ein furchterregender Reiz vorliegt, es aber an der Aktivierung der Amygdala fehlt (zum Beispiel, weil die Amygdala beschädigt ist), kann man mit Hilfe seiner kognitiven Fähigkeiten zu dem Schluß gelangen, daß man sich in einer solchen Situation gewöhnlich fürchtet, aber das Gefühl der Furcht wird fehlen, weil es dazu der Amygdala-Inputs in das Arbeitsgedächtnis, der von der Amygdala ausgelösten Erregung und der von der Amygdala vermittelten körperlichen Reaktionen bedarf, die eine Rückmeldung erzeugen. Bis zu einem gewissen Grad können kognitive Mechanismen wie etwa »Als-ob«-Schleifen den Mangel kompensieren, aber nicht ganz.[613]

Man kann *kein* anhaltendes Gefühl der Furcht haben ohne Aktivierung von Erregungssystemen. Sie sind wichtig dafür, daß die bewußte Aufmerksamkeit auf die emotionale Situation ausgerichtet bleibt, und ohne sie würden emotionale Zustände sich verflüchtigen. Die Emotion würde einen kurzfristig erregen, aber gleich wieder vergehen. Zwar werden Erregungssysteme von allen neuartigen Reizen aktiviert, doch wenn emotionale Reaktionen und emotionale Gefühle anhalten sollen, müssen Erregungssysteme von der Amygdala aktiviert werden. Eine von der Amygdala angestoßene Erregung betrifft nicht nur den Kortex, sondern auch die Amygdala selbst, die auf diese Weise dazu gebracht wird, die Erregungssysteme weiter zu aktivieren, so daß Teufelskreise der emotionalen Erregung entstehen.

Man kann *kein* anhaltendes emotionales Erlebnis haben ohne Rückmeldung vom Körper oder zumindest ohne Langzeit-Erinnerungen, die die Erzeugung einer »Als-ob«-Rückmeldung erlauben. Auch die »Als-ob«-Rückmeldung muß jedoch durch reale Rückmeldungen erlernt sein. Ein emotionales Erlebnis ist entscheidend vom Körper abhängig, entweder weil er die Empfindungen liefert, die es im gegenwärtigen Augenblick erlauben, eine Emotion auf eine bestimmte Weise zu empfinden, oder weil er einmal die Empfindungen geliefert hat, aus denen Erinnerungen daran entstanden sind, wie spezifische Emotionen in der Vergangenheit empfunden wurden.

Man *kann* vermutlich ein emotionales Gefühl haben ohne die direkten Projektionen von der Amygdala zum Kortex. Sie lassen das Arbeitsgedächtnis wissen, welche spezialisierten Emotionssysteme aktiv sind, aber das läßt sich auch indirekt herausbekommen. Allerdings wird die Emotion eine andere sein, wenn dieser Input gegeben ist, als wenn er fehlt.

Man *kann* ein emotionales Gefühl haben, ohne sich des auslösenden Reizes bewußt zu sein – ohne daß der auslösende Reiz in einem kortikalen Kurzzeitgedächtnispuffer repräsentiert ist und im Arbeitsgedächtnis festgehalten wird. Wie wir im 3. Kapitel gesehen haben, können Reize, die nicht bzw. deren Implikationen nicht bemerkt werden, unbewußt emotionale Verhaltensweisen und viszerale Reaktionen auslösen. In solchen Situationen wird der Reizinhalt des Arbeitsgedächtnisses durch die entstehende Erregung und Rückmeldung verstärkt, so daß man die Erregung und die körperlichen Empfindungen den im Arbeitsgedächtnis präsenten Reizen zuschreibt. Weil die Reize im Arbeitsgedächtnis aber nicht die Amygdala aktiviert haben, wird die Situation falsch gedeutet (siehe die Versuchspersonen von Schachter und Singer, die künstlich erregt wurden und ihre Erregung fälschlich ihrer Umgebung zuschrieben). Befindet sich nichts Besonderes im Arbeitsgedächtnis, so wird man seine Gefühle nicht verstehen. Werden die Emotionen durch Reize ausgelöst, die unbewußt verarbeitet werden, kann man später nicht über diese Erlebnisse nachdenken und nicht genau erklären, weshalb sie aufgetreten sind. Anders als die kognitiven Bewertungstheorien zunächst angenommen haben, ist der Kern einer Emotion nicht eine introspektiv zugängliche bewußte Repräsentation. Gefühle haben durchaus einen bewußten Inhalt, aber zu den Prozessen, die den Inhalt produzieren, haben wir nicht unbedingt bewußten Zugang. Und auch wenn wir introspektiven Zugang haben, ist der bewußte Inhalt wahrscheinlich nicht das, was zuerst die emotionalen Reaktionen ausgelöst hat. Sowohl die emotionalen Reaktionen als auch der bewußte Inhalt sind Produkte spezialisierter Emotionssysteme, die unbewußt arbeiten.

Wodurch unterscheiden sich Gedanken und Gefühle?

In einer Hinsicht sind bewußte emotionale Gefühle und bewußte Gedanken einander sehr ähnlich. Beide beruhen auf der symbolischen Repräsentation subsymbolischer, von unbewußt arbeitenden Systemen ausgeführter Prozesse im Arbeitsgedächtnis. Der Unterschied beruht nicht auf dem System, das den Bewußtseinsteil erledigt, sondern auf zwei anderen Faktoren. Der eine ist, daß emotionale Gefühle und reine Gedanken von unterschiedlichen subsymbolischen Systemen erzeugt werden. Der andere ist, daß emotionale Gefühle sehr viel mehr Hirnsysteme beanspruchen als Gedanken.

Wenn uns eine Emotion packt, dann deshalb, weil etwas Wichtiges, vielleicht etwas Bedrohliches geschieht, und auf dieses Problem wird ein Großteil der Ressourcen des Gehirns angesetzt. Emotionen lösen eine Fülle von Aktivitäten aus, die alle nur einem Ziel dienen. Das ist bei Gedanken nicht der Fall, es sei denn, sie würden emotionale Systeme anstoßen. Wir können tagträumen, während wir etwas anderes tun, zum Beispiel lesen oder essen, und zwischen dem Tagtraum und den anderen Tätigkeiten hin und her wechseln. Aber angesichts einer Gefahr oder anderweitig herausfordernder emotionaler Situationen bleibt uns keine Muße, und auch die mentalen Ressourcen werden voll beansprucht. Das ganze Selbst wird von der Emotion absorbiert. Emotionen bewirken, wie Klaus Scherer gesagt hat, eine Mobilisierung und Synchronisierung der Aktivitäten des Gehirns.[614]

Haben auch Fische Gefühle?

Philosophen haben ein Problem, das »Problem der anderen Seelen«. Es besteht, einfach ausgedrückt, darin, daß es schwierig, wenn nicht unmöglich ist, zu beweisen, daß irgend jemand außer einem selbst Bewußtsein hat. Dieses lästige Problem besteht bei anderen Menschen wie bei anderen Tieren. Mit anderen Menschen sind wir allerdings etwas besser dran als mit anderen Tieren. Je nachdem, wie streng wir (philosophisch) sind, können wir uns in der Regel davon überzeugen, daß die meisten anderen Menschen emotionale Gefühle und andere bewußte Geisteszustände haben, weil wir mit ihnen sprechen und Äußerungen über unsere mentalen Erfahrungen mit den ihren vergleichen können – das gehört zu den schönen Seiten der natürlichen Sprache, die wir besitzen. Selbst wenn unsere Schlußfolgerung, daß andere Menschen Bewußtsein haben, philosophisch nicht restlos begründet sein mag, ist es in praktischer Hinsicht vertretbar, gegen die philosophische Gewißheit zu verstoßen und so zu tun, als ob andere Bewußtsein hätten. Zum Glück gibt es aber noch einen anderen Grund, die Auffassung zu übernehmen, daß andere Menschen Bewußtsein haben. Da die Hirnarchitektur bei allen Menschen weitgehend dieselbe ist, können wir, von pathologischen Abweichungen abgesehen, annehmen, daß alle menschlichen Gehirne im großen und ganzen dieselben Funktionen hervorbringen – wenn ich Bewußtsein habe und Sie dieselbe Art von Gehirn haben wie ich, dann haben wahrscheinlich auch Sie Bewußtsein. Diese Überlegung gilt für Hirnfunktionen, über die wir etwas wissen (wie Wahrnehmung und Gedächtnis), und so dürfen wir mit einigem Recht annehmen, daß sie auch für das Bewußtsein gilt.

Aber wie stark oder schwach unsere Argumente auch sein mögen, wenn es um das Bewußtsein bei anderen Menschen geht – wenn wir den Sprung zur Seele anderer Tiere machen, landen wir auf einem Boden, der entschieden unsicherer ist. Unsere Fähigkeit, uns mit anderen Tieren zu unterhalten, bleibt in dem Rahmen zwischen nichts und nicht viel.[615] Unser Gehirn ist zwar den Gehirnen anderer Geschöpfe in vieler Hinsicht unglaublich ähnlich (was die Hirnforschung oder einen Großteil von ihr überhaupt ermöglicht), aber es gibt auch wesentliche Unterschiede. Bezogen auf die Körpergröße, ist das Gehirn des Menschen, speziell die Großhirnrinde, sehr viel größer als das anderer Wesen.[616] Das allein läßt es ratsam erscheinen, anderen Tieren nicht ohne weiteres Bewußtsein zuzuschreiben. Doch es sind auch noch andere Tatsachen zu berücksichtigen. Erstens hat sich, wie wir gesehen haben, vom menschlichen Kortex der präfrontale Kortex am stärksten ausgeweitet,[617] und dieser Teil des Gehirns ist am Arbeitsgedächtnis beteiligt, dem Tor zum Bewußtsein. Einige Hirnforscher glauben, daß es diesen Teil des Gehirns nur bei Primaten gibt.[618] Und Verhaltensbeobachtungen lassen vermuten, daß nur die höheren Primaten, bei denen der präfrontale Kortex besonders gut entwickelt ist, Selbstbewußtsein haben, denn sie sind fähig, sich im Spiegel zu erkennen.[619] Zweitens gibt es die natürliche Sprache nur im menschlichen Gehirn.[620] Welche Spezialisierung die Sprache ermöglichte, weiß man noch nicht genau, doch irgendeine Veränderung ist in der Evolution des menschlichen Gehirns eingetreten, die die Sprache entstehen ließ. Es ist daher nicht erstaunlich, daß man oft hört, die Sprache sei der Schlüssel zum menschlichen Bewußtsein.[621] Das menschliche Gehirn unterscheidet sich offensichtlich hinreichend von den Gehirnen anderer Tiere, um mit der Zuschreibung von Bewußtsein über die Grenzen unserer Art hinaus sehr zurückhaltend zu sein. Die Argumente, die uns erlauben, mit einiger Zuversicht anderen Menschen Bewußtseinszustände zuzuschreiben, erlauben uns nicht, Bewußtsein in das Seelenleben der meisten anderen Tiere einzuführen.

Über Bewußtsein bei anderen Tieren habe ich die folgende Vorstellung: Bewußtsein ist etwas, das nach der Ausweitung des Kortex bei den Säugetieren aufgetreten ist. Es setzt die Fähigkeit voraus, mehrere Dinge miteinander in Beziehung zu setzen (zum Beispiel das Aussehen eines Reizes, Erinnerungen an frühere Erfahrungen mit diesem Reiz oder ähnlichen Reizen und eine Konzeption des Selbst als des Erfahrenden).[622] Ein Gehirn, das diese Beziehungen nicht herstellen kann, weil es ihm an einem kortikalen System fehlt, das all diese Informationen gleichzeitig zusammenzubringen vermag, kann kein Bewußtsein haben. Ein so definiertes Bewußtsein ist zweifellos beim Menschen gegeben. In dem Maße, wie andere Tiere die Fähigkeit haben, in einem generalisierten mentalen Arbeitsraum Informationen festzuhalten und zu manipulieren, haben sie vermutlich auch die potentielle Fähigkeit, Bewußtsein zu besitzen. Diese Formulierung läßt die Möglichkeit zu, daß einige andere Säugetiere, speziell (aber nicht ausschließlich) einige andere Primaten, Bewußtsein haben. Beim Menschen wird das Gehirn jedoch durch die Präsenz der natürlichen Sprache beträchtlich verändert. Oft kategorisieren und kennzeichnen wir unsere Erfahrungen mit sprachlichen Mitteln und speichern sie in einer Weise ab, auf die wir sprachlich zugreifen können. Wenn es, abgesehen vom Menschen, irgendein Bewußtsein gibt, so dürfte es sich von dem Bewußtsein, das wir haben, beträchtlich unterscheiden.

Am Ende kann man nur sagen: Das menschliche Bewußtsein ist so beschaffen, wie es ist, weil unser Gehirn so beschaffen ist, wie es ist. Andere Tiere mögen auch ihr eigenes spezielles Bewußtsein haben, weil ihr Gehirn entsprechend beschaffen ist. Wieder andere besitzen vermutlich gar kein Bewußtsein, wiederum wegen der Beschaffenheit ihres Gehirns. Andererseits ist Bewußtsein jedoch weder die Voraussetzung für Denken und Urteilen, noch ist es mit dieser Fähigkeit identisch. Ein Tier kann viele Probleme lösen, ohne sich in erkennbarer Weise dessen bewußt zu sein, was es tut und warum es das tut. Bewußtsein hebt das Denken natürlich auf eine neue Stufe, aber es ist nicht dasselbe wie Denken.

Emotionale Gefühle entstehen, wenn wir uns dessen bewußt werden, daß ein Emotionssystem des Gehirns aktiv ist. Jeder Organismus, der Bewußtsein hat, hat auch Gefühle. Die Gefühle werden jedoch andere sein in einem Gehirn, das die Welt sprachlich klassifizieren und Erfahrungen in Worten kategorisieren kann, und andere in einem Gehirn, das dies nicht kann. Der Unterschied zwischen Furcht, Angst, Schrecken, Befürchtung und dergleichen wäre nicht möglich ohne die

Sprache. Gleichzeitig hätte keines dieser Wörter einen Sinn, gäbe es nicht ein zugrundeliegendes Emotionssystem, das die Hirnzustände und körperlichen Ausdrucksformen erzeugt, auf die sich diese Wörter beziehen. Evolutionär sind die Emotionen nicht als bewußte, sprachlich oder sonstwie differenzierte Gefühle entstanden, sondern als Hirnzustände und körperliche Reaktionen. Die Hirnzustände und körperlichen Reaktionen sind die grundlegenden Tatsachen einer Emotion, und die bewußten Gefühle sind die Verzierungen, die dem emotionalen Kuchen zu einem Zuckerguß verhalfen.

Qué será, será

Wohin wird die Evolution unser Gehirn führen? Es wird so kommen, wie es kommt, das stimmt schon, doch haben wir die Gelegenheit, einen heimlichen Blick auf das zu werfen, was die Evolution vorhat. Nicht, daß die Evolution vorausdächte. Sie kennt nur nachträgliche Einsicht.[623] Doch wir selbst sind Teil der fortschreitenden Evolution, und wir können erkennen, was für Veränderungen sich möglicherweise in unserem Gehirn vollziehen werden, indem wir schauen, welche Tendenzen die Hirnevolution über mehrere verwandte Arten hinweg verrät.

Wie die Dinge heute liegen, hat die Amygdala einen größeren Einfluß auf den Kortex als der Kortex auf die Amygdala, so daß emotionale Erregung das Denken dominieren und kontrollieren kann. Bei allen Säugern sind die Bahnen von der Amygdala zum Kortex stärker ausgeprägt als die Bahnen vom Kortex zur Amygdala. Zwar ist es leicht möglich, daß Gedanken Emotionen auslösen (indem sie die Amygdala aktivieren), doch tun wir uns schwer, willentlich Emotionen abzuschalten (indem wir die Amygdala deaktivieren). Es hilft nicht viel, wenn wir uns sagen, wir sollten nicht ängstlich oder deprimiert sein.

Zugleich ist offenkundig, daß die kortikalen Verbindungen zur Amygdala bei den Primaten weit stärker sind als bei den übrigen Säugern. Das spricht für die Möglichkeit, daß, falls diese Verbindungen weiterhin zunehmen sollten, der Kortex mehr und mehr Kontrolle über die Amygdala gewinnen könnte, so daß die Menschen künftig eher imstande wären, ihre Emotionen zu beherrschen.

Doch es besteht noch eine andere Möglichkeit. Die zunehmende

Konnektivität zwischen Kortex und Amygdala betrifft sowohl Fasern, die vom Kortex zur Amygdala verlaufen, als auch solche, die von der Amygdala zum Kortex verlaufen. Sollten diese Nervenbahnen ein Gleichgewicht erreichen, könnte der Kampf zwischen Denken und Emotion letztlich entschieden werden nicht im Sinne der Dominanz der kortikalen Kognitionen über die emotionalen Zentren, sondern im Sinne einer harmonischeren Integration von Vernunft und Leidenschaft. In dem Maße, wie die Konnektivität zwischen Kortex und Amygdala zunimmt, könnten Kognition und Emotion zusammenwirken, statt getrennt zu funktionieren.

Oscar Wilde hat einmal gesagt: »Weil die Menschheit nie wußte, wohin sie geht, konnte sie ihren Weg finden.«[624] Aber wäre es nicht wunderbar, wenn wir tatsächlich begreifen würden, wohin unsere Emotionen uns führen, von einem Moment zum andern, von Tag zu Tag, von Jahr zu Jahr, und warum? Falls die Tendenzen zu wachsender kognitiv-emotionaler Konnektivität im Gehirn ein Anhaltspunkt sind, könnte unser Gehirn sich tatsächlich in dieser Richtung entwickeln.

Anhang

Anmerkungen

I
Was hat das mit Liebe zu tun?

1 Dreiser (1900).

2 Innerhalb der Hirnforschung hat die Erforschung der Emotionen gewisse Zyklen durchlaufen. Wir werden auf diese Geschichte im 4. Kapitel genauer eingehen. Hier sei nur festgehalten, daß die Neurowissenschaftler sich in den letzten Jahrzehnten weit mehr für die intellektuellen oder kognitiven Aspekte des Geistes interessiert haben als für die Emotionen. Jetzt ändert sich das langsam. Zwar gibt es immer noch relativ wenige Neurowissenschaftler, die von sich sagen, die Emotionen seien ihr zentrales Interessengebiet, doch werden die emotionalen Funktionen des Gehirns immer häufiger als Forschungsthema gewählt. Das hat mehrere Gründe. Einer hängt mit der Erkenntnis zusammen, daß Geist mehr ist als Kognition, so daß sich den Neurowissenschaftlern nur ein Teilbereich des Geistes enthüllt, wenn sie sich auf die kognitiven Funktionen beschränken. Ein anderer besteht in der Einsicht, daß die mit den Emotionen einhergehenden subjektiven Bewußtseinszustände nur ein Teil des gesamten emotionalen Prozesses sind und daß man viel lernen kann, wenn man untersucht, wie das Gehirn Reize verarbeitet und objektiv meßbare Reaktionen in emotionalen Situationen steuert. Da sich die Reizverarbeitung und die Reaktionssteuerung an Tieren untersuchen läßt, hat die Beschäftigung mit der Verarbeitung und den Reaktionen die Forschung vorangebracht. Diese Vorstellungen werden im 2. und 3. Kapitel näher erläutert.

3 Gazzaniga, Bogen und Sperry (1962); Gazzaniga, Bogen und Sperry (1965); Gazzaniga (1970).

4 Bogen und Vogel (1962).

5 D. Wilson et al. (1977).

6 Unsere Forschung an den Dartmouth-Patienten ist zusammengefaßt in Gazzaniga und LeDoux (1978).

7 Gazzaniga (1972).

8 Untersuchungen an diesem Patienten werden beschrieben in Gazzaniga und LeDoux (1978).

9 Siehe Davidson (1992); Heilman und Satz (1983); Gainotti (1972).

10 Eine ähnliche Feststellung traf E. Duffy in den vierziger Jahren (Duffy [1942]). Doch während Duffy mit dem Gerede über die Emotion Schluß machen wollte, möchte ich verstehen, was Emotionen sind. Der Schlüssel liegt in der Verwendung des Plurals anstelle des Singulars. Ich glaube nicht, daß es so etwas wie »Emotion« gibt, doch bin ich überzeugt, daß es viele »Emotionen« gibt.

11 Dieses Zitat wurde an der Wand hinter dem Tresen von Kim's Underground Video in Greenwich Village in Manhattan gesehen.

12 Melville (1930).

13 Bangs (1978).

14 Theorien der Emotion werden in diesem und im 3. Kapitel erörtert.

15 Fehr und Russell (1984).

16 Platon, *Phaidon*, zitiert in Flew (1964).

17 Gardner (1987).

18 Watson (1929); Skinner (1938).

19 Eigentlich hat es die Psychologie als Forschungsdisziplin bis zum ausgehenden 19. Jahrhundert nicht gegeben, als sie in Deutschland als experimentelle Erforschung des Bewußtseins entstand (siehe Boring [1950]). Bis dahin waren mentale Phänomene eine Sache von Philosophen. Und nach Descartes' Erklärung »Ich denke, also bin ich« wurden Geist und Bewußtsein in den philosophischen Diskussionen des Westens gleichgesetzt, eine Tendenz, welche sich die wissenschaftliche Psychologie bei ihrer Entstehung zu eigen machte. Für eine (englische) Übersetzung der wichtigsten Schriften Descartes' siehe Smith (1958). Für eine kurze Würdigung der Bedeutung von Descartes' Ansichten für die Durchsetzung der neuzeitlichen Gleichsetzung von Geist mit Bewußtsein siehe Rorty (1979). Rorty zufolge waren Geist und Bewußtsein nicht dermaßen austauschbar, ehe Descartes den Begriff einer allwissenden Seele (Bewußtsein) einführte, die keine unerkennbaren (unbewußten) Aspekte hatte. Was nicht erkennbar (dem Bewußtsein zugänglich) war, war nicht mental. Gewisse Dinge, die wir heute als mental einstufen (wie Empfindungen und einige Aspekte der Emotionen), wurden von Descartes daher herabgestuft zu physikalischen Zuständen.

20 Ryle (1949).

21 Die folgende Zusammenfassung basiert auf Gardner (1987).

22 Putnam (1960).

23 Rorty (1979).

24 Lashley (1950b).

25 Neisser (1976); Gardner (1987); Kihlstrom (1987).

26 Ein Abakus zum Beispiel ist ein Computer aus Stöcken und Steinen. Er führt Berechnungen mit Hilfe eines Algorithmus oder Programms aus, das in seinem Aufbau steckt. Für gewisse Probleme ist er ebenso effektiv wie (und in manchen Fällen praktischer als) ein elektronischer Computer.

27 Kihlstrom (1987).

28 Freud (1925). Für eine Umdeutung der Freudschen Konzepte im Sinne der Kognitionswissenschaft siehe Erdelyi (1985).

29 Erdelyi (1985).

30 Man nennt sie bisweilen auch perzeptuelle oder präattentive Prozesse. Bei der visuellen Wahrnehmung zum Beispiel verläuft die Bestimmung der Intensität des von verschiedenen Teilen eines Reizes reflektierten Lichts oder der Bewegungsrichtung eines Reizes vorbewußt. Für eine Diskussion dieser Prozesse siehe Marr (1982); Ullman (1984).

31 Kosslyn und Koenig (1992); Kosslyn (1983); Kosslyn (1980). Für eine Entgegnung auf Kosslyns Theorie siehe Pylyshyn (1984).

32 Pinker (1994).

33 Nisbett und Wilson (1977).

34 Mit den gewagten Behauptungen von Nisbett und Wilson sind jedoch nicht alle einverstanden. So haben Ericsson und Simon (1984) nach der Untersuchung von Nisbett und Wilson festzustellen versucht, ob es nicht unbewußte Introspektionen gibt, denen man vertrauen kann. Nach einer umfassenden Untersuchung kamen sie zu dem Schluß, daß man sich auf verbale Berichte über den Zustand des eigenen Geistes stützen kann, wenn es um das Ergebnis einer Entscheidung geht (ob ein Ding größer ist als ein anderes, ob man etwas mag oder nicht mag oder ob man etwas zu tun beabsichtigt), daß solche Berichte aber nicht zuverlässig sind, wenn es um die Prozesse geht, die zu einer Entscheidung geführt haben, besonders wenn zwischen dem Ablauf des Prozesses und dem Bericht eine Pause liegt. Informationen im Kurzzeitgedächtnis, so betonten sie, sind am besten zugänglich, und Prozesse können während ihres Ablaufs oder kurz danach genau beschrieben werden, aber wenn eine Information aus dem Kurzzeitgedächtnis verschwindet oder verdrängt wird, kann die Zugänglichkeit abnehmen. Manche behaupten, wir hätten, da die Vorgänge, die ein Verhalten oder einen mentalen Zustand verursachen, unmittelbar vor diesem Verhalten oder diesem Zustand ablaufen, in der Regel bewußten Zugang zu diesen kausalen Vorgängen, da sie sich noch im Kurzzeitgedächtnis befänden, eine Auffassung, die gelegentlich als Vulgärpsychologie bezeichnet wird (siehe Goldman [1993]; Churchland [1984]; Arnold [1960]; Johnson-Laird und Oatley [1992]; Oatley und Duncan [1994]). Mindestens drei Aspekte dieser Auffassung sind meines Erachtens jedoch problematisch. Erstens geht sie davon aus, daß sämtliche Reize, die nennenswerte mentale Auswirkungen haben, sich im Arbeitsgedächtnis befinden und daher wahrgenommen und bewertet werden. Wie wir im nächsten Kapitel sehen werden, gibt es Dinge, die nicht wahrgenommen werden und uns trotzdem beeinflussen, und andere Dinge, die vollständig wahrgenommen werden, deren Bedeutung jedoch implizit verarbeitet und nicht bewußt bewertet wird. Aus diesem letzten Sachverhalt folgt, daß bewußt wahrgenommene Reize erhebliche unbewußte Auswirkungen haben und unsere Emotionen, Ziele und Einstellungen beeinflussen können, ohne daß wir diesen Einfluß bemerken. Zweitens geht sie davon aus, daß die Reize, die ein Verhalten auslösen, auch die sind, die es verursachen, was aber nicht der Fall sein muß. Harmlose Vorfälle können uns wütend machen, wenn wir schlecht gelaunt sind. Ursache ist in solchen Situationen eher die Laune als der auslösende Reiz. Drittens geht sie davon aus, daß wir unter den zahlreichen vorhandenen Reizen genau diejenigen ausmachen können, die die Reaktion auslösten. Natürlich gelingt uns das oft, sonst wäre das Leben chaotisch und unmöglich (das chaotische und unmögliche Leben von Menschen, die an einer Geisteskrankheit leiden, könnte übrigens auf einem Versagen dieser Mechanismen beruhen, entweder des Introspektions- oder des Zuschreibungsmechanismus oder des Verhältnisses zwischen ihnen). Unklar ist jedoch, ob wir die Ursachen zutreffend benennen, weil wir introspektiven Zugang zu ursächlichen Vorgängen haben oder weil wir auf der Grundlage von erkannten Korrelationen sehr gut Ursachen zuzuschreiben vermögen. Wie dem auch sei – selbst wenn wir uneingeschränkt die Auffassung von Ericsson und Simon akzeptieren, daß gewisse Aspekte der Kognition auf der Grundlage introspektiver verbaler Berichte charakterisiert werden können, so bleibt doch ein großer Raum, in dem der kognitive Geist unterhalb der Spitze des Eisbergs operieren kann. Für eine Diskussion einiger damit zusammenhängender Probleme siehe Bowers und Meichenbaum (1984); Miller und Gazzaniga (1984); Marcel und Bisiach (1988). Siehe ferner das Juniheft 1992 des *American Psychologist* mit zahlreichen Artikeln zu diesem Thema.

35 Gazzaniga und LeDoux (1978).

36 Für einen Überblick siehe Gazzaniga (1970).

37 Diese Ideen werden entwickelt und erläutert in Gazzaniga (1985); Gazzaniga (1988); LeDoux (1985).

38 Ich bin einigen Leuten, darunter Daniel Schacter, Matthew Erdelyi, John Bargh und John Kihlstrom, dankbar, daß sie Probleme der unbewußten Verarbeitung mit mir erörtert haben. Aus ihren Bemerkungen und aus meinem Studium der Literatur wird deutlich, daß die Erforschung der unbewußten Verarbeitung mit mehreren methodologischen Problemen behaftet ist. Eines besteht darin, daß vielfach die unterschwellige Wahrnehmung beziehungsweise die Maskierung untersucht wurde, die beide mit sehr kurzen Reizdarbietungen arbeiten. Das begrenzt die jeweils verfügbare Informationsmenge, und es begrenzt die kognitiven Ressourcen, die der Verarbeitungsaufgabe gewidmet werden können. In den Grenzen des Unbewußten, die in solchen Untersuchungen festgestellt wurden, äußern sich wahrscheinlich eher – jedenfalls bis zu einem gewissen Grad – methodologische Beschränkungen als die wirklichen Grenzen der unbewußten Verarbeitung. Ein weiteres Problem bei den Argumenten, die gegen die Existenz eines ausgefeilten kognitiven Unbewußten vorgebracht werden, besteht in der Tatsache, daß in der Forschung überwiegend verbale Reize (Wörter, Sätze) benutzt wurden, um die Grenzen der Verarbeitung zu testen. Sie sind das gängige Tauschmittel der Systeme, die an der bewußten Verarbeitung beteiligt sind, die wiederum ein evolutionär neues System darstellt. Die unbewußte Verarbeitung ist eher bei evolutionär alten Systemen üblich, an die man mit nonverbalen Reizen vermutlich leichter herankommt. Die deutlichsten Beweise für eine unbewußte Verarbeitung hat man denn auch anhand von bildlichen statt mit verbalen Reizen gefunden. Auf die entsprechenden Studien gehe ich im 3. Kapitel ein. Ein anderes methodologisches Problem ist das der Abgrenzung zwischen bewußter und unbewußter Verarbeitung. Letzthin wurde versucht, die Abgrenzung mit verbesserten analytischen Werkzeugen vorzunehmen, etwa bei Merikle, Jacoby, Erdelyi, Bargh und Kihlstrom (Quellen unten). Stets kam man zu dem Schluß, daß das kognitive Unbewußte signifikante Bedeutungen verarbeiten kann. Auch können, wie im Text ausgeführt, Reize, die bewußt verarbeitet werden, zugleich von unbewußten Systemen verarbeitet werden, die ganz andere Dinge mit ihnen machen können; und Reize, die aufmerksam wahrgenommen werden, können wesentliche unbewußte Wirkungen haben, weil es weniger auf ihre physischen Merkmale als vielmehr darauf ankommt, daß sie unbewußte Bedeutungen aktivieren. Auf diese Ideen gehe ich im nächsten Kapitel näher ein. Unter zahlreichen Quellen seien genannt: Merikle (1992); Kihlstrom, Barnhardt und Tataryn (1992); Erdelyi (1992); Bargh (1992); Bargh (1990), Jacoby et al. (1992).

39 Bowers (1984); Bowers und Meichenbaum (1984); Bargh (1992); Bargh (1990), Jacoby et al. (1992).

40 Posner (1990); Anderson (1990); Kosslyn und Koenig (1992); Gardner (1987).

41 Das Leib-Seele-Problem, das Problem, wie der Geist mit dem Gehirn und dem übrigen Körper zusammenhängt, ist ein äußerst heikles philosophisches Problem. Es war von jeher ein Dorn im Auge der Psychologie. Für eine klare Übersicht über die damit zusammenhängenden Probleme siehe Churchland (1984). Für eine Darstellung der frühen Auswirkungen auf die Psychologie siehe Boring (1950). Das Leib-Seele-Problem und sein Verhältnis zur Kognitionswissenschaft wird diskutiert in Gardner (1987). Eine andere Diskussion des Leib-Seele-Problems, die mir gefällt, findet man in Jackendorff (1987).

42 Während ich dieses Buch abschloß, fand in Philadelphia ein sehr aufregendes Schachspiel zwischen Großmeister Gary Kasparow und einem Computer statt. Der Computer machte Kasparow schwer zu schaffen.

43 Gardner (1987).

44 Neisser (1967).

45 Fodor (1975).

46 Von Eckardt (1993).

47 Russell (1905).

48 Fodor (1975).

49 Eine klare Übersicht über die Geschichte der künstlichen Intelligenz gibt Gardner (1987).

50 Der folgende Überblick über die Untersuchungen von Johnson-Laird sowie Kahneman und Tversky basiert auf einer Darstellung in Gardner (1987).

51 Johnson-Laird (1988).

52 Kahneman, Slovic und Tversky (1982).

53 Frank (1988).

54 Tooby und Cosmides (1990).

55 Goleman (1995).

56 Aristoteles (1941); de Sousa (1980); Solomon (1993).

57 Damasio (1994).

58 Dyer (1987); Scherer (1993b); Frijda und Swagerman (1987); Sloman (1987); Grossberg (1982); Armony et al. (1995).

59 Johnson-Laird (1988).

60 Simon (1967).

61 Abelson (1963).

62 Miller und Johnson-Laird (1976).

63 Newell, Rosenblum und Laird (1989).

64 Hilgard (1980).

65 Churchland und Sejnowski (1990).

66 Auf die körperlichen Reaktionen bei Emotionen gehen wir in den Kapiteln 3–6 ein.

67 James (1884).

3
Blut, Schweiß und Tränen

68 Crockett (1845).

69 James (1884).

70 Ibid.

71 Cannon (1929).

72 Gerechterweise muß man allerdings darauf hinweisen, daß die Rückmeldung für James nicht nur in der ANS-Reaktion bestand, sondern in der Reaktion des ganzen Körpers.

73 Die körperlichen Reaktionen könnten nach neueren Untersuchungen spezifischer sein, als Cannon annahm (siehe Ekman et al. [1983]; Levenson [1992]; Cacioppo et al. [1993]).

74 Watson (1929); Watson und Rayner (1920); Skinner (1938); Duffy (1941); Lindsley (1951).

75 Ryle (1949).

76 Schachter und Singer (1962).

77 Valins (1966).

78 Frijda (1986); Plutchik (1980).

79 Aristoteles (1941); Spinoza (1955); Descartes (1958).

80 Arnold (1960).

81 Lazarus (1966).

82 Lazarus (1991).

83 Siehe Frijda (1993); Scherer (1993a); Lazarus (1991); C. A. Smith und P. C. Ellsworth (1985); Ortony und Turner (1990).

84 C. A. Smith und P. C. Ellsworth (1985).

85 Siehe Frijda (1993); Scherer (1988).

86 Zajonc (1980).

87 Bornstein (1992).

88 Der New Look in der Psychologie kam durch Untersuchungen von Jerry Bruner in Gang (Bruner und Postman [1947]). Er verflog rasch, wurde Mitte der siebziger Jahre durch einen Artikel von M. Erdelyi wiederbelebt (Erdelyi [1974]), verging wieder, kam aber ein drittes Mal zurück (Greenwald [1992]).

89 Psychologie und Psychoanalyse wollen beide Geist und Verhalten verstehen, aber mit unterschiedlichen Ansätzen.

90 Erdelyi (1974).

91 Die Ironie dabei ist, daß man sich der verbalen Auskunft hauptsächlich bedient, um herauszubekommen, was eine Versuchsperson bewußt wahrnimmt. Indem sie dieses Mittel übernahmen, förderten die Behavioristen genau das Konzept, das der Behaviorismus auszuschalten suchte – Bewußtsein.

92 McGinnies (1949); Dixon (1971).

93 Lazarus und McCleary (1951).

94 Loftus und Klinger (1992).

95 Moore (1988).

96 Packard (1957).

97 Eagly und Chaiken (1993).

98 Eriksen (1960).

99 Für eine Diskussion siehe Bowers (1984); Bowers und Meichenbaum (1984).

100 Erdelyi (1974); Erdelyi (1985).

101 Dixon (1971); Dixon (1981); Wolitsky und Wachtel (1973); Erdelyi (1985); Erdelyi (1992); Ionescu und Erdelyi (1992); Greenwald (1992).

102 Merikle (1992); Kihlstrom, Barnhardt und Tataryn (1992a); Erdelyi (1992); Bargh (1992); Bargh (1990); Jacoby et al. (1992); Murphy und Zajonc (1993).

103 Bornstein (1992).

104 Ibid.

105 Murphy und Zajonc (1993).

106 Diese Diskussion des Poetzl-Effekts basiert auf Ionescu und Erdelyi (1992).

107 Erdelyi (1985); Erdelyi 192); Ionescu und Erdelyi (1992).

108 Bowers (1984); Bowers und Meichenbaum (1984).

109 Shevrin et al. (1992); siehe auch Shevrin (1992).

110 Bargh (1992); Bargh (1990).

111 Jacoby et al. (1992).

112 Bargh (1992).

113 Merikle (1992); Kihlstrom, Barnhardt und Tataryn (1992b); Erdelyi (1992); Bargh (1992); Bargh (1990); Jacoby et al. (1992).

114 Dennoch ist, was die Bedeutung der unbewußten emotionalen Verarbeitung im Alltagsleben angeht, eine gewisse Skepsis angebracht. Ich will zwei der wichtigsten Argumente gegen die Alltagsrelevanz der unbewußten Verarbeitung beschreiben und beide zu widerlegen versuchen. Beide erkennen an, daß es unbewußte Verarbeitung im Laborversuch geben kann, bezweifeln aber, daß sie in der Realität eine große Rolle spielt. Das erste Argument besagt, daß das reale Leben nicht so funktioniert wie die unbewußten Verarbeitungsaufgaben (unterschwellige Wahrnehmung, Maskierung, figurale Nachwirkung), da wir normalerweise Gelegenheit haben, uns die uns begegnenden Reize ge-

nauer anzusehen bzw. anzuhören. Es könnte jedoch sein, daß das reale Leben mehr mit diesen Experimenten gemein hat, als es den Anschein hat. In jedem gegebenen Augenblick sind ja mehr Reize vorhanden, als das serielle Verarbeitungssystem von begrenzter Kapazität, das bewußte Inhalte entstehen läßt, registrieren kann (siehe 9. Kapitel). Reize, die unbemerkt bleiben, können implizit wahrgenommen und implizit erinnert werden von unbewußten Verarbeitungssystemen, die außerhalb des Bewußtseins vor sich hin arbeiten (siehe 2. Kapitel). Doch wie wir in diesem Kapitel sahen, können Reize, die vollständig wahrnehmbar sind, ja sogar Reize, die vollständig wahrgenommen und bewußt registriert werden, ins Gehirn gelangen, und ihre impliziten Bedeutungen können Ziele, Einstellungen und Emotionen aktivieren, ohne daß wir davon etwas bemerken. Das zweite Argument gegen die Relevanz unbewußter Verarbeitung besagt, daß sie zwar im Alltag vorkommen mag, aber eine recht primitive Form der Verarbeitung ist, da sie auf physische Reizmerkmale begrenzt ist und Begriffe nicht einbezieht (zu diesem Argument siehe Greenwald [1992]; Bruner [1992]; Hirst [1994]). Dazu gibt es drei Gegenargumente. Erstens gibt es Beweise dafür, daß nicht nur physische Merkmale, sondern auch begriffliche Bedeutungen unbewußt verarbeitet werden (siehe Murphy und Zajonc [1993]; Öhman [1992]; Kihlstrom, Barnhardt und Tataryn [1992]). Nun war es zwar eingestandenermaßen schwieriger, eine unbewußte Aktivierung von Begriffen nachzuweisen, aber sie existierte offenbar doch. Zweitens machen wir uns von der Kompliziertheit der unbewußten Verarbeitung möglicherweise kein sehr zutreffendes Bild. In der bisherigen Forschung wurden überwiegend verbale Reize benutzt, um die begriffliche Verarbeitung zu untersuchen, während der unbewußte Geist in nonverbalen Modalitäten möglicherweise geschickter agiert (am Schluß dieses Kapitels kommen wir darauf zurück). Wir werden wohl so lange kein zutreffendes Bild von der Funktionsweise der elementaren unbewußten Systeme gewinnen, wie die Forschung zur unbewußten Verarbeitung sich überwiegend verbaler Reize bedient. Schließlich gäbe es selbst dann, wenn die unbewußte Verarbeitung sich wirklich auf Reizmerkmale beschränkte und Begriffe höherer Ordnung ausschlösse, immer noch wesentliche Implikationen für die unbewußte emotionale Verarbeitung. Wie wir gesehen haben, reichen einfache physische Merkmale einer Person wie die Hautfarbe oder der Tonfall der Stimme aus, um unbewußt Emotionen, Einstellungen, Ziele und Intentionen zu aktivieren.

115 Damasio (1994).

116 Arnold (1960); Johnson-Laird und Oatley (1992); Oatley und Duncan (1994); Goldman (1993).

117 S. J. Gould (1977).

118 Hebb (1946).

119 Rorty (1980).

120 Frijda (1993).

121 Scherer (1993a).

122 Bowers (1984).

123 Lazarus (1991).

124 Scherer (1993a).

125 Ericsson und Simon (1984); Nisbett und Wilson (1977); Bowers und Meichenbaum (1984); Miller und Gazzaniga (1984). Für eine Diskussion dieser Fragen siehe auch 2. Kapitel und Fußnote 24 dort.

126 Erdelyi (1992).

127 Zajonc (1984); Lazarus (1984); Kleinginna und Kleinginna (1985); Leventhal und Scherer (1987).

128 Dyer (1987); K. R. Scherer (1993b); Frijda und Swagerman (1987); Sloman (1987); Grossberg (1982); Armony et al. (1995).

129 Einige KI-Verfechter nehmen an, daß sich emotionale Gefühle und andere Bewußtseinszustände in einen Computer einprogrammieren ließen, wenn wir nur den richtigen Algorithmus finden könnten. Siehe zum Beispiel Newell (1980); Minsky (1985); Sloman und Croucher (1981). Für eine Widerlegung der Vorstellung, Computer könnten Gefühle oder andere Bewußtseinszustände hervorbringen, siehe Searle (1984).

130 Messick (1963), S. 317.

131 Kelley (1963), S. 222.

132 Ibid.

4
Der Heilige Gral

133 Von mir nach dem Gedächtnis formulierte Wendung aus einem Woody-Allen-Film.

134 MacLean (1949); MacLean (1952).

135 Boring (1950).

136 Weithin gilt Gall als Vater der Phrenologie, aber Mark Rosenzweig zufolge (Rosenzweig [1966]) nannte Gall seine Theorie »Kraniologie«, und erst seine Jünger, die diese Auffassung popularisierten, machten daraus die »Phrenologie«.

137 Siehe Boring (1950).

138 Es gibt jedoch immer noch Gegner der Lokalisierungstheorie, darunter John (1972) und Freeman (1994).

139 Eine auf Kortexschäden beruhende Blindheit nennt man »Rindenblindheit«. Rindenblinde haben jedoch noch eine rudimentäre visuelle Wahrnehmung, die außerhalb des Bewußtseins funktioniert. So können sie zum Beispiel nach einem vor ihnen befindlichen Reiz greifen und doch behaupten, ihn nicht zu sehen. Näheres siehe Weiskrantz (1988).

140 Van Essen (1985); Ungerleider und Mishkin (1982).

141 Wird eine kortikale Region früh im Leben beschädigt, können ihre Funktionen von angrenzendem Gewebe übernommen werden, doch hat sich eine Funktion einmal entwickelt, kommt es normalerweise nicht mehr zu einer solchen Verschiebung.

142 Darwin (1859).

143 Für die Anfänge der Reizungs- und Ablationsversuche siehe Boring (1950).

144 Für die Anfänge der neurologischen Untersuchungen an Menschen siehe Plum und Volpe (1987).

145 Tierversuche können sehr detaillierte Informationen liefern und zur Erhellung der neuralen Systeme genutzt werden, die psychischen Funktionen zugrunde liegen. Erkenntnisse am Menschen wurden traditionell durch Unfälle statt durch sorgfältige Experimente gewonnen. Jetzt kann man dank neuer visualisierender Verfahren, mit denen die Aktivität des Gehirns von außen sichtbar gemacht werden kann, menschliche Hirnfunktionen detailliert erforschen (Anwendungen werden im 9. Kapitel beschrieben). Freilich ergeben sich dadurch nur Korrelationen zwischen Hirnaktivität und psychischen Zuständen; daß die Hirnaktivität für den Zustand verantwortlich ist, wird dadurch nicht bewiesen. Die Ergebnisse der visualisierenden Untersuchungen können oft nur gedeutet werden, weil man durch Tierversuche ein solides Verständnis der grundlegenden Hirnprozesse gewonnen hat.

146 Zusammengefaßt in LeDoux (1987).

147 Kaada (1960); Kaada (1967).

148 Head (1921) vermutete, daß der Kortex subkortikale Bereiche hemmt.
149 Bard (1929); Cannon (1929).
150 Siehe Cannon (1929).
151 Cannon (1929).
152 Papez (1937).
153 Peffiefer (1955).
154 Herrick (1933).
155 Broca (1978).
156 Papez (1937).
157 Descartes (1958).
158 Papez (1937).
159 Klüver und Bucy (1937); Klüver und Bucy (1939).
160 Klüver und Bucy (1937).
161 Weiskrantz (1956); Downer (1961); Horel, Keating und Misantone (1975); Jones und Mishkin (1972); Aggleton und Mishkin (1986); Rolls (1992b); Ono und Nishijo (1992); Gaffan (1992).
162 MacLean (1949); MacLean (1952).
163 MacLean (1949).
164 Ibid.
165 Ibid.
166 Ibid.
167 Ibid.
168 MacLean (1952).
169 MacLean (1970); MacLean (1990).
170 MacLean (1970).
171 Zu den Theoretikern mit evolutionärer Perspektive gehören Plutchik (1993); Ekman (1992a); Izard (1992a).
172 Historische Fakten findet man in Nauta und Karten (1970); Karten und Shimizu (1991); Northcutt und Kaas (1995).
173 Nauta und Karten (1970); Karten und Shimizu (1991); Northcutt und Kaas (1995).
174 Karten und Shimizu (1991); Northcutt und Kaas (1995); Ebbesson (1980); Swanson (1983).
175 Brodal (1982); Swanson (1983); LeDoux (1991).
176 Eine wichtige Ausnahme bildet die Rolle des Hippocampus bei der negativen Rückkoppelungskontrolle von Streßreaktionen, wie im 8. Kapitel beschrieben.
177 Ebenfalls für ein Aufgeben des limbischen Systems plädierten Brodal (1982); Kotter und Meyer (1992).

5

So waren wir

178 Leonardo da Vinci (1939).
179 Dawkins (1982).
180 Zitiert von Dawkins (1982).
181 Dawkins (1982).
182 Pinker (1995).
183 Fodor (1983); Gazzaniga (1988).

184 Nottebohm, Kasparian, Pandazis (1981); Krebs (1990); Sherry, Jacobs und Gaulin (1992); Sengelaub (1989); Purves, White und Andrews (1994); Geschwind und Levitsky (1968); Galaburda et al. (1987). Diese Hinweise sind entnommen aus Finlay und Darlington (1995).

185 Finlay und Darlington (1995).

186 Pinker (1994).

187 Auf diesen Punkt, den Plutchik (1980) klärte, gehen wir noch näher ein.

188 Platon, *Phaidon*, zitiert in Flew (1964).

189 Darwin (1859).

190 S. J. Gould (1977).

191 Zitiert von S. J. Gould (1977).

192 Simpson (1953); J. M. Smith (1958); Ayala und Valentine (1979); J. L. Gould (1982).

193 J. L. Gould (1982).

194 Darwin (1872). Wenn nicht anders angegeben, stammen alle Verweise auf Darwin aus dieser Quelle.

195 Zusammengefaßt von Plutchik (1980).

196 Tomkins (1962).

197 Izard (1977); Izard (1992a).

198 Ekman (1984).

199 Plutchik (1980).

200 Frijda (1986).

201 Johnson-Laird und Oatley (1992).

202 Panksepp (1982).

203 Arnold (1960); Fehr und Russell (1984); J. A. Gray (1982).

204 C. A. Smith und R. S. Lazarus (1990).

205 Harré (1986).

206 Averill (1980). Averills Beschreibung der Gururumba basiert auf Forschungen von Newman (Newman [1960]).

207 Morsbach und Tyler (1986).

208 Ibid.

209 Doi (1973).

210 Heelas (1986); Davitz (1969); Geertz (1959).

211 Wierzbicka (1994).

212 Ekman (1980).

213 Ibid.

214 Twain (1962).

215 Ekman (1980).

216 Ortony und Turner (1900).

217 Gallistel (1980).

218 Ekman (1992a); Izard (1992a).

219 Plutchik (1980).

220 Ibid.

221 Bowlby (1969).

222 Shepherd (1983).

223 Nauta und Karten (1970).

224 S. J. Gould (1977); Pinker (1994).

225 Preuss (1995); Reep (1984); Uylings und van Eden (1990).

226 Nauta und Karten (1970); Karten und Shimizu (1991); Northcutt und Kaas (1995).

227 Preuss (1995); Geschwind (1965).

228 Zum Beispiel Schutz vor Gefahren, Suche nach Nahrung und Obdach und geeigneten Sexualpartnern u. dgl.

229 Siehe zum Beispiel Jaynes (1976).

230 Ekman (1992a).

231 Johnson-Laird und Oatley (1992).

232 Tooby und Cosmides (1990).

233 Natürliche Auslöser sind das, was die Verhaltensforscher Zeichenreize nennen. Sie lösen angeborene Verhaltens- und/oder physiologische Reaktionen aus und ähneln den unkonditionierten Reizen, die ebenfalls angeborene Reaktionen auslösen (siehe 6. Kapitel).

234 Zum Beispiel die Systeme für die Erkennung eines Sexualpartners oder die Entdeckung von Nahrung.

235 James (1890).

236 Marks (1987).

237 Eibl-Eibesfeldt und Sutterlin (1990).

238 Kierkegaard (1844); Sartre (1943); Heidegger (1927).

239 Lazarus (1991).

240 Marks (1967).

241 D. C. Blanchard und R. J. Blanchard (1989).

242 D. C. Blanchard und R. J. Blanchard (1988); R. J. Blanchard und D. C. Blanchard (1989).

243 Bolles und Fanselow (1980); Watkins und Mayer (1982); Helmstetter (1992).

244 Bolles und Fanselow (1980); Watkins und Mayer (1982); Helmstetter (1992).

245 Der Organisationsplan der autonomen Nervensystemfunktion ist bei allen Wirbeltieren ähnlich, von den Amphibien bis zu den Säugern einschließlich des Menschen (Shepherd [1983]).

246 Jacobson und Sapolsky (1991).

247 Darauf werden wir im 8. Kapitel näher eingehen.

248 Die neuroendokrinen Systeme sind, wie die meisten anderen neuralen Systeme, bei unterschiedlichen Arten ähnlich organisiert. Für Beispiele siehe Shepherd (1983); J. A. Gray (1987); McEwen und Sapolsky (1995).

249 Dawkins (1982).

250 Ähnlich gehen die Verhaltensforscher vor, die nach den invarianten, evolutionär vorgeschriebenen Verhaltensaspekten suchen, und die Evolutionspsychologen, die die Auswirkungen der Evolution auf den Geist betonen. Für einen Überblick über ethologische Ansätze siehe J. L. Gould (1982). Für ein Beispiel des evolutionspsychologischen Ansatzes siehe Tooby und Cosmides (1990).

251 Diese Forschung wird zusammengefaßt in J. A. Gray (1987).

252 Wilcock und Broadhurst (1967).

253 Siehe J. A. Gray (1987); Marks (1987).

254 Marks (1987); Kagan und Snidman (1991).

255 J. L. Gould (1982).

256 Tully (1991).

257 Sibley und Ahlquist (1984).

258 Dawkins (1982).

6
Ein paar Grad Abstand

259 Diese Überschrift lehnt sich an das beliebte, auch verfilmte Theaterstück *Six Degrees of Separation* von John Guare (1990) an.

260 Dickinson (1955).

261 Pawlow (1927).

262 D. C. Blanchard und R. J. Blanchard (1972).

263 R. J. Blanchard et al. (1993); D. C. Blanchard und R. J. Blanchard (1988).

264 Campeau, Liang und Davis (1990); Gleitman und Holmes (1967).

265 Pawlow (1927).

266 Bouton (1994); Bouton und D. Swartzentruber (1991).

267 Campbell und Jaynes (1966).

268 Jacobs und Nadel (1985); Marks (1987).

269 Hodes, Cook und Lang (1985); Hugdahl (1995); Öhman (1992).

270 Ob Furcht empfunden wird, ist jedoch nicht wichtig, da es sich um ein implizites oder unbewußtes Lernsystem handelt, dessen Verarbeitung zu Bewußtsein kommen kann oder auch nicht. Explizite und implizite Lernsysteme werden im 7. Kapitel besprochen.

271 McAllister und McAllister (1971); Brown, Kalish und Farber (1951); Davis, Hitchcock und Rosen (1987).

272 Siehe zum Beispiel Carew, Hawkins und Kandel (1983); Tully (1991); D. H. Cohen (1980); Schneiderman et al. (1974); Bolles und Fanselow (1980); Smith et al. (1980); Öhman (1992).

273 Man spricht hier von Occams Rasiermesser oder dem Gesetz der Ökonomie, das verlangt, auf komplizierte Erklärungen oder Prozesse zu verzichten, wenn es auch einfacher geht. Anthropozentrische Überlegungen zur tierischen Seele, wie sie jetzt wieder in Mode kommen (siehe McDonald [1995]; Masson und McCarthy [1995]), verstoßen absichtlich gegen dieses Gesetz, was ich für einen Fehler halte. Wenn man nicht beweisen kann, daß ein bestimmtes Tier Bewußtsein hat, sollte man sein Verhalten nicht mit Hilfe des Bewußtseins erklären wollen.

274 Dies war von jeher umstritten. Öhman hat jedoch gezeigt, daß eine Konditionierung erfolgen kann, ohne daß der konditionierte Reiz und sein Zusammenhang mit dem unkonditionierten Reiz bewußt wahrgenommen werden. Er benutzt die »rückwirkende Maskierung«, die den CS ins Gehirn, nicht aber ins Bewußtsein gelangen läßt (Öhman [1992]).

275 Zur Erforschung der Furcht benutzt man auch die elektrische Hirnreizung, mit der direkt Furchtreaktionen hervorgerufen werden, oder Verfahren der Vermeidungskonditionierung (siehe LeDoux [1995]).

276 Bestimmte Aspekte von Furcht wie die Furcht vor Versagen oder die Furcht vor dem Fürchten sind möglicherweise nicht so leicht mittels der Furchtkonditionierung im Modell nachzuvollziehen.

277 Starre als Reaktion auf eine plötzlich auftretende Gefahr kommt bei vielen Arten vor (Marks [1987]), ist aber als konditionierte Reaktion überwiegend an Ratten untersucht worden.

278 Von Uexkull (1934).

279 Archer (1979).

280 Cannon (1929); Hilton (1979); Mancia und Zanchetti (1981).

281 Mason (1968); van de Kar et al. (1991).

282 Bolles und Fanselow (1980); Watkins und Mayer (1982); Helmstetter (1992).

283 Brown, Kalish und Farber (1951); Davis (1992b); Weisz, Harden und Xiang (1992).

284 D. H. Cohen (1980).

285 Kapp et al. (1992).

286 McCabe et al. (1992).

287 Powell und Levine-Bryce (1989).

288 Fanselow (1994).

289 Davis (1992).

290 O. A. Smith et al. (1980).

291 LeDoux (1994; 1995).

292 Früher ging man in der Regel so vor, daß man in einem Hirnbereich eine Läsion anbrachte. Daraufhin verkümmerte der Bereich, und die dort entspringenden Nervenfasern verkümmerten ebenfalls. Mit speziellen Färbemitteln konnte man dann die verkümmernden Fasern sichtbar machen. Dabei konnte man jedoch zu falschen Ergebnissen gelangen, weil Fasern, die durch den geschädigten Bereich laufen, aber nicht dort entspringen, ebenfalls beschädigt wurden. Seit man Tracersubstanzen benutzt, ist dieses Problem zwar nicht verschwunden, aber sehr stark zurückgegangen (da der Tracer in einigen Fällen von durchlaufenden Axonen aufgenommen werden kann).

293 Cohens Versuche mit Tauben und Kapps Versuche mit Kaninchen benutzten jedoch die Furchtkonditionierung, um Hirnmechanismen des Furchterlernens zu ermitteln; sie gaben mir wichtige Anstöße, als ich meine ersten Experimente plante (D. H. Cohen [1980]; B. S. Knapp et al. [1979]).

294 Für eine Besprechung von Untersuchungen zur Rolle von limbischen Bereichen beim Furchtverhalten und anderen emotionalen und Gedächtnisfunktionen siehe Isaacson (1982).

295 Viele der beschriebenen Läsions- und Tracinguntersuchungen wurden durchgeführt im Neurobiology Laboratory des Medical College der Cornell-Universität in Manhattan. Don Reis, der Labordirektor, arbeitete daran mit. An den anatomischen Untersuchungen wirkten vor allem David Ruggiero und Claudia Farb mit. An den Verhaltensstudien waren mehrere Forscher beteiligt, darunter Akira Sakaguchi, Jiro Iwata und Piera Cicchetti.

296 LeDoux, Sakaguchi und Reis (1984).

297 Ibid.

298 LeDoux et al. (1986).

299 In diesem Bereich war Kapps Arbeit zukunftsweisend. 1979 veröffentlichte er die erste Studie, in der er zeigte, daß die Furchtkonditionierung durch Läsionen des zentralen Kerns der Amygdala unterbunden wird. In nachfolgenden Untersuchungen wurde zweifelsfrei nachgewiesen, daß die zentrale Amygdala eine für die Furchtkonditionierung wichtige Struktur ist (zusammengefaßt in Kapp, Pascoe und Bixler [1984]).

300 Die Wirkungen von Läsionen des zentralen Kerns der Amygdala werden beschrieben in Kapp et al. (1990); Davis (1992); LeDoux (1993); LeDoux (1995).

301 Kapp et al. (1990); Davis (1992); LeDoux (1993); LeDoux (1995).

302 LeDoux et al. (1988).

303 T. S. Gray et al. (1993).

304 LeDoux, Farb und Ruggiero (1990).

305 Ibid.

306 LeDoux et al. (1990).

307 Price, Russchen und Amaral (1987); Amaral et al. (1992); Savander et al. (1995); Pitkänen et al. (1995).

308 Jarrell et al. (1987).

309 Die Unterschiede, die bei der Furchtkonditionierung in der Verarbeitung zwischen auditorischem Thalamus und Kortex bestehen, werden diskutiert in Weinberger (1995); Bordi und LeDoux (1994a); Bordi und LeDoux (1994b).

310 Nauta und Karten (1970); Northcutt und Kaas (1995).

311 Kapp et al. (1992); Davis et al. (1992); Fanselow (1994); Weinberger (1995). Für eine andere Interpretation der Rolle der thalamischen Bahn siehe Campeau und Davis (1995). Für eine Widerlegung ihrer Interpretation siehe Corodimas und LeDoux (1995).

312 O'Keefe und Nadel (1978); Nadel und Willner (1980); Eichenbaum und Otto (1992); Sutherland und Rudy (1989).

313 Amaral (1987); Van Hoesen (1982).

314 O'Keefe und Nadel (1978); Nadel und Willner (1980); Eichenbaum und Otto (1992); Sutherland und Rudy (1989).

315 Phillips und LeDoux (1992); Kim und Fanselow (1992); Maren und Fanselow (1996).

316 Die kontextuelle Furchtkonditionierung wurde ferner erforscht von R. J. Blanchard, D. C. Blanchard und R. A. Fial (1970) sowie von Selden et al. (1991).

317 LeDoux (1987); Bandler, Carrive und Zhang (1991); Kaada (1967).

318 Für eine Besprechung siehe LeDoux (1987). Im Ausdruck der Abwehrreaktion gibt es zwar Unterschiede je nach Art und Situation, doch an der Steuerung der Abwehrreaktion ist in allen Fällen die Amygdala beteiligt.

319 Greenberg, Scott und Crews (1984); Tarr (1977).

320 Gloor, Olivier und Quesney (1981); Halgren (1992).

321 LaBar et al. (1995).

322 Bechara et al. (1995); Adolphs et al. (1995); Hammann et al. (1995).

323 Aggleton (1992).

324 Diese nicht sehr schmeichelhafte Feststellung bezieht sich auf die körperliche Reaktion auf Gefahr und nicht auf die kognitive Repräsentation der Gefahr oder das bewußte Erleben der Furcht in gefährlichen Situationen.

325 Darwin (1872).

326 D. C. Blanchard und R. J. Blanchard (1988).

327 Fuster (1989); Goldman-Rakic (1993).

328 Preuss (1995); Povinelli und Preuss (1995).

329 Luria (1966); Fuster (1989); Nauta (1971); Damasio (1994); Stuss (1991); Milner (1964).

330 Everitt und Robbins (1992); Hiroi und White (1991).

331 Lazarus (1966); Lazarus (1991).

7

Erinnerung an frühere Emotionen

332 Dostojewskij (1864).

333 Claparède (1911).

334 Man spricht sowohl vom deklarativen als auch vom expliziten Gedächtnis, um die bewußte Erinnerung zu unterscheiden von Erinnerungen, die auf unbewußten Prozessen beruhen. Die beiden Begriffe entstammen jedoch unterschiedlichen Forschungen. Das »deklarative Gedächtnis« entstammt Untersuchungen zur Funktion des Temporallappen-Gedächtnissystems, über das noch viel zu sagen sein wird. Das »explizite Gedächtnis« entstammt dagegen Untersuchungen zur Psychologie des Gedächtnisses

und nicht zur neuralen Basis des Gedächtnisses. Hier werden beide Begriffe austauschbar verwendet für die bewußte Erinnerung und zur Unterscheidung einer auf bewußtem Erinnern beruhenden Erinnerung von einer Erinnerung, die auf unbewußten Prozessen beruht, denn mittlerweile ist klar bewiesen, daß die bewußte Erinnerung eine Funktion des Temporallappen-Gedächtnissystems ist.

335 Lashley (1950a). In diesem Buch kam Lashley zu dem Schluß, daß das Gedächtnis nicht in einem bestimmten System des Gehirns lokalisiert ist. Das hat sich als gänzlich falsch herausgestellt. Wie konnte einer der sorgfältigsten Forscher in der Geschichte der Hirnforschung einen so großen Schnitzer machen? Wie die Mehrheit der Forscher seiner Zeit nahm Lashley an, daß man zur Messung des Gedächtnisses jede beliebige Aufgabe benutzen konnte, die eine Verhaltensänderung als Ergebnis einer früheren Erfahrung maß. Um das Gedächtnis im Gehirn aufzuspüren, wählte er verschiedene Labyrinth-Lernaufgaben. Inzwischen wissen wir, daß Labyrinthaufgaben auf mehrere unterschiedliche Arten gelöst werden können – ein blindes Tier kann zum Beispiel Tast- oder Geruchshinweise benutzen. Die multiplen Lösungen des Problems bedeuteten, daß multiple Gedächtnissysteme am Lernen beteiligt waren. Eine einzige Läsion reicht also nicht aus, um die Leistung zu unterbinden. Zu dem falschen Schluß, das Gedächtnis sei breit verteilt, wurde Lashley dadurch verleitet, daß die von ihm benutzten Verhaltensaufgaben multiple Gedächtnissysteme ins Spiel brachten, die in unterschiedlichen Hirnregionen angesiedelt waren. Heute schließen wir daraus auf die Existenz einer Vielzahl von Gedächtnissystemen im Gehirn.

336 Scoville und Milner (1957).

337 Zum Schutz ihrer Identität benutzt man bei Untersuchungen an Patienten üblicherweise ihre Initialen. Allerdings ist weithin bekannt, daß H.M. mit Vornamen Henry hieß.

338 N.J. Cohen und H. Eichenbaum (1993).

339 Squire (1987).

340 Scoville und Milner (1957).

341 Dieser Abschnitt stützt sich auf Beschreibungen von H.M., die man in mehreren Veröffentlichungen findet: Scoville und Milner (1957); Squire (1987); N.J. Cohen und H. Eichenbaum (1993).

342 Daß es noch einen mittleren Speicher gibt, entdeckte man bei Untersuchungen, bei denen die Speicherung medikamentös unterbunden wird, und bei Versuchen mit Tieren, in deren Nervensystem bestimmte Substanzen fehlen.

343 Bei manchen Patienten sind bestimmte Aspekte des Kurzzeitgedächtnisses gestört (beim Zahlen-Gedächtnis-Test, der das Kurzzeitgedächtnis mißt, schneiden sie schlecht ab), und doch können sie Langzeit-Erinnerungen von anderen Dingen bilden. Da das Kurzzeitgedächtnis selbst modular aufgebaut ist, ist es unwahrscheinlich, daß man eine Langzeit-Erinnerung an einen Reiz haben kann, der nicht vorher im Kurzzeitgedächtnis war.

344 James (1890). James unterschied das primäre vom sekundären Gedächtnis, was ungefähr unserem heutigen Kurzzeitgedächtnis und Langzeitgedächtnis entspricht, auch wenn es in den Begriffen ein paar feine Unterschiede gibt.

345 Wie wir im 9. Kapitel sehen werden, betrachtet man das Kurzzeitgedächtnis heute vielfach als ein Arbeitsgedächtnissystem, und man nimmt an, daß es sich auf den präfrontalen Kortex stützt. Für eine Diskussion der Rolle des präfrontalen Kortex bei temporären Gedächtnisprozessen siehe Fuster (1989); Goldman-Rakic (1993).

346 Squire, Knowlton und Musen (1993); Teyler und DiSenna (1986); McClelland et al. (1995).

347 Gaffan (1974).

348 Zola-Morgan und Squire (1993); Murray (1992); Mishkin (1982).

349 Iversen (1976); N. J. Cohen und H. Eichenbaum (1993).

350 N. J. Cohen und H. Eichenbaum (1993).

351 Olton, Becker und Handleman (1979).

352 Morris (1984); Morris et al. (1982).

353 Mishkin (1978).

354 Zola-Morgan, Squire und Amaral (1986).

355 Zola-Morgan, Squire und Amaral (1989).

356 Zola-Morgan et al. (1991).

357 Meunier et al. (1993); Murray (1992).

358 Squire, Knowlton und Musen (1993); Zola-Morgan und Squire (1993); Eichenbaum, Otto und Cohen (1994); N. J. Cohen und H. Eichenbaum (1993).

359 Eichenbaum, Otto und Cohen (1994).

360 Zola-Morgan und Squire (1993); N. J. Cohen und H. Eichenbaum (1993); McClelland, McNaughton und O'Reilly (1995); Murray (1992).

361 DeLeon et al. (1989); Parasuramna und Martin (1994).

362 Milner (1962).

363 Milner (1965).

364 Corkin (1968).

365 N. J. Cohen (1980); N. J. Cohen und L. Squire (1980); N. J. Cohen und S. Corkin (1981).

366 Warrington und Weiskrantz (1973).

367 Weiskrantz und Warrington (1979).

368 Steinmetz und Thompson (1991).

369 N. J. Cohen und L. Squire (1980); Squire und Cohen (1984); Squire, Cohen und Nadel (1984).

370 Schacter und Graf (1986).

371 Tulving (1983); O'Keefe und Nadel (1978); Olton, Becker und Handleman (1979); Mishkin, Malamut und Bachevalier (1984).

372 Graff, Squire und Mandler (1984).

373 Cohen und Eichenbaum (1993).

374 Amaral (1987).

375 O'Keefe (1976).

376 O'Keefe und Nadel (1978).

377 Olton, Becker und Handleman (1979).

378 Morris et al. (1982).

379 O'Keefe (1993).

380 McNaughton und Barnes (1990); Barnes et al. (1995); Wilson und McNaughton (1994).

381 Olton, Becker und Handleman (1979).

382 Morris (1984); Morris et al. (1982).

383 Kubie, Muller und Bostock (1990); Kubie und Ranck (1983); Muller, Ranck und Taube (1996).

384 Eichenbaum, Otto und Cohen (1994).

385 Rudy und Sutherland (1992).

386 MacLean (1949; 1952).

387 McClelland, NcNaughton und O'Reilly (1995); Gluck und Myers (1995).

388 Eysenck (1979).

389 Jacobs und Nadel (1985).

390 Freud (1966).

391 Jacobs und Nadel (1985).

392 Rudy und Morledge (1994).

393 Auf diesen Gary-Larson-Cartoon wurde ich aufmerksam, als ich bei J. McGaugh Vorlesungen zum Gedächtnis hörte; er zeigt oft ein Dia von der Zeichnung.

394 R. Brown und J. Kulik (1977); Christianson (1989).

395 McGaugh et al. (1995); Cahill et al. (1994); McGaugh et al. (1993); McGaugh (1990).

396 Unter normalen Umständen gelangt Adrenalin nicht ins Gehirn, und McGaugh vermutet, daß es über den Nervus vagus wirkt, der dann mehrere Hirnsysteme beeinflußt, darunter indirekt den Hippocampus und die Amygdala. McGaugh betont zwar die Wirkung in der Amygdala, doch scheint es, daß auch der Hippocampus betroffen ist, da sich die Stärke des expliziten Gedächtnisses ändert. Es könnte sich hier um eine parallele Einwirkung auf Hippocampus und Amygdala handeln. Denkbar ist auch, daß bei den Tierversuchen die Amygdala wichtiger ist und bei den Versuchen mit Menschen der Hippocampus, wegen Unterschieden in den jeweils verwendeten Aufgaben. Andererseits ist auch möglich, daß die Wirkungen die Amygdala treffen, die dann den Hippocampus beeinflußt. Paul Gold (1992) hat über die Wirkungen des Adrenalins auf das Gedächtnis eine etwas andere Auffassung. Nach seinen Forschungen bewirkt Adrenalin eine Ausschüttung von Glukose ins Blut. Mit dem Blut gelangt die Glukose ohne weiteres ins Gehirn, wo sie als Energiequelle für Neurone in Bereichen wie dem Hippocampus dient. Diese erhöhten Energiereserven im Hippocampus könnten dazu beitragen, Erinnerungen zu verstärken, die durch das Temporallappen-Gedächtnissystem erzeugt werden.

397 Christianson (1992b).

398 Ibid.

399 Bartlett (1932).

400 Erdelyi (1985).

401 Loftus (1993); Loftus und Hoffman (1989).

402 Christianson (1992a).

403 Neisser und Harsch (1992).

404 Freud (1966).

405 Bower (1992).

406 Bower (1992); Lang (1984).

407 Hebb (1949).

408 Brown et al. (1989); Cotman, Monaghan and Ganong (1988).

409 Bliss und Lømo (1973).

410 Cotman et al. (1988); Nicoll und Malenka (1995); Madison et al. (1991); Lynch (1986); Stäubli (1995); McNaughton und Barnes (1990).

411 Cotman et al. (1988); Nicoll und Malenka (1995); Madison et al. (1991); Stäubli (1995); McNaughton und Barnes (1990).

412 Cotman et al. (1988); Nicoll und Malenka (1995); Madison et al. (1991); Lynch (1986); Stäubli (1995); McNaughton und Barnes (1990).

413 AMPA und NDMA sind die beiden Hauptklassen von Glutamat-Rezeptoren (Collingridge und Lester [1989]; Cotman et al. [1988]).

414 Collingridge und Lester (1989); Cotman et al. (1988).

415 Bliss und Collingridge (1993); Brown et al. (1988); Cotman et al. (1988); Stäubli (1995); Lynch (1986); McNaughton und Barnes (1990).

416 Morris et al. (1986); siehe aber Saucier und Cain (1996); Bannerman et al. (1996).

417 Skelton et al. (1987); Berger (1984); Laroche et al. (1995); Barnes (1995); Stäubli (1995); Rogan und LeDoux (1995); Barnes et al. (1995); Dudai (1995).

418 Clugnet und LeDoux (1990); Rogan und LeDoux (1995); Chapman et al. (1990).

419 Miserendo et al. (1990); Fanselow und Kim (1994).

420 Nicoll und Malenka (1995); Stäubli (1995).
421 Squire und Davis (1975); Rose (1995); Rosenzweig (1996).
422 Kandel (1989); Lisman (1995).
423 Kandel und Schwartz (1982).
424 Frey, Huang und Kandel (1993).
425 Yin et al. (1994).
426 Mayford, Abel und Kandel (1995); Bourtchouladze et al. (1994).
427 Eichenbaum und Otto (1992).

8
Wo die wilden Dinge sind

428 Phillips (1993).
429 Wilson (1968).
430 Shattuck (1980).
431 Shakespeare, zitiert in W. G. Walter (1953).
432 Manderscheid und Sonnenschein (1994).
433 Dieser Absatz basiert auf Kramer (1993).
434 Klein (1981).
435 *Diagnostic and Statistical Manual of Mental Disorders* (1994).
436 Manderscheid und Sonnenschein (1994).
437 Öhman (1992); Epstein (1972).
438 Öhman (1992); Lader und Marks (1973).
439 Zuckerman (1991).
440 Ibid.
441 Freud rechnete die Dysthymie und somatoforme Störungen zur Angst. DSM IV rechnet die Dysthymie zusammen mit der depressiven Störung zu den affektiven Störungen und hat für somatoforme Störungen eine eigene Klassifikation.
442 Die folgenden kurzen Beschreibungen von Angststörungen gehen auf die ausführlicheren Beschreibungen des DSM IV zurück.
443 Öhman (1992).
444 Breuer und Freud, zitiert in Erdelyi (1985).
445 Erdelyi (1985).
446 Für mein Argument, daß sich in Angststörungen die Operation des Furchtsystems des Gehirns äußert, braucht die Furchtkonditionierungs-Theorie der Angst nicht zuzutreffen. Da das meiste, was wir über das Furchtsystem wissen, aber aus Untersuchungen der Furchtkonditionierung stammt, ist meine Aufgabe sehr viel einfacher, wenn ich Furchtkonditionierungs-Erklärungen der Angst nutzen kann. Wie die folgende Diskussion hoffentlich zeigen wird, ist die Konditionierungstheorie wirklich plausibel.
447 Einen Überblick über diese Geschichte bietet das 2. Kapitel.
448 Watson und Rayner (1920).
449 Watsons Position wird dargestellt von Eysenck (1979).
450 Thorndike (1913); Skinner (1938); Hull (1943); Tolman (1932).
451 Mowrer (1939).
452 Ibid.
453 Ibid.
454 N. E. Miller (1948).
455 Dieses Experiment wurde beschrieben von Hall und Lindzey (1957).

456 Dollard und Miller (1950).

457 Diese Behauptung wurde von Hall und Lindzey (1957) getroffen.

458 Dollard und Miller (1950).

459 Freud (1909).

460 Wolpe und Rachman (1960).

461 Eysenck und Rachman (1965).

462 Seligman (1971).

463 Besprochen von Seligman (1971).

464 Mineka et al. (1984).

465 Bandura (1969).

466 Öhman (1992).

467 Jacobs und Nadel (1985).

468 Ibid.

469 Für einen Überblick über die Nebennierensteroid-Reaktion auf Streß siehe J. A. Gray (1987); McEwen und Sapolsky (1995).

470 Jacobson und Sapolsky (1991).

471 Diamond und Rose (1994); Diamond und Rose (1993); Diamond et al. (1994); Luine (1994).

472 Shors et al. (1990); Pavlides, Watanabe und McEwen (1993); Diamond et al. (1994); Diamond und Rose (1994).

473 McNally et al. (1995); Bremner et al. (1993); Newcomer et al. (1994); Wolkowitz, Reuss und Weingartner (1990); McEwen und Sapolsky (1995).

474 McEwen (1992).

475 Bekkers und Stevens (1989); Coss und Perkel (1985); Koch, Zador und Brown (1992).

476 Sapolsky (1990); Uno et al. (1989).

477 McKittrick et al. (1995); Blanchard et al. (1995).

478 Bremner et al. (1995).

479 McEwen und Sapolsky (1995).

480 Diamond und Rose (1994); Diamond et al. (1993); Diamond et al. (1994); Luine (1994).

481 Wichtig ist der Hinweis, daß eine Schädigung des Hippocampus sowohl zu retrograder als auch zu anterograder Amnesie führen kann. Dies ist wichtig, weil es einige Zeit dauert, bis die Steroide sich angereichert haben und sich auswirken. Der Hippocampus könnte also durchaus an den ersten Phasen der Gedächtnisbildung mitwirken, während das Trauma gerade beginnt und die Anreicherung der Steroide noch etwas dauert. Ist der Hippocampus dann behindert, können die Effekte eintreten und auch die Verfestigung der Erinnerungen unterbinden, die zu Beginn des Traumas auftraten.

482 Loftus und Hoffman (1989); Loftus et al. (1989); Loftus (1993).

483 Erdelyi (1984).

484 Dalí (1948).

485 Makino, Gold und Schulkin (1994); Swanson und Simmons (1989).

486 Corodimas et al. (1994).

487 Servatius und Shors (1994).

488 Jacobs und Nadel (1985).

489 LeDoux, Romanski und Xagoraris (1989).

490 Amaral et al. (1992).

491 Morgan, Romanski und LeDoux (1993).

492 Luria (1966); Fuster (1989); Nauta (1971); Damasio (1994); Stuss (1991); Petrides (1994); Shimamura (1995); Milner (1964).

493 Morgan, Romanski und LeDoux (1993).

494 Morgan und LeDoux (1995).

495 Thorpe, Rolls und Maddison (1983); Rolls (1985); Rolls (1992b).

496 Damasio (1994); Stuss (1991); Luria (1966); Fuster (1989); Nauta (1971).

497 Dorio, Viau und Meaney (1989).

498 LeDoux, Romanski und Xagoraris (1989).

499 Bouton und Peck (1989); Bouton und Swartzentruber (1991); Bouton (1994).

500 Jacobs und Nadel (1985).

501 Quirk, Repa und LeDoux (1995).

502 Hebb (1949).

503 Shalev, Rogel-Fuchs und Pitman (1992).

504 Kramer (1993).

505 Über die generalisierte Angststörung und Zwangsstörung werde ich relativ wenig zu sagen haben. Für eine Theorie der generalisierten Angst siehe J. A. Gray (1982). Und für eine Kritik seiner Theorie, speziell der Tatsache, daß die Theorie für die Amygdala keine größere Rolle bei der Angst vorsieht, siehe LeDoux (1993). Es verdient aber festgehalten zu werden, daß Neil McNaughton und Gray, ausgehend von den umfangreichen, seit 1982 zusammengetragenen Forschungsergebnissen, derzeit an einer Revision von *The Neuropsychology of Anxiety* arbeiten, die der Amygdala eine bedeutendere Rolle einräumen wird.

506 Blanchard et al. (1991).

507 Bordi und LeDoux (1992).

508 Natürlich spielt die angeborene Bereitschaft, auf bestimmte Reize zu reagieren, vermutlich ebenso eine Rolle wie bisher Gelerntes über Reize, die für die Art wichtig sind.

509 Rolls (1992a); Allman und Brothers (1994).

510 Öhman (1992).

511 Charney et al. (1993); Kolb (1987).

512 Charney et al. (1993).

513 Kolb (1987).

514 Charney et al. (1993); Shalev, Rogel-Fuchs und Pitman (1992).

515 *Diagnostic and Statistical Manual of Mental Disorders* (1987).

516 *Diagnostic and Statistical Manual of Mental Disorders* (1987); Öhman (1992).

517 *Diagnostic and Statistical Manual of Mental Disorders* (1987).

518 Margraf, Ehlers und Roth (1986b); Margraf, Ehlers und Roth (1986a); Klein (1993).

519 Ehlers und Margraf (1987).

520 Ackerman und Sachar (1974); Margraf, Ehlers und Roth (1986b); Wolpe (1988).

521 Ackerman und Sachar (1974); Margraf, Ehlers und Roth (1986b); Wolpe (1988).

522 Margraf, Ehlers und Roth (1986a).

523 Ibid.

524 Klein (1993).

525 Wolpe (1988).

526 Benarroch et al. (1986); Ruggiero et al. (1991).

527 Ruggiero et al. (1991).

528 Cechetto und Calarescu (1984).

529 J. A. Gray (1982); J. A. Gray (1987); Sarter und Markowitsch (1985); LeDoux (1993); Isaacson (1982).

530 J. A. Gray (1982); Nagy, Zambo und Decsi (1979).

531 J. A. Gray (1982).

532 Die kognitive Therapie versucht, pathologische Emotionen durch Veränderung

von Bewertungen und Gedanken zu überwinden. Repräsentative kognitive Ansätze für Phobien und andere Angststörungen sind: Lang (1979); Lang (1993); Koa und Kozak (1986); Beck und Emery (1985).

533 Reid (1989).

534 Darstellung nach Erdelyi (1985).

535 Erdelyi (1985).

536 Falls, Miserendino und Davis (1992).

537 Amaral et al. (1992).

9
Noch einmal mit Gefühlen

538 Spinoza (1955).

539 Nabokov (1966).

540 Gefühle sind die subjektiven Erlebnisse, an denen wir unsere Emotionen erkennen, und aus der Sicht der Person, die das Gefühl erlebt, sind sie das Echtheitssiegel einer Emotion. Nicht alle Gefühle sind Emotionen, aber alle bewußten emotionalen Erlebnisse sind Gefühle. Diesen Sachverhalt stellt Damasio (1994) klar.

541 Zwar haben einige Wissenschaftler andere Aspekte der Emotionen als deren bewußte Eigenschaften erforscht, doch waren sie in der Minderheit, und am Ende haben auch sie sich vorwiegend mit den bewußten Aspekten befaßt. Zu den Theoretikern, die unbewußte Prozesse berücksichtigten, gehören Izard (1992b); Zajonc (1980); Ekman (1980); Mandler (1975); Mandler (1992).

542 Churchland (1984); Boring (1950); Gardner (1987); Jackendorff (1987); Rorty (1979); Searle (1992); Eccles (1990); Picton und Stuss (1994); Chalmers (1996); Humphrey (1992).

543 Es gibt natürlich Ausnahmen. Siehe Anmerkung 541 oben.

544 Siehe 2. Kapitel.

545 Siehe das 2. und 3. Kapitel.

546 Diese Aussage wirft ebenso viele Fragen auf, wie sie beantwortet, und sie löst auf keinen Fall das Problem, wie bewußte emotionale Erlebnisse im Gehirn zustande kommen. Sie leistet jedoch zwei andere wichtige Dienste. Erstens liefert sie eine begriffliche Formulierung dessen, was ein emotionales Erlebnis ist. Zweitens zeigt sie, daß wir in der Frage, woher bewußte Emotionen kommen, nicht schlechter dran sind als in der Frage, woher bewußte Wahrnehmungen oder Erinnerungen kommen. Dies ist eine wichtige Einsicht, denn damit wird die Emotion erstmals seit dem Aufkommen des Behaviorismus als wissenschaftliches Thema mit anderen Aspekten des Geistes gleichgestellt.

547 Die Frage des Bewußtseins wird u.a. erörtert in: Dennett (1991); Johnson-Laird (1988); Minsky (1985); Penrose (1989); Humphrey (1992); Gazzaniga (1992); Shallice (1988); Kinsbourne (1988); Churchland (1988); Posner und Snyder (1975); Shiffrin und Schneider (1977); Baars (1988); Kosslyn und Koenig (1992); Mandler (1988); Norman und Shallice (1980); Churchland (1984); Jackendorff (1987); Rorty (1979); Searle (1992); Eccles (1990); Picton und Stuss (1994); Harnad (1982); Hirst (1994); Chalmers (1996); Velams (1991); Dennett und Kinsbourne (1992); Crick (1995); Sperry (1969); Marcel und Bisiach (1988); Crick und Koch (1992); Edelman (1989).

548 Eine Reihe neuerer Theorien (von denen einige im Text beschrieben werden) nimmt an, daß die Dinge, deren wir uns bewußt sind, die Inhalte des Arbeitsgedächt-

nisses sind. Bei allen Unterschieden ist den Theorien des Arbeitsgedächtnisses die Annahme gemeinsam, daß ein Befehls- oder Überwachungsmechanismus für die Konzentration der Aufmerksamkeit sorgt, so daß das, worauf man sich konzentriert, dasjenige ist, woran das Arbeitsgedächtnis arbeitet. Ich mache mir die Arbeitsgedächtnis-Theorie des Bewußtseins zu eigen, nicht weil ich glaube, daß sie das Bewußtsein vollständig erklärt, sondern weil ich glaube, daß sie uns einen Rahmen bietet, in dem sich zeigen läßt, wie Gefühle entstehen. Ich werde ein Gefühl definieren als die Repräsentation der Aktivität eines emotionalen Verarbeitungssystems im Arbeitsgedächtnis. Sollte sich die Arbeitsgedächtnis-Theorie als unzureichend erweisen, läßt sich dieser Rahmen leicht auf einen anderen Rahmen übertragen.

549 Baddeley (1982).

550 Baddeley und Hitch (1974); Baddeley (1992).

551 Miller (1956).

552 Baars (1988).

553 Kosslyn und Koenig (1992).

554 Jacobsen und Nissen (1937).

555 Preuss (1995).

556 Fuster (1989); Goldman-Rakic (1987); Goldman-Rakic (1993); Wilson, Scalaidhe und Goldman-Rakic (1993).

557 Petrides (1994); Fuster (1989).

558 Petrides et al. (1993); Jonides et al. (1993); Grasby et al. (1993); Schwartz et al. (1995).

559 D'Esposito et al. (1995).

560 Fuster (1989); Goldman-Rakic (1987); Reep (1984); Uylings und van Eden (1990).

561 Fuster (1989); Goldman-Rakic (1987).

562 Van Essen (1985).

563 Ungerleider und Mishkin (1982); Ungerleider und Haxby (1994).

564 Goldman-Rakic (1988).

565 Desimone et al. (1995).

566 Was ich hier vereinfacht dargestellt habe – spezialisierte Kurzzeitgedächtnispuffer in den sensorischen Systemen und ein allgemeiner Arbeitsgedächtnis-Mechanismus im präfrontalen Kortex –, verhält sich in Wirklichkeit etwas komplizierter. Der präfrontale Kortex scheint Regionen aufzuweisen, die selbst bis zu einem gewissen Grad auf spezifische Arbeitsgedächtnis-Funktionen spezialisiert sind. Das ändert jedoch nichts daran, daß der präfrontale Kortex an den allgemeinen oder exekutiven Aspekten des Arbeitsgedächtnisses beteiligt ist; denn nur einige Zellen erfüllen in diesen Bereichen spezialisierte Aufgaben. Vielleicht wird die Gesamtaktivität des Arbeitsgedächtnisses durch Wechselwirkung zwischen den nichtspezialisierten Zellen in verschiedenen Bereichen koordiniert. Es wäre möglich, daß die Überwachungsfunktionen des präfrontalen Kortex durch Zellen vermittelt werden, die über die verschiedenen präfrontalen Subsysteme verteilt sind, und nicht durch Zellen, die sich in einer bestimmten Region häufen.

567 Wilson, Scalaidhe und Goldman-Rakic (1993).

568 Untersucht wurde jeweils eine Gedächtnisart, statt die verschiedenen Arten von Gedächtnis miteinander konkurrieren zu lassen.

569 Petrides (1994).

570 D'Esposito et al. (1995); Corbetta et al. (1991); Posner und Petersen (1990).

571 Goldman-Rakic (1988); Fuster (1989).

572 Posner (1992).

573 Gaffan, Murray und Fabre-Thorpe (1993).

574 Thorpe, Rolls und Maddison (1983); Rolls (1992b); Ono und Nishijo (1992).

575 Damasio (1994).

576 Kosslyn und Koenig (1992); Shimamura (1995).

577 Williams (1964).

578 Kosslyn und Koenig (1992).

579 Kihlstrom (1987).

580 Johnson-Laird (1988).

581 Baars (1988).

582 Shallice (1988); Posner und Snyder (1975); Shiffrin und Schneider (1977); Norman und Shallice (1980).

583 Unter bestimmten Bedingungen kann das Bewußtsein jedoch geteilt sein: Hirst et al. (1980); Kihlstrom (1984).

584 Darstellung nach Dennett (1991).

585 Newell, Rosenbloom und Laird (1989); Newell und Simon (1972).

586 Johnson-Laird (1988).

587 Smolensky (1990); Rumelhart et al. (1988).

588 Johnson-Laird (1988).

589 Daß dem Bewußtsein eine symbolische Architektur zugrunde liegt, ist ein wenig kontraintuitiv, da die Kognitionswissenschaft zwar von dem Ansatz der Symbolmanipulation ausgegangen ist, sich aber überwiegend mit unbewußten Prozessen befaßt hat. Wir sind uns jedoch nicht der Prozesse bewußt, in denen Symbole manipuliert werden, sondern nur des Resultats der Manipulationen. Symbolmanipulation mag vielleicht die Architektur des Bewußtseins sein, doch besteht noch eine Lücke zwischen der symbolischen Repräsentation und dem bewußten Wahrnehmen. Und das ist das große Fragezeichen bezüglich des Bewußtseins.

590 Johnson-Laird (1988).

591 Tom Nagels Überlegung, wie es ist, eine Fledermaus zu sein, gehört hierher; Nagel (1974).

592 Für eine Diskussion des Unterschieds zwischen phänomenalem Bewußtsein und Zugangsbewußtsein siehe Jackendorff (1987); N. Block (1995).

593 Hier geht es darum, was geschieht, wenn eine Schlange ein mächtiger emotionaler Reiz für Sie ist, und nicht um die Art und Weise, wie emotionale Potenz erzeugt wird (emotionales Lernen in neutralen und von der Evolution vorbereiteten Situationen wurde in früheren Kapiteln behandelt).

594 Sollten Sie jedoch früher Kaninchen in Verbindung mit einem Trauma oder Streß erlebt haben, könnte auch das Kaninchen als auslösender Reiz dienen, der die Amygdala und ihre Outputs aktiviert.

595 Amaral et al. (1992).

596 Moruzzi und Magoun (1949).

597 Hobson und Steriade (1986); McCormick und Bal (1994).

598 Dies gilt für die Erregung in Wachzuständen. Erregung tritt auch im Schlaf auf, besonders im Traum- oder REM-Schlaf. In diesem Fall wird der Kortex unempfänglich für äußere Reize und ist auf innere Reize konzentriert (Hobson und Steriade [1986]; McCormick und Bal [1994]).

599 In der Psychologie ist dies allgemein unter dem Namen Yerkes-Dodson-Gesetz bekannt.

600 Kapp et al. (1992); Weinberger (1995).

601 Wechselwirkungen der Amygdala mit Erregungssystemen im Hirnstamm werden beschrieben in LeDoux (1995); Gallagher und Holland (1994).

602 Kapp et al. (1992).

603 Es hat tatsächlich den Anschein, daß der Kortex sich selbst erregt, da sensorische

Reize zunächst zum Kortex wandern und anschließend zum Hirnstamm geschickt werden; diese Inputs aktivieren dann das Erregungssystem, das daraufhin den Kortex erregt (Lindsley [1951]).

604 Ekman, Levenson und Friesen (1983); R. W. Levenson (1992).

605 Tomkins (1962).

606 Izard (1971); Izard (1992a).

607 Damasio (1994).

608 Hohmann (1966).

609 Bemond, Nieuwenhuyse, Fasotti und Schuerman (1991).

610 Auch wurden die Patienten nicht während emotionaler Erlebnisse getestet, sondern gebeten, sich an frühere Emotionen zu erinnern. Dieser Ansatz ist, wie wir im 2. und 3. Kapitel gesehen haben, mit Problemen behaftet.

611 James (1890).

612 Ekman (1992b); Ekman (1993); Adelman und Zajonc (1989).

613 Es gibt inzwischen mehrere Patienten mit Amygdalaschaden (Adolphs et al. [1995]; Bechara et al. [1995]; Young et al. [1995]). Sie haben jedoch eine angeborene Störung. Wird das Gehirn in jungen Jahren beschädigt, gibt es zahlreiche kompensatorische Mechanismen. Ist zum Beispiel die Sehrinde beschädigt, kann die Hörrinde einen Teil der visuellen Funktionen übernehmen. Man muß sehr vorsichtig sein, negative Befunde bei Patienten mit Entwicklungsstörungen auf die normalen Abläufe im Gehirn zu übertragen.

614 Scherer (1993a); Leventhal und Scherer (1987); Scherer (1984).

615 Pinker (1994).

616 Jerison (1973).

617 Preuss (1995); Reep (1984); Uylings und van Eden (1990).

618 Preuss (1995); Povinelli und Preuss (1995).

619 Gallup (1991).

620 Pinker (1994).

621 Der Zusammenhang zwischen Sprache und Bewußtsein ist kompliziert und umstritten. Während manche vermuten, daß jegliches Denken (und unser Bewußtsein von unseren Gedanken) in einem propositionalen Modus, einer Sprache des Denkens, stattfindet, behaupten andere, Denken könne sich auch in nichtpropositionaler, zum Beispiel bildlicher oder visueller Weise vollziehen. Nach meiner Meinung ist Sprache zwar kein notwendiger Vorläufer des Bewußtseins, doch dank der Sprache (oder zumindest der kognitiven Fähigkeiten, die Sprache ermöglichen) können Menschen eine einzigartige Form von Bewußtsein haben. Das heißt nicht, daß man, um Bewußtsein zu haben, imstande sein muß, zu sprechen oder Sprache zu verstehen. Taubstumme zum Beispiel haben nicht weniger Bewußtsein als die anderen. Sie haben die kognitiven Fähigkeiten, die Sprache und auf Sprache beruhendes Denken möglich machen. Sie können diese Fähigkeiten nur nicht nutzen, um Sprache zu verstehen oder sie selbst zu produzieren.

622 Kihlstrom (1987); LeDoux (1989).

623 Dawkins (1982).

624 Wilde (1909).

Bibliographie

Abelson, R. P. (1963), Computer simulation of »hot« cognition. In *Computer simulation of personality*, S. S. Tomkins und S. Messick, Hgg. (New York: Wiley).

Ackerman, S. und Sachar, E. (1974), The lactate theory of anxiety: A review and reevaluation. *Psychosomatic Medicine* 36, 69–81.

Adelman, P. K. und Zajonc, R. B. (1989), Facial efference and the experience of emotion. *Annual Review of Psychology* 40, 249–280.

Adolphs, R., Tranel, D., Damasio, H. und Damasio, A. R. (1995), Fear and the human amygdala, *Journal of Neuroscience* 15, 5879–5891.

Aggleton, J. P. (1992), *The amygdala: Neurobiological aspects of emotion, memory, and mental dysfunction* (New York: Wiley-Liss).

Aggleton, J. P. und Mishkin, M. (1986), The amygdala. Sensory gateway to the emotions. In *Emotion: Theory, research and experience* (Bd. 3), R. Plutchik und H. Kellerman, Hgg. (Orlando: Academic Press), S. 281–299.

Allman, J. und Brothers, L. (1994), Faces, fear and the amygdala. *Nature* 372, 613–614.

Amaral, D. G. (1987), Memory: Anatomical organization of candidate brain regions. In *Handbook of Physiology. Teil 1: The Nervous System. Bd. 5: Higher Functions of the Brain*, F. Plum, Hg. (Bethesda, MD: American Physiological Society), S. 211–294.

Amaral, D. G., Price, J. L., Pitkänen, A. und Carmichael, S. T. (1992), Anatomical organization of the primate amygdaloid complex. In *The amygdala: Neurobiological aspects of emotion, memory, and mental dysfunction*, J. P. Aggleton, Hg. (New York: Wiley-Liss), S. 1–66.

Anderson, J. R. (1990), *Cognitive psychology and its implications*, 3. Aufl. (New York: Freeman).

Archer, J. (1979), Behavioral aspects of fear. In *Fear in animals and man*, W. Sluckin, Hg. (New York: Van Nostrand Reinhold).

Aristotle (1941), In *The basic works of Aristotle*, R. McKeon, Hg. (New York: Random House).

Armony, J. L., Servan-Schreiber, D., Cohen, J. D. und LeDoux, J. E. (1995), An anatomically constrained neural network model of fear conditioning. *Behavioral Neuroscience* 109, 246–257.

Arnold, M. B. (1960), *Emotion and personality* (New York: Columbia University Press).

Averill, J. (1980), Emotion and anxiety: Sociocultural, biological, and psychological determinants. In *Explaining emotions*, A. O. Rorty, Hg. (Berkeley: University of California Press).

Ayala, E. J. und Valentine, J. W. (1979), *Evolving*. Benjamin Cummings.

Baars, B. J. (1988), *A cognitive theory of consciousness* (New York: Cambridge University Press).

Baddeley, A. (1982), *Your memory: A user's guide* (New York: Macmillan).

Baddeley, A. (1992), Working memory. *Science 255*, 556–559.

Baddeley, A. und Hitch, G. J. (1974), Working memory. In *The psychology of learning and motivation*, Bd. 8, G. Bower, Hg. (New York: Academic Press).

Bandler, R., Carrive, P. und Zhang, S. P. (1991), Integration of somatic and autonomic reactions within the midbrain periaqueductal grey: Viscerotopic, somatotopic and functional organization. *Progress in Brain Research 87*, 269–305.

Bandura, A. (1969), *Principles of behavior modification* (New York: Holt).

Bangs, L. (1978), *Gig* (New York: Gig Enterprises).

Bannerman, D. M., Good, M. A., Butcher, S. P., Ramsay, M. und Morris, R. G. M. (1995), Distinct components of spatial learning revealed by prior training and NMDA receptor blockade. *Nature 378*, 182–186.

Bard, P. (1929), The central representation of the sympathetic system: As indicated by certain physiological observations. *Archives of Neurology and Psychiatry 22*, 230–246.

Bargh, J. A. (1990), Auto-motives: Preconscious determinants of social interaction. In *Handbook of motivation and cognition*, T. Higgins und R. M. Sorrentino, Hgg., S. 93–130 (New York: Guilford).

Bargh, J. A. (1992), Being unaware of the stimulus vs. unaware of its interpretation: Why subliminality per se does matter to social psychology. In *Perception without awareness*, R. Bornstein und T. Pittman, Hgg. (New York: Guilford).

Barnes, C. A. (1995), Involvement of LTP in memory: Are we »searching under the streetlight?« *Neuron 15*, 751–754.

Barnes, C. A., Erickson, C. A., Davis, S. und McNaughton, B. L. (1995), Hippocampal synaptic enhancement as a basis for learning and memory: A selected review of current evidence from behaving animals. In *Brain and memory: Modulation and mediation of neuroplasticity*, J. L. McGaugh, N. M. Weinberger und G. Lynch, Hgg. (New York: Oxford University Press), S. 259–276.

Bartlett, F. C. (1932), *Remembering* (Cambridge: Cambridge University Press).

Bechara, A., Tranel, D., Damasio, H., Adolphs, R., Rockland C. und Damasio, A. R. (1995), Double dissociation of conditioning and declarative knowledge relative to the amygdala and hippocampus in humans. *Science 269*, 1115–1118.

Beck, A. T. und Emery, G. (1985), *Anxiety disorders and phobias: A cognitive prespective* (New York: Basic Books).

Bekkers, J. M. und Stevens, C. F. (1989), NMDA and non-NMDA receptors are co-localized at individual excitatory synapses in cultured rat hippocampus. *Nature 341*, 230–233.

Benarroch, E. E., Granata, A. R., Ruggiero, D. A., Park, D. H. und Reis, D. J. (1986), Neurons of C 1 area mediate cardiovascular responses initiated from ventral medullary surface. *American Physiological Society*, R 932–R 945.

Berger, T. W. (1984), Long-term potentiation of hippocampal synaptic transmission affects rate of behavioral learning. *Science 224*, 627–629.

Bermond, B. und Nieuwenhuyse, B., Fasotti, L. und Schuerman, J. (1995), Spinal cord lesions, peripheral feedback, and intensities of emotional feelings. *Cognition and Emotion 5*, 201–220.

Blanchard, C., Spencer, R. L., Weiss, S. M., Blanchard, R., McEwen, B. S. und Sakai, R. (1995), Visible burrow system as a model of chronic social stress. *Behavioral Neuroendocrinology 20*, 117–139.

Blanchard, D. C. und Blanchard, R. J. (1972), Innate and conditioned reactions to threat in rats with amygdaloid lesions. *Journal of Comparative Physiological Psychology 81*, 281–290.

Blanchard, D. C. und Blanchard, R. J. (1988), Ethoexperimental approaches to the biology of emotion. *Annual Review of Psychology 39*, 43–68.

Blanchard, D. C. und Blanchard R. J. (1989), Experimental animal models of aggression: what do they say about human behaviour? In *Human aggression: Naturalistic approaches*, J. Archer und K. Browne, Hgg. (New York: Routledge), S. 94–121.

Blanchard, R. J. und Blanchard D. C. (1989), Antipredator defensive behaviors in a visible burrow system. *Journal of Comparative Psychology 103*, 70–82.

Blanchard, R. J., Blanchard, D. C. und Fial, R. A. (1970), Hippocampal lesions in rats and their effect on activity, avoidance, and aggression. *Journal of Comparative Physiological Psychology 71 (1)*, 92–102.

Blanchard, R. J. Weiss, S., Agullana, R., Flores, T. und Blanchard, D. C. (1991), Antipredator ultrasounds: Sex differences and drug effects. *Neuroscience Abstracts 17*.

Blanchard, R. J., Yudko, E. B., Rodgers, R. J. und Blanchard, D. C. (1993), Defense system psychopharmacology: An ethological approach to the pharmacology of fear and anxiety. *Behavioural Brain Research 58*, 155–166.

Bliss, T. V. P. und Collingridge, G. L. (1993), A synaptic model of memory: Long-term potentiation in the hippocampus. *Nature 361*, 31–39.

Bliss, T. V. P. und Lomo, T. (1973), Long-lasting potentiation of synaptic transmission in the dentate area of the anaesthetized rabbit following stimulation of the perforant path. *Journal of Physiology 232*, 331–356.

Block, N. (1995), On a confusion about a function of consciousness. *Behavioral and Brain Sciences 18*, 227–287.

Bogen, J. E. und Vogel, P. J. (1962), Cerebral commissurotomy: A case report. *Bulletin of the Los Angeles Neurological Society 27*, 169.

Bolles, R. C. und Fanselow, M. S. (1980), A perceptual-defensive-recuperative model of fear and pain. *Behavioral and Brain Sciences 3*, 291–323.

Bordi, F. und LeDoux, J. (1992), Sensory tuning beyond the sensory system: An initial analysis of auditory properties of neurons in the lateral amygdaloid nucleus and overlying areas of the striatum. *Journal of Neuroscience 12 (7)*, 2493–2503.

Bordi, F. und LeDoux, J. E. (1994a), Response properties of single units in areas of rat auditory thalamus that project to the amygdala. I. Acoustic discharge patterns and frequency receptive fields. *Experimental Brain Research 98*, 261–274.

Bordi, F. und LeDoux, J. E. (1994b), Response properties of single units in areas of rat auditory thalamus that project to the amygdala. II: Cells receiving convergent auditory and somatosensory inputs and cells antidromically activated by amygdala stimulation. *Experimental Brain Research 98*, 275–286.

Boring, E. G. (1950), *A history of experimental psychology* (New York: Appleton-Century-Crofts).

Bornstein, R. F. (1992), Subliminal mere exposure effects. In *Perception without awareness: Cognitive, clinical, and social perspectives*, R. F. Bornstein und T. S. Pittman, Hgg. (New York: Guilford), S. 191–210.

Bourtchouladze, R., Frenguelli, B., Blendy, J., Cioffi, D., Schutz, G. und Silva, A. J. (1994), Deficient long-term memory in mice with a targeted mutation of the cAMP-responsive element binding protein. *Cell 79*, 59–68.

Bouton, M. E. (1994), Conditioning, remembering, and forgetting. *Journal of Experimental Psychology: Animal Behavior Processes 20*, 219–231.

Bouton, M. E. und Peck, C. A. (1989), Context effects on conditioning, extinction, and reinstatement in an appetitive conditioning preparation. *Animal Learning and Behavior 17*, 188–198.

Bouton, M. E. und Swartzentruber, D. (1991), Sources of relapse after extinction in Pavlovian and instrumental learning. *Clinical Psychology Review 11*, 123–140.

Bower, G. (1992), How might emotions affect learning? In *Handbook of emotion and memory: Research and theory*, S.-A. Christianson, Hg. (Hillsdale, NJ: Erlbaum).

Bowers, K. S. (1984), On being unconsciously influenced and informed. In *The unconscious reconsidered*, K. S. Bowers und D. Meichenbaum, Hgg. (New York: Wiley) 227–272.

Bowers, K. S. und Meichenbaum, D. (1984), *The unconscious reconsidered* (New York: Wiley).

Bowlby, J. (1969), *Attachment and Loss: Bd. 1, Attachment* (New York: Basic Books).

Bremner, J. D., Randall, T., Scott, T. M., Brunen, R. A., Seibyl, J. P., Southwick, S. M., Delaney, R. C., McCarthy, G., Charney, D. S. und Innis, R. B. (1995), MRI-based measurement of hippocampal volume in patients with combat-related PTSD. *American Journal of Psychiatry 152*, 973–981.

Bremner, J. D., Scott, T. M., Delaney, R. C., Southwick, S. M., Mason, J. W., Johnson, C. R., Innis, R. B., McCarthy, G. und Charney, D. S. (1993), Deficits in short-term memory in posttraumatic stress disorder. *American Journal of Psychiatry 150*, 1015–1019.

Broca, P. (1978), Anatomie comparée des circonvolutions cérébrales. Le grand lobe limbique et la scissure limbique dans le série des mammifères. *Revue Anthropologique, Reihe 21 21*, 385–498.

Brodal, A. (1982), *Neurological anatomy* (New York: Oxford University Press).

Brown, J. S., Kalish, H. I. und Farber, I. E. (1951), Conditioned fear as revealed by magnitude of startle response to an auditory stimulus. *Journal of Experimental Psychology 41*, 317–328.

Brown, R. und Kulik, J. (1977), Flashbulb memories. *Cognition 5*, 73–99.

Brown, T. H., Chapman, P. F., Kairiss, E. W. und Keenan, C. L. (1988), Long-term synaptic potentiation. *Science 242*, 724–728.

Brown, T. H., Ganong, A. H., Kairiss, E. W., Keenan, C. L. und Kelso, S. R. (1989), Long-term potentiation in two synaptic systems of the hippocampal brain slice. In *Neural models of plasticity*, J. H. Byrne und W. O. Berry, Hgg. (San Diego: Academic Press), S. 266–306.

Bruner, J. (1992), Another look at New Look 1. *American Psychologist 47*, 780–783.

Bruner, J. S. und Postman, L. (1947), Emotional selectivity in perception and reaction. *Journal of Personality 16*, 60–77.

Cacioppo, J. T., Klein, D. J., Berntson, G. G. und Hatfield, E. (1993), The psychophysiology of emotion. In *Handbook of emotions*, M. Lewis und J. M. Haviland, Hgg. (New York: Guilford), S. 119–142.

Cahill, L., Prins, B., Weber, M. und McGaugh, J. L. (1994), Beta-adrenergic activation and memory for emotional events. *Nature 371*, 702–704.

Campbell, B. A. und Jaynes, J. (1966), Reinstatement. *Psychological Review 73*, 478–480.

Campeau, S. und Davis, M. (1995), Involvement of subcortical and cortical afferents to the lateral nucleus of the amygdala in fear conditioning measured with fear-potentiated startle in rats trained concurrently with auditory and visual conditioned stimuli. *Journal of Neuroscience 15*, 2312–2327.

Campeau, S., Liang, K. C. und Davis, M. (1990), Long-term retention of fear-potentiated startle following a short training session. *Animal Learning and Behavior 18 (4)*, 462–468.

Cannon, W. B. (1929), *Bodily changes in pain, hunger, fear, and rage*, Bd. 2 (New York: Appleton).

Carew, T. J., Hawkins, R. D. und Kandel, E. R. (1983), Differential classical conditioning of a defensive withdrawal reflex in Aplysia californica. *Science 219*, 397–400.

Cechetto, D. F. und Calaresu, F. R. (1984), Units in the amygdala responding to activation of carotid baro- and chemoreceptors. *American Journal of Physiology 246*, R832–R836.

Chalmers, D. (1996), The Conscious Mind (New York: Oxford).

Chapman, P. F., Kairiss, E. W., Keenan, C. L. und Brown, T. H. (1990), Long-term synaptic potentiation in the amygdala. *Synapse 6*, 271–278.

Charney, D. S., Deutch, A. V., Krystal, J. H., Southwick, A. M. und Davis, M. (1993), Psychobiologic mechanisms of posttraumatic stress disorder. *Archives of General Psychiatry 50*, 295–305.

Christianson, S.-A. (1989), Flashbulb memories: Special, but not so special. *Memory and Cognition 17*, 435–443.

Christianson, S.-A. (1992a), Eyewitness memory for stressful events: Methodological quandaries and ethical dilemmas. In *Handbook of emotion and memory: Research and theory*, S.-A. Christianson, Hg. (Hillsdale, NJ: Erlbaum).

Christianson, S.-A. (1992b), Remembering emotional events: Potential mechanisms. In *Handbook of emotion and memory: Research and theory*, S.-A. Christianson, Hg. (Hillsdale, NJ: Erlbaum).

Churchland, P. M. (1984), *Matter and consciousness* (Cambridge: MIT Press).

Churchland, P. M. (1988), Reduction and the neurobiological basis of consciousness. In *Consciousness in contemporary science*, A. Marcel und E. Bisiach, Hgg. (Oxford: Clarendon Press).

Churchland, P. S. und Sejnowski, T. J. (1990), In *Neural connections, mental computation*, L. Nadel, L. Cooper, P. Culicover und M. Harnish, Hgg. (Cambridge: MIT Press).

Claparède, E. (1911), Recognition and »me-ness«. In *Organization and pathology of thought* (1951), D. Rapaport, Hg. (New York: Columbia University Press), S. 58–75.

Clugnet, M. C. und LeDoux, J. E. (1990), Synaptic plasticity in fear conditioning circuits: Induction of LTP in the lateral nucleus of the amygdala by stimulation of the medial geniculate body. *Journal of Neuroscience 10*, 2818–2824.

Cohen, D. H. (1980), The functional neuroanatomy of a conditioned response. In *Neural mechanisms of goal-directed behavior and learning*, R. F. Thompson, L. H. Hicks und B. Shvyrkov, Hgg. (New York: Academic Press), S. 283–302.

Cohen, N. J. (1980), *Neuropsychological evidence for a distinction between procedural and declarative knowledge in human memory and amnesia* (San Diego: University of California Press).

Cohen, N. J. und Corkin, S. (1981), The amnestic patient H. M.: Learning and retention of cognitive skills. *Society for Neuroscience Abstracts 7*, 517–518.

Cohen, N. J. und Eichenbaum, H. (1993), *Memory, amnesia, and the hippocampal system* (Cambridge: MIT press).

Cohen, N. J. und Squire, L. (1980), Preserved learning and retention of pattern-analyzing skill in amnesia: Dissociation of knowing how and knowing that. *Science 210*, 207–209.

Collingridge, G. L. und Lester, R. A. J. (1989), Excitatory amino acid receptors in the vertebrate central nervous system. *Pharmacological Reviews 40*, 143–210.

Corbetta, M., Miezin, F. M., Dobmeyer, S., Shulman, G. L. und Petersen, S. E. (1991), Selective and divided attention during visual discriminations of shape, color, and speed: Functional anatomy by positron emission tomography. *Journal of Neuroscience 11*, 2383–2402.

Corkin, S. (1968), Acquisition of motor skill after bilateral medial temporal lobe excision. *Neuropsychologia 6*, 255–265.

Corodimas, K.P. und LeDoux, J.E. (1995), Disruptive effects of posttraining perihinal cortex lesions on conditioned fear: Contributions of contextual cues. *Behavioral Neuroscience 109*, 613–619.

Corodimas, K.P., LeDoux J.E., Gold, P.W. und Schulkin, J. (1994), Corticosterone potentiation of learned fear. *Annals of the New York Academy of Sciences 746*, 392–393.

Coss, R.G., und Perkel, D.H. (1985), The function of dendritic spines: A review of theoretical issues. *Behavioral and Neural Biology 44*, 151–185.

Cotman, C.W., Monaghan, D.T. und Ganong, A.H. (1988), Excitatory amino acid neurotransmission: NMDA receptors and Hebb-type synaptic plasticity. *Annual Review of Neuroscience 11*, 61–80.

Crick, F. (1994), *The Astonishing Hypothesis* (New York: Scribners).

Crick, F. und Koch, C. (1990), Toward a neurobiological theory of consciousness. *The Neurosciences 2*, 263–275.

Crockett, D. (1845), *A narrative of the life of David Crockett* (New York: Nafis & Cornish).

Dali, S. (1976), *The secret life of Salvador Dali* (London: Vision Press).

Damasio, A. (1994), *Descartes' Irrtum: Fühlen, Denken und das menschliche Gehirn* (München: List)

Darwin, C. (1859), *Über die Entstehung der Arten durch natürliche Zuchtwahl oder die Erhaltung der begünstigten Rassen im Kampfe um's Dasein* (Darmstadt: Wissenschaftliche Buchgesellschaft 1988)

Darwin, C. (1872), *Der Ausdruck der Gemütsbewegungen bei dem Menschen und den Tieren* (Nördlingen: Greno 1986).

Davidson, R. (1992), Emotion and affective style: Hemispheric substrates. *Psychological Science 3*, 39–43.

Davis, M. (1992a), The role of amygdala in conditional fear. In *The amygdala: Neurobiological aspects of emotion, memory, and mental dysfunction*, J.P. Aggleton, Hg. (New York: Wiley-Liss), S. 255–306.

Davis, M. (1992b), The role of the amygdala in fear-potentiated startle: Implications for animal models of anxiety. *Trends in Pharmacological Science 13*, 35–41.

Davis, M., Hitchcock, J.M. und Rosen, J.B. (1987), Anxiety and the amygdala: pharmacological and anatomical analysis of the fear-potentiated startle paradigm. In *The psychology of learning and motivation*, Bd. 21, G.H. Bower, Hg. (San Diego: Academic Press), S. 263–305.

Davitz, H.J. (1969), *The language of emotion* (London: Academic Press).

Dawkins, R. (1982), *The extended phenotype: The gene as the unit of selection* (San Francisco: Freeman).

DeLeon, M.J., George, A.E. Stylopoulos, L.A., Smith, G. und Miller, D.C. (1989), Early marker for Alzheimer's disease: The atrophic hippocampus. *Lancet* September 16, 672–673.

Dennett, D.C. (1991), *Philosophie des menschlichen Bewußtseins* (Hamburg: Hoffmann und Campe 1994).

Dennett, D.C. und Kinsbourne, M. (1992), Time and the observer: The where and when of consciousness in the brain. *Behavioral and Brain Sciences, 15*, 183–247.

Descartes, R. (1958), *Philosophical writings*, N.K. Smith, Hg. (New York: Modern Library).

Desimone, R., Miller, E.K., Chelazzi, L. und Lueschow, A. (1995), Multiple memory systems in the visual cortex. In *The cognitive neurosciences,* M. S. Gazzaniga, Hg. (Cambridge: MIT Press), S. 475–486.

de Sousa, R. (1980), The rationality of emotions. In *Explaining emotions,* A. O. Rorty, Hg. (Berkeley: University of California Press).

D'Esposito, M., Detre, J., Alsop, D., Shin, R., Atlas, S. und Grossman, M. (1995), The neural basis of the central executive system of working memory. *Nature 378,* 279–281.

Diagnostic and statistical manual of mental disorders (1994), 4. Aufl. (Washington, D. C.: American Psychiatric Association).

Diamond, D. M. und Rose, G. M. (1993), Psychological stress interferes with working, but not reference, spatial memory. *Society for Neuroscience Abstracts 19,* 366.

Diamond, D. M., Fleshner, M. und Rose, G. M. (1994), Psychological stress repeatedly blocks hippocampal primed burst potentiation in behaving rats. *Behavioural Brain Research 62,* 1–9.

Diamond, D. M., Branch, B. J., Rose, G. M. und Tocco, G. (1994), Stress effects on memory and AMPA receptors are abolished by adrenalectomy. *Society for Neuroscience Abstracts 20,* 1215.

Diamond, D. M., und Rose, G. (1994), Stress impairs LTP and hippocampal-dependent memory. *Annals of the New York Academy of Sciences 746,* 411–414.

Dickinson, E. (1955), The brain (#632). In T. H. Johnson (Hg.) *The Poems of Emily Dickinson* (Cambridge, MA: Belknap).

Diorio, D., Viau, V., und Meaney, M. J. (1993), The role of the medial prefrontal cortex (cingulate gyrus) in the regulation of hypothalamic-pituitaryadrenal responses to stress. *Journal of Neuroscience 13,* 3839–3847.

Dixon, N. F. (1971), *Subliminal perception: The nature of controversy* (London, Düsseldorf u. a.: McGraw-Hill).

Dixon, N. F. (1981), *Preconscious processing* (New York: Wiley).

Doi, T. (1973), *The anatomy of dependence* (Tokyo: Kodansha International).

Dollard, J. C. und Miller, N. E. (1950), *Personality and psychotherapy* (New York: McGraw-Hill).

Dostojewski, F. (1864), *Aufzeichnungen aus dem Kellerloch* (Stuttgart: Philipp Reclam 1984).

Downer, J. D. C. (1961), Changes in visual gnostic function and emotional behavior following unilateral temporal lobe damage in the »split-brain« monkey. *Nature 191,* 50–51.

Dreiser, T. (1900), *Sister Carrie* (New York: Doubleday).

Dudai, Y. (1995), On the relevance of long-term potentiation to learning and memory. In J. L. McGaugh, N. M. Weinberger und G. Lynch, Hgg., *Brain and memory: Modulation and meditation of neuroplasticity* (New York: Oxford University Press).

Duffy, E. (1941), An explanation of »emotional«-phenomena without the use of the concept »emotion«. *Journal of General Psychology 25,* 283–293.

Dyer, M. G. (1987), Emotions and their computations: Three computer models. *Cognition and Emotion 1,* 323–347.

Eagly, A. und Chaiken, S. (1993), *The psychology of attitudes* (Forth Worth: Harcourt Brace Jovanovich).

Ebbesson, S. O. E. (1980), The parcellation theory and its relation to interspecific variability in brain organization, evolutionary and ontogenetic development, and neural plasticity: *Cell and Tissue Resarch 213,* 179–212.

Eccles, J. C. (1990), A unitary hypothesis of mind-brain interaction in the cerebral cortex. *Proceedings of the Royal Society of London 240,* 433–451.

Eckhardt, B. von (1993), *What is cognitive science?* (Cambridge: MIT Press).

Edelman, G. (1989), *The Remembered Present: A Biological Theory of Consciousness* (New York: Basic Books).

Edmunds, M. (1974), *Defence in animals: A survey of anti-predator defences* (New York: Longman).

Ehlers, A. und Margraf, J. (1987), Anxiety induced by false heart rate feedback in patients with panic disorder. *Behaviour Research and Therapy 26*, 1–11.

Eibl-Eibesfeldt, I. und Sutterlin, C. (1990), Fear, defence and aggression in animals and man: Some ethological perspectives. In *Fear and defense*, P. F. Brain, S. Parmigiani, R. Blanchard und D. Mainardi, Hgg. (London: Harwood), S. 381–408.

Eichenbaum, H. und Otto, T. (1992), The hippocampus: What does it do? *Behavioral and Neural Biology 57*, 2–36.

Eichenbaum, H., Otto, T. und Cohen, N. J. (1994), Two functional components of the hippocampal memory system. *Behavioral and Brain Sciences 17*, 449–518.

Ekman, P. (1980), Biological and cultural contributions to body and facial movement in the expression of emotions. In *Explaining emotions*, A. O. Rorty, Hg. (Berkeley: University of California Press).

Ekman, P. (1984), Expression and nature of emotion. In *Approaches to emotion*, K. Scherer und P. Ekman, Hgg. (Hillsdale, NJ: Erlbaum), S. 319–343.

Ekman, P. (1992a), An argument for basic emotions. *Cognition and Emotion 6*, 169–200.

Ekman, P. (1992b), Facial expressions of emotion: New findings, new questions. *Psychological Science, 3*, 34–38.

Ekman, P. (1993), Facial expression and emotion. *American Psychologist 48*.

Ekman, P., Levenson, R. W. und Friesen, W. V. (1983), Autonomic nervous system activity distinguishes among emotions. *Science 221*, 1208–1210.

Epstein, S. (1972), The nature of anxiety with emphasis upon its relationship to expectancy. In *Anxiety: Current trends in theory and research*, C. D. Speilberger, Hg. (New York: Academic Press).

Erdelyi, M. H. (1974), A new look at the new look: Perceptual defense and vigilance. *Psychological Review 81*, 1–25.

Erdelyi, M. H. (1984), The recovery of unconscious (inaccessible) memories: Laboratory studies of hypermnesia. In *The psychology of learning and motivation: Advances in research and theory*, G. Bower, Hg. (New York: Academic Press), S. 95–127.

Erdelyi, M. (1985), *Psychoanalysis: Freud's cognitive psychology* (New York: Freeman).

Erdelyi, M. H. (1992), Psychodynamics and the unconscious. *American Psychologist 47*, 784–787.

Ericcson, K. A. und Simon, H. (1984), *Protocol analysis: Verbal reports as data* (Cambridge: MIT Press).

Eriksen, C. W. (1960), Discrimination and learning without awareness: A methodological survey and evaluation. *Psychological Review 67*, 279–300.

Everitt, B. J. und Robbins, T. W. (1942), Amygdala – ventral striatal interactions and reward related processes. In J. Aggleton (Hg.) *The Amygdala: Neurobiological Aspects of Emotion, Memory and Mental Dysfunction* (New York: Wiley-Liss).

Eysenck, H. J. (1979), The conditioning model of neurosis. *Behavioral and Brain Sciences 2*, 155–199.

Eysenck, H. J. und Rachman, S. (1965), *The causes and cures of neuroses* (San Diego: Knapp).

Falls, W. A., Miserendino, M. J. D. und Davis, M. (1992), Extinction of fear-potentiated startle: Blockade by infusion of an NMDA antagonist into the amygdala. *Journal of Neuroscience 12(3)*, 854–863.

Fanselow, M.S. (1994), Neural organization of the defensive behavior system responsible for fear. *Psychonomic Bulletin and Review 1*, 429–438.

Fanselow, M.S. und Kim, J.J. (1994), Acquisition of contextual Pavlovian fear conditioning is blocked by application of an NMDA receptor antagonist DL-2-amino-5-phosphonovaleric acid to the basolateral amygdala. *Behavioral Neuroscience 108*, 210–212.

Fehr, F.S. und Russell, J.A. (1984), Concept of emotion viewed from a prototype perspective. *Journal of Experimental Psychology, General 113*, 464–486.

Finlay, B. und Darlington, R. (1995), Linked regularities in the development and evolution of mammalian brains. *Science, 1578–1584.

Flew, A. (1964), *Body, mind and death* (New York: Macmillan).

Fodor, J. (1975), *The language of thought* (Cambridge: Harvard University Press).

Fodor, J. (1983), *The modularity of mind* (Cambridge: MIT Press).

Frank, R.H. (1988), *Passions within reason: The strategie role of the emotions* (New York: Norton).

Freeman, W.J. (1994), Role of chaotic dynamics in neural plasticity: *Progress in Brain Research 102*, 319–333.

Freud, S. (1909), The analysis of a phobia in a five-year-old boy. In *Collected papers* (London: Hogarth).

Freud, S. (1925), The unconscious. In *Collected papers* (London: Hogarth).

Freud, S. (1966), *Vorlesungen zur Einführung in die Psychoanalyse*, Studienausgabe, A. Mitscherlich, Hg. (Frankfurt/Main: Fischer).

Frey, U., Huang, Y.-Y. und Kandel, E.R. (1993), Effects of cAMP simulate a late stage of LTP in hippocampal CA1 neurons. *Science 260*, 1661–1664.

Frijda, N. (1986), *The emotions* (Cambridge: Cambridge University Press).

Frijda, N.H. (1993), The place of appraisal in emotion. *Cognition and Emotion 7*, 357–388.

Frijda, N. und Swagerman, J. (1987), Can computers feel? Theory and design of an emotional system. *Cognition and Emotion 1*, 235–257.

Fuster, J.M. (1989) *The prefrontal cortex* (New York: Raven).

Gaffan, D. (1974), Recognition impaired and association intact in the memory of monkeys after transection of the fornix. *Journal of Comparative and Physiological Psychology 86*, 1100–1109.

Gaffan, D. (1992), Amygdala and the memory of reward. In *The amygdala: Neurobiological aspects of emotion, memory, and mental dysfunction*, J.P. Aggleton, Hg. (New York: Wiley-Liss), S. 471–483.

Gaffan, D., Murray, E.A. und Fabre-Thorpe, M. (1993), Interaction of the amygdala with the frontal lobe in reward memory. *European Journal of Neuroscience 5*, 968–975.

Gainotti, G. (1972), Emotional behavior and hemispheric side of the lesion. *Cortex 8*, 41–55.

Galaburda, A.M., Corsiglia, J., Rosen, G.D. und Sherman, G.F. (1987), Planum temporale asymmetry, reappraisal since Geschwind and Levitsky. *Neuropsychologia 25*, 853–868.

Gallagher, M. und Holland, P. (1994), The amygdala complex. Proceedings of the National Academy of Sciences, U.S.A. 91, 11, 771–776.

Gallistel, R. (1980), *The organization of action: A new synthesis* (Hillsdale, NJ: Erlbaum).

Gallup, G. (1991), Toward a comparative psychology of self-awareness: Species limitations and cognitive consequences. In *The self: Interdisciplinary approaches*, J. Strauss und G.R. Goethals, Hgg. (New York: Springer).

361

Gardner, H. (1987), *Dem Denken auf der Spur: der Weg der Kognitionswissenschaft* (Stuttgart: Klett-Cotta 1989).

Gazzaniga, M.S. (1970), *The bisected brain* (New York: Appleton-Century-Crofts).

Gazzaniga, M.S. (1972), One brain – two minds. *American Scientist 60*, 311–317.

Gazzaniga, M.S. (1985), *The social brain* (New York: Basic Books).

Gazzaniga , M.S. (1988), Brain modularity: Towards a philosophy of conscious experience. In *Consciousness in contemporary science*, A.J. Marcel und E. Bisiach, Hgg. (Oxford: Clarendon Press).

Gazzaniga, M.S. (1992), *Nature's mind* (New York: Basic Books).

Gazzaniga, M.S., Bogen, J.E. und Sperry, R.W. (1962), Some functional effects of sectioning the cerebral commissures in man. *Proceedings of the National Academy of Sciences USA 48*, 1765–1769.

Gazzaniga, M.S., Bogen, J.E. und Sperry, R.W. (1965), Cerebral commissurotomy in man: Minor hemisphere dominance for certain visuo-spatial functions. *Journal of Neurosurgery 23*, 394–399.

Gazzaniga, M.S. und LeDoux, J.E. (1978), *The Integrated Mind* (New York: Plenum).

Geertz, H. (1959), The vocabulary of emotion. *Psychiatry 22*, 225–237.

Geschwind, N. (1965), The disconnexion syndromes in animals and man. I. *Brain 88*, 237–294.

Geschwind, N. und Levitsky, W. (1968), Human brain: Left-right asymmetries in temporal speech region. *Science 161*, 186–187.

Gleitman, H. und Holmes, P.A. (1967), Retention of incompletely learned CER in rats. *Psychonomic Science 7*, 19–20.

Gloor, P., Olivier, A. und Quesney, L.F. (1981), The role of the amygdala in the expression of psychic phenomena in temporal lobe seizures. In *The amygdaloid complex*. Y. Ben-Ari, Hg. (New York: Elsevier/North-Holland Biomedical Press), S. 489–498.

Gluck, M.A. und Myers, C.E. (1995), Representation and association in memory: A neurocomputational view of hippocampal function. *Current Directions in Psychological Science 4*, 23–29.

Gold, P.E. (1992), Modulation of memory processing: enhancement of memory in rodents and humans. In L.R. Squire und N. Butters *Neuropsychology of Memory* (New York: Guilford), 402–414.

Goldman, A.I. (1993), The psychology of folk psychology. *Behavioral and Brain Sciences 16*, 15–28.

Goldman-Rakic, P.S. (1988), Topography of cognition: Parallel distributed networks in primate association cortex. *Annual Review of Neuroscience 11*, 137–156.

Goldman-Rakic, P.S. (1987), Circuitry of primate prefrontal cortex and regulation of behavior by representational memory: In *Handbook of physiology. Teil 1: The nervous system*. Bd. 5: *Higher Functions of the Brain*, F. Plum, Hg. (Bethesda, MD: American Physiological Society), S. 373–417.

Goldman-Rakic, P.S. (1993), Working memory and the mind. In *Mind and brain: Readings from Scientific American magazine*, W.H. Freeman, Hg. (New York: Freeman), S. 66–77.

Goleman, D. (1995), *Emotionale Intelligenz* (München: Hanser 1996).

Gould, J.L. (1982), *Ethology: The mechanism and evolution of behavior* (New York: Norton).

Gould, S.J. (1977), *Darwin nach Darwin: naturgeschichtliche Reflexionen* (Frankfurt/M.: Ullstein 1984).

Graff, P., Squire, L.R. und Mandler, G. (1984), The information that amnesic patients do not forget. *Journal of Experimental Psychology: Learning, Memory and Cognition 10*, 16–178.

Grasby, P.M., Firth, C.D., Friston, K.J., Bench, C., Frackowiak, R.S.J. und Dolan, R.J. (1993), Functional mapping of brain areas implicated in auditory-verbal memory function. *Brain 116*, 1–20.

Gray, J.A. (1982), *The neuropsychology of anxiety* (New York: Oxford University Press).

Gray, J.A. (1987), *The psychology of fear and stress,* Bd. 2 (New York: Cambridge University Press).

Gray, T.S., Piechowski, R.A., Yracheta, J.M., Rittenhouse, P.A., Betha, C.L. und van der Kar, L.D. (1993), Ibotenic acid lesions in the bed nucleus of the stria terminalis attenuate conditioned stress induced increases in prolactin, ACTH, and corticosterone. *Neuroendocrinology 57*, 517–524.

Greenberg, N., Scott, M. und Crews, D. (1984), Role of the amygdala in the reproductive and aggressive behavior of the lizard. *Physiology and Behavior 32*, 147–151.

Greenwald, A.G. (1992), New look 3: Unconscious cognition reclaimed. *American Psychologist 47*, 766–779.

Grey Walter, W. (1953), *The living brain* (New York: Norton).

Grossberg, S. (1982), A psychophysiological theory of reinforcement, drive, motivation and attention. *Journal of Theoretical Biology 1*, 286–369.

Guare, J. (1990), *Six degrees of separation* (New York: Random House).

Halgren, E. (1992), Emotional neurophysiology of the amygdala within the context of human cognition. In *The amygdala: Neurobiological aspects of emotion, memory, and mental dysfunction,* J. Aggleton, Hg. (New York: Wiley-Liss), S. 191–228.

Hall, C.S. und Lindzey G. (1957), *Theories of personality* (New York: Wiley).

Hamann, S.B., Stefanacci, L., Squire, L., Adolphs, R., Tranel, D., Damasio, H. und Damasio, A. (1996), Recognizing facial emotion. *Nature 379*, 497.

Harnad, S., (1982), Consciousness: An afterthought. *Cognition and Brain Theory 5*, 29–47.

Harré, R. (1986), *The social construction of emotions* (New York: Blackwell).

Head, H. (1921), Release function in the nervous system. *Proceedings of the Royal Society of London: Biology 92B*, 184–187.

Hebb, D.O. (1946), Emotion in man and animal: An analysis of the intuitive processes of recognition. *Psychological Review 53*, 88–106.

Hebb, D.O. (1949), *The organization of behavior* (New York: Wiley).

Heelas, P. (1986), Emotion talk across cultures. In *The social construction of emotions*, R. Harré, Hg. (New York: Blackwell).

Heidegger, M. (1927), *Sein und Zeit* (Tübingen: Niemeyer 1984).

Heilman, K. und Satz, P., Hgg. (1983), *Neuropsychology of Human Emotion.* (New York: Guilford Press).

Helmstetter, F. (1992), The amygdala is essential for the expression of conditioned hypoalgesia. *Behavioral Neuroscience 106*, 518–528.

Herrick, C.J. (1933), The functions of the olfactory parts of the cerebral cortex. *Proceedings of the National Academy of Sciences USA 19*, 7–14.

Hilgard, E.R. (1980), The trilogy of mind: Cognition, affection, and conation. *Journal of the History of the Behavioral Sciences 16*, 107–117.

Hilton, S.M. (1979), The defense reaction as a paradigm for cardiovascular control. In *Integrative functions of the autonomic nervous system*, C.M. Brooks, K. Koizuni und A. Sato, Hgg. (Tokyo: University of Tokyo Press), S. 443–449.

Hirst, W. (1994), Cognitive aspects of consciousness. In *The cognitive neurosciences*, M.S. Gazzaniga, Hg. (Cambridge: MIT Press).

Hirst, W., Spelke, E.S., Reaves, C.C., Charack, G. und Neisser, U. (1980), Dividing attention without alternation or automaticity. *Journal of Experimental Psychology, General 109*, 98–117.

Hobson, J.A. und Steriade, M. (1986), Neuronal basis of behavioral state control. In Handbook of Physiology. Teil 1: The Nervous System. Bd. 4: *Intrinsic Regulatory Systems of the Brain*. V.B. Mountcastle, Hg. (Bethesda, MD: American Physiological Society), S. 701–823.

Hodes, R.L., Cook, E.W. und Lang, P.J. (1985), Individual differences in autonomic response: Conditioned association or conditioned fear? *Psychophysiology 22*, 545–560.

Hohmann, G.W. (1966), Some effects of spinal cord lesions on experienced emotional feelings. *Psychophysiology 3*.

Horel, J.A., Keating, E.G. und Misantone, L.J. (1975), Partial Kluver-Bucy syndrome produced by destroying temporal neocortex or amygdala. *Brain Research 94*, 347–359.

Hugdahl, K., (1995), Psychophysiology: The Mind-Body Perspective (Cambridge: Harvard University Press).

Hull, C.L. (1943), *Principles of behavior* (New York: Appleton-Century-Crofts).

Humphrey, N. (1992), *A history of the mind* (New York: Simon & Schuster).

Ionescu, M.D. und Erdelyi, M.H. (1992), The direct recovery of subliminal stimuli. In *Perception withouth awareness: Cognitive, clinical, and social perspectives*, R.F. Bornstein und T.S. Pittman, Hgg. (New York: Guilford), S. 143–169.

Isaacson, R.L. (1982), The limbic system (New York: Plenum).

Iversen, S. (1976), Do temporal lobe lesions produce amnesia in animals? *International Review of Neurobiology 19*, 1–49.

Izard, C.E. (1971), *The face of emotion* (New York: Appleton-Century-Crofts).

Izard, C.E. (1977), *Human emotions* (New York: Plenum).

Izard, C.E. (1992a), Basic emotions, relations among emotions, and emotion-cognition relations. *Psychological Review 99*, 561–565.

Izard, C.E. (1992b), Four systems for emotion activation: Cognitive and noncognitive. *Psychological Review 100*, 68–90.

Jackendoff, R. (1987), *Consciousness and the computational mind* (Cambridge: Bradford Books, MIT Press).

Jacobs, W.J. und Nadel, L. (1985), Stress-induced recovery of fears and phobias. *Psychological Review 92*, 512–531.

Jacobsen, C.F. und Nissen, H.W. (1937), Studies of cerebral function in primates: IV. The effects of frontal lobe lesions on the delayed alternation habit in monkeys. *Journal of Comparative and Physiological Psychology 23*, 101–112.

Jacobsen, L. und Sapolsky, R. (1991), The role of the hippocampus in feedback regulations of the hypothalamic-pituitary-adrenocortial axis. *Endocrine Reviews 12(2)*, 118–134.

Jacoby, L.L., Toth, J.P., Lindsay, D.S. und Debner, J.A. (1992), Lectures for a layperson: Methods for revealing unconscious processes. In *Perception without awareness: Cognitive, clinical, and social perspectives*, R.F. Bornstein und T.S. Pittman, Hgg. (New York: Guilford), S. 81–120.

James, W. (1884), What is an emotion? *Mind 9*, 188–205.

James, W. (1890), *Principles of psychology* (New York: Holt).

Jarrell, T.W., Gentile, C.G., Romanski, L.M., McCabe, P.M. und Schneiderman, N. (1987), Involvement of cortical and thalamic auditory regions in retention of differential bradycardia conditioning to acoustic conditioned stimuli in rabbits. *Brain Research 412*, 285–294.

Jaynes, J. (1976), *The origin of consciousness in the breakdown of the bicameral mind* (Boston: Houghton Mifflin).

Jerison, H. (1973), *Evolution of brain and intelligence* (New York: Academic Press).

John, E.R. (1972), Switchboard versus statistical theories of learning. *Science 177*, 850–864.

Johnson-Laird, P.N. (1988), *Der Computer im Kopf: Formen und Verfahren der Erkenntnis* (München: dtv 1996).

Johnson-Laird, P.N. und Oatley, K. (1992), Basic emotions, rationality, and folk theory. *Cognition and Emotion 6*, 201–223.

Jones, B. und Mishkin, M. (1972), Limbic lesions and the problem of stimulus-reinforcement associations. *Experimental Neurology 36*, 362–377.

Jonides, J., Smith, E.E., Keoppe, R.A., Awh, E., Minoshima, S. und Mintun, M.A. (1993), Spatial working memory humans as revealed by PET. *Nature 363*, 623–625.

Kaada, B.R. (1960), Cingulate, posterior orbital, anterior insular and temporal pole cortex. In *Handbook of physiology. Teil 1, Bd. 2: Neurophysiology*, J. Field, H.J. Magoun und V.E. Hall, Hgg. (Washington, D.C.: American Physiological Society), S. 1345–1372.

Kaada, B.R. (1967), Brain mechanism related to aggressive behavior. In *Aggression and defense – Neural mechanisms and social patterns*, C. Clemente und D.B. Lindsley, Hgg. (Berkeley: University of California Press), S. 95–133.

Kagan, J. und Snidman, N. (1991), Infant predictors of inhibited and uninhibited profiles. *Psychological Science 2*, 40–43.

Kahneman, D., Slovic, P. und Tversky, A. (1982), *Judgement under uncertainty: Heuristics and biases* (Cambridge: Cambridge University Press).

Kandel, E. und Schwartz, J. (1982), Molecular biology of an elementary form of learning: Modulation of transmitter release by cAMP. *Science 218*, 433–443.

Kandel, E.R. (1989), Genes, nerve cells, and the remembrance of things past. *Journal of Neuropsychiatry*, 103–125.

Kapp, B.S., Whalen, P.J., Supple, W.F. und Pascoe, J.P. (1992), Amygdaloid contributions to conditional arousal and sensory information processing. In *The amygdala: Neurobiological aspects of emotion, nemory, and mental dysfunction*, J.P. Aggleton, Hg. (New York: Wiley-Liss).

Kapp, B.S., Frysinger, R.C., Gallagher, M. und Haselton, J. (1979), Amygdala central nucleus lesions: Effect on heart rate conditioning in the rabbit. *Physiology and Behavior 23*, 1109–1117.

Kapp, B.S., Pascoe, J.P. und Bixler, M.A. (1984), The amygdala: A neuroanatomical systems approach to its contributions to aversive conditioning. In *Neuropsychology of memory*, N. Buttlers und L.R. Squire, Hgg. (New York: Guilford), S. 473–488.

Kapp, B.S., Wilson, A., Pascoe, J., Supple, W. und Whalen, P.J. (1990), A neuroanatomical systems analysis of conditioned bradycardia in the rabbit. In *Learning and computational neuroscience: Foundations of adaptive networks.*, M. Gabriel und J. Moore, Hgg. (Cambridge: MIT Press), S. 53–90.

Karten, H.J. und Shimizu, T. (1991), Are visual hierarchies in the brains of the beholders? Constancy and variability in the visual system of birds and mammals. In *The changing visual system*, P. Bagnoli und W. Hodos, Hgg. (New York: Plenum), S. 51–59.

Keating, G.E., Kormann, L.A. und Horel, J.A. (1970), The behavioral effects of stimulating and ablating the reptilian amygdala (Caiman sklerops). *Physiology and Behavior 5*, 55–59.

Kelley, G.A. (1963), Discussion: Aldous, the personable computer. In *Computer simulation of personality: Frontier of psychological theory*, S.S. Tomkins und S. Messick, Hgg. (New York: Wiley).

Kierkegaard, S. (1844), *The concept of dread* (Princeton: Princeton University Press).

Kihlstrom, J. F. (1984), Conscious, subconscious, unconscious: A cognitive perspective. In *The unconscious reconsidered,* K. S. Bowers und D. Meichenbaum, Hgg. (New York: Wiley), S. 149–211.

Kihlstrom, J. F. (1987), The cognitive unconscious. *Science 237,* 1445–1452.

Kihlstrom, J. F., Barnhardt. T. M. und Tataryn, D. J. (1992a), Implicit perception. In *Perception without awareness: Cognitive, clinical, and social perspecitves,* R. F. Bornstein und T. S. Pittman, Hgg. (New York: Guilford), S. 17–54.

Kihlstrom, J. F., Barnhardt, T. M. und Tatryn, D. J. (1992b), The psychological unconscious: Found, lost, regained. *American Psychologist 47,* 788–791.

Kim, J. J. und Fanselow, M. S. (1992), Modality-specific retrograde amnesia of fear. *Science 256,* 675–677.

Kinsbourne, M. (1988), Integrated field theory of consciousness. In *Consciousness in contemporary science,* A. Marcel und E. Bisiach, Hgg. (Oxford: Oxford University Press).

Klein, D. (1981), Anxiety reconceptualized. In *New research and changing concepts,* D. Klein und J. Rabkin, Hgg. (New York: Raven).

Klein, D. F. (1993), False suffocation alarms, spontaneous panics, and related conditions: An integrative hypothesis. *Archives of General Psychiatry 50,* 306–317.

Kleinginna, P. R. und Kleinginna, A. M. (1985), Cognition and affect: A reply to Lazarus and Zajonc. *American Psychologist 40,* 470–471.

Klüver, H. und Bucy, P. C. (1939), Preliminary analysis of functions of the temporal lobes in monkeys. *Archives of neurology and Psychiatry 42,* 979–1000.

Klüver, H. und Bucy, P. C. (1937), »Psychic blindness« and other symptoms following bilateral temporal lobectomy in rhesus monkeys. *American Journal of Physiology 119,* 352–353.

Koa, E. B. und Kozak, E. J. (1986), Emotional processing of fear: Exposure to corrective information. *Psychological Bulletin 99,* 20–35.

Koch, C., Zador, A. und Brown, T. H. (1992), Dendritic spines: Convergence of theory and experiment. *Science 256,* 973–974.

Kolb, L. C. (1987), A neuropsychological hypothesis explaining posttraumatic stress disorders. *American Journal of Psychiatry 144,* 989–995.

Kosslyn, S. M. (1980), *Image and mind* (Cambridge: Harvard University Press).

Kosslyn, S. M. (1983), *Ghosts in the mind's machine* (New York: Norton).

Kosslyn, S. M. und Koenig, O. (1992), *Wet mind: The new cognitive neuroscience* (New York: Macmillan).

Kotter, R. und Meyer, N. (1992), The limbic system: a review of its empirical foundation. *Behavioural Brain Research 52,* 105–127.

Kramer, P. (1993), *Glück auf Rezept* (München; Kösel 1995).

Krebs, J. R. (1990), Food-storage birds: Adaptive specialization in brain and behavior? *Philosophical Transactions of the Royal Society. London. Series B: Biological Sciences 329,* 153–160.

Kubie, J. und Ranck, J. (1983), Sensory-behavioral correlates of individual hippocampal neurons in three situations: Space and context. In *The neurobiology of the hippocampus,* W. Seifert, Hg. (New York: Academic Press).

Kubie, J. L., Muller, R. U. und Bostock, E. (1990), Spatial firing properties of hippocampal theta cells. *Journal of Neuroscience 10(4),* 1110–1123.

LaBar, K. S., LeDoux, J. E., Spencer, D. D. und Phelps, E. A. (1995), Impaired fear conditioning following unilateral temporal lobectomy in humans. *Journal of Neuroscience 15,* 6846–6855.

Lader, M. und Marks, I. (1973), *Clinical anxiety* (London: Heinemann).

Lang, P. (1979), A bioinformation theory of emotional imagery. *Psychophysiology 16*, 495–512.

Lang, P. (1993), The network model of emotion: Motivational concerns. In *Advances in social cognition*, R.S. Wyer und T.K. Srull, Hgg. (Hillsdale, NJ: Erlbaum), S. 109–133.

Laroche, S., Doyere, V., Redini-Del Negro, C. und Burette, F. (1995), Neural mechanism of associative memory: Role of long-term potentiation. In *Brain and memory: Modulation and mediation of neuroplasticity,* J.L. McGaugh, N.M. Weinberger und G. Lynch, Hgg. (New York: Oxford University Press), S. 277–302.

Lashley, K.S. (1950a), In search of the engram. *Symposia of the Society for Experimental Biology IV,* 454–482.

Lashley, K. (1950b), The problem of serial order in behavior. In *Cerebral mechanisms in behavior,* L.A. Jeffers, Hg. (New York: Wiley).

Lazarus, R.S. (1966), Psychological stress and the coping process (New York: McGraw Hill).

Lazarus, R.S. (1984), On the primacy of cognition. *American Psychologist, 39,* 124–129.

Lazarus, R.S. (1991), Cognition and motivation in emotion. *American Psychologist 46(4),* 352–367.

Lazarus, R. und McCleary, R. (1951), Autonomic discrimination without awareness. A study of subception. *Psychological Review 58,* 113–122.

LeDoux, J.E. (1985), Brain, mind, and language. In *Brain and mind,* D.A. Oakley, Hg. (London: Methuen).

LeDoux, J.E. (1987), Emotion. In *Handbook of Physiology. Teil 1: The Nervous System. Bd. 5; Higher Functions of the Brain,* F. Plum, Hg. (Bethesda, MD: American Physiological Society), S. 419–460.

LeDoux, J.E. (1989), Cognitive-emotional interactions in the brain. *Cognitition and Emotion 3,* 267–289.

LeDoux, J.E. (1991), Emotion and the limbic system concept. *Concepts in Neuroscience 2,* 169–199.

LeDoux, J.E. (1993), Emotional memory systems in the brain. *Behavioural Brain Research 58,* 69–79.

LeDoux, J.E. (1994), Emotion, memory and the brain. *Scientific American 270,* 32–39.

LeDoux, J.E. (1995), Emotion: Clues from the brain. *Annual Review of Psychology 46,* 209–235.

LeDoux, J.E., Cicchetti, P., Xagoraris, A. und Romanski, L.M. (1990), The lateral amygdaloid nucleus: Sensory interface of the amygdala in fear conditioning. *Journal of Neuroscience 10,* 1062–1069.

LeDoux, J.E., Farb, C.F. und Ruggiero, D.A. (1990), Topographic organization of neurons in the acoustic thalamus that project to the amygdala. *Journal of Neuroscience 10,* 1043–1054.

LeDoux, J.E., Iwata, J., Cicchetti, P. und Reis, D.J. (1988), Different projections of the central amygdaloid nucleus mediate autonomic and behavioral correlates of conditioned fear. *Journal of Neuroscience 8,* 2517–2529.

LeDoux, J.E., Romanski, L.M. und Xagoraris, A.E. (1989), Indelibility of subcortial emotional memories. *Journal of Cognitive Neuroscience 1,* 238–243.

LeDoux, J.E., Sakaguchi, A., Iwata, J. und Reis, D.J. (1986), Interruption of projections from the medial geniculate body to an archi-neostriatal field disrupts the classical conditioning of emotional responses to acoustic stimuli in the rat. *Neuroscience 17,* 615–627.

LeDoux, J.E. Sakaguchi, A. und Reis, D.J. (1984), Subcortical efferent projections of the medial geniculate nucleus mediate emotional responses conditioned by acoustic stimuli. *Journal of Neuroscience 4(3),* 683–698.

Leonardo da Vinci (1939), *The notebooks of Leonardo da Vinci.* (New York: Reynal & Hitchcock).

Levenson, R. W. (1992), Autonomic nervous system differences among emotions. *Psychological Science 3,* 23–27.

Leventhal, H. und Scherer, K. (1987), The relationship of emotion to cognition. A functional approach to a semantic controversy. *Cognition and Emotion 1,* 3–28.

Lindsley, D. B. (1951), Emotions. In *Handbook of Experimental Psychology,* S. S. Stevens, Hg. (New York: Wiley), S. 473–516.

Lisman, J. (1995), What does the nucleus know about memories? *Journal of NIH Research 7,* 43–46.

Loftus, E. (1993), The reality of repressed memories. *American Psychologist 48,* 518–537.

Loftus, E. F., Donders, K., Hoffman, H. G. und Schooler, J. W. (1989), Creating new memories that are quickly accessed and confidently held. *Memory and Cognition 17,* 607–616.

Loftus, E. F. und Hoffman, H. G. (1989), Misinformation and memory: The creation of new memories. *Journal of Experimental Psychology: General 118,* 100–104.

Loftus, E. F. und Klinger, M. R. (1992), Is the unconscious smart or dumb? *American Psychologist 47,* 761–765.

Luine, V. N. (1994), Steroid hormone influences on spatial memory. *Annals of the New York Academy of Sciences 743,* 201–211.

Luria, A. (1966), Higher cortical functions in man (New York: Basic Books).

Lynch, G. (1986), *Synapses, circuits, and the beginnings of memory* (Cambridge: MIT Press).

MacLean, P. D. (1949), Psychosomatic disease and the »visceral brain«. Recent developments bearing on the Papez theory of emotion. *Psychosomatic Medicine 11,* 338–353.

MacLean, P. D. (1952), Some psychiatric implications of physiological studies on frontotemporal portion of limbic system (visceral brain). *Electroencephalography and Clinical Neurophysiology 4,* 407–418.

MacLean, P. D. (1970), The triune brain, emotion and scientific bias. In *The neurosciences: Second study program,* F. O. Schmitt, Hg. (New York: Rockefeller University Press), S. 336–349.

MacLean, P. D. (1990), *The triune brain in evolution: Role in paleocerebral functions* (New York: Plenum).

Madison, D. V., Malenka, R. C. und Nicoll, R. A. (1991), Mechanism underlying long-term potentiation of synaptic transmission. *Annual Review of Neuroscience 14,* 379–397.

Makino, S., Gold, P. W. und Schulkin, J. (1994), Corticosterone effects on corticotropin-releasing hormone mRNA in the central nucleus of the amygdala and the parvocellular region of the paraventricular nucleus of the hypothalamus. *Brain Research 640,* 105–112.

Mancia, G. und Zanchetti, A. (1981), Hypothalamic control of autonomic functions. In *Handbook of the hypothalamus Bd. 3: Behavioral studies of the hypothalamus,* P. J. Morgane und J. Panksepp, Hgg. (New York: Marcel Dekker), S. 147–202.

Manderscheid, R. W. und Sonnenschein, M. A. (1994), *Mental health, United States 1994* (Rockville, MD: U. S. Department of Public Health and Human Services).

Mandler, G. (1975), *Mind and emotion* (New York: Wiley).

Mandler, G. (1988), Memory: Conscious and unconscious. In *Memory: Interdisciplinary approaches,* P. R. Solomon, G. R. Goethals, C. M. Kelly und B. R. Stephens, Hgg. (New York: Springer).

Mandler, G. (1992), Memory, arousal, and mood. In *Handbook of emotion and memory: Research and theory*, S.-A. Christianson, Hg. (Hillsdale, NJ: Erlbaum).

Marcel, A.J. und Bisiach, E. (1988), *Consciousness in contemporary science* (Oxford: Clarendon Press).

Margraf, J., Ehlers A. und Roth, W.T. (1986a), Biological models of panic disorder and agoraphobia – a review. *Behaviour Research and Therapy 24*, 553–567.

Margraf, J., Ehlers, A. und Roth, W.T. (1986b), Sodium lactate infusions and panic attacks: A review and critique. *Psychosomatic Medicine 48*, 23–51.

Mark Twain (1962), *Gesammelte Werke in 5 Bänden*, Klaus-Jürgen Popp, Hg., Bd. 5 (München: Hanser 1985).

Marks, I. (1987), *Fears, phobias, and rituals: Panic, anxiety and their disorders* (New York: Oxford University Press).

Marr, D. (1982), *Vision: A computational investigation into the human representation and processing of visual information* (San Francisco: Freeman).

Mason, J.W. (1968), A review of psychoendocrine research on the sympathetic-adrenal medullary system. *Psychosomatic Medicine 30*, 631–653.

Masson, J.M. und McCarthy, S. (1995), *When elephants weep: The emotional lives of animals* (New York: Delacorte).

Mayford, M., Abel, T. und Kandel, E.R. (1995), Transgenic approaches to cognition. *Current Opinions in Neurobiology 5*, 141–148.

McAllister, W.R. und McAllister, D.E. (1971), Behavioral measurement of conditioned fear. In *Aversive conditioning and learning*, F.R. Brush, Hg. (New York: Academic Press), S. 105–179).

McCabe, P.M., Schneiderman, N., Jarrell, T.W., Gentile C.G., Teich, A.H., Winters, R.W. und Liskowsky, D.R. (1992), Central pathways involved in differential classi-cal conditioning of heart rate responses. In *Learning and memory: The behavioral and biological substrates*, I. Gormenzano, E.A., Hg. (Hillsdale; NJ: Erlbaum). S. 321–346.

McClelland, J.L., McNaughton, B.L. und O'Reilly, R.C. (1995), Why there are complementary learning systems in the hippocampus and neocortex: Insights from the successes and failures of connectionist models of learning and memory. *Psychological Review 102*, 419–457.

McCormick, D.A. und Bal, T. (1994), Sensory gating mechanism of the thalamus. *Current Opinion in Neurobiology 4*, 550–556.

McDonald, K.A. (1995), Scientists rethink anthropomorphism. *The Chronicle of Higher Education*, 24. Februar 1995.

McEwen, B.S. (1992), Paradoxical effects of adrenal steroids on the brain: Protection versus degeneration. *Biological Psychiatry 31*, 177–199.

McEwen, B. und Sapolsky, R. (1995), Stress and cognitive functioning. *Current Opinion in Neurobiology 5*, 205–216.

McGaugh, J.L. (1990), Significance and remembrance: The role of neuromodulatory systems. *Psychological Science 1*, 15–25.

McGaugh, J.L., Cahill, L., Parent, M.B., Mesches, M.H., Coleman-Mesches, K., und Salinas, J.A. (1995), Involvement of the amygdala in the regulation of memory storage. In *Plasticity in the central nervous system: Learning and memory*, J.L. McGaugh, F. Bermudez-Rattoni und R.A. Prado-Alcala, Hgg. (Hillsdale, NJ: Erlbaum).

McGaugh, J.L., Introini-Collison, I.B., Cahill, L.F. Castellano, C., Dalmaz, C., Parent, M.B. und Williams, C.L. (1993), Neuromodulatory systems and memory storage: Role of the amygdala. *Behavioural Brain Research 58*, 81–90.

McGinnies, E. (1949), Emotionality and perceptual defense. *Psychological Review 56*, 244–251.

McKittrick, C., Blanchard, C., Blanchard, R., McEwen, B.S. und Sakai, R. (1995), Serotonin receptor binding in a colony model of chronic social stress. *Biological Psychiatry* 37, 383–393.

McNally, R.J., Lasko, N.B., Macklin, M.L. und Pitman, R.K. (1995), Autobiographical memory disturbance in combat-related posttraumatic stress disorder. *Behavior Research and Therapy 33*, 619–630.

McNaughton, B.L. und Barnes, C.A. (1990), From cooperative synaptic enhancement to associative memory: Bridging the abyss. *Seminars in the Neurosciences 2*, 403–416.

Melville, H. (1930), *Moby Dick* (München: Winkler 1989).

Merikle, P.M. (1992), Perception without awareness. *American Psychologist 47*, 792–795.

Messick, S. (1963), Computer models and personality theory. In *Computer simulation of personality: Frontier of psychological theory*, S.S. Tomkins und S. Mesnick, Hgg. (New York: Wiley), S. 305–317.

Meunier, M., Bachevalier, J., Mishkin, M. und Murray, E.A. (1993), Effects on visual recognition of combined and separate ablations of the entorhinal and perirhinal cortex in rhesus monkeys. *Journal of Neuroscience 13*, 5418–5432.

Miller, G. (1956), The magical number seven, plus or minus two: Some limits on our capacity for processing information. *Psychological Review 63*, 81–97.

Miller, G.A. und Gazzaniga, M.S. (1984), The cognitive sciences. In *Handbook of cognitive neuroscience*, M.S. Gazzaniga, Hg. (New York: Plenum).

Miller, G.A. und Johnson-Laird, P. (1976), *Language and perception* (Cambridge: Cambridge University Press).

Miller, N.E. (1948), Studies of fear as an acquirable drive: I. Fear as motivation and fear reduction as reinforcement in the learning of new responses. *Journal of Experimental Psychology 38*, 89–101.

Milner, B. (1962), Les troubles de la mémoire accompagnant des lésions hippocampiques bilaterales. In *Physiologie de l'hippocampe*, P. Plassouant, Hg. (Paris: Centre de la Recherche Scientifique).

Milner, B. (1964), Some effects of frontal lobectomy in man. In J.M. Warren und K. Akert, Hgg. *The Frontal Granular Cortex and Behavior.* (New York: McGraw-Hill), S. 313–334.

Milner, B. (1965), Memory disturbances after bilateral hippocampal lesions in man. In *Cognitive processes and brain*, P.M. Milner und S.E. Glickman, Hgg. (Princeton: Van Nostrand).

Mineka, S., Davidson, M., Cook, M. und Keir, R. (1984), Observational conditioning of snake fear in rhesus monkeys. *Journal of Abnormal Psychology 93*, 355–372.

Minsky, M. (1985), *Mentopolis* (Stuttgart: Klett-Cotta 1990).

Miserendino, M.J.D., Sananes, C.B., Melia, K.R. und Davis, M. (1990), Blocking of acquisition but not expression of conditioned fear-potentiated startle by NMDA antagonists in the amygdala. *Nature 345*, 716–718.

Mishkin, M. (1978), Memory in monkeys severely impaired by combined but not separate removal amygdala and hippocampus. *Nature 273*, 297–298.

Mishkin, M. (1982), A memory system in the monkey. *Philosophical Transactions of the Royal Society, London, Reihe B: Biological Sciences. 298*, 85–95.

Mishkin, M., Malamut, B. und Bachevalier, J. (1984), Memories and habits: Two neural systems. In *The neurobiology of learning and memory*, J.L. McGaugh, G. Lynch und N.M. Weinberger, Hgg. (New York: Guilford).

Moore, T.E. (1988), The case against subliminal manipulation. *Psychology and Marketing 5*, 297–316.

Morgan, M. und LeDoux, J.E. (1995), Differential contribution of dorsal and ventral medial prefrontal cortex to the acquisition and extinction of conditioned fear. *Behavioral Neuroscience 109*, 681–688.

Morgan, M.A., Romanski, L.M. und LeDoux, J.E. (1993), Extinction of emotional learning: Contribution of medial prefrontal cortex. *Neuroscience Letters 163*, 109–113.

Morris, R.G.M. (1984), Development of a water-maze procedure for studying spatial learning in the rat. *Journal of Neuroscience Methods 11*, 47–60.

Morris, R.G.M., Anderson, E., Lynch, G.S. und Baudry, M. (1986), Selective impairment of learning and blockade of long-term potentiation by and N-methyl-D-asparate receptor antagonist, AP5. *Nature 319*, 774–776.

Morris, R.G.M., Garrard, P., Rawlins, J.N.P. und O'Keefe, J. (1982), Place navigation impaired in rats with hippocampal lesions. *Nature 273*, 297–298.

Morsbach, H. und Tyler, W.J. (1986), A Japanese emotion: Amae. In *The social construction of emotions*, R. Harré, Hg. (New York: Blackwell).

Moruzzi, G. und Magoun, H.W. (1949), Brain stem reticular formation and activation of the EEG. *Electroencephalography and Clinical Neurophysiology 1*, 455–473.

Mowrer, O.H. (1939), A stimulus-response analysis of anxiety and its role as a reinforcing agent. *Psychological Review 46*, 553–565.

Muller, R., Ranck, J. und Taube, J. (1996), Head direction cells: Properties and functional significance. *Current Opinion in Neurobiology* (im Druck).

Murphy, S. und Zajonc, R. (1993), Affect, cognition, and awareness: Affective priming with suboptimal and optimal stimuli. *Journal of Personality and Social Psychology 64*, 723–739

Murray, E.A. (1992), Medial temporal lobe structures contributing to recognition memory: The amygdaloid complex versus the rhinal cortex. In J.P. Aggleton, Hg. *The Amygdala: Neurobiological Aspects of Emotion, Memory, and Mental Dysfunction* (New York: Wiley-Liss, Inc.).

Nabokov, V. (1966), *Erinnerung, sprich* (Reinbek G.H.: Rowohlt 1995).

Nadel, L. und Willner, J. (1980), Context and conditioning: A place for space. *Physiological Psychology 8*, 218–228.

Nagel. T. (1974), What is it like to be a bat? *Philosophical Review 83*, 4435–4450.

Nagy, J., Zambo, K. und Decsi, L. (1979), Anti-anxiety action of diazepam after intraamygdaloid application in the rat. *Neuropharmacology 18*, 573–576

Nauta, W.J.H. (1971), The problem of the frontal lobe: A reinterpretation. *Journal of Psychiatric Research 8*, 167–187.

Nauta, W.J.H. und Karten, H.J. (1970), A general profile of the vertebrate brain, with sidelights on the ancestry of cerebral cortex. In *The neurosciences: Second study program*, F.O. Schmitt, Hg. (New York: Rockefeller University Press). S. 7–26.

Neisser, U. (1976), *Cognition and reality* (San Francisco: Freeman).

Neisser, U. (1967), *Kognitive Psychologie* (Stuttgart: Klett 1974).

Neisser, U. und Harsch, N. (1992), Phantom flashbulbs: False recollections of hearing the news about *Challenger*. In *Affect and accuracy in recall: Studies of »flashbulb« memories*, E. Winograd und U. Neisser, Hgg. (New York: Cambridge University Press).

Newcomer, J.W., Craft, S., Hershey, T., Askins, K. und Bardgett, M.E. (1994), Glucocorticoid-induced impairment in declarative memory performance in adult humans. *Journal of Neuroscience 14*, 2047–2053.

Newell, A. (1980), Physical symbol systems. *Cognition 4*, 135–143.

Newell, A., Rosenbloom, P.S. und Laird, J.E. (1989), Symbolic architecture for cognition. In *Foundations of cognitive science*, M. Posner, Hg. (Cambridge: MIT Press).

Newell, A. und Simon, H. (1972), *Human problem solving* (Boston: Little, Brown).

Newman, P.L. (1960), »Wild man« behavior in a New Guinea highlands community. *American Anthropologist 66*, 1–19.

Nicoll, R.A. und Malenka, R.C. (1995), Contrasting properties of two forms of long-term potentiation in the hippocampus. *Nature 377*, 115–118.

Nisbett, R.E. und Wilson, T.D. (1977), Telling more than we can know: Verbal reports on mental processes. *Psychological Review 84*, 231–259.

Norman, D.A. und Shallice, T. (1980), Attention to action: Willed and automatic control of behavior. In *Consciousness and self-regulation*, R.J. Davidson, G.E. Schwartz und D. Shapiro, Hgg. (New York: Plenum).

Northcutt, R.G. und Kaas, J.H. (1995), The emergence and evolution of mammalian neocortex. *Trends in Neuroscience 18*, 373–379.

Nottebohm, F., Kasparian, S. und Pandazis, C. (1981), Brain space for a learned task. *Brain Research 213*, 99–109.

Oatley, K. und Duncan, E. (1994), The experience of emotions in everyday life. *Cognition and Emotion 8*, 369–381.

Öhman, A. (1992), Fear and anxiety as emotional phenomena: Clinical, phenomenological, evolutionary perspectives, and information-processing mechanisms. In *Handbook of the emotions*, M. Lewis und J.M. Haviland, Hgg. (New York: Guilford), S. 511–536.

O'Keefe, J. (1976), Place units in the hippocampus of the freely moving rat. *Experimental Neurology 51*, 78–109.

O'Keefe, J. (1993), Hippocampus, theta, and spatial memory. *Current Opinion in Neurobiology 3*, 917–924.

O'Keefe, J. und Nadel, L. (1978), *The hippocampus as a cognitive map* (Oxford: Clarendon Press).

Olton, D., Becker, J.T. und Handleman, G.E. (1979), Hippocampus, space and memory. *Behavioral and Brain Sciences 2*, 313–365.

Ono, T. und Nishijo, H. (1992), Neurophysiological basis of the Klüver-Bucy syndrome: Responses of monkey amygdaloid neurons to biologically significant objects. In *The amygdala: Neurobiological aspects of emotion, memory, and mental dysfunction*, J.P. Aggleton, Hg. (New York: Wiley-Liss), S. 167–190.

Ortony, A. und Turner, T.J. (1990), What's basic about basic emotions? *Psychological Review 97*, 315–331.

Packard, V. (1957), *The hidden persuaders* (New York: D.M. McKay).

Panksepp, J. (1982), Toward a general psychobiological theory of emotions. *Behavioral and Brain Sciences 5*, 407–467.

Papez, J.W. (1937), A proposed mechanism of emotion. *Archives of Neurology and Psychiatry 79*, 217–224.

Parasuramna, R. und Martin, A. (1994), Cognition in Alzheimer's disease. *Current Opinion in Neurobiology 4*, 237–244.

Pavlides, C., Watanabe, Y. und McEwen, B.S. (1993), Effects of glucocorticoids on hippocampal long-term potentiation. *Hippocampus 3*, 183–192.

Pavlov, I.P. (1927), *Conditioned reflexes* (New York: Dover).

Peffiefer, J. (1955), *The human brain* (New York: Harper & Row).

Penrose, R. (1989), *Computerdenken: des Kaisers neue Kleider oder die Debatte um künstliche Intelligenz, Bewußtsein und die Gesetze der Physik* (Heidelberg: Spektrum der Wiss. 1991).

Peterson E. (1980), Behavioral studies of telencephalic function in reptiles. In: Ebbesson, S.O.E., Hg. *Comparative Neurology of the Telencephalon* (New York: Plenum Press), S. 343–388.

Petrides, M. (1994), Frontal lobes and behaviour. *Current Opinion in Neurobiology 4*, 207–211.

Petrides, M., Alivsatos, B., Meyer, E. und Evans, A.C. (1993), Functional activation of the human frontal cortex during the performance of verbal working memory tasks. *Proceedings of the National Academy of Sciences USA 90*, 878–882.

Phillips, A. (1993), *On kissing, tickling, and being bored: Psychoanalytic essays on the unexamined life* (Cambridge: Harvard University Press).

Phillips, R.G. und LeDoux, J.E. (1992), Differential contribution of amygdala and hippocampus to cued and contextual fear conditioning. *Behavioral Neuroscience 106*, 274–285.

Picton, T.W. und Stuss, D.T. (1994), Neurobiology of conscious experience. *Current Opinion in Neurobiology 4*, 256–265.

Pinker, S. (1994), *The language instinct: How the mind creates language* (New York: Morrow).

Pinker, S. (1995), Language is a human instinct. In *The third culture*, J. Brockman, Hg. (New York: Simon & Schuster).

Pitkänen, A., Stefanacci, L., Farb, C.R., Go, C.-G., LeDoux, J.E. und Amaral, D.G. (1995), Intrinsic connections of the rat amygdaloid complex: Projections originating in the lateral nucleus. *Journal of Comparative Neurology 356*, 288–310.

Plum, F. und Volpe, B.T. (1987), Neuroscience and higher brain function: From myth to public responsibility. In *Handbook of physiology. Teil 1: The nervous system, Bd. 5: Higher Functions of the Brain*, F. Plum, Hg. (Bethesda, MD: American Physiological Society).

Plutchik, R. (1980), Emotion: A psychoevolutionary synthesis (New York: Harper & Row).

Plutchik, R. (1993), Emotions and their vicissitudes: Emotions and psychopathology. In *Handbook of emotions*, M. Lewis und J.M. Haviland, Hgg. (New York: Guilford), S. 53–65.

Posner, M.I. (1990), *Foundations of cognitive science* (Cambridge: MIT Press).

Posner, M. (1992), Attention as a cognitive and neural system. *Current Directions in Psychological Science 1*, 11–14.

Posner, M. und Petersen, S. (1990), The attention system of the human brain. *Annual Review of Neuroscience 13*, 25–42.

Posner, M. und Snyder, C. (1975), Facilitation and inhibition in the processing of signals. In *Attention and performance V*, P. Rabbit und S. Domic, Hgg. (London: Academic Press).

Povinelli, D.J. und Preuss, T.M. (1995), Theory of mind: Evolutionary history of a cognitive specialization. *Trends in Neuroscience 18*, 418–424.

Powell, D.A. und Levine-Bryce, D. (1989), A comparison of two model systems of associative learning: Heart rate and eyeblink conditioning in the rabbit. *Psychophysiology 25*, 672–682.

Preuss, T.M. (1995), Do rats have prefrontal cortex? The Rose-Woolsey-Akert program reconsidered. *Journal of Cognitive Neuroscience 7*, 1–24.

Price, J.L., Russchen, F.T. und Amaral, D.G. (1987), The limbic region. II: The amygdaloid complex. In *Handbook of Chemical Neuroanatomy. Bd. 5: Integrated Systems of the CNS, Teil 1*, A. Bjorklund, T. Hokfelt und L.W. Swanson, Hgg. (Amsterdam: Elsevier), S. 279–388.

Purves, D., White, L.E. und Andrews, T.J. (1994), Manual asymmetry and handedness. *Proceedings of the National Academy of Sciences USA 91*, 5030–5032.

Putnam, H. (1960), Minds and machines. In *Dimensions of mind*, S. Hook, Hg. (New York: Collier).

373

Pylyshyn, Z. (1984), *Computation and cognition: Toward a foundation for cognitive science* (Cambridge, MA: Bradford Books, MIT Press).

Quirk, G.J., Repa J.C. und LeDoux, J.E. (1995), Fear conditioning enhances auditory short-latency responses of single units in the lateral nucleus of the amygdala: Simultaneous multichannel recordings in freely behaving rats. *Neuron 15*, 1029–1039.

Reep, R. (1984), Relationship between prefrontal and limbic cortex: A comparative anatomical review. *Brain, Behavior and Evolution 25*, 5–80.

Reid, W.H. (1989), *The treatment of psychiatric disorders: Revised for the DSM-III-R* (New York: Brunner/Mazel).

Rogan, M.T. und LeDoux, J.E. (1995), LTP is accompanied by commensurate enhancement of auditory-evoked responses in a fear conditioning circuit. *Neuron 15*, 127–136.

Rolls, E.T. (1985), Connections, functions and dysfunctions of limbic structures, the prefrontal cortex, and hypothalamus. In *The scientific basis of clinical neurology*, M. Swash und C. Kennard, Hgg. (London: Churchill Livingstone), S. 201–213.

Rolls, E.T. (1992a), Neurophysiological mechanisms underlying face processing within and beyond the temporal cortical visual areas. *Philosophical Transactions of the Royal Society, London, Reihe B, Biological Sciences 335*, 11–21.

Rolls, E.T. (1992b), Neurophysiology and functions of the primate amygdala. In *The amygdala Neurobiological aspectes of emotion, memory, and mental dysfunction*, J.P. Aggleton, Hg. (New York: Wiley-Liss), S. 143–165.

Rose, S.P.R. (1995), Glycoproteins and memory formation. *Behavioural Brain Research 66*, 73–78.

Rorty, A.O. (1980), Explaining emotions. In *Explaining emotions*, A.O. Rorty, Hg. (Berkeley: University of California Press).

Rorty, R. (1979), *Der Spiegel der Natur: eine Kritik der Philosophie* (Frankfurt/M.: Suhrkamp 1987).

Rosenzweig, M. (1996), Aspects of the search for neural mechanism of memory. *Annual Review of Psychology 47*, 1–32.

Rudy, J.W. und Morledge, P. (1994), Ontogeny of contextual fear conditioning in rats: Implications for consolidation, infantile amnesia, and hippocampal system function. *Behavioral Neuroscience 108*, 227–234.

Rudy, J.W. und Sutherland, R.J. (1992), Configural and elemental associations and the memory coherence problem. *Journal of Cognitive Neuroscience 4(3)*, 208–216.

Ruggiero, D.A., Gomez, R.E., Cravo, S.L., Mtui, E., Anwar, M. und Reis, D.J. (1991), The rostral ventrolateral medulla: Anatomical substrates of cardiopulmonary integration. In *Cardiorespiratory and motor coordination*, H.-P. Koepchen und T. Huopaniemi, Hgg. (New York: Springer), S. 89–102.

Rumelhart, D.E. und McClelland, J.E. (1988), *Parallel Distributed Processing: Explorations in the Microstructure of Cognition*. (Cambridge: Bradford Books, MIT Press).

Russell, B. (1905), On denoting. *Mind 14*, 479–493.

Ryle, G. (1949), *The concept of mind* (New York: Barnes & Noble).

Sapolsky, R.M. (1990), Stress in the wild. *Scientific American 262*, 116–123.

Sarter, M.F. und Markowitsch, H.J. (1985), Involvement of the amygdala in learning and memory: A critical review, with emphasis on anatomical relations. *Behavioral Neuroscience 99*, 342–380.

Sartre, J.-P. (1943), *Das Sein und das Nichts* (Reinbeck G.H.: Rowohlt 1994).

Saucier, D. und Cain, D.P. (1995), Spatial learning without NMDA receptor-dependent long-term potentiation. *Nature 378*, 186–189.

Savander, V., Go, C. G., LeDoux, J. E. und Pitkänen, A. (1995), Intrinsic connections of the rat amygdaloid complex: Projections originating in the basal nucleus. *Journal of Comparative Neurology 361*, 345–368.

Schachter, S. und Singer, J. E. (1962), Cognitive, social, and physiological determinants of emotional state. *Psychological Review 69*, 379–399.

Schacter, D. L. und Graf, P. (1986), Effects of elaborative processing on implicit and explicit memory for new associations. *Journal of Experimental Psychology: Learning, Memory, and Cognition 12(3)*, 432–444.

Scherer, K. R. (1984), On the nature and function of emotion: A component process approach. In *Approaches to emotion*, K. R. Scherer und P. Ekman, Hgg. (Hillsdale, NJ: Erlbaum), S. 293–317.

Scherer, K. R. (1988), Criteria for emotion-antecedent appraisal: A review. In *Cognitive perspectives on emotion and motivation*, V. Hamilton, G. H. Bower und N. H. Frijda, Hgg. (Norwell, MA: Kluwer Academic Publishers), S. 89–126.

Scherer, K. R. (1993a), Neuroscience projections to current debates in emotion psychology. *Cognition and Emotion 7*, 1–41.

Scherer, K. R. (1993b), Studying the emotion-antecedent appraisal process: An expert system approach. *Cognition and Emotion 7*, 325–355.

Schneiderman, N., Francis, J., Sampson, L. D. und Schwaber, J. S. (1974), CNS integration of learned cardiovascular behavior. In *Limbic and autonomic nervous system research*, L. V. DiCara, Hg. (New York: Plenum), S. 277–309.

Schwartz, B. E., Halgren, E., Fuster, J. M., Simpkins, E., Gee, M. und Mandelkern M. (1995), Cortical metabolic activation in humans during a visual memory task. *Cerebral Cortex 5*.

Scoville, W. B. und Milner, B. (1957), Loss of recent memory after bilateral hippocampal lesions. *Journal of Neurology and Psychiatry 20*, 11–21.

Searle, J. (1984), *Geist, Hirn und Wissenschaft* (Frankfurt/M.: Suhrkamp 1989).

Searle, J. (1992), *The rediscovery of the mind* (Cambridge: MIT Press).

Selden, N. R. W., Everitt, B. J., Jarrard, L. E. und Robbins, T. W. (1991), Complementary roles for the amygdala and hippocampus in aversive conditioning to explicit and contextual cues. *Neuroscience 42(2)*, 335–350.

Seligman, M. E. P. (1971), Phobias and Preparedness. *Behavior Therapy 2*, 307–320.

Sengelaub, D. R. (1989), Cell generation, migration, death and growth in neural systems mediating social behavior. In *Advances in Comparative and Environmental Physiology 3: Molecular and Cellular Basis of Social Behavior in Vertebrates*, J. Balthazart, Hg. (New York: Springer), S. 239–267.

Servatius, R. J. und Shors, T. J. (1994), Exposure to inescapable stress persistently facilitates associative and nonassociative learning in rats. *Behavioral Neuroscience 108*, 1101–1106.

Shalev, A. Y. Rogel-Fuchs, Y. und Pitman, R. K. (1992), Conditioned fear and psychological trauma. *Biological Psychiatry 31*, 863–865.

Shallice, T. (1988), Information processing models of consciousness. In *Consciousness in contemporary science*, A. Marcel und E. Bisiach, Hgg. (Oxford: Clarendon Press).

Shattuck, R. (1980), *The forbidden experiment* (New York: Farrar, Straus & Giroux).

Shepherd, G. (1983), *Neurobiologie* (Berlin u. a.: Springer 1993).

Sherry, D. F., Jacobs, L. F. und Gaulin, S. J. C. (1992), Spatial memory and adaptive specialization of the hippocampus. *Trends in Neuroscience 15*, 298–303.

Shevrin, H. (1992), Subliminal perception, memory, and consciousness: Cognitive and dynamic perspectives. In *Perception without awareness: Cognitive, clinical, and social perspectives*, R. F. Bornstein und T. S. Pittman, Hgg. (New York: Guilford), S. 123–142.

Shevrin, H., Williams, W. J., Marshall, R. E., Hertel, R. K., Bond, J. A. und Brakel, L. A.

(1992), Event-related potential indicators of the dynamic unconscious. *Consciousness and Cognition 1*, 340–366.

Shiffrin, M. und Schneider, W. (1977), Controlled and automatic human information processing: II. Perceptual learning, automatic attending, and a general theory. *Psychological Review 84*, 127–190.

Shimamura, A. (1995), Memory and frontal lobe function. In *The cognitive neurosciences*, M.S. Gazzaniga, Hg. (Cambridge: MIT Press).

Shors, T.J., Foy, M.R., Levine, S. und Thompson, R.F. (1990), Unpredictable and uncontrollable stress impairs neuronal plasticity in the rat hippocampus. *Brain Research Bulletin 24*, 663–667.

Sibley, C.G. und Ahlquist, J.E. (1984), The phylogeny of the hominoid primates, as indicated by DNA-DNA hybridization. *Journal of Molecular Evolution 20*, 2–15.

Simon, H.A. (1967), Motivational and emotional controls of cognition. *Psychological Review 74*, 29–39.

Simpson, G.G. (1953), *The major features of evolution* (New York: Columbia University Press).

Simpson, G.G. (1967), *The meaning of evolution*, verbesserte Aufl. (New Haven: Yale University Press).

Skelton, R.W., Scarth, A.S., Wilkie, D.M., Miller, J.J. und Philips, G. (1987), Long-term increases in dentate granule cell responsivity accompany operant conditioning. *Journal of Neuroscience 7*, 3081–3087.

Skinner, B.F. (1938), *The behavior of organism: An experimental analysis* (New York: Appleton-Century-Crofts).

Sloman, A. (1987), Motives, mechanisms and emotions. *Cognition and Emotion*, 1:217–233.

Sloman, A. und Croucher, M. (1981), Why robots will have emotions. In *Seventh Proceedings of the International Joint Conference on Artificial Intelligence* (Vancouver, British Columbia), S. 197–202.

Smith, C.A. und Ellsworth, P.C. (1985), Patterns of cognitive appraisal in emotion. *Journal of Personality and Social Psychology 56*, 339–353.

Smith, C.A. und Lazarus, R.S. (1990), Emotion and adaptation. In *Handbook of personality: Theory and research*, L.A. Pervin, Hg. (New York: Guilford), S. 609–637.

Smith, J.M. (1958), *The theory of evolution* (Middlesex, England: Penguin).

Smith, O.A., Astley, C.A., Devito, J.L., Stein, J.M. und Walsh, R.E. (1980), Functional analysis of hypothalamic control of the cardiovascular responses accompanying emotional behavior. *Federation Proceedings 39(8)*, 2487–2494.

Smolensky, P. (1990), Connectionist modeling: Neural computation/mental connections. In *Neural connections, mental computation*, L. Nadel, L. Cooper, P. Culicover und M. Harnish, Hgg. (Cambridge: MIT Press).

Solomon, R.C. (1993), The philosophy of emotions. In *Handbook of emotions*, M. Lewis und J. Haviland, Hgg. (New York: Guilford).

Sperry, R.W. (1969), A modified concept of consciousness. *Psychological Review 76*, 532–536.

Spinoza, B. (1955), *Sämtliche Werke*, Carl Gebhardt, Hg. Bd. 2: *Die Ethik* (Hamburg: Meiner).

Squire, L. (1987), *Memory and the brain* (New York: Oxford University Press).

Squire, L.R. und Cohen, N.J. (1984), Human memory and amnesia. In *Neurobiology of learning and memory*, G. Lynch, J.L. McGaugh und N.M. Weinberger, Hgg. (New York. Guilford).

Squire, L.R., Cohen, N.J. und Nadel, L. (1984), The medial temporal region and memory consolidation: A new hypothesis. In *Memory consolidation,* H. Eingartner und E. Parker, Hgg. (Hillsdale, NJ: Erlbaum).

Squire, L.R. und Davis. H.P. (1975), Cerebral protein synthesis inhibition and discrimination training: Effects of extent and duration of inhibition. *Behavioral Biology 13,* 49–57.

Squire, L.R., Knowlton, B. und Musen, G. (1993), The structure and organization of memory. *Annual Review of Psychology, 44,* 453–495.

Stäubli, U.V. (1995), Parallel properties of long-term potentiation and memory. In *Brain and memory: Modulation and mediation of neuroplasticity,* J.L. McGaugh, N.M. Weinberger und G. Lynch, Hgg. (New York: Oxford University Press), S. 303–318.

Steinmetz, J.E. und Thompson, R.F. (1991), Brain substrates of aversive classical conditioning. In *Neurobiology of learning, emotion and affect,* J.I. Madden, Hg. (New York: Raven), S. 97–120.

Stuss, D.T. (1991), Self, awareness, and the frontal lobes: A neuropsychological perspective. In *The self: Interdisciplinary approaches,* J. Strauss und G.R. Goethals, Hgg. (New York: Springer).

Sutherland, R.J. und Rudy, J.W. (1989), Configural association theory: The role of the hippocampal formation in learning, memory, and amnesia. *Psychobiology 17,* 129–144.

Swanson, L.W. (1983), The hippocampus and the concept of the limbic system. In *Neurobiology of the hippocampus,* W. Seifert, Hg. (London: Academic Press), S. 3–19.

Swanson, L.W. und Simmons, D.M. (1989), Differential steroid hormone and neural influences on peptide mRNA levels in CRH cells of the paraventricular nucleus: A hybridization histochemical study in the rat. *Journal of Comparative Neurology 285,* 413–435.

Swartz, B.E., Halgren, E., Fuster, J.M., Simpkins, E., Gee, M. und Mandelkern, M. (1995), Cortical metabolic activation in humans during a visual memory task. *Cerebral Cortex 5,* 205–214.

Tarr, R.S. (1977), Role of the amygdala in the intraspecies aggressive behavior of the iguanid lizard. *Physiology and Behavior 18,* 1153–1158.

Teyler, T.J. und DiScenna, P. (1986), The hippocampal memory indexing theory. *Behavioral Neuroscience 100,* 147–154.

Thorndike, E.L. (1913), *The psychology of learning* (New York: Teachers College Press).

Thorpe, S.J., Rolls, E.T. und Maddison, S. (1983), The orbitofrontal cortex: Neuronal activity in the behaving monkey. *Experimental Brain Research 49,* 93–115.

Tolman, E.C. (1932), *Purposive behavior* (New York: Appleton-Century-Crofts).

Tomkins, S.S. (1962), Affect, imagery, consciousness (New York: Springer).

Tooby, J. und Cosmides, L. (1990), The past explains the present: Emotional adaptations and the structure of ancestral environment. *Ethological Sociobiology 11,* 375–424.

Tully, T. (1991), Genetic dissection of learning and memory in drosophila melanogaster. In *Neurobiology of learning, emotion and affect,* J.I. Madden, Hg. (New York: Raven), S. 29–66.

Tulving, E. (1983), *Elements of episodic memory* (New York: Oxford University Press).

Uexkull, J. von (1934), A stroll through the world of animals and man. In *Instinctive behavior: The development of a modern concept,* C.H. Chiller, Hg. (London: Methuen).

Ullman, S. (1984), Early processing of visual information. In *Handbook of cognitive neuroscience,* M.S. Gazzaniga, Hg. (New York: Plenum).

Ungerleider, L.G. und Haxby, J. (1994), What and where in the human brain. *Current Opinion in Neurobiology 4,* 157–165.

Ungerleider, L.G. und Mishkin, M. (1982), Two cortical visual systems. In *Analysis of visual behavior,* D.J. Ingle, M.A. Goodale und R.J.W. Mansfield, Hgg. (Cambridge: MIT Press), S. 549–586.

Uno, H., Ross, T., Else, J., Suleman, M. und Sapolsky, R. (1989), Hippocampal damage associated with prolonged and fatal stress in primates. *Journal of Neuroscience 9*, 1705–1711.

Uylings, H. B. M. und van Eden, C. G. (1990), Qualitative and quantitative comparison of the prefrontal cortex in rat and in primates, including humans. *Progress in Brain Research 85*, 31–62.

Valins, S. (1966), Cognitive effects of false heart-rate feedback. *Journal of Personality and Social Psychology 4*, 400–408.

van de Kar, L. D., Piechowski, R. A., Rittenhouse, P. A. und Gray, T. S. (1991), Amygdaloid lesions: Differential effect on conditioned stress and immobilization-induced increases in corticosterone and renin secretion. *Neuroendocrinology 54*, 89–95.

Van Essen, D. C. (1985), Functional organization of primate visual cortex. In *Cerebral cortex*, A. Peters und E. G. Jones, Hgg. (New York: Plenum), S. 259–328.

Van Hoesen, G. W. (1982), The parahippocampal gyrus: New observations regarding its cortical connections in the monkey. *Trends in Neuroscience 5*, 345–350.

Velams, M. (1991), Is human information processing conscious? *Behavioral and Brain Sciences 14*, 651–726.

Walter, W. G. (1953), *The living brain* (New York: Norton).

Warrington, E. und Weiskrantz, L. (1973), The effect of prior learning on subsequent retention in amnesic patients. *Neuropsychologia 20*, 233–248.

Watkins, L. R. und Mayer, D. J. (1982), Organization of endogenous opiate and non-opiate pain control systems. *Science 216*, 1185–1192.

Watson, J. B. (1929), *Behaviorism* (New York: Norton).

Watson, J. B. und Rayner, R. (1920), Conditioned emotional reactions. *Journal of Experimental Psychology 3*, 1–14.

Weinberger, N. M. (1995), Retuning the brain by fear conditioning. In *The cognitive neurosciences*, M. S. Gazzaniga, Hg. (Cambridge: MIT Press), S. 1071–1090.

Weiskrantz, L. (1956), Behavioral changes associated with ablation of the amygdaloid complex in monkeys. *Journal of Comparative Physiological Psychology 49*, 381–391.

Weiskrantz, L. (1988), Some contributions of neuropsychology of vision and memory to the problem of consciousness. In *Consciousness in contemporary science*, A. Marcel und E. Bisiach, Hgg. (Oxford: Clarendon Press).

Weiskrantz, L. und Warrington, E. (1979), Conditioning in amnesic patients. *Neuropsychologia 17*, 187–194.

Weisz, D. J., Harden, D. G. und Xiang, Z. (1992), Effects of amygdala lesions on reflex facilitation and conditioned response acquisition during nictitating membrane response conditioning in rabbit. *Behavioral Neuroscience 106*, 262–273.

Wierzbicka, A. (1994), Emotion, language and cultural scripts. In S. Kitayama und H. R. Marcus, *Emotion and Culture* (Washington: American Psychological Association).

Wilcock, J. und Broadhurst, P. L. (1967), Strain differences in emotionality: Open-field and conditioned avoidance behavior in the rat. *Journal of Comparative Physiological Psychology 63*, 335–338.

Wilde, O. (1909), Gilbert, *Intentions* (New York: Lamb Publishing).

Williams, T. (1964), *The milk train doesn't stop here anymore* (Norfolk, CT: New Directions).

Wilson, D., Reeves, A., Gazzaniga, M. S. und Culver, C. (1977), Cerebral commissurotomy for the control of intractable epilepsy. *Neurology 27*, 708–715.

Wilson, F. A. W., O Scalaidhe, S. P. und Goldman-Rakic, P. S. (1993), Dissociation of object and spatial processing domains in primate prefrontal cortex. *Science 260*,

1955–1958.

Wilson, M.A. und McNaughton, B.L. (1994), Reactivation of hippocampal ensemble memories during sleep. *Science 265*, 676–679.

Wilson, J.R. (1968). *The mind* (New York: Time-Life Books, Life Science Library).

Wolitsky, D.L. und Wachtel, P.L. (1973), *Personality and perception*. In B.B. Wolman (Hg.) *Handbook of General Psychology* (Englewood, NJ: Prentice-Hall), S. 826–857.

Wolkowitz, O., Reuss, V. und Weingartner, H. (1990), Cognitive effects of corticosteroids. *American Journal of Psychiatry 147*, 1297–1303.

Wolpe, J. (1988), Panic disorder: A product of classical conditioning. *Behavior Research and Therapy 26*, 441–450.

Wolpe, J. und Rachman, S. (1960), Psychoanalytic evidence: A critique of Freud's case of Little Hans. *Journal of Nervous and Mental Disease 130*, 198–220.

Yin, J.C.P., Wallach, J.S., Del Vecchio, M., Wilder, E.L., Zhou, H., Quinn, W.G. und Tully, T. (1994), Induction of a dominant-negative CREB transgene specifically blocks long-term memory in drosophila. *Cell 79*, 49–58.

Young, A.W., Aggleton, J.P., Hellawell, D.J., Johnson, M., Broks, P. und Hanley, J.R. (1995), Face processing impairments after amygdalotomy. *Brain 118*, 15–24.

Zajonc, R. (1980), Feeling and thinking: Preferences need no inferences. *American Psychologist 35*, 151–175.

Zajonc, R.B. (1984), On the primacy of affect. *American Psychologist 39*, 117–123.

Zola-Morgan, S. und Squire, L.R. (1993), Neuroanatomy of memory. *Annual Review of Neuroscience 16*, 547–563.

Zola-Morgan, S., Squire, L.R., Alvarez-Royo, P. und Clower, R.P. (1991), Independence of memory functions and emotional behavior: separate contributions of the hippocampal formation and the amygdala. *Hippocampus* , 207–220.

Zola-Morgan, S., Squire, L.R. und Amaral, D.G. (1986), Human amnesia and the medial temporal region: Enduring memory impairment following a bilateral lesion limited to field CA1 of the hippocampus. *Journal of Neuroscience 6(10)*, 2950–2967.

Zola-Morgan, S., Squire, L.R. und Amaral, D.G. (1989), Lesions of the amygdala that spare adjacent cortical regions do not impair memory or exacerbate the impairment following lesions of the hippocampal formation. *Journal of Neuroscience 9*, 1922–1936.

Zuckerman, M. (1991), *Psychobiology of personality* (Cambridge: Cambridge University Press).

Namenregister